Paul Mason

Postkapitalismus

Schriftenreihe Band 10047

Paul Mason

Postkapitalismus

Grundrisse einer kommenden Ökonomie

Aus dem Englischen von Stephen Gebauer

bpb:
Bundeszentrale für
politische Bildung

Paul Mason, geboren 1960, ist Fernsehjournalist und hat lange für die *BBC* und *Channel 4 News* gearbeitet.

Die englische Originalausgabe erschien 2015 unter dem Titel *PostCapitalism. A Guide to Our Future* bei Allen Lane/Penguin Books (London).

Bonn 2017
Lizenzausgabe für die Bundeszentrale für politische Bildung
Adenauerallee 86, 53113 Bonn

Umschlaggestaltung: Naumilkat – Agentur für Kommunikation und Design, Düsseldorf
Umschlagfoto: © Alex Falco / Cartoon Movement / Hollandse Hoogte / laif

Satz: Satz-Offizin Hümmer GmbH, Waldbüttelbrunn
Druck & Bindung: CPI – Ebner & Spiegel, Ulm

ISBN 978-3-7425-0047-2

www.bpb.de

Für Calum, Anya, Robbie and James

Inhalt

Einleitung

Wir fahren durch kalte Wälder, vorbei an verfallenden Häusern und rostbraunen Bahndepots, und erreichen den Dnjestr. Das Wasser des Flusses ist eisig und klar. Es ist so still, dass man hören kann, wie kleine Betonbrocken von der vernachlässigten Straßenbrücke ins Wasser fallen.

Der Dnjestr ist die geografische Grenze zwischen dem marktwirtschaftlichen Kapitalismus und dem von Wladimir Putin regierten System – wie immer man dieses bezeichnen möchte. Der Fluss trennt Moldawien von einem sezessionistischen russischen Marionettenstaat namens Transnistrien, in dem die Mafia und die Geheimpolizei das Sagen haben.

Auf der moldawischen Seite sitzen alte Leute auf der Straße und verkaufen Produkte, die sie selbst geerntet oder angefertigt haben: Käse, Gebäck und die eine oder andere Steckrübe. Junge Leute sieht man kaum: Einer von vier Erwachsenen ist zum Arbeiten ins Ausland gegangen. Die Hälfte der Bevölkerung verdient weniger als fünf Dollar am Tag, und jeder Zehnte lebt in so extremer Armut, wie man sie sonst nur in Afrika kennt.[1] Das Land entstand Anfang der neunziger Jahre nach dem Zusammenbruch der Sowjetunion zu Beginn der neoliberalen Ära, als sich die Marktkräfte durchsetzten. Aber viele Einwohner der moldawischen Dörfer würden lieber in Putins Polizeistaat leben als in der beschämenden Armut ihres Landes. Diese graue Welt der schlammigen Straßen und düsteren Gesichter wurde nicht vom Kommunismus, sondern vom Kapitalismus geschaffen. Und jetzt hat auch der Kapitalismus seinen Zenit überschritten.

Natürlich ist Moldawien kein typisches europäisches Land. In Randgebieten wie diesem können wir jedoch verfolgen, wie die wirtschaftliche Ebbe beginnt – und die Kausalzusammenhänge zwischen Stagnation, sozialer Krise, bewaffneten Konflikten und dem Verfall der Demokratie untersuchen. Das wirtschaftliche Versagen des Westens untergräbt den Glauben an Werte und Institutionen, die uns früher einmal unantastbar schienen.

Von den verspiegelten Türmen der Finanzzentren aus mag die Lage noch rosig wirken. Seit 2008 haben die Zentralbanken Billionen Dollar herbeigezaubert und durch Banken, Hedgefonds, Anwaltskanzleien und Beratungsfirmen geschleust, um das globale Finanzsystem am Leben zu erhalten.

Aber die langfristigen Aussichten für den Kapitalismus sind schlecht. Die OECD erwartet, dass das Wachstum in den entwickelten Ländern in den nächsten fünfzig Jahren schwach bleiben wird. Die Ungleichheit wird um vierzig Prozent zunehmen. Selbst in den Entwicklungsländern wird das Wachstum bis 2060 zum Erliegen kommen.[2] Die Volkswirte der OECD sind zu diplomatisch, es deutlich zu sagen, aber wir können es tun: In der entwickelten Welt hat der Kapitalismus seine beste Zeit hinter sich, und in der übrigen Welt wird sie noch zu unseren Lebzeiten vorbei sein.

Was im Jahr 2008 als Wirtschaftskrise begann, wuchs sich zu einer sozialen Krise aus, die Massenproteste auslöste. Und jetzt werden aus Revolutionen Bürgerkriege, die militärische Spannungen zwischen Atommächten heraufbeschwören. Wir haben es mit einer globalen Krise zu tun.

Es hat den Anschein, als könnte diese Krise nur auf eine von zwei Arten enden. Im ersten Szenario lässt die globale Elite nicht locker und wälzt die Kosten der Krise in den kommenden zehn bis zwanzig Jahren auf Arbeitskräfte, Rentner und die Armen um. Die von IWF, Weltbank und Welthandelsorganisation durchgesetzte Weltordnung überlebt, wird jedoch geschwächt. Die Durchschnittsbürger der entwickelten Länder bezahlen für die Rettung der Globalisierung. Doch das Wachstum stagniert.

Im zweiten Szenario zerbricht der Konsens. Die Bürger weigern sich, den Preis der Sparpolitik zu zahlen, und bringen Parteien vom rechten und linken Rand an die Macht. Die Staaten versuchen, einander die Kosten der Krise gegenseitig aufzubürden. Die globalen Institutionen verlieren an Macht, und die Konflikte, die seit zwanzig Jahren toben – Drogenkriege, Nationalismus in den Nachfolgestaaten der Sowjetunion, Dschihad, unkontrollierte Migration und Widerstand gegen die Zuwanderung –, erschüttern das Zentrum des Systems. In diesem Szenario wird der vordergründige Respekt für das internationale Recht aufgegeben, und Folter, Zensur, willkürliche Verhaftung und Massenüberwachung werden zu normalen Werkzeugen der Staatskunst. Es gibt keine Garantie dafür, dass sich nicht wiederholen wird, was in den dreißiger Jahren des vergangenen Jahrhunderts geschah.

In beiden Szenarien werden um das Jahr 2050 die gravierenden Auswirkungen von Klimawandel, Bevölkerungswachstum und Alterung der Bevölkerung überdeutlich sichtbar. Gelingt es uns nicht, eine nachhaltige Weltordnung zu errichten und die wirtschaftliche Dynamik wieder in Gang zu setzen, droht uns in der zweiten Hälfte des 21. Jahrhunderts das Chaos.

Daher möchte ich eine Alternative vorschlagen: Zunächst sollten wir die Globalisierung retten, indem wir den Neoliberalismus beseitigen. Anschließend retten wir den Planeten – und ersparen uns Wirren und Ungleichheit –, indem wir den Kapitalismus überwinden.

Die Beseitigung des Neoliberalismus ist die einfachere Aufgabe. Protestbewegungen, linke Ökonomen und radikale politische Parteien in Europa sind sich weitgehend einig darin, wie das zu bewerkstelligen ist: Wir müssen die Hochfinanz unterdrücken, die Sparpolitik rückgängig machen, in grüne Energien investieren und gut bezahlte Arbeit fördern.

Aber was kommt danach?

Wie die Geschehnisse in Griechenland gezeigt haben, wird jede Regierung, die sich gegen die Austerität wehrt, mit den globalen Institutionen kollidieren, die das Eine Prozent schützen. Nachdem in Griechenland das linksradikale Syriza-Bündnis die Parlamentswahl im Januar 2015 gewonnen hatte, entzog die Europäische Zentralbank, deren Aufgabe es ist, die Stabilität der griechischen Banken zu gewährleisten, diesen Banken die Finanzierung und löste einen Kassensturm aus. Innerhalb kürzester Zeit hoben die Griechen zwanzig Milliarden Dollar von ihren Konten ab. Die linke Regierung musste zwischen Bankrott und Unterwerfung wählen. Man wird nirgendwo Sitzungsprotokolle, Abstimmungsergebnisse oder eine Erläuterung des Vorgehens der EZB finden. Es blieb der deutschen Zeitschrift *Stern* überlassen, zu erklären, was geschehen war: Die EZB hatte Griechenland »kleingekriegt«.[3] Das Vorgehen der Zentralbank bekräftigte die wichtigste Botschaft des Neoliberalismus: *Es gibt keine Alternative*, denn jede Abweichung vom kapitalistischen Weg führt zu einer Katastrophe wie in der Sowjetunion, und eine Revolte gegen die Marktwirtschaft ist eine Revolte gegen eine naturgegebene, zeitlose Ordnung.

Die gegenwärtige Krise deutet nicht nur auf das Ende des neoliberalen Modells hin. Sie ist auch ein Symptom des Widerspruchs zwischen Marktsystemen und einer auf der Information beruhenden Wirtschaft. In diesem Buch möchte ich erklären, warum es kein utopischer Traum mehr ist, den Kapitalismus zu ersetzen, warum das gegenwärtige System bereits die Grundformen einer postkapitalistischen Wirtschaft enthält und wie diese Strukturen rasch weiterentwickelt werden könnten.

Der Neoliberalismus ist die Doktrin der unkontrollierten Märkte: Wohlstand entsteht dadurch, dass die eigennützigen Individuen ihre Interessen verfolgen, und ihr Eigennutz kann sich nur auf dem Markt entfalten. Der Staat sollte klein sein, wenn man davon absieht, dass er genügend Sonderpolizisten zur Unterdrückung von Unruhen und eine leistungsfähige Geheimpolizei braucht. Die Finanzspekulation ist gut, die Ungleichheit ist gut. In ihrem natürlichen Zustand besteht die Menschheit aus rücksichtslosen Individuen, die einander in einem brutalen Wettbewerb bekämpfen.

Das Ansehen des Neoliberalismus beruht auf greifbaren Erfolgen: In den vergangenen 25 Jahren hat er den größten Entwicklungssprung der Geschichte und ein exponentielles Wachstum der Informationstechnologien ermöglicht. Aber gleichzeitig hat er ein seit hundert Jahren ungekanntes Maß an Ungleichheit provoziert und einen Überlebenskampf ausgelöst.

Der Bürgerkrieg in der Ukraine, der russische Spezialeinheiten bis ans Ufer des Dnjestr gebracht hat, der Triumph des »Islamischen Staates« in Syrien und im Irak, der Aufstieg faschistischer Parteien in Europa, die Lähmung der Nato und die Weigerung der Bevölkerung der Nato-Staaten, Militärinterventionen zuzustimmen – all diese Probleme können nicht von der Wirtschaftskrise getrennt werden. Sie zeigen, dass das neoliberale Programm gescheitert ist.

Millionen Menschen haben sich in den vergangenen zwei Jahrzehnten dem Neoliberalismus widersetzt, aber im Großen und Ganzen ist ihr Widerstand gescheitert. Abgesehen von den taktischen Fehlern und der Repression hat das einen einfachen Grund: Die freie Marktwirtschaft ist ein klares und überzeugendes Konzept, während es den Anschein hat, als verteidigten die Kräfte, die den Markt bekämpfen, etwas Veraltetes, das zusammenhangslos und dem Kapitalismus unterlegen ist.

Für das Eine Prozent ist der Neoliberalismus fast eine Religion: Je intensiver man ihn praktiziert, desto besser fühlt man sich – und desto reicher wird man. Wenn das System erst einmal richtig funktioniert, handeln sogar die

Armen irrational, wenn sie sich gegen die neoliberalen Zwänge auflehnen: Also nimmt man Kredit auf, sucht nach Schlupflöchern im Steuersystem und hält sich am Arbeitsplatz an sinnlose Regeln.

Und die Gegner des Kapitalismus schwelgen seit Jahrzehnten in ihrer Inkohärenz. Von der Antiglobalisierungsbewegung der neunziger Jahre zu Occupy und darüber hinaus lehnt die globale Bewegung, die für soziale Gerechtigkeit kämpft, die Idee eines schlüssigen Programms ab und hält sich lieber an den Schlachtruf »Ein Nein, viele Jas«. Die mangelnde Geschlossenheit ist nachvollziehbar, wenn man glaubt, die einzige Alternative sei das, was die Linke des 20. Jahrhunderts als »Sozialismus« bezeichnete: Warum für einen umwälzenden Wandel kämpfen, wenn das lediglich bedeutet, zu staatlicher Lenkung und Wirtschaftsnationalismus zurückzukehren, zu einem Wirtschaftssystem, das nur funktioniert, wenn sich alle gleich verhalten oder sich einer brutalen Hierarchie unterwerfen? Aber das Fehlen einer klaren Alternative erklärt, warum die Protestbewegungen so gut wie nie siegen: Im Grunde wollen sie gar nicht gewinnen. Die Protestbewegung hat sogar einen Begriff dafür geprägt: die »Verweigerung des Siegs«.[4]

Um den Neoliberalismus zu ersetzen, brauchen wir etwas, das genauso überzeugend und wirkungsvoll ist wie er. Eine gute Idee dazu, wie die Welt funktionieren könnte, genügt nicht. Wir brauchen ein neues, ganzheitliches System, das von allein funktionieren kann und spürbar bessere Ergebnisse liefert. Dieses System darf nicht per Diktat oder durch politische Eingriffe errichtet werden, sondern muss durch Mikromechanismen entstehen und spontan arbeiten. In diesem Buch werde ich erklären, dass es eine solche Alternative gibt, dass sie weltweit funktionieren kann und dass sie uns die Chance auf eine Zukunft eröffnet, die deutlich besser ist als jene, die uns der Kapitalismus für das Jahr 2050 verspricht.

Diese Alternative ist der Postkapitalismus.

Der Kapitalismus ist mehr als eine wirtschaftliche Struktur oder ein Gefüge von Gesetzen und Institutionen. Er ist das *umfassende System*, das dafür sorgt, dass eine entwickelte Gesellschaft mit Märkten und Privateigentum funktionieren kann: ein gesellschaftliches, wirtschaftliches, demografisches, kulturelles und ideologisches System. Der Kapitalismus umfasst Unternehmen, Märkte und Staaten. Aber er beinhaltet auch kriminelle Organisationen, geheime Machtnetzwerke, Wunderheiler in den Slums von

Lagos und skrupellose Analysten an der Wall Street. Die Primark-Fabrik in Bangladesch, die aufgrund von Baumängeln einstürzt, ist ebenso Teil des Kapitalismus wie die hysterischen Teenager, die vor der neu eröffnenden Primark-Filiale in London randalieren, weil sie es nicht erwarten können, an billige Mode zu kommen.

Wenn wir den Kapitalismus als System untersuchen, entdecken wir einige seiner grundlegenden Merkmale. Der Kapitalismus ist ein Organismus: Er hat einen Lebenszyklus, das heißt einen Anfang, eine Mitte und ein Ende. Er ist ein komplexes System, das sich der Kontrolle von Personen, Regierungen und sogar Supermächten entzieht. Seine Ergebnisse widersprechen oft den Absichten der Akteure, selbst wenn sie vernünftig handeln. Der Kapitalismus ist auch ein *lernender* Organismus: Er passt sich unentwegt an, und zwar nicht nur in kleinen Schritten. Er wandelt sich in Reaktion auf Bedrohungen und bringt Muster und Strukturen hervor, die der vorhergehenden Generation noch fremd waren. Und sein Überlebensinstinkt bewegt ihn dazu, den technologischen Wandel voranzutreiben. Wenn wir neben der Informationstechnologie auch die Lebensmittelproduktion, die Geburtenkontrolle und die Medizin berücksichtigen, wird klar, dass die Menschheit in den vergangenen 25 Jahren den wohl größten Entwicklungssprung in ihrer Geschichte gemacht hat. Doch die Technologien, die wir entwickelt haben, sind mit dem Kapitalismus nicht vereinbar – nicht mit dem Kapitalismus in seiner gegenwärtigen Form und möglicherweise auch nicht in irgendeiner anderen Form. Wenn der Kapitalismus nicht mehr in der Lage ist, sich dem technologischen Wandel anzupassen, wird der Postkapitalismus nötig. Wenn spontan Verhaltensweisen und Organisationen auftauchen, die den technologischen Wandel nutzen können, wird der Postkapitalismus möglich.

Das ist die These, die ich in diesem Buch aufstelle: Der Kapitalismus ist ein komplexes, anpassungsfähiges System, das jedoch an die Grenzen seiner Anpassungsfähigkeit gestoßen ist.

Es liegt auf der Hand, dass diese These mit der vorherrschenden ökonomischen Theorie unvereinbar ist. In den goldenen Jahren des Neoliberalismus begannen die Wirtschaftswissenschaftler zu glauben, das nach 1989 entstandene System werde von Dauer sein. Sie hielten es für den vollkommenen Ausdruck der menschlichen Vernunft und waren überzeugt, Regierungen und Zentralbanken seien in der Lage, alle seine Probleme mit der »Fiskal- und Geldpolitik« zu lösen.

Mit der Möglichkeit konfrontiert, die neuen Technologien könnten nicht zur alten Gesellschaftsordnung passen, erklärten die Ökonomen, die Gesellschaft werde sich einfach wandeln, um sich der Technologie anzupassen. Ihre Zuversicht war nicht unbegründet, denn ein solcher Anpassungsprozess ist in der Vergangenheit immer wieder zu beobachten gewesen. Dieser Prozess ist jedoch zum Stillstand gekommen.

Die Information unterscheidet sich von jeder früheren Technologie. Wie ich zeigen werde, neigt sie spontan dazu, Märkte aufzulösen, das Eigentum zu zerstören und die Beziehung zwischen Arbeit und Einkommen zu zersetzen. Dies ist der Grund für die Krise, in der wir uns derzeit befinden.

Wenn ich richtigliege, müssen wir uns eingestehen, dass die Linke sich ein Jahrhundert lang eine falsche Vorstellung davon gemacht hat, wie das Ende des Kapitalismus aussehen würde. Die alte Linke wollte die Zerstörung der Marktmechanismen erzwingen. Den entsprechenden Druck sollte die Arbeiterklasse an der Wahlurne oder auf den Barrikaden ausüben. Das Werkzeug sollte der Staat sein. Die Gelegenheit würde sich in einer der häufigen Wirtschaftskrisen bieten.

Es kam anders. In den vergangenen 25 Jahren ist das Projekt der Linken gescheitert. Die Marktwirtschaft hat die Planwirtschaft zerstört, der Individualismus hat über Kollektivismus und Solidarität triumphiert, und die rasant wachsende globale Arbeiterschaft sieht aus wie ein »Proletariat«, denkt und handelt jedoch nicht mehr wie eines.

Jene, die den Kapitalismus hassen, haben eine traumatische Erfahrung hinter sich. Aber während der Kapitalismus den Sozialismus besiegte, eröffnete uns die Technologie einen neuen Ausweg. Diesen Weg müssen die letzten Vertreter der alten Linken und alle von ihr beeinflussten Kräfte einschlagen. Oder sie werden untergehen.

Wie sich herausstellt, wird der Kapitalismus nicht durch einen Sturmangriff überwunden werden. Stattdessen wird er durch etwas Dynamischeres ersetzt werden, durch etwas, das sich fast unbemerkt im alten System entwickelt, irgendwann jedoch so wirkungsvoll wird, dass es der Wirtschaft ein anderes Gesicht gibt und neue Werte, Verhaltensweisen und Normen hervorbringt. Die Überwindung des Kapitalismus wird ähnlich wie das Ende des Feudalismus vor 500 Jahren durch äußere Schocks beschleunigt und von einem neuen Menschen gestaltet werden. Und dieser Prozess hat bereits begonnen.

Ermöglicht wird der Postkapitalismus durch drei Auswirkungen der Technologien, die in den letzten 25 Jahren entwickelt wurden.

Erstens hat die Informationstechnologie den erforderlichen Arbeitsaufwand verringert, die Grenzen zwischen Arbeit und Freizeit verwischt und die Beziehung zwischen Arbeit und Einkommen gelockert.

Zweitens berauben die Informationsgüter den Markt seiner Fähigkeit, die Preise richtig festzulegen. Der Grund dafür ist, dass die Märkte auf Knappheit beruhen – aber die Information ist im Überfluss vorhanden. Das System versucht sich zu verteidigen, indem es in einem seit 200 Jahren nicht mehr gekannten Maß Monopole errichtet, die jedoch nicht überleben werden.

Drittens entwickelt sich spontan eine kollaborative Allmendeproduktion (Peer-Produktion): Es tauchen immer mehr Güter, Dienstleistungen und Organisationen auf, die dem Diktat des Markts und der Managementhierarchie nicht mehr gehorchen. Das größte Informationsprodukt der Welt – Wikipedia – wird von 27 000 Freiwilligen gratis erzeugt, zerstört die Enzyklopädie-Verlage und verringert die jährlichen Einnahmen der Werbebranche um drei Milliarden Dollar.

Fast unbemerkt beginnen in den Nischen und Hohlräumen des Marktsystems Teile des Wirtschaftslebens anderen Gesetzen zu gehorchen. Von den Ökonomen weitgehend ignoriert, breiten sich Parallelwährungen, Zeitbanken, Kooperativen und selbstverwaltete Wirtschaftseinheiten aus. Oft ist ihre Entstehung eine direkte Folge der Erschütterung der alten Strukturen durch die Krise, die 2008 begann.

Neue Formen der Eigentümerschaft, neue Formen des Kredits, neuartige Verträge: in den vergangenen zehn Jahren ist eine Subkultur entstanden, die von den Medien als »Sharing Economy« bezeichnet wird. Modeworte wie »Commons« und »Peer-Produktion« machen die Runde, aber kaum jemand macht sich die Mühe zu fragen, was all das für den Kapitalismus an sich bedeutet.

Ich glaube, dass sich hier ein Ausweg eröffnet – allerdings nur, wenn die Staaten ihr Verhalten grundlegend ändern und diese auf Mikroebene funktionierenden Projekte fördern und schützen. Voraussetzung dafür ist, dass wir unsere Einstellung zu Technologie, Eigentum und Arbeit ändern. Wenn wir die Bestandteile des neuen Systems entwickeln, sollten wir in der Lage sein, zu uns selbst und zu anderen zu sagen: Das hier ist nicht einfach mein Schlupfwinkel, in den ich mich zurückziehen kann, wenn ich aus der neoliberalen Welt fliehen will. Nein, hier entsteht eine neue Lebensart.

Das alte sozialistische Projekt sah vor, dass der Staat den Markt unter seine Kontrolle bringen würde, um ihn auf Kosten der Reichen zum Vorteil der Armen zu betreiben und anschließend wesentliche Produktionsbereiche aus dem Markt herauszunehmen und in die Planwirtschaft zu integrieren. Der einzige Versuch, dieses Vorhaben zu verwirklichen, wurde zwischen 1917 und 1990 in Russland unternommen – und scheiterte. Ob der Sozialismus hätte funktionieren können, ist eine gute Frage. Aber es ist eine Frage, die sich erledigt hat.

Mittlerweile hat sich der Kapitalismus verändert: Er ist global, fragmentiert, auf Entscheidungen im kleinen Maßstab, Zeitarbeit und vielfältige Qualifikationen ausgerichtet. Der Konsum ist zu einer Form der Selbstverwirklichung geworden, und das Finanzsystem, das in der Vergangenheit ein geschlossener Bereich war, ist für Millionen Menschen geöffnet worden.

Da sich die kapitalistische Landschaft verändert hat, führt der alte Ausweg ins Nirgendwo. Es gibt jedoch einen Weg. Die Allmendeproduktion, die in der Netzwerktechnologie eingesetzt wird, um Güter und Dienstleistungen zu erzeugen, die nur funktionieren, wenn sie gratis sind oder gemeinsam genutzt werden, weist den Weg zu einem System jenseits des Markts. Der Staat wird geeignete Rahmenbedingungen dafür schaffen müssen, und vielleicht wird der postkapitalistische Sektor Jahrzehnte mit dem Marktsektor koexistieren. Aber die Entwicklung hat begonnen.

Die Netzwerke verleihen dem postkapitalistischen Projekt »Granularität«, das heißt, sie können die Grundlage für ein Nicht-Marktsystem sein, das sich selbst reproduziert. Es muss nicht jeden Morgen von Neuem im Computer eines politischen Kommissars erzeugt werden.

Am Übergang zum Postkapitalismus werden der Staat, der Markt und die Allmendeproduktion außerhalb des Marktes beteiligt sein. Aber um den Postkapitalismus zu verwirklichen, muss das gesamte Projekt der Linken – der Protestbewegungen, des sozialdemokratischen Mainstreams und der progressiven Parteien – neu gestaltet werden. Tatsächlich wird das Projekt kein Eigentum der Linken mehr sein, wenn die Menschheit erst einmal versteht, dass der Postkapitalismus unbedingt realisiert werden muss. Dann wird er einer sehr viel größeren Bewegung gehören, für die wir vermutlich ein neues Etikett brauchen werden.

Wer kann den Postkapitalismus verwirklichen? Die alte Linke glaubte, die Arbeiterklasse müsse den Sozialismus errichten. Vor mehr als 200 Jahren warnte der radikale Journalist John Thelwall, die Männer, die die englischen Fabriken bauten, hätten eine neue und gefährliche Form der Demokratie ins Leben gerufen: »Jede große Werkstatt und Manufaktur ist eine politische Gesellschaft. Kein Parlamentsbeschluss kann sie zum Schweigen bringen, kein Amtmann kann sie zerstreuen.«[5]

Mittlerweile ist die ganze Gesellschaft eine Fabrik – und die Kommunikationsnetze, die für die tägliche Arbeit und den täglichen Profit unverzichtbar sind, sind voll von geteiltem Wissen und Unzufriedenheit. Wie vor 200 Jahren die Fabrik ist heute das Netzwerk der Ort, der nicht zum Schweigen gebracht werden kann.

Natürlich können die Mächtigen in Krisenzeiten Facebook, Twitter, ja sogar das ganze Internet und die Mobilfunknetze abschalten (und damit die Wirtschaft lähmen). Und sie können die gesamte Menge der von uns erzeugten Informationen speichern und überwachen. Doch die hierarchische, durch Propaganda gesteuerte und ahnungslose Gesellschaft, die es vor fünfzig Jahren gab, können sie nur wiederherstellen, indem sie wie in China, Nordkorea oder dem Iran auf wesentliche Bestandteile des modernen Lebens verzichten. Der Soziologe Manuel Castells erklärt, das wäre so, als versuchte man, die Elektrifizierung eines Landes rückgängig zu machen.[6]

Indem der Informationskapitalismus Millionen Menschen vernetzt hat, die unter finanzieller Ausbeutung leiden, aber nur einen Klick vom gesamten menschlichen Wissen entfernt sind, hat er einen neuen Agenten der historischen Veränderung geschaffen: den gebildeten und vernetzten Menschen.

Die Folge ist, dass in den letzten Jahren ein neuartiger Aufstand begonnen hat. Protestbewegungen nutzen die Mittel der außerparlamentarischen Opposition, um die Machtstrukturen und den in Hierarchien unvermeidlichen Machtmissbrauch zu umgehen und die Fehler der Linken im 20. Jahrhundert zu vermeiden.

Die Tatsache, dass sowohl in der Revolte der spanischen *indignados* (der »Empörten«) als auch im Arabischen Frühling die Wertvorstellungen, Einstellungen und moralischen Grundsätze der vernetzten Generation erkennbar waren, bewegte die Medien zu der Vermutung, diese Bewegungen seien von Facebook und Twitter ausgelöst worden. Dann brachen in den Jahren 2013 und 2014 in mehreren Schwellenländern – in der Türkei, in Brasilien, Indien, der Ukraine und Hongkong – Revolten aus. Millionen gingen auf die Straße, und auch diesmal setzte sich die vernetzte Generation an die Spitze der Proteste. Aber diesmal zielte ihre Kritik auf die wesentlichen Mängel des modernen Kapitalismus.

In Istanbul traf ich im Juni 2013 hinter den Barrikaden im Gezi-Park Ärzte, Softwareentwickler, Buchhalter und Angestellte von Logistikunternehmen – gut ausgebildete Arbeitskräfte, die nicht bereit waren, sich für ein Wirtschaftswachstum von acht Prozent damit abzufinden, dass die herrschenden Islamisten das moderne Leben unterdrückten.

In Brasilien feierten die Ökonomen die Entstehung einer neuen Mittelschicht, aber wie sich herausstellte, waren die Angehörigen dieser »Mittelschicht« lediglich schlecht bezahlte Arbeiter. Sie waren dem Slum entkommen und lebten in einer Welt, die ihnen ein regelmäßiges Einkommen und ein Bankkonto bot, mussten jedoch erkennen, dass man ihnen grundlegende Annehmlichkeiten vorenthielt und sie der Gnade brutaler Sicherheitskräfte und korrupter Politiker ausgeliefert hatte. Nun gingen Millionen von ihnen auf die Straße.

In Indien zeigten die durch die Vergewaltigung und Ermordung einer Studentin ausgelösten Proteste im Jahr 2012, dass die gebildete und vernetzte Generation auch dort nicht länger bereit war, sich mit Paternalismus und gesellschaftlicher Rückständigkeit abzufinden.

Die meisten dieser Revolten verliefen im Sand. Der Arabische Frühling wurde entweder gewaltsam unterdrückt wie in Ägypten und Bahrain oder vom Islamismus weggespült wie in Libyen und Syrien. In Europa scheiterte die Protestbewegung gegen die Sparpolitik an polizeilicher Repression und einer geschlossenen Front der etablierten Parteien und verlor den Mut. Aber all diese Proteste zeigten, dass die Revolution in einer komplexen Gesellschaft, deren Treibstoff die Information ist, ganz anders aussehen wird als die Revolutionen des 20. Jahrhunderts. Da eine starke, organisierte Arbeiterklasse fehlt, die den sozialen Forderungen Nachdruck verleihen könnte, brechen die Revolten oft zusammen. Doch die Ordnung wird nie vollkommen wiederhergestellt.

Anstatt wie die Radikalen des 19. und 20. Jahrhunderts vom Denken zum entschlossenen Handeln überzugehen, wird die radikalisierte Jugend heute durch die Repression gezwungen, zwischen beiden zu pendeln: Man kann die Menschen einsperren, foltern und schikanieren, aber man kann nicht verhindern, dass sie geistigen Widerstand leisten.

In der Vergangenheit wäre eine intellektuelle Radikalisierung ohne Macht sinnlos gewesen. Generationen von Rebellen vergeudeten ihr Leben in Dachstuben, wo sie wütende Gedichte schrieben, die Ungerechtigkeit der Welt verfluchten und ihre eigene Machtlosigkeit beklagten. In einer Informationsökonomie ändert sich jedoch die Beziehung zwischen Denken und Handeln.

Im von der Hochtechnologie beherrschten Maschinenbau werden die Objekte virtuell entworfen, virtuell getestet und sogar virtuell »hergestellt«, bevor auch nur ein einziges Stück Metall geformt wird – der gesamte Prozess wird in Computermodellen simuliert. So werden Fehler schon im Entwicklungsstadium entdeckt und korrigiert, was vor der Einführung der 3-D-Simulation unmöglich war.

Dasselbe gilt für das Design einer postkapitalistischen Gesellschaft. In einer Informationsgesellschaft wird kein Gedanke, kein Diskussionsbeitrag und kein Traum verschwendet, egal, wo er herkommt – sei es aus einem Zeltlager, einer Gefängniszelle oder einer »Imagineering-Sitzung« in einem Start-up-Unternehmen.

Beim Übergang zur postkapitalistischen Gesellschaft können wir durch ein sorgfältiges Design Fehler in der Umsetzung vermeiden. Und diese Gesellschaft kann so wie Software modular gestaltet werden. Verschiedene Personen können an verschiedenen Orten mit unterschiedlicher Geschwindigkeit und relativ unabhängig voneinander daran arbeiten. Wir brauchen keinen Plan mehr, wir brauchen ein modulares Projektdesign.

Und wir brauchen es dringend.

Ich will keine wirtschaftliche Strategie vorschlagen und keine Anleitung zur Organisation geben. Mein Ziel ist es, die neuen inneren Widersprüche des Kapitalismus herauszuarbeiten und genauere Koordinaten anzubieten, an denen sich Menschen, Bewegungen und Parteien auf dem Weg zur postkapitalistischen Gesellschaft orientieren können.

Der größte innere Widerspruch des heutigen Kapitalismus ist der zwischen der Möglichkeit eines unerschöpflichen Angebots an kostenlosen Gütern und einem System von Monopolen, Banken und Staaten, die alles tun, damit diese Güter knapp, kommerziell nutzbar und im Privatbesitz bleiben. Hier haben wir die Auseinandersetzung zwischen dem Netzwerk und der Hierarchie, zwischen dem Gesellschaftssystem, das rund um den Kapitalismus errichtet wurde, und den neuen Strukturen, die ankündigen, was als Nächstes kommen wird.

In diesem Veränderungsprozess steht für die Machtelite des modernen Kapitalismus viel auf dem Spiel. Während der Arbeit an diesem Buch hat mich mein Beruf als Journalist an die Schauplätze von drei Konflikten geführt, die zeigen, wie rücksichtslos die Elite reagieren wird.

Im August 2014 verbrachte ich in Gaza zehn Tage in einer Gemeinschaft, die mit Drohnenangriffen, Granatbeschuss und Scharfschützenfeuer systematisch zerstört wurde. 1500 Zivilisten wurden getötet, ein Drittel der Opfer waren Kinder. Im Februar 2015 sah ich, wie der US-Kongress den Mann, der die Angriffe angeordnet hatte, 25-mal mit Standing Ovations unterbrach, als er dort eine Rede hielt.

In Schottland fand ich mich im September 2014 inmitten einer plötzlichen und von niemandem vorhergesehenen radikalen Massenbewegung für die Unabhängigkeit von Großbritannien wieder. Millionen junger Menschen sagten »Ja«, als sich ihnen die Gelegenheit bot, mit einem neoliberalen Staat zu brechen und von vorne anzufangen. Sie erlitten eine knappe Niederlage, nachdem mehrere Großkonzerne gedroht hatten, Schottland den Rücken zu kehren – und nachdem die Bank of England angekündigt hatte, sie werde nicht zulassen, dass ein unabhängiges Schottland am britischen Pfund festhalte.

Und im Jahr 2015 verfolgte ich in Griechenland, wie Euphorie in Furcht umschlug, als eine Bevölkerung, die zum ersten Mal in siebzig Jahren die Linke gewählt hatte, feststellen musste, dass die EZB nicht bereit war, ihren demokratisch geäußerten Willen zu respektieren.

In all diesen Fällen kollidierte der Kampf für Gerechtigkeit mit der Macht, die wirklich die Welt beherrscht.

Angesichts der schleppenden Fortschritte der Sparprogramme in den südeuropäischen Krisenländern redeten die Volkswirte von J. P. Morgan im Jahr 2013 Klartext: Damit der Neoliberalismus überleben könne, müsse die Demokratie zurückgedrängt werden. Griechenland, Portugal und Spanien, so die Warnung der Experten, hätten »ein problematisches politisches Erbe«: »Die Verfassungen der Länder der südlichen Peripherie und die politischen Rahmenbedingungen, die nach dem Fall des Faschismus in diesen Ländern geschaffen wurden, weisen eine Reihe von Merkmalen auf, die mit der weiteren Integration in die Region unvereinbar scheinen.«[7] Mit anderen Worten: Völker, die in den siebziger Jahren als Gegenleistung für einen friedlichen Übergang von der Diktatur zur Demokratie einen stabilen Sozialstaat erhalten hatten, mussten diesen jetzt aufgeben, damit Banken wie J. P. Morgan überleben konnten.

Es gibt keine Genfer Konvention, die den Kampf zwischen den Eliten und den von ihnen beherrschten Völkern regeln würde. Der Robocop wird in den Kampf gegen friedliche Demonstranten geschickt: Taser, Schallkanonen und Tränengas in Kombination mit Überwachung, Infiltrierung und Desinformation sind zu normalen Werkzeugen der Ordnungskräfte geworden. Und die Zentralbanken, deren Tätigkeit den meisten Menschen ein Rätsel ist, sind bereit, die Demokratie zu sabotieren, indem sie in Ländern, in denen Bewegungen, die gegen den Neoliberalismus kämpfen, an die Macht zu kommen drohen, Kassenstürme auslösen (genau das taten sie im Jahr 2013 auf Zypern, ein Jahr später in Schottland und zuletzt in Griechenland).

Die Elite und ihre Verbündeten stehen Schulter an Schulter, um die Grundbestandteile des Neoliberalismus zu verteidigen: Hochfinanz, Niedriglöhne, Geheimhaltung, Militarismus, geistige Eigentumsrechte und fossile Energieträger. Die schlechte Nachricht ist, dass sie fast jede Regierung auf der Erde kontrollieren. Die gute Nachricht ist, dass ihnen die normalen Bürger der meisten Länder nur wenig Sympathie entgegenbringen.

Aber dieser Gegensatz zwischen großer Macht und geringer Beliebtheit ist gefährlich. Wie ich am Ufer des Dnjestr sehen konnte, kann eine Diktatur, die billiges Erdgas und Jobs in der Armee für die Söhne des Landes anbietet, attraktiver sein als eine Demokratie, die die Menschen frieren und hungern lässt.

In einer solchen Situation sind geschichtliche Kenntnisse nützlich.

Der Neoliberalismus mit seinem Glauben an die Dauerhaftigkeit und Endgültigkeit des freien Markts hat versucht, die gesamte Menschheitsgeschichte umzuschreiben: Alles jemals Dagewesene wurde zu Fehlentwicklungen, die der Neoliberalismus korrigierte. Doch wenn man einmal beginnt, über die Geschichte des Kapitalismus nachzudenken, muss man die Frage stellen, welche Ereignisse inmitten des Chaos in ein wiederkehrendes Muster passen und welche Teil einer unumkehrbaren Veränderung sind.

Obwohl es in diesem Buch darum geht, Grundrisse einer kommenden Ökonomie zu entwerfen, müssen wir uns daher auch mit der Vergangenheit beschäftigen. In Teil I geht es um die Krise und ihre Ursachen. In Teil II skizziere ich eine neue, umfassende Theorie des Postkapitalismus. Teil III ist der Frage gewidmet, wie der Übergang zum neuen System aussehen könnte.

Ist der Postkapitalismus eine Utopie? Die utopischen Sozialisten des 19. Jahrhunderts scheiterten, weil Wirtschaft, Technologie und Kultur nicht ausreichend entwickelt waren. Aber die Informationstechnologie macht große Teile des utopischen sozialistischen Projekts möglich: Kooperativen, Kommunen und sporadische Schübe des widerspenstigen Verhaltens definieren die menschliche Freiheit neu.

Utopisch wirkt mittlerweile die Elite, die wie die millenaristischen Sekten des 19. Jahrhunderts in einer separaten Welt lebt. Die Demokratie der Sonderpolizei, der korrupten Politiker, der von Magnaten kontrollierten Zeitungen und des Überwachungsstaats wirkt ebenso unecht und zerbrechlich wie die DDR vor dreißig Jahren.

In jeder Deutung der Menschheitsgeschichte muss Platz für die Möglichkeit des Zusammenbruchs sein. Die Popkultur ist besessen von dieser Vorstellung: Der Zusammenbruch wird uns im Zombie- und im Katastrophenfilm, in der postapokalyptischen Einöde von *The Road* und *Elysium* angekündigt. Aber warum sollten wir als vernunftbegabe Wesen nicht auch die Möglichkeit haben, uns das ideale Leben und die vollkommene Gesellschaft auszumalen?

Millionen Menschen beginnen zu begreifen, dass man ihnen einen Traum verkauft hat, der nie wahr werden wird. Wir müssen diesem falschen Traum mehr als einen Haufen anderer Träume entgegensetzen: Wir brauchen ein schlüssiges Projekt, das auf vernünftigen Analysen, Belegen und überprüfbaren Entwürfen beruht, eines, das mit der Wirtschaftsgeschichte bricht und uns ein nachhaltiges Leben auf diesem Planeten ermöglichen wird.

Und wir sollten uns damit beeilen.

TEIL I

Für die Historiker ist jedes Ereignis einzigartig. Die Ökonomen hingegen sehen im Verhalten der gesellschaftlichen und natürlichen Kräfte wiederkehrende Muster.

Charles P. Kindleberger[1]

1

Der Neoliberalismus ist kaputt

Am 15. September 2008 stand ich vor der New Yorker Zentrale von Lehman Brothers, um über den Zusammenbruch der Investmentbank zu berichten. Auf Anweisung meines Kameramanns schlenderte ich durch das Gewirr von Limousinen, Satellitenübertragungswagen, Leibwächtern und Bankern, die man gerade entlassen hatte.

Sieben Jahre späte leidet die Welt immer noch unter den Nachwirkungen jenes Tages. Wenn ich mir jene Aufnahmen heute ansehe, frage ich mich: Weiß der Mann, der da mit einem Mikrophon vor der Kamera steht, heute etwas, was er damals nicht wusste?

An jenem Tag wusste ich, dass eine Rezession begonnen hatte: Ich war gerade kreuz und quer durch die Vereinigten Staaten gereist, um eine Reportage über die Schließung von 600 Starbucks-Filialen zu drehen. Ich wusste, dass das globale Finanzsystem unter Druck stand: Es war sechs Wochen her, dass ich über den drohenden Kollaps einer Großbank berichtet hatte.[2] Ich wusste, dass der amerikanische Immobilienmarkt einen Tiefpunkt erreicht hatte: In Detroit hatte ich Häuser gesehen, die für 8000 Dollar in bar angeboten wurden. Und ich wusste, dass ich den Kapitalismus nicht mochte.

Aber ich ahnte damals nicht, dass der Kapitalismus in seiner gegenwärtigen Form drauf und dran war, sich selbst zu zerstören.

Der Crash im Jahr 2008 löschte 13 Prozent der globalen Wirtschaftsleistung und 20 Prozent des Welthandels aus. Er sorgte dafür, dass die Weltwirtschaft schrumpfte – und das in einer Welt, in der eine Wachstumsrate von weniger als 3 Prozent als Rezession gilt. Im Westen löste er eine Depressionsphase aus, die länger dauerte als die Weltwirtschaftskrise der Jahre 1929-33. Und trotz einer rachitischen Erholung fürchten sich die tonangebenden Ökonomen weiterhin vor einer langen Phase der Stagnation.

Aber die durch den Lehman-Zusammenbruch ausgelöste Wirtschaftskrise ist nicht das eigentliche Problem. Das eigentliche Problem ist das, was als Nächstes kommt. Wenn wir verstehen wollen, was auf uns zukommt, müssen wir uns die strukturellen Probleme ansehen, die den Crash von 2008 auslösten.

Als das globale Finanzsystem in jenem Jahr kollabierte, war die naheliegende Ursache rasch gefunden: Es lag an den Schulden, die in falsch bewerteten »forderungsbesicherten Wertpapieren« versteckt waren, und am Netz der nicht regulierten und Offshore-Unternehmen, das nach seiner Implosion als »Schattenbanksystem« bekannt wurde.[3] Und als die Jagd auf die Übeltäter begann, wurde uns klar, welches Ausmaß die Kriminalität angenommen hatte, die auf dem Weg in die Krise alltäglich geworden war.[4]

In Wahrheit saßen wir jedoch alle in einem Flugzeug, dessen Navigationssystem ausgefallen war. Der Grund für diesen Blindflug war, dass es kein Krisenmodell für die neoliberale Wirtschaft gibt. Selbst wenn wir nicht mit der gesamten Ideologie einverstanden sind – das Ende der Geschichte, die Welt ist flach, der Kapitalismus funktioniert reibungslos –, zweifeln die wenigsten von uns an der Doktrin, die besagt, dass sich die Märkte selbst regulieren. Die meisten Leute halten es weiterhin für undenkbar, dass der Neoliberalismus von seinen eigenen Widersprüchen zerrissen werden könnte.

Sieben Jahre später ist das System wieder halbwegs stabil. Indem sie zusätzliche Staatsschulden in Höhe von beinahe 100 Prozent des Bruttoinlandsprodukts angehäuft und Geld im Wert von einem Sechstel der globalen Wirtschaftsleistung druckten, schafften es die Vereinigten Staaten, Großbritannien, China und Japan, der Wirtschaft eine Dosis Adrenalin zu injizieren und den Krampf zu lösen. Die Staaten haben die Banken gerettet, indem sie ihnen ihre faulen Kredite abgenommen haben: Ein Teil wurde abgeschrieben, ein Teil in Staatsschulden verwandelt, ein Teil in Bad Banks versteckt, die einfach dadurch stabilisiert wurden, dass die Zentralbanken für sie bürgten.

Anschließend wurden Sparprogramme eingeleitet, die jene entlasteten, die ihr Geld unklug angelegt hatten, und die Lasten stattdessen den Empfängern von Sozialleistungen, den öffentlichen Bediensteten, den Rentnern, vor allem aber den zukünftigen Generationen aufbürdeten. In den besonders schwer getroffenen Ländern wurde das Rentensystem zerstört. Das

Rentenalter wurde so weit angehoben, dass die heutigen Hochschulabgänger bis zum siebzigsten Lebensjahr werden arbeiten müssen, und die Bildung wurde privatisiert, so dass die Absolventen ihr Leben lang verschuldet sein werden. Staatliche Leistungen wurden zurückgeschraubt und Infrastrukturprojekte verschoben.

Doch viele Menschen verstehen immer noch nicht, was das Wort »Austerität« wirklich bedeutet. Die Austeritätspolitik ist nicht auf die Ausgabenkürzungen in Großbritannien oder auf die soziale Katastrophe in Griechenland beschränkt. Was Austerität wirklich bedeutet, erklärte Tidjane Thiam, der ehemalige Vorstandsvorsitzende des Versicherungskonzerns Prudential, 2012 auf dem Weltwirtschaftsforum in Davos. Die Gewerkschaften, so Thiam, seien die »Feinde der jungen Menschen«, und der Mindestlohn sei »eine Maschine zur Arbeitsplatzvernichtung«. Der millionenschwere Finanzmagnat eröffnete uns ganz ungeniert, dass die Rechte der Arbeitnehmer und menschenwürdige Löhne der Wiederbelebung des Kapitalismus im Weg stünden und beseitigt werden müssten.[5]

Das ist das eigentliche Austeritätsprojekt: Einkommen und Lebensstandard der Menschen im Westen sollen über Jahrzehnte hinweg gedrückt werden, um ihren Wohlstand dem der aufstrebenden Mittelschichten in China und Indien anzugleichen.

In der Zwischenzeit wird in Ermangelung eines alternativen Modells das Feld für die nächste Krise bereitet. In Japan, Südeuropa, den USA und Großbritannien sinken oder stagnieren die Realeinkommen.[6] Das Schattenbanksystem wurde repariert und ist mittlerweile größer als im Jahr 2008.[7] Weltweit sind die kombinierten Schulden von Finanzinstituten, privaten Haushalten, Unternehmen und öffentlichen Haushalten seit der Krise um 57 Billionen Dollar gestiegen, womit sie fast dreimal so hoch sind wie das globale BIP.[8] Die neuen Vorschriften, mit denen die Banken gezwungen werden sollten, ihr Kernkapital zu erhöhen, wurden verwässert und verschleppt. Und das reichste Eine Prozent ist noch reicher geworden.

Sollte auf eine weitere Hysterie an den Finanzmärkten ein weiterer Kollaps folgen, wird es keine weitere Bankenrettung geben. Da die Staatsschulden den höchsten Stand seit dem Zweiten Weltkrieg erreicht haben und die Sozialsysteme in einigen Ländern zerschlagen worden sind, werden wir der nächsten Krise wehrlos ausgeliefert sein, da wir den Großteil unserer Munition verschossen haben. Die Rettung Zyperns lieferte die Blaupause für das, was geschieht, wenn eine Großbank oder ein Staat pleitegeht: Die Sparer verloren alle Einlagen, die über einen Betrag von 100 000 Euro hinausgingen.

Hier die Zusammenfassung der Lehren, die ich aus den Geschehnissen seit dem Tod von Lehman gezogen habe: Die kommende Generation wird ärmer sein als die gegenwärtige. Das alte Wirtschaftsmodell funktioniert nicht mehr, und das Wachstum kann nicht angekurbelt werden, ohne das Finanzsystem noch verwundbarer zu machen. Die Märkte verrieten uns an jenem Tag etwas über die Zukunft des Kapitalismus. Aber zu jener Zeit verstand ich die Botschaft nur teilweise.

Eine weitere Droge

In Zukunft sollten wir uns die Emoticons, die Smileys und das digitale Augenzwinkern in den E-Mails der Finanzmanager genauer ansehen. Diese Zeichen verraten uns, dass sie wissen, dass das, was sie tun, falsch ist.

»Es ist eine weitere Droge, von der wir abhängig geworden sind«, gab der Lehman-Manager, der für die berüchtigte »Repo 105«-Taktik verantwortlich war, in einer E-Mail zu. Der Trick bestand darin, Verbindlichkeiten aus der Bilanz der Bank herauszuhalten, indem man sie vorübergehend »verkaufte« und nach Abschluss des Quartalsberichts wieder zurückkaufte. Ein anderer Lehman-Manager wurde gefragt, ob diese Schummelei legal sei, ob andere Banken dasselbe täten und ob auf diese Art Löcher in der Bilanz gestopft würden? Seine Antwort in einer E-Mail: »Ja, nein, und ja :).«[9]

Bei der Ratingagentur Standard & Poor's, die Risiken wissentlich falsch bewertete, schrieb ein Mitarbeiter an einen anderen: »Wir wollen hoffen, dass wir alle reich und im Ruhestand sind, wenn das Kartenhaus einstürzt.« Er fügte das Emoticon »:O)« hinzu.[10]

Bei Goldman Sachs in London scherzte der Wertpapierhändler Fabrice »Fabulous Fab« Tourre:

> Mehr und mehr Verschuldung im System, das ganze System kann jeden Moment zusammenbrechen … Der einzige Überlebende dürfte Fabulous Fab

> sein … der mitten in all diesen komplexen, auf Pump finanzierten, exotischen Geschäften steht, die er ohne das nötige Verständnis der Auswirkungen dieser Ungetüme entwickelt hat!!!

Immer mehr Beweise für Kriminalität und Korruption tauchen auf. Was dabei regelmäßig auffällt, ist die verschwörerische Formlosigkeit, die die Bankleute an den Tag legen, während sie die Regeln brechen. »Habe es für dich erledigt, Junge«, schrieb ein Barclays-Mitarbeiter an einen Kollegen, mit dem er sich verschworen hatte, um den Interbankenzinssatz Libor zu manipulieren, den wichtigsten Zinssatz überhaupt.[11]

Man muss auf den Ton dieser E-Mails achten: auf die Ironie, die Unredlichkeit, die häufige Verwendung von Smileys, die saloppe Ausdrucksweise, die erratische Verwendung von Satzzeichen. All das zeigt eine systemimmanente Selbsttäuschung. Die Leute im Herzen des Finanzsystems, das seinerseits das Herz der neoliberalen Welt ist, wussten genau, dass das System nicht funktionierte.

John Maynard Keynes bezeichnete das Geld einmal als »Verbindungsglied zwischen der Gegenwart und der Zukunft«.[12] Gemeint war damit, dass unsere heutige Verwendung des Geldes Aufschluss darüber gibt, wie sich die Wirtschaft unserer Meinung nach in der Zukunft entwickeln wird. Im Vorfeld der Krise von 2008 taten wir Folgendes mit dem Geld: Wir pumpten die globale Geldmenge erheblich auf – von 25 Billionen auf 70 Billionen Dollar in den sieben Jahren vor dem Crash. Dieses Wachstum stand jedoch in keinem Verhältnis zum Wachstum der Realwirtschaft. Ein derart rasanter Anstieg der Geldmenge ist ein Hinweis darauf, dass wir an eine Zukunft glauben, in der wir um ein Vielfaches reicher sein werden als in der Gegenwart. Die Krise war einfach eine Rückmeldung der Zukunft: Wir waren im Irrtum.

Als die Krise ausbrach, blieb der globalen Elite nichts anderes übrig, als noch mehr Chips auf den Roulettetisch zu werfen. Es war nicht schwer, diese Chips aufzutreiben, denn die Spieler kontrollierten auch die Kasse des Casinos. Also gingen sie zur »quantitativen Lockerung« über und erhöhten einfach die Geldmenge um zwölf Billionen Dollar. Aber für eine Weile mussten sie ihre Einsätze gleichmäßiger verteilen und zurückhaltender spielen.[13]

Das ist die Quintessenz der globalen Wirtschaftspolitik seit 2008: Man druckt so viel Geld, dass die Banken es sich kostenlos oder sogar zu negativen Zinsen leihen können. Bei negativen Realzinsen sind die Sparer – die ihr Geld nur in Sicherheit bringen können, indem sie Staatsanleihen kaufen – de facto gezwungen, auf jeglichen Ertrag ihrer Ersparnisse zu verzichten. Oder sie wenden sich riskanteren Geldanlagen zu, was neue Spekulationswellen an den Immobilien-, Rohstoff- und Aktienmärkten auslöst. Das Ergebnis ist eine schwache Erholung, doch die strategischen Probleme bleiben dieselben.

In den entwickelten Ländern wächst die Wirtschaft langsam. Die Vereinigten Staaten konnten sich nur erholen, indem sie einen Schuldenberg von 17 Billionen Dollar anhäuften. Immer noch sind Billionen Dollar, Yen, Pfund und Euro in Umlauf, die im Rahmen der lockeren Geldpolitik gedruckt wurden. Die Schulden der privaten Haushalte in den westlichen Ländern sind weiterhin unbezahlt. Die während des spekulativen Immobilienbooms in Spanien, China und anderswo errichteten Geisterstädte haben bis heute keine Käufer gefunden. Die Eurozone, die vermutlich wichtigste und fragilste wirtschaftliche Konstruktion der Welt, stagniert weiterhin, was gewaltige politische Spannungen zwischen Gesellschaftsschichten und Ländern erzeugt, die das Gebilde sprengen könnten.

Sollte die Zukunft keine spektakulären Reichtümer bringen, wird sich all das als untragbar erweisen. Und die Wirtschaft, die aus der Krise hervorgeht, kann keinen solchen Reichtum erzeugen. Nicht nur das neoliberale Modell, sondern der Kapitalismus an sich befindet sich an einem strategischen Wendepunkt (wie ich in Kapitel 2 zeigen werde).

Kehren wir in den September 2008 zurück, um uns anzusehen, inwieweit die Zuversicht, die den Boom speiste, der tatsächlichen Lage entsprach. In meinem Fernsehbericht über die Ereignisse jenes Tages sind vor der Lehman-Zentrale in New York zahlreiche Menschen zu sehen, die mit ihren Handys von Nokia, Motorola und Sony Ericsson Fotos machen. Diese Geräte sind längst veraltet, und ihre Hersteller haben ihre beherrschende Stellung auf dem Markt mittlerweile eingebüßt.

Der rasante Fortschritt der digitalen Technologie, der die Wirtschaftsblüte bis zum Jahr 2008 antrieb, ist in der Krise nicht zum Stillstand gekommen. In den Jahren seit dem Zusammenbruch von Lehman hat das iPhone die Welt erobert und ist seinerseits vom Android-Smartphone überflügelt worden. Tablets und E-Books haben sich durchgesetzt. Die sozialen Netzwerke, von denen damals kaum jemand sprach, sind mittlerweile ein fester Bestandteil des Lebens vieler Menschen. Als Lehman pleiteging, hatte Facebook 100 Millionen Nutzer. Mittlerweile sind es 1,3 Milliarden, womit dieses Netzwerk größer ist als das gesamte globale Internet im Jahr 2008.[14]

Und der technologische Fortschritt ist nicht auf die digitale Sphäre beschränkt. In diesen sieben Jahren hat Toyota trotz der globalen Finanzkrise und ungeachtet eines verheerenden Erdbebens fünf Millionen Hybridautos produziert, das heißt fünfmal so viele wie vor der Krise. Im Jahr 2008 konnten die Solarstromanlagen der Welt 15 000 Megawatt Strom erzeugen; bis 2014 stieg die globale Kapazität auf das Zehnfache dieses Werts.[15]

Wir haben es also mit einer wirtschaftlichen Depression zu tun, die mit keiner anderen vergleichbar ist. Wir sehen Krise und Stagnation in Verbindung mit der raschen Verbreitung neuer Technologien – in den dreißiger Jahren des vergangenen Jahrhunderts geschah nichts Derartiges. Und die Politik hat ganz anders reagiert als im Jahr 1930: Anstatt die Krise wie seinerzeit zu verschärfen, hat die globale Elite politische Maßnahmen ergriffen, um die Realwirtschaft zu schützen, wobei sie vielfach gegen ihre eigenen wirtschaftlichen Überzeugungen handelte. Und in wichtigen Schwellenländern lösten die wachsende Nachfrage nach Rohstoffen und die globalen geldpolitischen Stimuli in den ersten Jahren nach 2008 einen Boom aus.

Gemeinsam verhinderten der technologische Fortschritt, die politischen Eingriffe und die Robustheit der Emerging Markets, dass diese Weltwirtschaftskrise so großes menschliches Leid verursachte wie die Great Depression der dreißiger Jahre. Aber die aktuelle Krise hat gravierendere Folgen. Um zu verstehen, warum das so ist, müssen wir uns die Kausalkette ansehen.

Sowohl linke als auch rechte Ökonomen sehen den unmittelbaren Auslöser des Zusammenbruchs im »billigen Geld«: Nachdem im Jahr 2001 die Dotcom-Blase geplatzt war, entschlossen sich die westlichen Staaten, das Bankwesen zu deregulieren und die Regeln für die Kreditvergabe zu lockern. Damit erleichterten sie die Spekulation mit strukturierten Finanzprodukten und gaben grünes Licht für alle folgenden Verbrechen: Die Politik erklärte es zur Pflicht der Bankiers, sich durch Finanzspekulation zu bereichern, damit sich dieser Reichtum nach dem Trickle-down-Prinzip in der übrigen Volkswirtschaft verteilen konnte.

Stimmt man der Interpretation zu, dass das billige Geld zur Entstehung der Krise beitrug, so tritt ein grundlegenderes Problem zutage: die »globalen

Ungleichgewichte«, das heißt jene Rollenverteilung, die es Ländern wie den USA erlaubte, auf Pump zu leben und hohe Staatsdefizite anzuhäufen, während China, Deutschland, Japan und andere Exportnationen die Rolle der Gläubiger spielten. Zweifellos führten diese Ungleichgewichte zum Kreditüberangebot in den westlichen Volkswirtschaften. Aber warum gab es sie? Warum legten die chinesischen Haushalte 25 Prozent ihres Einkommens zurück und verliehen ihr Erspartes über das globale Finanzsystem an amerikanische Arbeitskräfte, die überhaupt nicht sparten?

Im ersten Jahrzehnt nach der Jahrtausendwende diskutierten die Ökonomen über widersprüchliche Erklärungen: Entweder lag es an der übermäßigen Sparneigung der knausrigen Völker Asiens, oder die Schuld lag bei den verschwenderischen Menschen im Westen, die auf Pump leben wollten. Wie dem auch sei, das Ungleichgewicht war eine Tatsache. Schürft man tiefer, so stößt man auf die Globalisierung selbst, und in der vorherrschenden Wirtschaftstheorie sind Zweifel an der Globalisierung unzulässig: Sie ist einfach eine unumkehrbare Tatsache.

Also wurde die These vom »mangelhaften Bankensystem in Kombination mit unausgewogenem Wachstum« zur Erklärung für den Kollaps. Man musste lediglich bei den Banken aufräumen, die Schulden verringern, das Gleichgewicht der Weltwirtschaft wiederherstellen, und alles würde wieder gut werden. Auf dieser Annahme beruhen die politischen Maßnahmen seit dem Jahr 2008.

Doch das anhaltend dürftige Wachstum hat sogar Mainstream-Ökonomen aus ihrer Selbstgefälligkeit gerissen. Larry Summers, Finanzminister in der Regierung Clinton und einer der Architekten der Bankenderegulierung, erschreckte im Jahr 2013 die Wirtschaftswelt mit der Warnung vor einer »säkularen Stagnation«: Er befürchtete für die absehbare Zukunft ein dauerhaft geringes Wachstum. Summers gab zu, dass die Weltwirtschaft seit geraumer Zeit unter einer Wachstumsschwäche leide, die lediglich »durch nicht nachhaltige Verschuldung übertüncht worden« sei.[16] Der Wirtschaftsexperte Robert Gordon ging noch einen Schritt weiter und sagte für das kommende Vierteljahrhundert ein hartnäckig kümmerliches Wachstum, hohe Schulden und wachsende Ungleichheit in den Vereinigten Staaten voraus.[17] Angesichts der Unfähigkeit des Kapitalismus, sich zu regenerieren, fürchten sich die Experten mittlerweile nicht mehr vor einem Jahrzehnt der Stagnation aufgrund der Überschuldung, sondern beginnen über die Möglichkeit nachzudenken, dass sich das System überhaupt nicht mehr erholen wird. Nie wieder.

Um einschätzen zu können, inwieweit diese Untergangsszenarien der Realität entsprechen, müssen wir vier Elemente analysieren, die den Vormarsch des Neoliberalismus ermöglicht haben – und ihn gleichzeitig zerstören:

1. Das »Fiatgeld«, das es ermöglichte, jede Wachstumsschwäche mit einer Lockerung des Kredits zu beantworten, und so die gesamte entwickelte Welt in die Lage versetzte, auf Pump zu leben.
2. Die Finanzialisierung, welche die stagnierenden Einkommen der Arbeitskräfte in der entwickelten Welt durch Kredit ersetzt hat.
3. Die globalen Ungleichgewichte und die Risiken, die in den gewaltigen Schulden und Währungsreserven der großen Industrieländer schlummern.
4. Die Informationstechnologie, die alles andere möglich gemacht hat, unter Umständen jedoch in Zukunft keine ausreichende Grundlage für Wachstum mehr sein wird.

Das Schicksal des Neoliberalismus hängt davon ab, ob diese vier Faktoren weiter wirken werden. Das Schicksal des Kapitalismus hängt davon ab, was geschieht, wenn sie ihre Wirkung einbüßen. Sehen wir uns die Sache genauer an.

Fiatgeld

Im Jahr 1837 gab die kurz zuvor gegründete Republik Texas ihre ersten Banknoten heraus. In den texanischen Museen sind noch einige makellose Exemplare erhalten. Da der neue Staat keine Goldreserven hatte, versprach er den Inhabern dieser Banknoten einen jährlichen Zinsertrag von 10 Prozent. Innerhalb von zwei Jahren fiel der Wert des texanischen Dollar auf 40 US-Cent. Fünf Jahre nach ihrer Einführung waren diese Banknoten so unbeliebt, dass der texanische Staat seinen Bürgern verbot, ihre Steuern damit zu bezahlen. Es dauerte nicht lange, da begann die Bevölkerung, einen Anschluss der Republik an die USA zu fordern. Als es im Jahr 1845 so weit war, hatte der texanische Dollar einen Großteil seines Werts zurückgewonnen. Im Jahr 1850 erließen die Vereinigten Staaten Texas Staatsschulden in Höhe von 10 Millionen US-Dollar.

Das kurze Dasein des Texas-Dollar gilt als Lehrbeispiel für die Probleme des »Fiatgeldes«, das heißt einer Währung, die nicht durch Gold besichert ist. Das lateinische Wort *fiat* hat hier dieselbe Bedeutung wie im biblischen »Fiat lux« (»Es werde Licht«): Es werde Geld. Dieses Geld wird aus dem Nichts erschaffen. In Texas gab es Land, Rinder und Handel – nur genügte ihr Gegenwert nicht, um vier Millionen Dollar drucken und Staatsschulden von zehn Millionen Dollar anhäufen zu können. Das Papiergeld verlor seinen Wert, und die Republik Texas verschwand.

Im August 1971 entschlossen sich die Vereinigten Staaten, das Experiment zu wiederholen, aber diesmal wurde die ganze Welt zum Laboratorium. Präsident Richard Nixon kündigte einseitig eine Übereinkunft auf, die alle anderen Währungen an den Dollar und diesen an das Gold gebunden hatte. Seit diesem Moment beruht das globale Währungssystem auf dem Fiatgeld.

Ende der sechziger Jahre hatte Alan Greenspan, der spätere Vorsitzende der Federal Reserve, ein Aufgeben des Goldstandards noch abgelehnt, da er in diesem Vorhaben einen Versuch der Anhänger des Wohlfahrtsstaats sah, die öffentlichen Ausgaben zu finanzieren, indem man das Geld der Bürger konfiszierte.[18] Schließlich begriffen Greenspan und die amerikanische Elite jedoch, dass dieser Schritt die USA in die Lage versetzen würde, das Geld anderer Länder zu konfiszieren. So wurde der Weg für drei Jahrzehnte der Währungsmanipulation durch Washington geebnet, und die Vereinigten Staaten konnten sich bei der restlichen Welt sechs Billionen Dollar leihen.[19]

Der Übergang zu einer reinen Papierwährung war die Vorbedingung für alle folgenden Phasen des neoliberalen Projekts. Daher brauchte die amerikanische Rechte eine Weile, um herauszufinden, dass ihr das Papiergeld nicht gefiel. Aber mittlerweile lehnt die rechte Wirtschaftswissenschaft das Fiatgeld entschieden ab. Seine Gegner sind überzeugt, dass es die eigentliche Ursache für spekulative Überhitzung und Zusammenbrüche ist – und damit haben sie nicht ganz unrecht.

Die Abkopplung vom Gold und von festen Wechselkursen löste drei grundlegende neoliberale Reflexe aus: die expansive Geldschöpfung durch die Banken, die Annahme, jede Krise könne durch eine geldpolitische Lockerung bewältigt werden, und die Vorstellung, die mit Spekulation erzielten Gewinne könnten immer weiter steigen. Diese Reflexe wurden ein so fester Bestandteil des Verhaltens von Millionen Menschen, dass die Wirtschaft in Schockstarre verfiel, als sie nicht mehr funktionierten.

Für manche Leute ist es eine Neuigkeit, dass die Banken das Geld »erschaffen«. Aber das tun sie seit je: Sie verleihen seit je mehr Bargeld, als sie im Tresor liegen haben. Allerdings gab es vor 1971 gesetzliche Grenzen für die Geldschöpfung. In den Vereinigten Staaten mussten die Banken jederzeit zwanzig Prozent der abhebbaren Einlagen in bar halten. So war dafür gesorgt, dass die Bank selbst dann überleben würde, wenn jeder fünfte Kunde in Panik geriet und zum Schalter lief, um sein gesamtes Geld abzuheben.[20]

Das neoliberale Projekt beseitigte diese Schranken. Mit dem ersten Basler Akkord von 1988 wurden die Mindestreserven auf acht Prozent der Ausleihungen festgesetzt. Als im Jahr 2004 Basel II in Kraft trat, waren Einlagen und Kredite zu komplex geworden, um das angemessene Verhältnis weiterhin anhand eines einzigen Prozentsatzes bestimmen zu können. Also wurden die Regeln geändert: Das Kapital sollte abhängig von seiner Qualität »gewichtet« werden – und die Beurteilung der Qualität wurde den Ratingagenturen übertragen. Die Banken mussten erklären, anhand welcher finanztechnischen Methoden sie ihre Risiken berechnet hatten. Und sie mussten das »Marktrisiko« berücksichtigen, das heißt die Vorgänge außerhalb der Mauern der Bank.

Die Regelungen von Basel II luden dazu ein, nach Lücken im System zu suchen – und genau das taten die Bankiers und ihre Rechtsberater. Die Ratingagenturen bewerteten die Vermögenswerte falsch, und die Anwälte bastelten komplexe Instrumente, um die Vorschriften, die Transparenz gewährleisten sollten, auszuhebeln. Und was die Einschätzung der Marktrisiken anbelangt, so bewies der Offenmarktausschuss der Federal Reserve – jenes Gremium, das angeblich alles weiß – noch Ende des Jahres 2007, als die Vereinigten Staaten in die Rezession schlitterten, eine bemerkenswerte Selbstgefälligkeit. Tim Geithner, der damalige Chef der New Yorker Fed, erklärte, wie es weitergehen würde: »Die Konsumenten drosseln ihre Ausgaben ein wenig, und die Unternehmen reagieren darauf, indem sie die Investitionen verringern und weniger Arbeitskräfte einstellen. Daher wird das

Wachstum in den nächsten Quartalen leicht unterdurchschnittlich ausfallen.«[21]

Die Fehleinschätzung des Marktrisikos beruhte jedoch nicht auf blindem Optimismus, sondern auf Erfahrung. War die Fed mit einem Wirtschaftsabschwung konfrontiert, so bestand ihre Reaktion stets darin, die Zinsen zu senken, womit sie den Banken die Möglichkeit gab, sich noch mehr Geld gegen noch geringere Sicherheiten zu leihen. Dies war der zweite Grundreflex des Neoliberalismus: die Annahme, jede Krise sei beherrschbar.

Zwischen 1987 und 2000 beantwortete die Fed unter Greenspans Führung jede Rezession mit einer Zinssenkung. Damit machte sie nicht nur Investitionen an den Kapitalmärkten zu einer sicheren Wette – die Investoren wussten, dass die Notenbank jeden Börsencrash mit einer Geldschwemme beantworten würde –, sondern sie verringerte im Lauf der Zeit das mit Aktienbesitz verbundene Risiko.[22] Die Aktienkurse, die theoretisch Aufschluss über die erwartete zukünftige Rentabilität der Unternehmen geben sollten, verwandelten sich in eine Wette auf die zukünftige Politik der Federal Reserve. Das Kurs-Gewinn-Verhältnis für die größten fünfhundert Unternehmen in den USA, das sich seit dem Jahr 1870 zwischen 10 und 25 bewegt hatte, kletterte nun auf Werte zwischen 35 und 45.[23]

Wenn das Geld eine »Verbindung mit der Zukunft« herstellt, signalisierte es im Jahr 2000 Zukunftsaussichten, die so rosig waren wie nie zuvor in der Geschichte. Der Auslöser für das Platzen der Internetblase im Jahr 2001 war Greenspans Entscheidung, den Leitzins zu erhöhen, um einen »irrationalen Überschwang« zu bremsen. Aber nach dem Terrorangriff vom 11. September und dem Enron-Konkurs im selben Jahr wurden die Zinsen angesichts einer kurzen Rezession erneut gesenkt. Und jetzt war es eine unverhohlen politische Entscheidung: Der irrationale Überschwang war wünschenswert, denn die Vereinigten Staaten führten Krieg in Afghanistan und bald auch im Irak, und das Vertrauen in die Unternehmen war durch zahlreiche Skandale erschüttert worden.

Diesmal ging die Fed noch einen Schritt weiter und gab den Amerikanern ein ausdrückliches Versprechen: Die Regierung würde eher Geld drucken, als eine lang anhaltende Rezessions- und Deflationsphase zuzulassen. »Die amerikanische Regierung hat eine Technologie, die als Druckerpresse bezeichnet wird«, erklärte Ben Bernanke, Mitglied des Fed-Board, im Jahr 2002. »In einem Papiergeldsystem kann eine entschlossene Regierung stets eine Ausgabenerhöhung bewirken und damit positive Inflation erzeugen.«[24]

Wenn die finanziellen Bedingungen günstig und vorhersehbar sind, werden die Banken stets hohe Gewinne erzielen. Die Tätigkeit der Banken wurde zu einem taktischen Wechselspiel, dessen Zweck darin bestand, bei Konkurrenten und Kunden Geld abzuschöpfen. Hier haben wir den dritten Grundreflex des Neoliberalismus: die verbreitete Illusion, man brauche nur Geld, um Geld zu machen.

Obwohl der Staat die vorgeschriebene Eigenkapitalquote der Banken gesenkt hatte, hatte er an der strikten Trennung zwischen Geschäfts- und Investmentbanken festgehalten, die in den dreißiger Jahren mit dem Glass-Steagall Act eingeführt worden war. Ende der neunziger Jahre expandierten die Investmentbanken jedoch mit hektischen Fusionen und Übernahmen und verdrehten die Regeln nach Belieben. Und im Jahr 1999 hob Finanzminister Larry Summers den Glass-Steagall Act schließlich auf und öffnete das Bankwesen für jene, die sich auf exotische, undurchschaubare Finanztransaktionen und für die heimischen Aufsichtsbehörden unkontrollierbare Geschäfte im Ausland verlegt hatten.

So trug das Fiatgeld zur Entstehung der Krise bei, indem es uns mit falschen Signalen aus der Zukunft überhäufte: Die Fed wird uns immer retten, Aktien sind nicht riskant, und Banken können mit risikolosen Geschäften hohe Gewinne erzielen.

Ein besonders anschauliches Beispiel dafür, dass sich die Politik nach der Krise nicht von der Politik vor der Krise unterscheidet, ist die Strategie der »quantitativen Lockerung« (Quantitative Easing, QE). Im Jahr 2009 entschlossen sich Ben Bernanke und der damalige britische Zentralbankgouverneur Mervyn King, angesichts der andauernden Krise die Notenpresse anzuwerfen. China hatte schon im November 2008 mit der Geldvermehrung begonnen, wobei es sich einer sehr direkten Methode bediente: Die Staatsbanken vergaben »weiche Kredite« an die Wirtschaft (das heißt Kredite ohne Sicherheiten, mit deren Rückzahlung niemand rechnete). Nun begann die Fed, die Geldmenge innerhalb von vier Jahren um vier Billionen Dollar zu erhöhen, indem sie zunächst notleidende Kredite der staatlich geförderten Hypothekenbanken, dann Staatsanleihen und schließlich Hypotheken aufkaufte. Auf diese Art pumpte sie Monat für Monat achtzig Milliarden Dollar in den Markt. Das Geld floss in Aktien und Immobilien und trieb deren Preise in die Höhe, womit es in die Taschen jener gespült wurde, die ohnehin schon reich waren.

Eine Vorreiterrolle in diesem Spiel hatte Japan übernommen, das nach dem Zusammenbruch seines hoffnungslos überbewerteten Immobilienmarkts im Jahr 1990 die Geldpresse angeworfen hatte. Da sich die Wirtschaft nicht erholen wollte, sah sich Ministerpräsident Shinzō Abe 2012 gezwungen, noch mehr Geld zu drucken. Die EZB, die verpflichtet ist, die Stabilität des Euro zu wahren, wartete ab, rang sich jedoch im Jahr 2015 angesichts von Deflation und stagnierender Wirtschaftsleistung dazu durch, ebenfalls zur quantitativen Lockerung überzugehen und die Geldmenge um 1,6 Billionen Euro zu erhöhen.

Ich schätze den Gesamtbetrag des rund um den Erdball gedruckten Geldes einschließlich der von der EZB zugesagten Anleihekäufe auf rund zwölf Billionen Dollar. Das ist ein Sechstel des globalen Bruttoinlandsprodukts.[25]

Die Geldschwemme funktionierte insofern, als sie eine tiefe Weltwirtschaftskrise verhinderte. Aber hier wurde versucht, die Krankheit zu heilen, indem man dem Patienten den Krankheitserreger erneut injizierte: Man pumpte billiges Geld in den Markt, um eine durch billiges Geld verursachte Krise zu überwinden.

Was wird als Nächstes geschehen? Die Antwort hängt davon ab, was man unter Geld versteht.

Die Gegner des Fiatgeldes prophezeien eine Katastrophe. Tatsächlich sind die Bücher, in denen das Papiergeld verteufelt wird, so zahlreich wie die, in denen die Banken angeprangert werden. Da eine unbegrenzte Menge Geld für den Erwerb einer begrenzten Menge realer wirtschaftlicher Güter zur Verfügung steht, werden nach Ansicht der kritischen Autoren alle auf dem Papiergeld beruhenden monetären Systeme letzten Endes dasselbe Schicksal erleiden wie die texanische Republik im 19. Jahrhundert. Die Krise im Jahr 2008 war demnach nur eine erste Erschütterung, die das große Beben ankündigte.

Die Lösungsvorschläge sind zumeist millenaristischer Art. Detlev Schlichter, ein ehemaliger Manager von J. P. Morgan, erwartet einen »Wohlstandstransfer historischen Ausmaßes«, und zwar von denen, die Vermögenswerte in Papierform halten – ob auf Bankkonten oder in Rentenfonds –, zu denen, die reale Vermögenswerte wie Gold besitzen. Schlichter prophezeit, auf den Ruinen dieser Umverteilung werde ein System entstehen, in dem jeder Kredit durch Bargeld auf dem Konto abgesichert sein müsse – ein »Bankwesen mit Vollreserve-System« – und ein neuer Goldstandard gelten werde. Dies mache eine massive Anhebung des Goldpreises erforderlich, da der Wert des weltweit verfügbaren Goldes dem der gesamten Vermögen der Welt entsprechen müsste. (Ein ähnliches System strebt die Bitcoin-Bewegung an, die eine digitale Währung einführen will, die von keinem Staat garantiert wird und aus einer endlichen Zahl von digitalen Münzen besteht.)

Aber dieses neue, auf »wirklichem« Geld beruhende System hätte gravierende Auswirkungen auf die Wirtschaftsleistung. Wenn die Rücklagen der Banken den Ausleihungen entsprechen müssen, kann die wirtschaftliche Aktivität nicht mittels Krediten ausgeweitet werden. Und es gibt kaum Platz für derivative Märkte, deren Komplexität – in normalen Zeiten – die durch Dürre, Ernteausfälle, den Rückruf fehlerhafter Autos usw. verursachten Probleme auffangen kann. In einer Welt, in der die Banken hundert Prozent ihrer Einlagen als Rücklagen hielten, wären wiederholte wirtschaftliche Stagnationsphasen und hohe Arbeitslosigkeit unvermeidlich. Und es liegt auf der Hand, dass wir in eine Deflationsspirale schlittern würden: Schlichter erklärt, wenn das Geldangebot unverändert bleibe, die Produktivität jedoch steige, würden die Preise im Lauf der Zeit sinken.[26]

Diese Option bevorzugen die rechten monetären Fundamentalisten. Ihre Befürchtung: Um das Fiatgeld zu verteidigen, werde der Staat die Banken verstaatlichen, die Schulden abschreiben, das Finanzsystem unter seine Kontrolle bringen und das freie Unternehmertum für immer beseitigen.

Wie wir sehen werden, könnte es tatsächlich so weit kommen. Die Argumentation der Gegner des Fiatgeldes weist allerdings einen grundlegenden Mangel auf: Sie verstehen die Natur des Geldes nicht.

In der herkömmlichen Vorstellung von den wirtschaftlichen Zusammenhängen ist das Geld lediglich ein nützliches Tauschmittel, das erfunden wurde, weil es in den frühen Zivilisationen irgendwann zu schwierig wurde, den Gegenwert eines Waschbärenfells in Kartoffeln zu bestimmen. Doch wie der Anthropologe David Graeber gezeigt hat, gibt es in Wahrheit keinen Beleg dafür, dass sich die frühen menschlichen Gesellschaften des Tauschhandels bedienten oder dass daraus das Geld hervorging.[27] Sie stützten sich auf etwas, das sehr viel wirksamer war: Vertrauen.

Geld wird von Staaten geschaffen, und so ist es immer gewesen. Geld existiert nie unabhängig von Regierungen. Es ist immer gleichbedeutend mit dem von einer Regierung gegebenen »Versprechen der Auszahlung«. Sein Wert hängt nicht vom inneren Wert eines Metalls ab, sondern vom Vertrauen der Menschen in das Auszahlungsversprechen eines Staates.

Das texanische Fiatgeld hätte funktioniert, wenn die Menschen geglaubt hätten, dass der texanische Staat ewig existieren werde. Aber niemand glaubte das, nicht einmal die Siedler in der Zeit von Fort Alamo. Sobald sie begriffen, dass Texas sich den Vereinigten Staaten anschließen würde, erholte sich der Wert der texanischen Währung.

Hat man das einmal verstanden, so wird klar, welches das eigentliche Problem des Neoliberalismus ist. Das Problem ist nicht, dass wir mehr Geld gedruckt haben, als die realen Produkte der Volkswirtschaft wert sind. Das Problem ist (obwohl das kaum jemand zugeben wird), dass wir das Vertrauen in unseren Staat verloren haben. Das ganze System beruht auf der Glaubwürdigkeit des Staates, der die Banknoten ausgibt. Und in der modernen, globalen Wirtschaft müssen wir nicht mehr einzelnen Staaten, sondern einem vielschichtigen System von Schuldverpflichtungen, Zahlungsmechanismen, inoffiziellen Währungskopplungen, förmlichen Währungsunionen wie dem Euro und riesigen Fremdwährungsreserven vertrauen, welche die Staaten als Versicherung für den Fall eines Systemzusammenbruchs angehäuft haben.

Das eigentliche Problem mit dem Fiatgeld tritt dann auf, wenn dieses multilaterale System zerfällt. Aber das ist Zukunftsmusik. Für den Augenblick können wir festhalten, dass das Fiatgeld in Kombination mit der freien Marktwirtschaft eine Maschine ist, die Zyklen von Expansion und Rezession produziert. Wird diese Maschine nicht gesteuert, so kann sie – auch ohne Berücksichtigung der anderen destabilisierenden Faktoren – die Weltwirtschaft in eine langfristige Stagnation stürzen.

Finanzialisierung

Schlendert man durch das Geschäftsviertel einer der britischen Städte, die dem industriellen Niedergang zum Opfer gefallen sind, so sieht man immer dasselbe Bild: Da gibt es Kredithaie, Pfandleihen und Läden, die zu Wucher-

2. Auf der Suche nach neuen Einnahmequellen wandten sich die Banken den Konsumenten und einer Reihe riskanter, komplexer Aktivitäten zu, die als Investmentbanking bezeichnet werden.
3. Die Konsumenten wurden direkt in die Finanzmärkte eingebunden: Kreditkarten, Überziehungsrahmen, Hypotheken, Studiendarlehen und Autofinanzierungen wurden zu Bestandteilen unseres Alltagslebens. Ein wachsender Teil der wirtschaftlichen Gewinne wird heute nicht erzielt, indem Arbeitskräfte eingesetzt oder Güter und Dienstleistungen bereitgestellt werden, die diese Arbeitskräfte mit ihrem Einkommen bezahlen. Die Gewinne werden erzielt, indem man den Arbeitskräften das Geld für den Erwerb der Güter und Dienstleistungen leiht.
4. Alle einfachen finanziellen Transaktionen bringen heute auf einer höheren Stufe des Systems einen komplexen Finanzmarkt hervor: Jeder Hauskäufer oder Autobesitzer erzeugt irgendwo im System einen bestimmbaren finanziellen Ertrag. Ihr Mobiltelefonvertrag, Ihre Mitgliedschaft im Fitnesscenter, Ihr Vertrag mit dem Stromversorger – alle Ihre regelmäßigen Zahlungen – werden in Finanzinstrumente verpackt, die stetige Zinsen für einen Investor abwerfen, lange bevor Sie sich entschließen, diese Dinge zu kaufen. Und dann schließt jemand, dem Sie nie begegnet sind, eine Wette darauf ab, ob Sie die Zahlungen leisten werden.

Dieses System wurde möglicherweise nicht gezielt entwickelt, um die Löhne niedrig zu halten und produktive Investitionen zu hemmen – die neoliberalen Politiker nehmen für sich in Anspruch, hochwertige Arbeit und Produktivität zu fördern –, aber nach den Resultaten zu urteilen, gehören Finanzialisierung und Niedriglöhne ebenso zusammen wie unsichere Arbeitsplätze und Essensausgaben.

Offiziellen Angaben zufolge stagnieren die Reallöhne von Industriearbeitern in den Vereinigten Staaten seit dem Jahr 1973. Im selben Zeitraum hat sich die Gesamtverschuldung der amerikanischen Volkswirtschaft auf 300 Prozent des Bruttoinlandsprodukts verdoppelt. Der Anteil des FIRE-Sektors (Finanzen, Versicherungen und Immobilien) am BIP ist in diesen vier Jahrzehnten von 15 auf 24 Prozent gestiegen, womit dieser Sektor mittlerweile größer als das verarbeitende Gewerbe und fast so groß wie der Dienstleistungssektor ist.[28]

Die Finanzialisierung hat auch die Beziehung zwischen Unternehmen

Erträge rasch ein. Genau das geschah, als die Subprime-Blase auf dem amerikanischen Hypothekenmarkt platzte.

In den Jahren 2001 bis 2006 schwollen die Hypothekenkredite an amerikanische Haushalte von 2,2 Billionen Dollar jährlich auf knapp 3 Billionen Dollar an. Das war ein deutlicher, wenn auch nicht unbedingt gefährlicher Zuwachs. Aber der Umfang der Subprime-Hypotheken, das heißt jener Kredite, die zu hohen Zinsen an mittellose Personen vergeben wurden, stieg im selben Zeitraum von 160 Milliarden auf 600 Milliarden Dollar. Und die bis dahin unbedeutenden »zinsvariablen Hypothekendarlehen« – bei denen die Tilgungsraten anfangs niedrig sind, im Lauf der Zeit jedoch steigen – erreichten in den letzten drei Jahren des Booms einen Anteil von 48 Prozent an allen Krediten. Für diese riskanten, komplexen und nicht tragbaren Darlehen gab es keinen Markt – bis die Investmentbanken ihn erfanden.[29]

Womit wir bei einem weiteren inhärenten Problem der Finanzialisierung sind: Sie zerstört die Beziehung zwischen Ausleihungen und Ersparnissen.[30] Eine normale Geschäftsbank verleiht immer mehr Geld, als sie an Einlagen hält. Wir haben gesehen, wie die Deregulierung die Banken ermutigte, ihre Rücklagen zu verringern und das System auszutricksen. Aber dieser neue Prozess – in dem jeder Ertragsstrom in ein komplexeres Produkt verpackt und auf zahlreiche Investoren verteilt wurde – zwang die Geschäftsbanken, sich sogar für ihren alltäglichen Betrieb kurzfristiges Kapital auf dem Geldmarkt zu beschaffen.

Die Folge war ein fataler Wandel im Denken der Bankiers. Die langfristige Natur der Kreditvergabe (Hypothekendarlehen mit Laufzeiten von 25 Jahren oder nie getilgte Kreditkartenschulden) wurde zusehends von der kurzfristigen Natur der Kreditaufnahme abgekoppelt. So erzeugte die Finanzialisierung jenseits all des Betrugs und der Fehlbewertungen im Bankwesen eine strukturelle Neigung zu jener Art von plötzlicher Liquiditätskrise, die Lehman Brothers zerstörte.

In finanzialisierten Gesellschaften führt eine Bankenkrise normalerweise nicht dazu, dass die Kunden die Banken stürmen, um ihr Geld abzuheben – aus dem einfachen Grund, dass sie nicht allzu viel Geld auf dem Konto haben. Es sind die Banken, die Geld auf der Bank haben. Sie haben es in andere Banken gesteckt. Und wie wir im Jahr 2008 feststellen mussten, steckt ein Großteil dieses Geldes in wertlosem Papier.

wandelt haben. Abgesehen davon, dass unsere Arbeitgeber mit unserem Arbeitseinsatz Profit machen, erzielen die finanziellen Mittelsmänner Profit mit unseren Schulden. Eine Mutter, die von Sozialhilfe lebt und gezwungen ist, sich mit Überbrückungskrediten über Wasser zu halten und Haushaltsgüter auf Kredit zu kaufen, kann eine sehr viel höhere Rendite auf das investierte Kapital abwerfen als ein festangestellter Arbeiter in der Automobilindustrie.

Sobald jeder Mensch einfach dadurch einen finanziellen Profit abwerfen kann, dass er konsumiert – und die Ärmsten können den höchsten Profit abwerfen –, beginnt sich die Haltung des Kapitalismus gegenüber der Arbeit grundlegend zu wandeln. In Teil II werden wir uns genauer damit beschäftigen. Für den Augenblick wollen wir lediglich festhalten, dass die Finanzialisierung ein fester Bestandteil des Neoliberalismus ist. Wie das Fiatgeld führt sie zum Zusammenbruch – aber das System kann ohne sie nicht funktionieren.

Die Welt ist aus dem Lot

Das unvermeidliche Ergebnis des Neoliberalismus waren die sogenannten »globalen Ungleichgewichte« in Handel, Ersparnissen und Investitionen. In den Ländern, die ihre Gewerkschaften zerschlugen, einen Großteil ihrer produktiven Industrien in Niedriglohnländer verlegten und den Konsum auf Pump ankurbelten, führte dies zwangsläufig zu wachsenden Außenhandelsdefiziten, hohen öffentlichen Schulden und einer zunehmenden Instabilität des Finanzsektors. Die Gurus des Neoliberalismus forderten die Welt auf, das angelsächsische System zu übernehmen, hofften in Wahrheit jedoch, dass einige Schlüsselländer das nicht tun würden.

Die Außenhandelsüberschüsse Asiens gegenüber der Welt, Deutschlands Überschuss im Handel mit dem übrigen Europa, die Bereitschaft der erdölexportierenden Länder, die Schulden anderer Völker zu übernehmen: all das waren keine Anomalien. Im Gegenteil: Nur diese Ungleichgewichte ermöglichten es den Vereinigten Staaten, Großbritannien und Südeuropa, sich weit über ihre Möglichkeiten hinaus zu verschulden.

Das bedeutet, dass wir uns von vornherein darüber klar sein müssen, dass der Neoliberalismus nur existieren kann, weil einige Schlüsselländer ihn eben nicht übernehmen. Deutschland, China und Japan betreiben »Neomerkantilismus«, wie ihnen ihre Kritiker vorwerfen. Sie manipulieren ihre Handels-, Investitions- und Währungspositionen, um riesige Fremdwährungsreserven anzuhäufen. Diese Überschussländer galten früher als wirtschaftliche Nachzügler, aber in der Nachkrisenwelt zählen sie zu den wenigen wirtschaftlich stabilen Ländern. Dass Deutschland Griechenland demütigende Bedingungen diktieren kann, was bei den Alten, die noch die Hakenkreuzflagge über der Akropolis flattern sahen, dunkle Erinnerungen weckt, zeigt deutlich, welche Macht Produzenten, Exporteure und Kreditgeber nach dem Zusammenbruch des Neoliberalismus haben.

Der wichtigste Maßstab der globalen Ungleichgewichte ist die Leistungsbilanz, das heißt die Differenz zwischen Ein- und Ausfuhren von Gütern, Dienstleistungen und Investitionen. Das globale Leistungsbilanzungleichgewicht wuchs in den neunziger Jahren stetig, aber erst nach der Jahrtausendwende explodierte es: Zwischen 2000 und 2006 stieg es von einem auf drei Prozent des globalen BIP. Die höchsten Defizite häuften die Vereinigten Staaten und weite Teile Europas an, während China, Deutschland, Japan und das übrige Asien sowie die Erdölexporteure Überschüsse erzielten.[32]

Und warum ist das so schlimm? Weil die Ungleichgewichte das leicht entflammbare Material für die Explosion im Jahr 2008 lieferten, indem sie die Finanzsysteme der USA, Großbritanniens und Europas mit untragbaren Schulden belasteten. Sie zwangen Länder wie Griechenland, die nicht in der Lage waren, sich mit höheren Exporten aus der Krise zu befreien, in eine tödliche Austeritätsspirale. Und sie luden den meisten neoliberalisierten Ländern unbezahlbare Staatsschulden auf.

Seit der Krise von 2008 ist das Leistungsbilanzungleichgewicht wieder zurückgegangen (von 3 auf 1,5 Prozent des BIP). Der Internationale Währungsfonds sieht keine Gefahr für einen erneuten Anstieg, aber diese Zuversicht ist nur unter folgenden Bedingungen angebracht: China darf nicht mehr so stark wachsen wie bisher, und die Vereinigten Staaten dürfen nicht mehr so viel Kredit aufnehmen und müssen ihre Ausgaben verringern. Die Ökonomen Florence Pisani und Anton Brender drücken es so aus: »Die einzige Kraft, die die fortgesetzte Vertiefung der globalen Ungleichgewichte aufhalten konnte, war der Zusammenbruch des globalisierten Finanzsektors.«[33]

Die Verringerung der Leistungsbilanzungleichgewichte seit 2008 hat manche Ökonomen überzeugt, dass die von den Ungleichgewichten heraufbeschworene Gefahr gebannt ist.[34] Aber gleichzeitig ist eine weitere wichtige Kennzahl für das globale Ungleichgewicht gestiegen: Die Überschussländer haben ihre Fremdwährungsreserven deutlich erhöht.

Zwar ist das Wirtschaftswachstum Chinas auf sieben Prozent gesunken, und der Überschuss des Landes im Handel mit dem Westen ist geschrumpft, aber die chinesischen Fremdwährungsreserven haben sich seit 2008 verdoppelt. Bis Mitte des Jahres 2014 wuchsen sie auf vier Billionen Dollar an.[35] Die globalen Fremdwährungsreserven stiegen im selben Zeitraum von weniger als acht auf beinahe zwölf Billionen Dollar.[36]

Die Ungleichgewichte sind aus zwei Gründen gefährlich. Erstens überfluten sie die westlichen Volkswirtschaften mit derart viel Kredit, dass das Finanzsystem zusammenbrechen kann. Das ist bereits geschehen. Zweitens besteht die strategische Gefahr, dass die Staaten eine Übereinkunft über Schulden und Wechselkurse schließen, um die aufgestauten Risiken und die weltweite Instabilität unter Kontrolle zu bringen, und dass dieses System zusammenbricht. Diese Gefahr besteht weiterhin.

Wenn die Vereinigten Staaten ihre Schulden irgendwann nicht mehr finanzieren können, wird der Dollar zusammenbrechen – tatsächlich würde schon der Eindruck, dass diese Möglichkeit besteht, genügen, um den Zusammenbruch herbeizuführen. Die wechselseitige Abhängigkeit zwischen China und den USA und in geringerem Maß zwischen Deutschland und der übrigen Eurozone ist allerdings eine Gewähr dafür, dass der Knopf nie gedrückt wird.

Was bedeutet der Anstieg der Fremdwährungsreserven seit 2008? Nun, die Überschussländer schließen immer höhere Versicherungspolicen ab, um sich gegen einen Zusammenbruch der Vereinigten Staaten abzusichern.

Würden in der Welt nur wirtschaftliche Kräfte wirken, so wäre dieses Ergebnis akzeptabel: geringes Wachstum oder Stagnation in den Defizitländern, ein stetiger Wertzuwachs des chinesischen Yuan gegenüber dem Dollar, ein Wertverlust der amerikanischen Schulden durch die Inflation und ein geringeres Handelsdefizit der USA, die sich dank des Frackings aus der Abhängigkeit von ausländischem Erdöl befreien.

Aber die Welt besteht aus verschiedenen Gesellschaftsschichten, Religionen und Nationen. Bei den Wahlen in mehreren europäischen Ländern gewannen im Jahr 2014 Parteien, die versprochen hatten, das globale System zu zerschlagen, ein Viertel der Stimmen (oder mehr). So geschehen in Dänemark, Frankreich, Griechenland und Großbritannien. Im Jahr 2015 stellte der Wahlsieg der Linksextremen in Griechenland den Zusammenhalt der Eurozone infrage. Dazu kommt, dass der Westen aufgrund der Ukrainekrise zum ersten Mal seit Beginn der Globalisierung ernsthafte Handels- und Finanzsanktionen gegen Russland verhängt hat. Im Nahen Osten wütet zwischen Islamabad und Istanbul ein Flächenbrand, und die von einem erbitterten Währungskrieg begleitete militärische Rivalität zwischen China und Japan ist heute so groß wie seit dem Zweiten Weltkrieg nicht mehr.

Um die gesamte globale Ordnung in die Luft zu jagen, müssten sich nur ein oder zwei große Länder zum »Ausstieg« entschließen und protektionistische Maßnahmen ergreifen, ihre Währung manipulieren oder den Schuldendienst aussetzen. Und die Wahrscheinlichkeit, dass genau das geschieht, ist groß, da die Republikanische Partei mittlerweile unverhohlen davon spricht, die Vereinigten Staaten auf diesen Weg zu führen.

Die Ungleichgewichte sind ein fester Bestandteil der Globalisierung und wurden durch die Finanzkrise lediglich verringert.

Machen wir uns klar, was das bedeutet: In ihrer gegenwärtigen Form hat die Globalisierung einen Designfehler. Wenn sie für hohes Wachstum sorgt, dann nur, indem sie untragbare Verzerrungen verursacht, die nur durch Finanzkrisen korrigiert werden können. Um die Verzerrungen – die Ungleichgewichte – zu verringern, muss man das neoliberale Wirtschaftswachstum in seiner normalen Form unterdrücken.

Die Informationstechnologierevolution

Das einzig Positive, das man all diesen schädlichen Entwicklungen gegenüberstellen kann, ist die technologische Revolution, die vom Neoliberalismus herbeigeführt wurde und der Wirtschaftskrise zum Trotz unaufhaltsam voranschreitet. »Die Informationsgesellschaft«, schreibt der Philosoph

Luciano Floridi, »wurde von der am schnellsten wachsenden Technologie in der Geschichte hervorgebracht. Noch nie war eine Generation einer derart rasant wachsenden Macht der Technik über die Realität ausgesetzt, einer Macht, die einen beispiellosen sozialen Wandel ermöglicht hat und große ethische Verantwortung mit sich bringt.«[37]

Es war der Anstieg der Rechenleistung der Computer, der die Entstehung eines komplexen globalen Finanzsystems ermöglichte. Da digitale Systeme Schritt für Schritt das Bargeld überflüssig machten, konnte die Geldmenge deutlich erhöht werden. Die neuen Technologien erleichterten die Verlegung der Produktion in Schwellenländer mit geringeren Arbeitskosten. Die Ansprüche an die Fähigkeiten der Fachkräfte sanken, angelernte Arbeitskräfte wurden überflüssig, und die Zahl geringqualifizierter Dienstleistungsjobs stieg rasch.

Die Informationstechnologie ist die »charakteristische Technologie unserer Zeit«, wie Floridi erklärt. Und sie ist ein Zauberkünstler, der Dinge verschwinden lässt: Es tauchen Zentralrechner auf, nur um kurze Zeit später durch Server ersetzt zu werden, die ihrerseits aus den Firmensitzen verschwinden und mittlerweile irgendwo in riesigen Rechenzentren stehen. Die Siliziumchips werden immer kleiner, die Peripheriegeräte, die noch vor wenigen Jahren unsere Schreibtische bevölkerten – Modems, Festplatten, Disketten –, schrumpfen stetig, um schließlich weggezaubert zu werden. Die EDV-Abteilungen der Unternehmen entwickeln anwendereigene Software, die dann durch Lösungen von der Stange ersetzt werden, die ein Zehntel kosten. Und bald lösen sich auch die EDV-Abteilungen auf und werden durch Callcenter in Mumbai ersetzt. Aus dem PC wird der Laptop. Der Laptop wird kleiner und leistungsfähiger, was jedoch nichts daran ändert, dass er dem Smartphone und dem Tablet weichen muss.

Anfangs wurde die neue Technologie in die alten Strukturen des Kapitalismus integriert. In den neunziger Jahren galt in der Informationstechnologie der Grundsatz, dass die teuerste Software – die ERP-Software – »wie Spachtelmasse geformt werden kann, aber dann hart wie Beton wird«: War der Produktionsablauf endlich computerisiert, so war die Innovation in der Zwischenzeit derart weit vorangeschritten, dass man alles wieder zerlegen und von vorne anfangen musste.

Aber etwa im Jahr 2004 machten das Internet und die mobile Datenverarbeitung neue Geschäftsmodelle möglich: Wir nannten es Web 2.0. Nun begann sich auch das Verhalten großer Bevölkerungsgruppen deutlich zu verändern. Es wurde normal, mit Karten zu bezahlen. Es wurde normal, sein ganzes Privatleben für alle Ewigkeit ins Internet zu stellen. Es wurde normal, online einen Überbrückungskredit mit einem Jahreszinssatz von tausend Prozent aufzunehmen.

Anfangs gingen wir davon aus, der atemberaubende technologische Fortschritt rechtfertige all das Leid, das wir auf uns genommen hatten, um den freien Markt zu bekommen. Der unausgesprochene Gedankengang war, dass die britischen Bergleute ihre Arbeitsplätze verlieren mussten, damit wir Facebook bekommen konnten. Die Telefongesellschaften mussten privatisiert werden, damit wir 3G-Handys bekommen konnten.

Vor allem aber änderte sich das Leben der Menschen. Der wichtigste Baustein des Neoliberalismus – der individualisierte Arbeitnehmer und Konsument, der sich jeden Morgen von Neuem als »Humankapital« erschafft und sich in einen erbitterten Wettbewerb mit den anderen Anbietern dieses Kapitals stürzt – wäre ohne die Vernetzungstechnologie nicht möglich gewesen. Die Prognose des Philosophen Michel Foucault, die Technologie werde den Menschen zum »Unternehmer seiner selbst« machen – war tatsächlich visionär, stellte Foucault sie doch zu einer Zeit auf, als das Einzige, was irgendeine Ähnlichkeit mit dem Internet hatte, ein öffentlicher französischer Online-Dienst namens Minitel war, an dem man mittels klobiger Terminals teilnehmen konnte.[38]

Das Versprechen lautete, die neue Technologie werde eine Informationstechnologie und eine Wissensgesellschaft hervorbringen. Tatsächlich sind beide entstanden – wenn auch nicht in der erwarteten Form. In den Antiutopien ist es die Technologie, die rebelliert (zum Beispiel der widerspenstige Computer Hal in *2001: Odyssee im Weltraum*). In der Realität hat das Netz die Rebellion der Menschen möglich gemacht.

Zuerst versetzte es sie in die Lage, Wissen außerhalb der in der Ära des Industriekapitalismus entstandenen Kanäle zu produzieren und zu konsumieren. Deshalb bemerkten wir die Umwälzung zuerst in den Medien und in der Musik. Und der Staat verlor plötzlich sein Monopol auf politische Propaganda und Ideologie.

Dann begann das Internet, die überkommenen Konzepte von Eigentum und Privatsphäre auszuhöhlen. Wikileaks und die Kontroverse über die massenhafte Datensammlung der NSA sind lediglich eine weitere Phase in einem Krieg, in dem es um die Frage geht, wer die Informationen besitzen und aufbewahren darf. Doch die bedeutsamste Auswirkung der neuen Technologien beginnen wir jetzt erst zu verstehen.

Der Erste, der sich vor hundert Jahren mit dem »Netzwerkeffekt« befasste, war Theodore Vail, der Chef von Bell Telephone. Vail erkannte, dass Netzwerke einen Zusatznutzen erzeugen, und zwar kostenlos. Neben den Vorteilen für den Benutzer des Telefons und den Einnahmen für den Eigentümer war da noch etwas: Je mehr Menschen sich dem Netzwerk anschließen, desto nützlicher wird es für alle Beteiligten.

Allerdings ist es schwierig, den zuletzt genannten Nutzen zu messen. Robert Metcalfe, der Erfinder des Ethernet, bezifferte den Wert eines Netzwerks im Jahr 1980 auf »die Zahl der Nutzer zum Quadrat«. Während die Kosten des Aufbaus eines Netzwerks linear steigen, erhöht sich sein Wert exponentiell.[39] Die Kunst der Geschäftstätigkeit in einer Wissensökonomie besteht also darin, alles zwischen der geraden Linie und der exponentiell steigenden Kurve abzugreifen.

Aber wie messen wir den Wert? An der Kostenersparnis, an den Einnahmen oder am Gewinn? Im Jahr 2013 einigten sich die Ökonomen der OECD darauf, dass man diesen Wert nicht anhand der herkömmlichen Maßstäbe bestimmen könne. »Die Auswirkungen des Internets auf die Markttransaktionen und die Wertschöpfung sind zweifellos weitreichend«, erklärten sie, »aber seine Auswirkungen auf die Nicht-Marktinteraktionen [...] sind noch bedeutsamer.«[40]

Volkswirte neigen dazu, die Nicht-Marktinteraktionen außer Acht zu lassen: Schließlich sind diese definitionsgemäß nichtökonomisch und damit so unbedeutend wie das Lächeln, das zwei Starbucks-Kunden in der Schlange vor der Theke austauschen. Was den Netzwerkeffekt anbelangt, so nahmen die Ökonomen an, sein Nutzen komme in niedrigeren Preisen zum Ausdruck und werde zwischen Produzenten und Konsumenten aufgeteilt. Jedenfalls haben die Netzwerktechnologien innerhalb von nicht einmal drei Jahrzehnten ganze Bereiche des Wirtschaftslebens für die Kooperation und Produktion jenseits des Marktes geöffnet.

Die am 15. September 2008 auf die Zentrale von Lehman Brothers gerichteten Nokias und Motorolas und das kostenlose Wifi-Signal in der Starbucks-Filiale gegenüber waren ebenso bedeutsam wie die Bank, die zusammengebrochen war. Sie übermittelten uns das deutlichste Marktsignal aus der Zukunft: *Die Informationstechnologie ist möglicherweise nicht mit einer Marktwirtschaft vereinbar*, zumindest nicht mit einer Wirtschaft, die in erster Linie von den Marktkräften reguliert wird.

Das ist der eigentliche Grund für den Zusammenbruch und den komatösen Zustand des Neoliberalismus. All das Geld, das in den vergangenen 25 Jahren geschaffen wurde, all die Geschwindigkeit und Dynamik des Finanzsektors müssen der Möglichkeit gegenübergestellt werden, dass der Kapitalismus, ein auf den Märkten, dem Grundbesitz und den Börsen beruhendes System, den von der neuen Technologie erzeugten »Wert« nicht erfassen kann. Mit anderen Worten: Es wird immer deutlicher, dass Informationsgüter nicht mit den Marktmechanismen vereinbar sind.

Das Zombiesystem

Sehen wir uns an, welchen Ausweg es für den Kapitalismus geben könnte. Nehmen wir an, in den nächsten zehn Jahren ziehen sich die Zentralbanken geordnet aus der lockeren Geldpolitik zurück. Sie verzichten darauf, Geld zu drucken, um die Staatsschulden abzuschreiben, und der private Markt für Staatsanleihen, der ein Jahrzehnt lang unterdrückt war, erholt sich. Die Staaten einigen sich darauf, auf den Finanzmärkten keine Exzesse mehr zuzulassen: Von nun an reagieren die Zentralbanken auf jede Spekulationsblase mit einer Zinserhöhung; die unausgesprochene Garantie der Bankenrettung wird für immer abgeschafft. Auf allen anderen Märkten – auf Kredit-, Aktien- und Derivatemärkten – greifen folglich die Korrekturmechanismen, da sich das erhöhte Risiko von Finanzanlagen in den Bewertungen niederschlägt. Das Kapital wird der Finanzspekulation entzogen und fließt wieder produktiven Zwecken zu.

Schließlich müsste die Welt zu einem Währungssystem zurückkehren, in dem die Wechselkurse an eine vom IWF verwaltete Weltwährung gekoppelt wären, und der chinesische Yuan würde eine frei handelbare Reservewährung wie der Dollar werden. Auf diese Art könnte die systematische Bedrohung unter Kontrolle gebracht werden, die vom Fiatgeld ausgeht, nämlich der Mangel an Glaubwürdigkeit angesichts der Gefahr eines Endes der Globalisierung. Aber das hätte seinen Preis: Die globalen Ungleichgewichte würden auf Dauer beseitigt, was eine Aufwertung der Währungen der Überschussländer zur Folge hätte, die damit natürlich ihren Vorteil niedriger Lohnkosten verlieren würden.

Gleichzeitig müsste die Finanzialisierung rückgängig gemacht werden. Den Banken und den mit ihnen verbundenen Politikern müsste die Macht entzogen werden, um Industrie und Dienstleistungen in den Westen zurückzuholen und in diesen Ländern gut bezahlte Arbeitsplätze zu schaffen. So würde die finanzielle Komplexität sinken, die Einkommen würden steigen, und der Anteil des Finanzsektors an der Wirtschaftsleistung würde ebenso sinken wie unsere Abhängigkeit vom Kredit.

Die weitblickenden Mitglieder der globalen Elite wissen, dass dies die einzige Lösung ist: Stabilisierung des Fiatgelds, Abkehr von der Finanzialisierung und Beseitigung der Ungleichgewichte. Aber die gesellschaftlichen und politischen Hindernisse sind hoch.

Zunächst einmal sträuben sich die Reichen dagegen, Löhne und Gehälter der Arbeitnehmer anzuheben und den Finanzmarkt an die Leine zu nehmen. Sie wollen genau das Gegenteil. Zweitens gäbe es auch unter den Ländern Gewinner und Verlierer: Die herrschende Elite Deutschlands profitiert von der Schuldenkolonisierung Griechenlands und Spaniens, die Herrschaftselite Chinas profitiert davon, den Zugang zu einem riesigen Reservoir billiger Arbeitskräfte zu kontrollieren. Die Eliten haben großes Interesse daran, den Fluchtweg zu versperren.

Das größte Problem ist jedoch ein anderes: Damit die Kurskorrektur funktionieren kann, müssten gewaltige unbezahlbare Staatsschulden sowie ein großer Teil der Schulden von Haushalten und Unternehmen in aller Welt abgeschrieben werden.

Aber dafür gibt es kein globales System. Schreibt man die Schulden der Vereinigten Staaten ab, so verlieren chinesische Sparer. Das käme einem Bruch der Vereinbarung zwischen Asien und dem Westen gleich: Ihr borgt euch Geld, wir verleihen Geld. Schreibt man die Schulden Griechenlands bei der EU ab, verlieren die deutschen Steuerzahler Dutzende Milliarden.

Selbst wenn ein friedlicher Kurswechsel gelänge, würde er zu einem völligen Zusammenbruch der Globalisierung führen.

Und natürlich würde er nicht friedlich ablaufen.

Russland versucht seit 2014, die westlichen Länder wirtschaftlich zu schwächen und nicht mit ihnen zu kooperieren. China kann trotz seines Bemühens, friedfertige Macht zu demonstrieren, nicht tun, was die Vereinigten Staaten am Ende des Zweiten Weltkriegs taten: die Schulden der Welt übernehmen, klare Regeln aufstellen und ein neues globales Währungssystem entwickeln.

Und im Westen sind keine Anzeichen für eine Strategie zu sehen, die Ähnlichkeit mit der hier beschriebenen hätte. Es gibt Anregungen – von den schwärmerischen Vorstellungen des französischen Ökonomen Thomas Piketty bis zur Forderung der Bundesbank nach Lohnerhöhungen in Europa –, aber in der Praxis bleiben die dominierenden Kräfte dem Neoliberalismus verpflichtet.

Da der Kurswechsel ausbleiben wird, müssen wir uns auf lange Jahre der Stagnation einstellen.

Im Jahr 2014 veröffentlichte die OECD ihre Prognose für die Entwicklung der Weltwirtschaft bis zum Jahr 2060.[41] Das globale Wirtschaftswachstum wird sich nach Ansicht der Organisation auf 2,7 Prozent pro Jahr verlangsamen, da die Effekte der Aufholjagd, die die Ökonomien der Entwicklungsländer angekurbelt haben – Bevölkerungswachstum, Bildung, Verstädterung –, nachlassen werden. Und schon bevor es so weit ist, wird die Weltwirtschaft gerade einmal um drei Prozent jährlich wachsen, weil die entwickelten Länder nahezu stagnieren. Damit wird das Wachstum in absehbarer Zukunft sehr viel geringer ausfallen als vor der Krise.

Da gleichzeitig angelernte Tätigkeiten automatisiert werden und nur die hochbezahlten und geringqualifizierten übrig bleiben, wird die globale Ungleichheit um vierzig Prozent zunehmen. Im Jahr 2060 wird die Ungleichverteilung in Ländern wie Schweden so ausgeprägt sein wie gegenwärtig in den Vereinigten Staaten. Dazu kommt die sehr reale Gefahr, dass der Klimawandel beginnen wird, Küstengebiete und landwirtschaftliche Nutzflächen zu zerstören, was das BIP weltweit um bis zu 2,5 Prozent und in Südostasien sogar um sechs Prozent verringern könnte.

Der erschreckendste Teil des OECD-Berichts sind jedoch nicht die Prognosen, sondern die Annahmen: Die Organisation geht davon aus, dass die Produktivität durch den Einsatz von Informationstechnologie rasant steigen wird. Bis zum Jahr 2060 dürften drei Viertel des Wirtschaftswachstums auf die Produktivitätssteigerungen entfallen. Allerdings ist der angenommene Wert, wie es in dem Bericht euphemistisch heißt, »hoch verglichen mit den in der jüngeren Geschichte beobachteten«.

Tatsächlich ist keinesfalls sicher, dass die Informationsrevolution der vergangenen zwanzig Jahre Wachstum und Produktivitätszuwächse von der Art hervorbringen wird, die anhand von Marktkennzahlen gemessen werden kann. Sollte es anders kommen, besteht die große Gefahr, dass das Wachstum in den kommenden fünfzig Jahren nicht jene dürftigen drei Prozent erreichen wird, welche die OECD erwartet, sondern dass wir uns eher auf einen erbärmlichen Wert wie 0,75 Prozent werden einstellen müssen.

Und dann ist da das Problem der Migration. Damit das Wachstumsszenario der OECD funktionieren kann, müssten Europa und die Vereinigten Staaten bis zum Jahr 2060 jeweils fünfzig Millionen und die übrige entwickelte Welt weitere dreißig Millionen Zuwanderer aufnehmen. Ohne diese Immigranten werden Erwerbsbevölkerung und Steuereinnahmen der westlichen Länder derart sinken, dass die Staaten pleitegehen. Und wie die 25 Prozent Stimmenanteil des Front National in Frankreich und die Angriffe bewaffneter Rechtsextremer auf mexikanische Einwandererkinder an der kalifornischen Grenze zeigen, besteht die Gefahr, dass die Bevölkerung der reichen Länder die Zuwanderung nicht akzeptieren wird.

Versuchen wir, uns die von der OECD für das Jahr 2060 prognostizierte Welt auszumalen: In Los Angeles und Detroit erstrecken sich wie im heutigen Manila Elendsviertel rund um streng bewachte Hochhäuser. Stockholm und Kopenhagen sehen aus wie die verfallenden Industriestädte im amerikanischen Rostgürtel. Arbeitskräfte mit mittlerem Einkommen gibt es nicht mehr. Der Kapitalismus ist im vierten Jahrzehnt der Stagnation angekommen.

Aber selbst diese strahlende Zukunft ist nach Ansicht der OECD nur möglich, wenn wir den Arbeitsmarkt »flexibler gestalten« und die Globalisierung der Wirtschaft vorantreiben. Wir werden die höhere Bildung privatisieren müssen, denn viele Staaten würden in den Ruin schlittern, würden sie ihr Bildungswesen in dem Maß ausweiten, das nötig wäre, um die steigende Nachfrage nach Hochschulabsolventen zu befriedigen. Und wir müssen Dutzende Millionen Zuwanderer in die entwickelte Welt integrieren.

Und all diese Probleme werden die Staaten vermutlich ohne die Finanzierungsmöglichkeiten bewältigen müssen, die ihnen gegenwärtig zur Verfügung stehen. Laut OECD wird das Auseinanderdriften der Bevölkerung in Gruppen mit entweder sehr hohem oder sehr niedrigem Einkommen die Steuereinnahmen wegschmelzen lassen. Statt der Einkommen werden wir also die Vermögen besteuern müssen, wie Thomas Piketty vorschlägt. Das Problem ist: Selbst wenn jemand den Willen aufbrächte, Vermögenssteuern zu erheben (was derzeit nicht der Fall ist), werden Vermögenswerte – seien es Rennpferde, geheime Bankkonten oder die Urheberrechte an Markenzeichen – normalerweise dort angemeldet, wo es keine solchen Steuern gibt.

Wenn sich nichts ändert, ist nach Ansicht der OECD davon auszugehen, dass die westlichen Volkswirtschaften stagnieren, die Schwellenländer langsamer wachsen und viele Staaten bankrottgehen werden.

Das Wahrscheinlichste ist daher, dass ein oder mehrere Länder irgendwann aus der globalisierten Wirtschaft aussteigen werden. Sie werden protektionistische Maßnahmen ergreifen, den Schuldendienst einstellen und ihre Währungen manipulieren. Oder eine Entglobalisierungskrise infolge diplomatischer und militärischer Konflikte greift auf die Weltwirtschaft über und führt zu denselben Ergebnissen.

Der OECD-Bericht führt uns vor Augen, dass wir das System vollkommen umbauen müssen. Die am besten ausgebildete und vernetzte Generation in der Geschichte der Menschheit wird sich nicht mit einer Zukunft der Ungleichheit und der wirtschaftlichen Stagnation abfinden.

Statt einer chaotischen Entglobalisierung, jahrzehntelanger Stagnation und wachsender Ungleichheit brauchen wir ein neues Wirtschaftsmodell. Und utopisches Denken wird nicht genügen, um ein solches Modell zu entwickeln. Keynes' große Leistung bestand Mitte der dreißiger Jahre des vergangenen Jahrhunderts darin, dass er verstand, was die Krise über das *bestehende* System verriet: Es galt, ein funktionstüchtiges neues Modell zu entwickeln, um die beharrlichen Mängel des alten zu korrigieren, Mängel, welche die tonangebenden Ökonomen nicht sehen konnten.

Dieses Mal haben wir ein noch größeres Problem.

Die zentrale These dieses Buchs lautet, dass die langfristige Stagnation nicht einfach das Ergebnis der Finanzkrise und der demografischen Entwicklung ist. Hinzu kommt nämlich, dass die Informationstechnologie die Marktkräfte ihrer Fähigkeit beraubt hat, die wirtschaftliche Dynamik anzuregen. Stattdessen schafft sie die Bedingungen für eine postkapitalistische Wirtschaft. Es besteht die Möglichkeit, dass der Kapitalismus diesmal nicht wie seinerzeit mit Keynes' radikalen politischen Eingriffen »gerettet« werden kann. Der Grund dafür ist, dass sich die technologischen Grundlagen geändert haben.

Bevor wir also einen »Grünen New Deal«, die Verstaatlichung der Banken, kostenlose Hochschulen oder dauerhafte Nullzinsen fordern, müssen wir herausfinden, ob und wie diese Eingriffe in das entstehende Wirtschaftssystem passen. Leider sind wir sehr schlecht gerüstet, um das herauszufinden. Eine Wirtschaftsordnung ist beschädigt, aber die herkömmliche Wirtschaftswissenschaft hat keine Ahnung, wie groß der Schaden ist.

Wir brauchen einen Ausgangspunkt für die Neuausrichtung, doch das Bild des »finanziellen Herbstes eines Imperiums im Niedergang« ist zu unbestimmt, und die Theorie der Zyklen von Expansion und Krise ist zu beschränkt. Stattdessen brauchen wir eine Theorie, die erklärt, warum der Kapitalismus in den vergangenen zwei Jahrhunderten mehrere Metamorphosen durchgemacht hat und wie genau der technologische Wandel die Batterien des kapitalistischen Wachstums wieder auflädt.

Wir brauchen eine Theorie, welche die gegenwärtige Krise in ein Gesamtbild des Schicksals des Kapitalismus einordnet. Die Suche danach wird uns über die Grenzen der herkömmlichen Volkswirtschaftslehre und weit über die herkömmliche marxistische Theorie hinausführen. Die Geschichte beginnt im Jahr 1938 in einer Gefängniszelle in Russland.

2

Lange Wellen, kurzes Gedächtnis

Eine Welle ist schön. Das Rauschen der Wellen, die sich am Strand brechen, ist ein Beleg dafür, dass es in der Natur Ordnung gibt.

Noch schöner ist die Physik einer Welle: Hier zeigt Materie die Neigung zur Umkehr: Die Energie, die den Anstieg der Welle bewirkt, ist dieselbe, die sie brechen lässt.

Und wirklich faszinierend wird die Wellenform, wenn man sich ihre mathematischen Eigenschaften ansieht. Vor 1500 Jahren entdeckte ein indischer Mathematiker, dass man, wenn man alle möglichen Verhältnisse zwischen zwei Seiten eines rechtwinkligen Dreiecks grafisch darstellt, ein wellenartiges Muster erhält. Mittelalterliche Gelehrte bezeichneten dies als »Sinus« (Krümmung). Heute bezeichnen wir die sanften, wiederholten Wellen, die wir in der Natur beobachten können, als Sinuswellen. Elektrischer Strom fließt in Form einer Sinuswelle, und dasselbe gilt für Schall und Licht.

Sodann gibt es Wellen innerhalb von Wellen. Für einen Surfer scheinen die Wellen in Gruppen zu kommen und zu wachsen: Die sechste oder siebte ist die große Welle, auf der der Surfer reiten will. Tatsächlich ist dieses Phänomen einfach das Ergebnis einer längeren, flacheren Welle, die sich »durch« die kürzeren bewegt.

Diese Beziehung zwischen langen und kurzen Wellen erzeugt in der Akustik Ordnung. In der Musik verleiht die Harmonie, die von kürzeren Wellen innerhalb von längeren erzeugt wird, den einzelnen Instrumenten ihren besonderen Klang; die Musik ist harmonisch, wenn sich lange und kurze Wellen in einer bestimmten mathematischen Proportion zueinander befinden.

In der Natur sind Wellen allgegenwärtig. Auf subatomarer Ebene verrät uns nur die wellenartige Bewegung eines Teilchens, dass es existiert. Aber Wellen gibt es auch in großen, komplexen und unnatürlichen Systemen, etwa in Märkten. Für Analysten, die Aktienmärkte untersuchen, ist die Welle so etwas wie eine religiöse Ikone: Anhand hochentwickelter Werkzeuge filtern diese Experten den »Lärm« der täglichen Marktschwankungen heraus, um vorhersehbare Kurven zu erzeugen. »Wellenberge« und »Wellentäler« sind mittlerweile feste Bestandteile der wirtschaftswissenschaftlichen Sprache.

In der Ökonomie kann die Wellenform allerdings auch gefährlich werden. Sie kann Ordnung und Regelmäßigkeit vorgaukeln, wo es keine gibt. Eine Schallwelle ebbt einfach ab, und es tritt Stille ein. Mit Zufallsdaten erzeugte Wellen werden im Lauf der Zeit verzerrt. Und das Wirtschaftsleben besteht aus komplexen, zufälligen Ereignissen, nicht aus Wellen.

Während des letzten Aufschwungs scheiterten die Experten für Wellendiagramme an der Aufgabe, den Abschwung vorauszusagen. Wären sie Surfer gewesen, so müsste man sagen, dass sie nicht die Gruppen, sondern die einzelnen Wellen betrachteten. Sie betrachteten Wellengruppen statt Gezeitenströmungen, und Gezeiten statt des Tsunami, der auf sie zurollte. Einen Tsunami stellen wir uns als eine hohe Welle vor, als eine Wand aus Wasser. In Wahrheit ist ein Tsunami eine *lange* Welle, die anschwillt und weiterrollt.

Für den Mann, der ihre Existenz in der Wirtschaft entdeckte, waren die langen Wellen tödlich.

Vor dem Erschießungskommando

Der Häftling schlurft, er kann nicht gehen. Er ist halb blind, leidet unter einer chronischen Herzkrankheit und klinischer Depression. »Ich kann mich einfach nicht zum systematischen Denken zwingen«, schreibt er in einem Brief. »Ohne aktive Arbeit mit Material und Büchern und aufgrund der Kopfschmerzen fällt es mir sehr schwer, überhaupt wissenschaftlich zu denken.«[1]

Als er diesen Brief schrieb, hatte Nikolai Kondratjew bereits acht Jahre als politischer Häftling in einem Gefängnis östlich von Moskau verbracht. Er durfte nur Bücher und Zeitungen lesen, die von Stalins Geheimpolizei genehmigt worden waren. Er hatte in den eisigen Wintern gefroren und in den schwülen Sommern geschwitzt, aber sein Leiden sollte bald ein Ende haben. Am 17. September 1938, am Tag, als seine Haftzeit endete, wurde Kondratjew ein zweites Mal angeklagt, im Eilverfahren wegen »antisowjetischer Umtriebe« zum Tode verurteilt und in seiner Einzelzelle von einem Erschießungskommando hingerichtet.

So endete einer der bedeutendsten Ökonomen des 20. Jahrhunderts. Kondratjew stand auf einer Stufe mit einflussreichen Denkern wie Keynes, Schumpeter, Hayek und Gini. Seine »Verbrechen« waren frei erfunden: Die subversive »Landarbeiterpartei«, die er angeblich anführte, existierte nicht.

Das wirkliche Verbrechen Kondratjews bestand in den Augen des Regimes darin, dass er das für die Marxisten Undenkbare gedacht hatte: Der Kapitalismus, so Kondratjew, würde an keiner Krise zugrunde gehen, sondern mit Mutationen darauf reagieren und sich immer von Neuem anpassen. In zwei bahnbrechenden Arbeiten hatte er große Datenmengen ausgewertet und gezeigt, dass sich hinter den kurzfristigen Konjunkturzyklen längere Wellen verbargen, die sich jeweils über ein halbes Jahrhundert erstreckten und deren Wendepunkte mit bedeutsamen strukturellen Veränderungen im Kapitalismus sowie mit großen Konflikten zusammenfielen. Hinter diesen extremen Krisen, in denen das wirtschaftliche Überleben auf dem Spiel stand, steckte also nicht Chaos, sondern Ordnung. Kondratjew war der Erste, der die langen Wellen in der Wirtschaftsgeschichte nachwies.

Obwohl seine Entdeckung später als »Wellentheorie« bekannt wurde, bestand Kondratjews größte Leistung darin, dass er verstand, warum die Weltwirtschaft plötzliche Veränderungen durchmacht, warum der Kapitalismus in strukturelle Krisen gerät und wie er sich in Reaktion auf diese Krisen wandelt. Kondratjew erklärte, warum jahrzehntealte wirtschaftliche Ökosysteme plötzlich zusammenbrechen können. Er verwendete statt des Begriffs der »Welle« den Terminus des »langen Zyklus«, weil man auf den Zyklen im wissenschaftlichen Denken eine sehr nützliche Subterminologie aufbauen kann: Wir sprechen von Phasen, Zuständen und ihrer plötzlichen Alternanz.

Kondratjew studierte den Industriekapitalismus. Mittlerweile glauben Ökonomen, auch in der Preisentwicklung lange Wellen gefunden zu haben, die bis ins Mittelalter zurückreichen, aber Kondratjews Datenreihe beginnt mit der industriellen Revolution in den siebziger Jahren des 18. Jahrhunderts.

Kondratjews Theorie besagt, dass sich jeder lange Zyklus aus einem Aufschwung von etwa 25 Jahren, der durch die Entwicklung neuer Technologien und einen hohen Kapitaleinsatz ermöglicht wird, und einem etwa genauso langen Abschwung zusammensetzt, der mit einer tiefen Rezession endet. In der »Aufwärtsphase« sind Rezessionen selten, in der »Abwärtsphase« sind sie häufig. In der Aufwärtsphase fließt das Kapitel in produktive Aktivitäten, in der Abwärtsphase bleibt es im Finanzsystem hängen.

Die Theorie beinhaltet noch viel mehr, doch dies ist ihre Grundaussage. Kondratjew analysierte die Daten durchaus richtig, aber in diesem Kapitel werde ich erklären, dass die gegenwärtige Krise das Muster durchbricht – und das ist ein Hinweis darauf, dass wir es in der gegenwärtigen Krise nicht einfach mit dem Ende eines weiteren Fünfzig-Jahres-Zyklus zu tun haben.

Kondratjew selbst äußerte sich sehr zurückhaltend zu den Implikationen seiner Theorie. Er behauptete nie, Entwicklungen vorhersagen zu können – obwohl er die Weltwirtschaftskrise der dreißiger Jahre bereits ein Jahrzehnt zuvor angekündigt hatte. Wenn er seine Ergebnisse veröffentlichte, sorgte er stets dafür, dass sie parallel einer harschen Kritik durch Kollegen unterzogen wurden.[2]

Das sowjetische Regime verstand allerdings sehr gut, was Kondratjews Theorie bedeutete. Die Kommunisten begriffen, dass diese Erkenntnisse in letzter Konsequenz dem marxistischen Dogma widersprachen: Würde es vielleicht nie eine Krise geben, die das Ende des Kapitalismus besiegeln würde? Wenn Kondratjews Theorie zutraf, so führten Chaos, Panik und Revolution nicht zum Zusammenbruch, sondern zur Mutation des Kapitalismus. Gewaltige Mengen an Kapital mochten zerstört werden, Imperien konnten sich in globalen Kriegen auflösen. Aber das System würde überleben – wenn auch in einer anderen Form.

Gleichermaßen bedrohlich für den orthodoxen Marxismus der zwanziger Jahre war Kondratjews Erklärung für die Ursachen der Transformation. Die Ereignisse, die zu einer Wende führen – Kriege, Revolutionen, die Entdeckung neuer Rohstoffvorkommen und neue Kolonien –, waren in seinen Augen lediglich Effekte der wirtschaftlichen Anforderungen. Die Menschheit versucht, die Wirtschaftsgeschichte zu gestalten, ist diesen Kräften jedoch langfristig wehrlos ausgeliefert.

Eine Weile übte die Theorie der langen Zyklen beträchtlichen Einfluss auf die westliche Wirtschaftswissenschaft aus. Der österreichische Ökonom

Joseph Schumpeter entwickelte eine eigene Theorie der Wirtschaftszyklen und führte den Begriff des »Kondratjew-Zyklus« ein. Als sich der Kapitalismus nach dem Zweiten Weltkrieg stabilisierte, schien die Theorie allerdings ihren Nutzen zu verlieren. Die Ökonomen gelangten zu der Überzeugung, das Auf und Ab der Wirtschaftsentwicklung könne mit staatlichen Eingriffen ausgeglichen werden. Paul Samuelson, der Guru der keynesianischen Wirtschaftstheorie, bezeichnete die Fünfzig-Jahres-Zyklen geringschätzig als »Science-Fiction«.[3]

Auch die Vertreter der Neue Linken, die in den sechziger Jahren versuchte, den Marxismus als kritische Sozialwissenschaft zu neuem Leben zu erwecken, konnten wenig mit Kondratjew und seinen Wellen anfangen: Schließlich waren sie nicht darauf aus zu beweisen, dass der Kapitalismus überleben würde, sondern darauf, dass er dem Untergang geweiht war.

Nur ein paar Unverbesserliche, darunter vor allem Investoren, wollten Kondratjews Theorie nicht aufgeben. In den achtziger Jahren machten Wall-Street-Analysten aus seinen sorgfältig gesammelten provisorischen Ergebnissen einen plumpen Prognose-Hokuspokus. Sie verzichteten auf seine komplexen Daten und zauberten ein einfaches Schaubild hervor, das eine hübsche Kurve zeigte: Anstieg, Plateau, Krise, Zusammenbruch. Sie nannten es die »K-Welle«.

Wenn Kondratjew recht hatte, erklärten diese Investmentexperten, dann war die wirtschaftliche Erholung, die Ende der vierziger Jahre begonnen hatte, der Beginn eines Fünfzig-Jahres-Zyklus, was bedeutete, dass gegen Ende der neunziger Jahre eine tiefe Rezession drohte. Also entwickelten sie komplexe Anlagestrategien, um sich gegen die Katastrophe abzusichern. Und dann warteten sie …

Was Kondratjew wirklich sagte

Im Jahr 2008 geschah endlich, worauf die Investoren gewartet hatten – obwohl sich die Krise aus Gründen, mit denen wir uns noch beschäftigen werden, mit zehnjähriger Verspätung einstellte.

Jetzt interessierten sich die Anhänger der gängigen Markttheorie wieder für die langen Wellen. Als sie begriffen, dass die Lehman-Krise das ganze System betraf, begannen die Analysten, nach Mustern im Wechselspiel von technologischer Innovation und Wirtschaftswachstum zu suchen. Im Jahr 2010 verkündeten Volkswirte des Finanzunternehmens Standard Chartered, die Weltwirtschaft befinde sich mitten in einem »Superzyklus«.[4] Carlota Perez, eine anglo-venezolanische Volkswirtin und Schumpeter-Anhängerin, prophezeite, gestützt auf die Wellentheorie, ein neues goldenes Zeitalter des Kapitalismus. Voraussetzung dafür sei, dass sich das System von den regelmäßigen Panikattacken befreie und den staatlich finanzierten Innovationsprozess wiederaufnehme, der den Nachkriegsaufschwung ermöglicht hatte.[5]

Um Kondratjews Erkenntnisse richtig anwenden zu können, müssen wir jedoch verstehen, was er wirklich sagte. Bei seiner ursprünglichen Untersuchung stützte er sich auf Daten für fünf hochentwickelte Volkswirtschaften aus den Jahren 1790 bis 1920. Er verfügte nicht über Daten zum Bruttoinlandsprodukt, sondern verwendete Zinssätze, Löhne, Rohstoffpreise, Zahlen zur Kohle- und Stahlproduktion sowie zum Außenhandel. Er nutzte die fortschrittlichsten statistischen Werkzeuge, die in den zwanziger Jahren zur Verfügung standen, und arbeitete mit zwei Assistenten, die er als »Computer« bezeichnete. Er setzte die Daten in Beziehung zur Bevölkerungszahl, leitete einen Trend ab und filterte mithilfe eines neunjährigen »beweglichen Mittelwerts« (eines gleitenden Mittelwerts) Schwankungen und kürzere Zyklen heraus.

Das Ergebnis war eine Sammlung von Diagrammen, die aussehen wie flache Sinuswellen. Der erste lange Zyklus beginnt mit der Entstehung des Fabriksystems in Großbritannien in den achtziger Jahren des 18. Jahrhunderts und endet um das Jahr 1849. In diesem Jahr beginnt eine sehr viel deutlichere Welle, deren Anstieg der globalen Verbreitung von Eisenbahn, Dampfschiff und Telegrafie entspricht. Der Abschwung beginnt nach 1873 mit der sogenannten »Langen Depression« und endet irgendwann nach 1890.

Anfang der zwanziger Jahre gelangte Kondratjew zu der Überzeugung, dass sich die Weltwirtschaft in einem dritten Zyklus befand. Dieser hatte bereits seinen Höhepunkt überschritten, und irgendwann zwischen 1914 und 1920 hatte der Abschwung begonnen. Dieser Abschwung schien Kondratjew jedoch keineswegs beendet zu sein. Daher prognostizierte er, die politische Krise, die Europa zwischen 1917 und 1921 erschütterte, werde nicht unmittelbar zum wirtschaftlichen Zusammenbruch führen. Kondratjew hielt eine unbeständige Erholung für möglich, bevor eine tiefe Rezession beginnen werde. Die Geschichte sollte ihm recht geben.

Anders als die heutigen Wall-Street-Analysten interessierte sich Kondratjew eigentlich nicht für die Form der Wellen. Die Sinuswellen, die sich aus seinen Daten ergeben hatten, bewiesen in seinen Augen, dass etwas Bedeutsameres geschah: Er sah eine Abfolge wechselnder »Phasen«, die sich am besten eignen, um die Fünfzig-Jahres-Zyklen zu verstehen.[6]

Betrachten wir genauer, wie Kondratjew diese Phasen definiert. Die Aufschwungphase beginnt normalerweise mit einem rasanten Wirtschaftswachstum, das etwa ein Jahrzehnt dauert und von Kriegen und Revolutionen begleitet wird, in denen sich neue, während des vorhergehenden Abschwungs entwickelte Technologien rasch durchsetzen. Dann verlangsamt sich das Wachstum, weil die Investitionen sinken, die Ersparnisse steigen und das Kapital von Banken und Industrieunternehmen gehortet wird; dazu kommen die zerstörerische Wirkung von Kriegen und der Anstieg der unproduktiven Militärausgaben. Diese Verlangsamung ist allerdings immer noch Teil der Aufwärtsphase: Die Rezessionen sind kurz und harmlos, während die zahlreichen Konjunkturschübe kräftig ausfallen.

Schließlich beginnt eine Abwärtsphase, in der sowohl die Rohstoffpreise als auch die Zinsen auf das Kapital sinken. Da das akkumulierte Kapital nicht zur Gänze in produktive Tätigkeiten investiert werden kann, sammelt es sich im Finanzsektor an. Der Kapitalüberschuss verbilligt die Kreditaufnahme, weshalb die Zinsen sinken. Die Rezessionen häufen sich und werden schmerzhafter. Arbeitseinkommen und Preise fallen, und schließlich beginnt eine Depressionsphase.

Kondratjew behauptete nie, dass diese Entwicklungen in bestimmten zeitlichen Abständen stattfinden müssten oder dass die Wellen regelmäßig seien. Er erklärte, jede lange Welle finde »unter neuen konkret-historischen Bedingungen und auf einer neuen Ebene in der Entwicklung der produktiven Kräfte statt und ist keineswegs eine bloße Wiederholung des vorangegangenen Zyklus«.[7] Kurz: Es handelt sich um etwas Neues, nicht um ein Déjà-vu.

Damit sind wir bei Kondratjews umstrittenster These. Er fand heraus, dass der Beginn jedes Fünfzig-Jahres-Zyklus von bestimmten Ereignissen ausgelöst wurde. Die Parallelen zwischen den von ihm beschriebenen Vorgängen und dem, was wir gegenwärtig beobachten, sind derart verblüffend, dass ich die entsprechende Passage in Kondratjews Arbeit wörtlich zitieren möchte:

> In den ersten zwei Jahrzehnten vor Beginn der steigenden Welle eines langen Zyklus beobachten wir eine Zunahme der technischen Erfindungen. Vor und während des Beginns der steigenden Welle sehen wir, dass diese Erfindungen infolge einer Reorganisation der Produktionsbeziehungen allgemeine Anwendung in der Industrie finden. Der Beginn des langen Zyklus fällt normalerweise mit einer Ausweitung des Einzugsbereichs der Weltwirtschaft zusammen. Dem Beginn der beiden letzten Zyklen gingen jeweils bedeutende Veränderungen in der Gewinnung von Edelmetallen und in der Geldzirkulation voraus.[8]

Am Beginn eines langen Zyklus stehen also:

- die Einführung neuer Technologien,
- der Siegeszug neuer Geschäftsmodelle,
- der Eintritt neuer Länder in den Weltmarkt,
- eine Ausweitung der Geldmenge und ein erleichterter Zugang zu Kapital.

Es liegt auf der Hand, was diese Liste für uns bedeutet: Sie enthält all das, was im Zeitraum zwischen 1990 und der Lehman-Pleite in der Weltwirtschaft geschah. Kondratjew war allerdings überzeugt, dass derartige Phänomene keine Ursachen, sondern nur Auslöser seien. »Wir neigen keineswegs zu der Annahme, dass dies eine Erklärung für die Ursachen der langen Zyklen ist«, erklärte er.[9]

Kondratjew war fest entschlossen, die Ursachen der langen Zyklen nicht in der technologischen Entwicklung oder in der Weltpolitik, sondern in der Wirtschaft zu finden. Und er hatte recht. Aber bei der Suche nach diesen Ursachen stützte er sich auf die Faktoren, mit denen Karl Marx die kürzeren, zehnjährigen Wirtschaftszyklen im 19. Jahrhundert erklärt hatte: Rückgang des produktiven Kapitaleinsatzes und Notwendigkeit der Reinvestition.

Wenn die »regelmäßigen« Krisen, die sich etwa alle zehn Jahre einstellten, dadurch entstanden, dass Werkzeuge und Maschinen ersetzt werden mussten, dann waren die etwa alle fünfzig Jahre auftretenden Krisen vermutlich das Ergebnis von »Abnutzung, Austausch und Zunahme der grundlegenden Anlagegüter, deren Produktion lange dauert und ungeheure Investitionen erfordert«.[10] Dabei hatte Kondratjew beispielsweise die großen Kanalbauten Ende des 18. Jahrhunderts und den Eisenbahnboom in den vierziger Jahren des 19. Jahrhunderts im Sinn.

Kondratjew zufolge beginnt eine lange Welle, weil im Finanzsystem große Mengen billigen Kapitals angehäuft, gebündelt und bereitgestellt worden sind. Normalerweise geht dies mit einem Anstieg der Geldmenge einher, und das zusätzliche Geld wird benötigt, um die Investitionen zu finanzieren. Große Projekte werden in Angriff genommen – gegen Ende des 18. Jahrhunderts werden Kanäle und Fabriken gebaut, Mitte des 19. Jahrhunderts entstehen Eisenbahnen und städtische Infrastrukturen. Neue Technologien kommen zum Einsatz, und neue Geschäftsmodelle regen den Wettbewerb um neue Märkte an, was Kriege anfacht, da die führenden Mächte um Kolonien zu streiten beginnen. Gesellschaftsgruppen, die vom Aufstieg der neuen Industrien und Technologien profitieren, geraten in Konflikt mit den alten Eliten, und die gesellschaftliche Stabilität leidet.

Offenkundig sind einige Phänomene auf bestimmte Zyklen beschränkt, entscheidend ist jedoch Kondratjews Verständnis von Ursache und Wirkung. Die Ursache des Aufschwungs ist, dass in der vorhergehenden Depressionsphase mehr Kapital angehäuft wird, als investiert werden kann. Das führt unter anderem dazu, dass eine Erhöhung des Geldangebots angestrebt wird. Eine weitere Wirkung besteht darin, dass zahlreiche neue, billigere Technologien verfügbar werden. Sobald ein neuer Wachstumsschub einsetzt, brechen Kriege und Revolutionen aus.

Dass Kondratjew wirtschaftliche Ursachen und politische/technologische Wirkungen sah, trug ihm Kritik aus drei Richtungen ein. Die Marxisten waren überzeugt, wenn sich der Kapitalismus entwickle, könne dies nur das Ergebnis eines äußeren Schocks sein. Kondratjews Zeitgenosse Schumpeter war der Meinung, die langen Zyklen hingen nicht von den Investitionsrhythmen, sondern vom technologischen Fortschritt ab. Eine dritte Gruppe von Kritikern hielt Kondratjews Daten für falsch und bezweifelte, dass es ausreichende Belege für die Existenz der Wellen gab.

Aber Kondratjew hatte recht – und seine Analyse der Kausalität beschreibt präzise, wie sich die Weltwirtschaft seit 1945 entwickelt hat. Wenn wir die Lücken in seiner Theorie füllen, werden wir nicht nur verstehen, wie der Kapitalismus auf Krisen mit Anpassung und Wandlung reagiert, sondern es wird uns auch klar, warum seine Anpassungsfähigkeit möglicherweise begrenzt ist. In Teil II werde ich erklären, warum wir vor einer bedeutsamen und möglicherweise dauerhaften Änderung der Muster stehen, denen die Entwicklung des Industriekapitalismus in den vergangenen 200 Jahren gehorcht hat.

Zuerst müssen wir jedoch den Kritikern antworten.

Die imaginäre Kurve

Die Veröffentlichung von Kondratjews erster Beschreibung der langen Wirtschaftszyklen im Jahr 1922 löste sofort eine Kontroverse aus. Leo Trotzki, der zu diesem Zeitpunkt zu den drei führenden russischen Kommunisten zählte, erklärte, sollten die Fünfzig-Jahres-Zyklen existieren, so würden »ihr Charakter und ihre Länge nicht durch die inneren Wechselwirkungen der Kräfte des Kapitalismus bestimmt, sondern durch jene externen Faktoren, die die Bahn bilden, in der die Entwicklung des Kapitalismus verläuft«.[11]

Zu Beginn des 20. Jahrhunderts hatten sich die revolutionären Marxisten der Idee verschrieben, das menschliche Handeln – der »subjektive Wille« – habe größeren Einfluss als die wirtschaftlichen Bedingungen. Sie fühlten sich als Gefangene der Ökonomie, die fest im Besitz der gemäßigten Sozialisten war, die eine Revolution für unmöglich hielten. Daher war Trotzki überzeugt, Kondratjew habe das Pferd vom falschen Ende her aufgezäumt:

> Die Einverleibung neuer Länder und Kontinente durch den Kapitalismus, die Entdeckung neuer natürlicher Ressourcen und in deren Gefolge solche Hauptereignisse im Bereich des »Überbaus« wie Kriege und Revolutionen determinieren den Charakter und das Abwechseln von ansteigenden, stagnierenden oder niedergehenden Epochen der kapitalistischen Entwicklung.[12]

Jenen, die den Marxismus nur als eine Form des wirtschaftlichen Determinismus kennen, mag es sonderbar vorkommen, aber Trotzki misst hier den politischen Konflikten zwischen Nationen und Klassen größere Bedeutung bei als den wirtschaftlichen Kräften. Seiner Meinung nach sollte sich die sowjetische Wirtschaftswissenschaft nicht auf die langen Wellen, sondern auf die »gesamte Kurve der kapitalistischen Entwicklung« von der Entstehung über den Aufstieg bis zum Untergang konzentrieren – das heißt auf seine gesamte Geschichte. Die langen Wellen schienen ihm interessant, aber für all jene, die sich nach dem Ende des Kapitalismus sehnten, war der gesamte Lebenszyklus dieses Systems entscheidend, und dieser musste irgendwann an ein Ende kommen.

Die Marxisten hatten ihre Erklärung des umfassenden Wandels der Wirtschaftsstrukturen nach 1890 – sie bezeichneten das System als »Imperialismus« und nahmen an, dies sei das letzte oder »höchste« Stadium, das der Kapitalismus erreichen könne – mittlerweile weiterentwickelt. Mit Kondratjews Daten konfrontiert, zeichnete Trotzki seine eigene Kurve, die allerdings nur ein Produkt seiner Phantasie war. Sie zeigte Aufstieg und Niedergang eines imaginären kapitalistischen Landes über einen Zeitraum von neunzig Jahren. Mit diesem Diagramm wollte Trotzki veranschaulichen, wie das Ergebnis einer umfassenden und sorgfältigen Auswertung der Daten aussehen müsse. Hatte man einmal den Trend der Entwicklung einer kapitalistischen Wirtschaft verstanden, so konnte man Trotzki zufolge auch verstehen, ob ein Fünfzig-Jahres-Zyklus – wenn es denn einen gab – Teil des übergeordneten Aufschwungs, Abschwungs oder endgültigen Untergangs war. Trotzki sah keinen Anlass, sich dafür zu rechtfertigen, dass seine Kurve ein Phantasiegebilde war. Er erklärte, die Daten seien noch nicht gut genug, um eine auf harten Zahlen beruhende Kurve zu zeichnen, aber mit ein wenig Mühe sei es machbar.

Trotzkis Kritik an Kondratjew wurde seinerzeit und wird bis heute herangezogen, um das Konzept der langen Zyklen zu widerlegen. Aber Trotzki widerlegte Kondratjew nicht. Er behauptete einfach, die langen Zyklen seien wahrscheinlich nicht regelmäßig, da sie von äußeren Schocks ausgelöst würden, und müssten in eine größere Welle integriert werden, die Aufstieg und Niedergang des Kapitalismus an sich darstelle. Anders ausgedrückt, verlangte Trotzki eine bessere, historische Definition des »Trends«, in den die Fünfzig-Jahres-Zyklen eingepasst werden mussten.

Das war durchaus folgerichtig. Die Statistiker suchen bei allen Trends nach dem, was sie als »Trendbruch« bezeichnen: nach einem klar bestimmbaren Punkt, an dem der Anstieg der Kurve endet, so dass sie verflacht und zu sinken beginnt. Die Suche nach dem Trendbruch in der Entwicklung des Kapitalismus sollte die linken Ökonomen das ganze 20. Jahrhundert beschäftigen – und erfolglos enden.

In der Zwischenzeit arbeitete Kondratjew fleißig weiter.

Ein kalter Raum in Moskau

Im Januar 1926 veröffentlichte Kondratjew seine endgültige Arbeit *Die langen Zyklen der Konjunktur*. Am 6. Februar versammelten sich die führenden Köpfe der sowjetischen Wirtschaftswissenschaft in Kondratjews Konjunkturinstitut in der Twerskaja-Straße in Moskau, um seine Theorie in der Luft zu zerreißen.

Das Protokoll der Sitzung zeigt, dass in dieser Diskussion noch nichts von der Furcht und Irrationalität zu bemerken war, welche die stalinistischen Säuberungen der wissenschaftlichen Gemeinde der Sowjetunion bald darauf einflößen würden. Die Teilnehmer äußerten sich offen und schonungslos. Sie brachten jene drei Kritikpunkte vor, auf die sich Kondratjews Gegner seit damals stützen: Seine statistischen Methoden seien falsch, er habe die Ursachen der Wellen nicht verstanden, und seine politischen Schlüsse seien inakzeptabel.

Als Erstes erklärte Kondratjews einflussreichster Gegner, der Ökonom Dmitri Oparin, die zur Glättung der kürzeren Zyklen verwendete Methode sei falsch, die Ergebnisse seien daher verzerrt. Dazu komme, dass die langjährigen Datenreihen zu Anstieg und Schrumpfung der Ersparnisse der Zyklentheorie widersprächen.

Dann wandten sich die Teilnehmer der Frage von Ursache und Wirkung zu. Der Ökonom V. E. Bogdanow erklärte, der Rhythmus der langen Zyklen müsse von der Innovation diktiert werden, nicht vom Kapitaleinsatz. (Damit war er der Erste, aber nicht der Letzte, der die Theorie der Konjunkturzyklen auf eine Geschichte der technologischen Innovation reduzierte.)

Bogdanow warf jedoch eine Frage auf, die durchaus berechtigt war: Es sei nicht logisch, erklärte er, dass die Kosten für den Bau großer Anlagen wie

Kanäle, Eisenbahnen oder Stahlhütten fünfzig Jahre lang den Rhythmus der Weltwirtschaft diktierten. Die Ablehnung eines vom Kapital bestimmten Zyklus bewegte ihn dazu, die These aufzustellen, dass die Zyklen von der Technologie abhingen, und ausgehend davon brachte er eine rigorosere Version von Trotzkis Argument der »externen Schocks« vor.

Wenn die langen Wellen tatsächlich existierten, so mussten sie nach Ansicht von Bogdanow durch die »zufällige Überschneidung von zwei Kausalreihen« ausgelöst werden: von der inneren Dynamik des Kapitalismus und jener der äußeren, nichtkapitalistischen Umwelt.[13] Beispielsweise öffnete die Krise nichtkapitalistischer Gesellschaften wie der Chinas und des Osmanischen Reichs Ende des 19. Jahrhunderts neue Märkte für das westliche Kapital, und die landwirtschaftliche Rückständigkeit Russlands prägte die Entwicklung seines kapitalistischen Sektors und zwang das Land, sich Kapital in Frankreich und Großbritannien zu beschaffen.

Bogdanows Argument war nicht von der Hand zu weisen. Kondratjew hatte angenommen, dass die Rhythmen des Kapitalismus eine einseitige Anziehungskraft auf die nichtkapitalistische Welt ausübten. Tatsächlich beeinflussten die beiden einander unentwegt gegenseitig, und eine umfassende Version von Kondratjews Theorie würde das berücksichtigen müssen.

Gegen Ende des Seminars sprach der Agrarökonom Miron Nachimson, ein treuer Parteisoldat, die politischen Auswirkungen der Theorie der langen Wellen an. Die Fixierung auf die langen Zyklen hielt er für ideologisch. Kondratjew rechtfertige die Krise als normalen Zustand und behaupte, man habe es »mit einem im Grunde unendlichen Auf und Ab des Kapitalismus zu tun, weshalb es noch nicht angemessen ist, von der sozialen Revolution zu träumen«. Nachimson hatte begriffen, dass die Zyklentheorie eine ernste theoretische Herausforderung für die Bolschewisten war – schließlich gingen sie vom unmittelbar bevorstehenden Untergang des Kapitalismus aus.[14]

Die Debatte kam dem zentralen Problem von Kondratjews Arbeit sehr nahe:

1. Er sah in der Dynamik des Kapitaleinsatzes die vorrangige Ursache für die alle fünfzig Jahre eintretenden Krisen, aber er ging dieser Dynamik nicht auf den Grund.
2. Er sah in der nichtkapitalistischen Welt fälschlicherweise nur einen passiven Zuschauer, der Zeuge der kapitalistischen Wellen wurde.

3. Obwohl er jede Welle als kompliziertere Version der vorhergehenden betrachtete, ließ er die Frage außer Acht, was die langen Wellen für das Schicksal des Kapitalismus bedeuteten.

Und es gab noch ein weiteres Problem mit Kondratjews Arbeit: die Daten. Dieses Problem begleitet die Theorie der langen Zyklen seit der Ära des Rechenschiebers und wurde auch vom Servernetz nicht beseitigt. Wir müssen uns damit auseinandersetzen, weil es am Datenproblem liegt, dass Kondratjews Theorie seit einer Generation tabu ist.

Das Problem der Zufallsdaten

Es sagt einiges über Kondratjews Ehrgeiz, dass er in seiner Forschungsgruppe einen der großen Mathematiker des 20. Jahrhunderts beschäftigte. Während sich Kondratjew mit den realen Daten herumschlug, betrieb Jewgeni Sluzki ein eigenes Projekt mit zufälligen Zeitreihen.

Sluzki fand heraus, dass man problemlos Wellenmuster gewinnen konnte, die wie reale wirtschaftliche Fakten wirkten, indem man auf Zufallsdaten einen gleitenden Durchschnitt anwandte. Um zu zeigen, was das bedeutete, erzeugte er mit nach dem Zufallsprinzip ausgewählten Lotteriezahlen ein Wellenmuster und legte es über eine Grafik zu britischen Wachstumsstatistiken: Die Formen sahen einander bemerkenswert ähnlich. In der Statistik ist dies als Yule-Sluzki-Effekt bekannt. Mittlerweile wird dieser Effekt dahingehend gedeutet, dass die bloße Filterung von Daten scheinbar aussagekräftige Resultate hervorbringen kann. Doch Sluzki war vom Gegenteil überzeugt. Er glaubte, dass diese zunächst zufälligen Muster uns etwas Wahres über die Realität sagen,[15] und zwar nicht nur in der Ökonomie, sondern auch in der Natur:

> Es scheint wahrscheinlich, dass der Prozess der auf die eine oder andere Art gewichteten gleitenden Addition in der Natur eine besonders wichtige Rolle spielt, wobei das Ausmaß jeder Konsequenz nicht von einer, sondern von einer Reihe vorhergehender Ursachen bestimmt wird, so wie zum Beispiel die Größe

einer Feldfrucht nicht vom Regen eines Tages, sondern von den Niederschlägen an vielen Tagen abhängt.[16]

Mit anderen Worten: Die Regentropfen fallen in einem zufälligen Muster auf einen Quadratkilometer, aber zur Erntezeit hat man einen Ertrag, den man an dem des vergangenen Jahres messen kann. Die kumulative Wirkung zufälliger Ereignisse kann regelmäßige, zyklische Muster erzeugen.

Zu der Zeit, als Sluzki seine Ergebnisse veröffentlichte, war es bereits gefährlich, mit Kondratjew in Verbindung gebracht zu werden. Im Jahr 1927 brachen Konflikte in der sowjetischen Führung aus; es kam zu Parteiausschlüssen und Straßenschlachten. Die Historikerin Judy Klein hat festgestellt, dass sich Sluzki problemlos von Kondratjew, der als Anhänger des Marktes unter Verdacht geraten war, hätte lossagen können. Stattdessen bekannte er sich zu Kondratjews Theorie.[17]

Tatsächlich erweiterte Sluzkis Experiment die Theorie der langen Wellen um eine bedeutsame Erkenntnis: Er stellte fest, dass sich durch Filterung von Zufallsdaten erzeugte Wellen nicht ewig wiederholen. Wenn er sie immer wieder durchrechnete, brachen die Muster plötzlich zusammen. Er bezeichnete diesen Punkt als »Regimewechsel«: »Nach einer mehr oder weniger großen Zahl von Perioden gerät jedes Regime aus den Fugen. Die Transition zu einem anderen Regime erfolgt manchmal schrittweise und manchmal mehr oder weniger abrupt an bestimmten kritischen Punkten.«[18]

Wer sich für langfristige Muster in der Wirtschaftsentwicklung interessiert, versteht sofort die Tragweite von Sluzkis Beobachtung. Erstens können die langen Wellen unter Umständen nicht auf eine greifbare Ursache zurückverfolgt werden, seien es Innovationen, ein externer Schock oder der Rhythmus des Kapitaleinsatzes. Möglicherweise treten sie im Lauf der Zeit einfach als normales Kennzeichen jedes komplexen Wirtschaftssystems auf. Zweitens müssen wir unabhängig von der Ursache damit rechnen, dass regelmäßige Wellenmuster unterbrochen werden und sich erneut herausbilden.

Sluzki selbst war der Ansicht, dieses Muster des plötzlichen Zusammenbruchs könne sich auf zwei Ebenen manifestieren, nämlich innerhalb der zehnjährigen Wirtschaftszyklen und über die Fünfzig-Jahres-Zyklen hinweg. Aber seine Arbeit weist auf eine dritte Möglichkeit hin: Wenn der Industriekapitalismus über einen Zeitraum von mehr als 200 Jahren eine Abfolge von Fünfzig-Jahres-Wellen erzeugt hat, so besteht die Möglichkeit, dass sich auch dieses Muster irgendwann auflöst. Die Folge ist ein Regimewechsel, der ein vollkommen neues Muster hervorbringt.

In den vergangenen zwanzig Jahren ist aus dem Lager der Statistiker Kritik an Kondratjews Theorie laut geworden. Verschiedene Forscher sind in neueren Studien zu dem Ergebnis gelangt, dass die Kondratjew-Wellen bei Verwendung besserer Filtertechniken einfach verschwinden oder unkenntlich werden. Andere haben mit Recht darauf hingewiesen, dass die in den ersten drei Zyklen beobachteten langfristigen Preisfluktuationen mit der Entstehung des globalen Markts nach dem Zweiten Weltkrieg verschwunden sind.[19]

In Anbetracht der gewaltigen Menge an zusätzlichen Daten sollte es allerdings möglich sein, mithilfe der verbesserten Methoden Kondratjew-Zyklen in den globalen Wachstumsstatistiken zu finden.

Im Jahr 2010 taten die russischen Forscher Andrei Korotajew und Sergej Zirel genau das.[20] Anhand einer als »Frequenzanalyse« bezeichneten Technik wiesen sie nach, dass in den BIP-Daten deutliche Fünfzig-Jahres-Kurven zu beobachten sind. Für den Zeitraum nach 1945 haben sie gezeigt, dass sogar die Rohdaten deutliche Hinweise auf einen Anstieg ab 1945 und eine lange Abwärtsphase ab 1973 enthalten.

Tatsächlich haben sie, gestützt auf die Rezessionsdefinition des IWF (ein Absinken des globalen Wirtschaftswachstums unter drei Prozent während sechs Monaten), ausgerechnet, dass es im Zeitraum zwischen 1945 und 1973 keine Rezessionen gab, während nach 1973 sechs Rezessionen zu beobachten waren. Korotajew und Zirel sind sicher, dass die Kondratjew-Zyklen in den globalen BIP-Daten nach 1870 enthalten sind und dass sie sich in den westlichen Volkswirtschaften auch schon vorher ausmachen lassen.

Weitere Hinweise auf die Existenz langer Zyklen hat der italienische Physiker Cesare Marchetti gefunden, der historische Daten zum Energieverbrauch und zu Infrastrukturprojekten ausgewertet hat. Diese Daten »zeigen sehr deutlich ein zyklisches oder gekurvtes Verhalten« in vielen Bereichen des Wirtschaftslebens, wobei die Zyklen etwa 55 Jahre dauern.[21]

Marchetti lehnt die Vorstellung ab, dass es sich hier um Wellen handelt oder dass diese Ausschläge in erster Linie wirtschaftlicher Natur sind, und bezeichnet sie lieber als langfristige »Impulse« im gesellschaftlichen Verhalten. Aber er erklärt, dass Signale, die ökonomisch unklar sind, »klar zutage treten, wenn man das ›Physikalische‹ analysiert«.

Marchetti sieht den deutlichsten Beleg für die Existenz langer Zyklen im Muster der Investitionen in physische »Kommunikationsnetze«. Anhand von Kanal-, Eisenbahn-, Straßen- und Luftfahrtnetzen zeigte er in den achtziger Jahren, dass der Ausbau solcher Infrastrukturen jeweils rund fünfzig Jahre nach der Fertigstellung des vorhergehenden Netzes seinen Höhepunkt erreicht. Ausgehend von dieser Erkenntnis prognostizierte er im Jahr 1986, um das Jahr 2000 werde ein neuartiges Netz entstehen. Natürlich konnte er 14 Jahre vor der Jahrtausendwende nicht wissen, was das für ein Netz sein würde. Mittlerweile wissen wir es: Es ist das Informationsnetz.

Es gibt also physikalische und ökonomische Belege für die Existenz eines Fünfzig-Jahre-Musters. Die von einem solchen Muster erzeugten Sinuswellen sind von zweitrangiger Bedeutung für die Existenz des Musters. Ein Volkswirt erkennt darin Hinweise darauf, dass grundlegendere Prozesse ablaufen – so wie der Astrophysiker ein schwarzes Loch an den Hinweisen erkennt, welche die Bewegungen der Materie in seiner Umgebung geben.

Und hier haben wir die Bedeutung dieser Hinweise. Kondratjew gab uns ein Werkzeug für das Verständnis der *Mutationen* des Kapitalismus in die Hand. Die marxistische Wirtschaftstheorie suchte nach einem Prozess, der nur ein Ergebnis haben kann: den Zusammenbruch des Kapitalismus. Kondratjew zeigte, dass die Gefahr des Zusammenbruchs normalerweise dazu führt, dass sich das System anpasst, um zu überleben.

Das Problem ist Kondratjews Interpretation der wirtschaftlichen Kraft, die den Zyklus antreibt, und der Beziehung dieser Kraft zum Schicksal und zur Langlebigkeit des Systems. Diese wirtschaftliche Kraft müssen wir reparieren.

Zur Rettung Kondratjews

Vor einigen Jahren hielt ich an einer britischen Universität vor 200 Volkswirtschaftsstudenten einen Vortrag über Kondratjew. Die Studenten hatten keine Ahnung, über wen oder was ich sprach. Nach dem Vortrag sagte ein Dozent zu mir: »Sie haben den Fehler gemacht, Mikro- und Makroökonomie zu vermischen. Daran sind sie nicht gewöhnt.« Ein anderer Dozent, der Wirtschaftsgeschichte unterrichtete, hatte noch nie von Kondratjew gehört.

Immerhin kannten sie Joseph Schumpeter. In seinem 1939 erschienenen Werk *Business Cycles** stellte Schumpeter die These auf, der Kapitalismus werde von ineinandergreifenden Wellenzyklen geformt, die von einem drei- bis fünfjährigen Zyklus kurzer Wellen, die dem Aufbau von Lagerbeständen in den Unternehmen entsprachen, bis zu den von Kondratjew beobachteten 50-jährigen Wellen reichten.

In einer mühsamen logischen Argumentation schloss Schumpeter aus, dass der Kreditzyklus, äußere Schocks, Veränderungen des Geschmacks und das, was er als »Wachstum« bezeichnete, den Fünfzig-Jahres-Zyklus verursachten. Stattdessen erklärte er, die Innovation sei »die überragende Tatsache in der Wirtschaftsgeschichte der kapitalistischen Gesellschaft« und »für die Mehrzahl dessen verantwortlich [...], was wir zunächst anderen Faktoren zuschreiben würden«.[22] Dann beschrieb er die Kondratjew-Zyklen in einer detaillierten historischen Analyse als Innovationszyklen: Der erste dieser Zyklen war durch die Entwicklung des Fabriksystems ab 1780 ausgelöst worden, der zweite durch die Eisenbahn ab 1842, der dritte durch eine Häufung von Neuerungen in den achtziger und neunziger Jahren des 19. Jahrhunderts, die wir als zweite industrielle Revolution kennen.[23]

Schumpeter machte Kondratjews Theorie der langen Wellen sehr attraktiv für die Anhänger des Kapitalismus: In seiner Version wird jeder neue Zyklus vom Entrepreneur und vom Innovator eingeleitet. Umgekehrt verwandeln sich Phasen des Niedergangs in das Ergebnis einer Erschöpfung der Innovationskraft, was dazu führt, dass das Kapital im Finanzsystem gehortet wird. Für Schumpeter ist die Krise ein unverzichtbarer Bestandteil der Funktionsweise des kapitalistischen Systems, da sie zur »schöpferischen Zerstörung« veralteter und ineffizienter Modelle führt.

Während Kondratjew fast in Vergessenheit geriet, erlangten Schumpeters Erkenntnisse beinahe den Status einer religiösen Offenbarung: Auf seine deterministische Darstellung der von der Technologie bestimmten Konjunkturzyklen können die Mainstream-Ökonomen in Krisenzeiten zurück-

* Die deutsche Übersetzung erschien 1961 unter dem Titel *Konjunkturzyklen* (Göttingen: Vandenhoeck & Ruprecht) (Anmerkung des Übersetzers).

greifen, wenn die Realität ihren normativen Glaubenssätzen nicht mehr entspricht.

Carlota Perez, die prominenteste zeitgenössische Anhängerin Schumpeters, beruft sich auf die Theorie der Technologieabhängigkeit, um staatliche Unterstützung für Informationstechnologie, Biotechnologie und grüne Energien zu fordern, die ihrer Meinung nach irgendwann nach 2020, wenn der nächste zyklische Anstieg beginnt, ein neues goldenes Zeitalter auslösen werden.

Perez hat die Theorie der langen Zyklen um einige Elemente ergänzt, die das Verständnis der gegenwärtigen Phase erleichtern. Besonders bedeutsam ist ihre Idee des »techno-ökonomischen Paradigmas«. Perez erklärt, dass weder eine Häufung von Neuerungen noch die bloße Interaktion dieser Innovationen genügen, um einen neuen Zyklus in Gang zu setzen. Vielmehr bedürfe es einer »neuen gesellschaftlichen Übereinkunft, welche die Ausbreitung einer Revolution ermöglicht«, einer erkennbaren »Logik des Neuen«, die Voraussetzung dafür sei, dass eine Gruppe von Technologien und Geschäftspraktiken durch eine andere ersetzt werden könne.

Indem Perez den Beginn eines Zyklus nicht mit der Verbreitung, sondern mit der Erfindung neuer Schlüsseltechnologien ansetzt, weicht sie jedoch von Kondratjew und Schumpeter ab. Und sie schlägt eine andere Kausalkette vor: Innovatoren erfinden, begeisterte Kapitalgeber beginnen zu spekulieren, der Rausch endet mit Tränen, und der Staat schreitet ein, um die Situation zu regeln, so dass ein goldenes Zeitalter robusten Wachstums und hoher Produktivität beginnen kann.

Selbst manche Anhänger von Perez erklären, sie habe Schumpeters Theorie lediglich neu verpackt und den Ausgangspunkt der Zyklen um 25 Jahre vorverlegt. Aber ihre Neuerung ist bedeutsamer: Perez geht es um »das Auftauchen und die graduelle Ausbreitung der technologischen Revolutionen«, nicht um das Auf und Ab des Bruttoinlandsprodukts, auf das sich Kondratjew konzentrierte.[24]

Die Folge ist, dass sie vor einer ganzen Reihe von Konsistenzproblemen steht: Warum ist der vierte Zyklus (1909-71) fast siebzig Jahre lang? Perez' Antwort: Weil die politische Reaktion auf die Depression der dreißiger Jahre erst im Jahr 1945 Früchte trug. Warum ist zwischen 1990 und 2008 zweimal eine klar erkennbare Sequenz von Innovation, spekulativer Euphorie und Zusammenbruch zu beobachten? Auch das, antwortet Perez, lag an politischen Fehlern.

In dieser Version der Zyklentheorie spielt die Reaktion des Staates auf Krisen eine zentrale Rolle, während Perez der Auseinandersetzung zwischen Klassen oder der Verteilung des Wohlstands nur geringe Bedeutung beimisst. In einer beinahe vollkommenen Umkehrung von Kondratjew erklärt Perez, die Wirtschaftsentwicklung werde von der Technologie bestimmt und die technologische Entwicklung werde vom Staat bestimmt.

Die an der technologischen Entwicklung festgemachte Zyklentheorie ist verlockend, weil die Belege für diese Sichtweise greifbar sind: Vor dem Beginn langer Zyklen häufen sich Innovationen, deren Synergien sich nachweisen lassen. Die Theorie ist insofern materialistisch, als sie Revolutionen und den Wandel gesellschaftlicher Einstellungen als Ausdruck eines tieferen Prozesses betrachtet. Neue Technologien bringen »neue Menschen« an die Macht, wie Schumpeter es ausdrückte, und diese neuen Menschen bringen neue Präferenzen und Konsumnormen mit.

Trotzdem lehnte Kondratjew die Vorstellung, tiefgreifende Veränderungen würden von der Technologie angetrieben, mit Recht ab. Man kann einen Zusammenhang mit dem Anfang der Fünfzig-Jahres-Zyklen herstellen, aber weder liefert diese Deutung eine ausreichende Erklärung für die Häufung von Innovationen noch erklärt sie, warum ein neues gesellschaftliches Paradigma entsteht – oder warum der Zyklus endet.

Wenn wir uns an Kondratjew halten und seine Sequenz langer Zyklen, gestützt auf das »Materielle« Marchettis und auf Datenmaterial, das deutlich besser ist als in den zwanziger Jahren des 20. Jahrhunderts, bis in die Gegenwart fortsetzen, können wir das folgende Bild entwerfen.

Der Industriekapitalismus durchlief bisher vier lange Zyklen, auf die ein fünfter gefolgt ist, der jedoch nicht in Schwung kommen will:

1. 1790 bis 1848: Der erste lange Zyklus ist in den Daten für Großbritannien, Frankreich und die USA erkennbar. Die Grundlagen des neuen Paradigmas sind das Fabriksystem, die Dampfmaschine und die Kanalbauten. Der Wendepunkt ist die Rezession Ende der zwanziger Jahre des 19. Jahrhunderts. Die revolutionäre Krise in Europa in den Jahren 1848–50, die ihre nordamerikanische Entsprechung im Mexikanisch-Amerikanischen Krieg und im sogenannten »Kompromiss von 1850« hat, markiert einen klaren Schlusspunkt.
2. 1848 bis ca. 1895: Der zweite lange Zyklus ist in der gesamten entwickel-

ten Welt und in seiner Endphase in der Weltwirtschaft zu beobachten. Eisenbahnen, Telegrafie, Ozeandampfer, stabile Währungen und Maschinenbautechnik bestimmen das Paradigma. Der Zyklus erreicht seinen Höhepunkt Mitte der siebziger Jahre, als eine Finanzkrise in den USA und Europa zur Langen Depression (1873-96) führt. In den achtziger und neunziger Jahren werden in Reaktion auf wirtschaftliche und soziale Krisen neue Technologien entwickelt, die zu Beginn des dritten Zyklus zusammenfließen.

3. Ca. 1895-1945: Die technologische Entwicklung im dritten Zyklus ist von Schwerindustrie, Elektrotechnik, Telefon, wissenschaftlicher Betriebsführung und Massenproduktion geprägt. Am Ende des Ersten Weltkriegs wird der Aufwärtstrend gebrochen. Die Weltwirtschaftkrise der dreißiger Jahre und die anschließende Kapitalvernichtung im Zweiten Weltkrieg beenden die Abwärtsbewegung.
4. 1945 bis 2008: Im vierten langen Zyklus bringen Transistoren, Kunststoffe, Massenkonsumgüter, Fertigungsautomation, Atomkraft und automatische Kalkulation das neue Paradigma hervor und begründen die längste Wirtschaftsblüte in der Geschichte der Menschheit. Der Höhepunkt ist klar erkennbar: Nach der Ölkrise im Oktober 1973 beginnt eine lange Phase der Instabilität, in der es jedoch zu keiner tiefen Rezession kommt.
5. Ende der neunziger Jahre tauchen in einer Phase, die sich mit dem Ende der vorhergehenden Welle überschneidet, die grundlegenden Bestandteile des fünften langen Zyklus auf. Dieser beruht auf der Vernetzungstechnologie, der mobilen Kommunikation, einem wirklich globalen Markt und den Informationsgütern. Aber der Zyklus ist zum Stillstand gekommen. Und das hat etwas mit dem Neoliberalismus und mit der Technologie selbst zu tun.

Dies ist nur eine Skizze: eine Liste von Ausgangs- und Endpunkten, Technologiebündeln und schweren Krisen. Um die Entwicklung des Kapitalismus richtig einschätzen zu können, brauchen wir ein genaueres Bild von der Dynamik der Kapitalakkumulation, als Kondratjew selbst es hatte. Wir müssen uns sehr viel eingehender mit ihr beschäftigen als die Theoretiker des technologischen Wandels. Wir müssen nicht nur verstehen, dass sich der Kapitalismus wandelt, sondern auch herausfinden, welche wirtschaftlichen

Vorgänge seine Mutationen antreiben und was seinen Wandel verhindern kann.

Kondratjew entwickelte eine Theorie, die uns die Augen für das geöffnet hat, was die Systemtheoretiker als wirtschaftliche »Mesoebene« bezeichnen: Diese Ebene liegt zwischen einem abstrakten Modell des Systems und seiner konkreten Geschichte. Anhand von Kondratjews Theorie können wir die Mutationen des Kapitalismus besser verstehen als anhand der Analysen jener marxistischen Wirtschaftstheoretiker des 20. Jahrhunderts, die sich auf die externen Faktoren und Untergangsszenarien beschränkten.

Wir sind noch nicht ganz fertig mit Kondratjew. Doch um sein Vorhaben zum Abschluss bringen zu können, müssen wir uns genauer mit einer Frage beschäftigen, welche die Ökonomie seit mehr als einem Jahrhundert beschäftigt: Wieso kommt es zu Krisen?

3

Hatte Marx am Ende doch recht?

Im Jahr 2008 widerfuhr Karl Marx etwas Skurriles: »Er ist zurück!«, verkündete die Londoner *Times*. Der deutsche Verlag von *Das Kapital* hatte einen Absatzanstieg um 300 Prozent gemeldet, nachdem ein Minister der Regierung Merkel erklärt hatte, »gewisse« Ideen von Marx seien »doch nicht so verkehrt«. In Japan verbreitete sich eine Manga-Version des Buchs wie ein Lauffeuer. In Frankreich wurde ein Foto von Nicolas Sarkozy veröffentlicht, der die französische Ausgabe von Marx' Hauptwerk durchblätterte.

Auslöser für den Run auf Marx war natürlich die Finanzkrise: Der Kapitalismus brach zusammen. Genau das hatte Marx vorausgesagt, weshalb man ihm jetzt recht geben, sein Werk neu bewerten oder ihm zumindest ein wenig posthume *Schadenfreude** zugestehen musste.

Aber es gibt ein Problem: Der Marxismus ist sowohl eine Geschichtstheorie als auch eine Krisentheorie. Er ist eine wunderbare Geschichtstheorie: Gestützt auf das marxistische Verständnis von Klasse, Macht und Technologie, können wir das Verhalten der Mächtigen voraussagen, noch bevor sie selbst wissen, wie sie sich verhalten werden. Als Theorie der Krise ist der Marxismus allerdings mangelhaft. Wenn wir Marx in der gegenwärtigen Situation verwenden wollen, müssen wir uns der Grenzen seiner Theorie bewusst sein – und wir müssen verstehen, in welche Bredouille sich seine Anhänger bei dem Versuch gebracht haben, diese Grenzen zu überwinden.

Dies ist keineswegs ein Streit um des Kaisers Bart. Je häufiger das vollbärtige Konterfei von Karl Marx in der erschreckten Mainstream-Presse auftaucht und je schlimmer die soziale Katastrophe wird, in die wir die kommenden Generationen stürzen, desto wahrscheinlicher wird es, dass die Jugend von morgen die gescheiterten Experimente der Marxisten wieder-

* Im Original deutsch.

holt, insbesondere den revolutionären Sozialismus und die überhastete Abschaffung des Markts. Um die Lösung verstehen zu können, die ich dem Kapitalismus entgegensetzen werde, und den Weg zu dieser Lösung zu veranschaulichen, müssen wir uns zunächst mit der marxistischen Krisentheorie auseinandersetzen.

Was ist also das Problem?

Marx verstand, dass der Kapitalismus ein instabiles, fragiles und komplexes System ist. Er erkannte, dass die Klassenzugehörigkeit die Macht ungleich zwischen den verschiedenen Marktakteuren verteilt. Aber er unterschätzte die Anpassungsfähigkeit des Kapitalismus.

Marx selbst erlebte nur einen globalen Anpassungsprozess: den Aufschwung, der im zweiten langen Zyklus in den zwei Jahrzehnten nach dem Revolutionsjahr 1848 stattfand. Als seine Anhänger Zeugen des dritten langen Zyklus wurden, war die Entwicklung der marxistischen Wirtschaftstheorie zu einer leistungsfähigen Theorie des gesamten Systems leider zum Stillstand gekommen.

Schließlich wurde der Marxismus mit drei Merkmalen komplexer anpassungsfähiger Systeme konfrontiert. Erstens sind solche Systeme »offen«, das heißt, sie profitieren vom Kontakt mit der Außenwelt. Zweitens reagieren sie auf Herausforderungen mit Innovationen und unvorhersehbaren Mutationen, wobei jede Innovation ganz neue Chancen für Wachstum und Expansion innerhalb des Systems eröffnet. Drittens bringen sie »emergente«, sich spontan herausbildende Phänomene hervor, die nur auf einer Ebene oberhalb der Funktionsweise des eigentlichen Systems studiert werden können. Beispielsweise muss das Verhalten einer Ameisenkolonie, selbst wenn es ein Produkt des genetischen Programms der Ameisen ist, nicht als genetisches Phänomen, sondern als Verhalten studiert werden.

Der Marxismus stellte in gewissem Sinn die systematischste Studie emergenter Phänomene dar, die je in Angriff genommen wurde, er verstand aber nie wirklich die Natur dieser Phänomene. Erst in den siebziger Jahren, als die marxistische Wirtschaftstheorie um das Konzept der »relativen Autonomie« erweitert wurde, begannen die Marxisten zu begreifen, dass nicht jede Ebene der Realität einfach ein Ausdruck der ihr zugrunde liegenden Ebenen ist.

In diesem Kapitel werde ich erklären, warum nicht nur der Marxismus, sondern die gesamte Linke seit einem Jahrhundert an der Anpassungsfähigkeit des Kapitalismus scheitert. Die ursprüngliche Analyse von Marx, der in *Das Kapital* beschrieb, wie die Marktmechanismen zum Zusammenbruch führen, ist jedoch weiterhin gültig und unverzichtbar für das Verständnis der Mutationen des Kapitalismus.

Richtig verstanden, erklärt die von Marx entwickelte Krisentheorie besser als Kondratjews Zyklentheorie, was hinter den großen Mutationen des Kapitalismus steckt – und warum er schließlich möglicherweise die Fähigkeit verliert, sich durch Veränderung anzupassen. Der Marxismus, mit dem wir es hier zu tun haben, ist allerdings eine Vorstellungswelt des 21. Jahrhunderts, die in einem Gehirn des 19. Jahrhunderts gefangen ist.

Was Marx sagte …

In den ersten achtzig Jahren des Industriekapitalismus schätzten die Ökonomen seine Zukunft pessimistisch ein. Die klassischen Ökonomen – Smith, Say, Mill, Malthus und Ricardo – zweifelten an seiner Überlebensfähigkeit. Das große Thema ihrer Arbeiten waren die Grenzen des Kapitals: die Hindernisse für seine Expansion, der Rückgang des Profits, die Unmöglichkeit eines stabilen Wachstums.

Die Debatte kreiste um die Vorstellung, dass die menschliche Arbeitskraft die Quelle des Werts ist und den durchschnittlichen Preis der Dinge bestimmt. Diese Vorstellung ist als »Arbeitswerttheorie« bekannt. In Kapitel 6 werde ich im Detail erklären, wie sie uns dabei helfen kann, den Kapitalismus durch eine Nicht-Marktökonomie zu ersetzen.

Marx verbrachte sein Leben damit, die Fehler der Arbeitswerttheorie zu korrigieren, um die wiederkehrenden Krisen und Zusammenbrüche des frühen Kapitalismus zu erklären. Nach Ansicht von Marx ist eine ausgereifte Marktwirtschaft durch ständige Instabilität gekennzeichnet. Zum ersten Mal in der Geschichte sind inmitten des Überflusses Krisen möglich. Es werden Dinge erzeugt, die nicht gekauft oder verwendet werden können – etwas, das im Feudalzeitalter und in der Antike undenkbar gewesen wäre.

Marx sah in der Wirtschaft auch eine Spannung zwischen dem, was real ist, und dem, was wir für real halten. Der Markt ist eine Maschine, deren

Funktion darin besteht, beides miteinander in Einklang zu bringen. Der reale Wert der Dinge hängt von der Menge an Arbeit, Maschinen und Rohstoffen ab, die eingesetzt wird, um diese Dinge zu erzeugen – all das wird als Arbeitswert gemessen –, aber dieser Wert kann nicht im Voraus berechnet werden. Auch können wir ihn nicht sehen, denn die wirtschaftlichen Gesetze wirken »hinter dem Rücken« der Akteure.

Diese Spannung liegt sowohl den kleinen Korrekturen – zum Beispiel müssen die Preise gesenkt werden, wenn am Marktstand am Ende des Tages zu viel Obst übrig ist – als auch den großen Eingriffen zugrunde – zum Beispiel wenn der amerikanische Staat Lehman Brothers retten muss. Wenn wir eine Krise studieren, müssen wir also herausfinden, was auf einer Ebene unterhalb der im *Wall Street Journal* gemeldeten Fakten schiefgegangen ist.

Marx erklärt, im vollkommen ausgereiften Kapitalismus näherten sich die Profite tendenziell einem Durchschnittswert an: Obwohl die Manager glauben, untereinander in einem erbitterten Wettbewerb zu stehen, erzeugen sie daher in Wahrheit in jedem Wirtschaftssektor und in der Volkswirtschaft als ganzer eine durchschnittliche Profitrate, die sie heranziehen, um die Preise festzulegen und die Leistungen zu messen. Anschließend häufen sie mittels des Finanzsystems eine Profitmasse an, an der die Investoren bei einem gegebenen Maß an Risiko mit weitgehend konstanten Erträgen beteiligt werden. Obwohl der Finanzsektor zu der Zeit, als *Das Kapital* entstand, klein war, begriff Marx sehr gut, dass die Finanzen – in Form des Zinses – zum wichtigsten Mechanismus für die rationale Kapitalallokation entsprechend den durchschnittlichen Risiken und Erträgen werden.

Marx erkannte auch, dass die eigentliche Quelle des Profits die Arbeit ist, genauer gesagt der zusätzliche Wert, der dank der ungleichen Machtverteilung am Arbeitsplatz aus den Arbeitern herausgepresst werden kann. Da die Unternehmen jedoch die Produktivität erhöhen müssen, neigen sie dazu, die Arbeit durch Maschinen zu ersetzen. Da die Arbeit die eigentliche Quelle des Profits ist, sinkt infolge der zunehmenden Mechanisierung die Profitrate. Wenn in einem Unternehmen, einem Sektor oder einer Volkswirtschaft ein wachsender Teil des Kapitals in Maschinen, Rohstoffe und andere Nicht-Arbeits-Inputs investiert wird, kann die Arbeit immer weniger Profit erzeugen. Dies ist für Marx »das Grundgesetz des Kapitalismus«.

Das System reagiert allerdings spontan auf diese Bedrohung, indem es Institutionen und Verhaltensweisen hervorbringt, die der Tendenz sinkender Profitraten entgegenwirken. Die Investoren wenden sich neuen Märkten zu, auf denen höhere Gewinne winken, die Arbeitskosten werden durch die Verbilligung von Konsumgütern und Nahrungsmitteln gesenkt, die Manager suchen im Ausland nach billigen Arbeitskräften oder die Unternehmen führen Maschinen ein, deren Erzeugung, gemessen am Arbeitseinsatz, weniger kostet. Oder sie wechseln von maschinenintensiven in arbeitsintensive Industrien. Oder sie kämpfen nicht um Margen (Profitrate), sondern um Marktanteile (Profitmasse).

Im Aufstieg des Finanzsektors sieht Marx eine strategische »entgegenwirkende Ursache«: Ein Teil der Investoren beginnt, anstelle des unternehmerischen Profits, den man erzielen kann, indem man ein Unternehmen gründet und betreibt, Zinsen als normale Belohnung dafür zu akzeptieren, dass sie viel Geld besitzen. Es nehmen weiterhin Entrepreneure einseitige Risiken auf sich, so wie es auch die privaten Kapital- und Hedgefonds heute tun, aber große Teile des Systems werden auf Investitionen ausgerichtet, die wenig riskant sind und entsprechend niedrige Erträge abwerfen. Diese über das Finanzsystem erzielten Profite erlauben es dem Kapitalismus nach Ansicht von Marx trotz sinkender Profite weiter zu funktionieren.

Es ist wichtig, diesen Punkt klar herauszuarbeiten: *In den Augen von Marx sind diese entgegenwirkenden Ursachen stets vorhanden.* Eine Krise tritt nur ein, wenn die Gegenwirkungen schwächer werden oder vollkommen ausbleiben, also dann, wenn dem System die billigen Arbeitskräfte ausgehen, keine neuen Märkte mehr gefunden werden oder das Finanzsystem all das Kapital, das die risikoscheuen Investoren darin speichern wollen, nicht mehr sicher verwalten kann.[1]

Marx sieht in der Krise das Überdruckventil des kapitalistischen Systems. Für ihn ist sie ein normales Merkmal des Kapitalismus und ein Produkt seiner technologischen Dynamik.

Bereits diese grobe Skizze zeigt, dass Marx den Kapitalismus als komplexes System betrachtet. Selbst wenn dieses System stabil wirkt, ist es nicht im Gleichgewicht: Spontane Zusammenbrüche werden durch spontane Stabilisatoren ausgeglichen. Die Krisentheorie erklärt, wann und warum der Stabilisierungsmechanismus versagt.

In den drei Bänden von *Das Kapital* beschreibt Marx verschiedene Arten von Krisen. Da ist zunächst die Überproduktionskrise, die dadurch entsteht, dass es zu wenig Nachfrage für ein Übermaß an Gütern gibt, weshalb die in der Produktion erzielten Profite nicht realisiert werden können, da es unmöglich ist, sämtliche Produkte zu verkaufen. Marx nimmt an, dass auch der ineffiziente Kapitalfluss zwischen den Sektoren Krisen heraufbeschwören wird: Er selbst wurde Zeuge zahlreicher Krisen, in denen die Produktion der Schwerindustrie und jene der Konsumgüterindustrie aus dem Takt kamen, was zu Rezessionen führte, die so lange dauerten, bis das Gleichgewicht wiederhergestellt war. Sodann ist da ein Typ von Krisen, die dadurch entstehen, dass die zuvor beschriebenen Gegenkräfte nicht wirken, was einen deutlichen Rückgang der Profitrate, einen Investitionsstillstand, Massenentlassungen und einen Rückgang des BIP zur Folge hat.

Schließlich beschreibt Marx in Band III von *Das Kapital* den Ablauf einer Finanzkrise: Der Kredit nimmt überhand, Spekulation und verbrecherische Praktiken blähen ihn auf, bis die Kreditblase schließlich platzt und ein Absturz den Exzess überkorrigiert. Die Folge ist eine mehrjährige tiefe Rezession. In einem bemerkenswerten Satz nimmt Marx die Welt von Enron, Bernie Madoff und dem reichsten Einen Prozent vorweg. Die Hauptfunktion des Kredits sieht er darin, die Ausbeutung »zum reinsten und kolossalsten Spiel- und Schwindelsystem zu entwickeln und die Zahl der den gesellschaftlichen Reichtum ausbeutenden Wenigen immer mehr zu beschränken«.[2] Die Parallelen zwischen den Vorgängen, die im Jahr 2008 zum Kollaps des Finanzsektors führten, und dieser berühmten Passage aus *Das Kapital* bewegten viele Autoren zu dem Urteil, die Geschichte habe Marx bestätigt. Und da die Realeinkommen in der westlichen Welt trotz des Abflauens der Finanzkrise stagnieren, hören wir gegenwärtig wieder, Marx habe am Ende doch recht gehabt mit seiner Einschätzung des Problems der Überproduktion, denn er erklärte, diese gehe mit einer Erholung von Unternehmensgewinnen und Wirtschaftswachstum einher, während die Realeinkommen der Arbeitnehmer schrumpften.

Aber die marxsche Theorie der Krise ist unvollständig. Sie enthält Denkfehler, die den Marxisten viele Jahre zu schaffen gemacht haben. Vor allem ist es schwierig, das abstrakte Modell mit der konkreten Realität zu verknüpfen. Dazu kommt, dass die Theorie ein Produkt ihrer Zeit war: Marx konnte die entscheidenden Phänomene des 20. Jahrhunderts nicht berücksichtigen: den Staatskapitalismus, die Monopole, die komplexen Finanzmärkte und die Globalisierung.

Wenn die Theorie einen Wert haben soll – wenn ihre Aussage über die

Feststellung »Krisen sind normal« hinausgehen soll –, muss sie sowohl in sich schlüssig gemacht als auch mit den Fakten in Einklang gebracht werden. Wir müssen sie um die typischen Merkmale komplexer anpassungsfähiger Systeme erweitern, die sie nicht bewältigt hat: Offenheit, unvorhersehbare Reaktionen auf Bedrohungen und lange Zyklen (die irgendwo zwischen einer normalen Krise und dem endgültigen Zusammenbruch anzusiedeln sind). Allerdings ist selbst eine derart korrigierte Theorie der zyklischen Krisen unzureichend angesichts der in diesem Buch untersuchten Veränderungen, die das Überleben der Menschheit betreffen.

Im Jahr 1859 stellte Marx eine Prognose an, die berühmt werden sollte: »Auf einer gewissen Stufe ihrer Entwicklung geraten die materiellen Produktivkräfte der Gesellschaft in Widerspruch mit den vorhandenen Produktionsverhältnissen [...]. Aus Entwicklungsformen der Produktivkräfte schlagen diese Verhältnisse in Fesseln derselben um. Es tritt dann eine Epoche sozialer Revolution ein.«[3] Er erklärte allerdings nie, wie die sporadischen Krisen die Bedingungen für das neue System schaffen würden – oder schaffen konnten. Er überließ es seinen Schülern, diese Lücke zu schließen.

Nach Marx' Tod gingen seine Anhänger davon aus, dass der Kapitalismus die Überproduktionskrisen nur kurze Zeit durch Entdeckung oder Erfindung neuer Märkte bewältigen könne. »[E]s scheint der Augenblick nahe zu sein, wo der Markt der europäischen Industrie sich nicht nur nicht mehr erweitern, sondern wo er anfangen wird, sich zu verengern«, schrieb Karl Kautsky im Jahr 1892. »Das hieße aber nichts anderes als der Bankerott der ganzen kapitalistischen Gesellschaft.«[4] Die Sozialisten nahmen an, die kurzen Krisen würden wie Schneebälle anschwellen und schließlich eine zerstörerische Lawine auslösen. Im Jahr 1898 sagte die Sozialistin Rosa Luxemburg voraus, sobald dem System die neuen Märkte ausgingen, werde es zu einer Explosion, zu einem Kollaps kommen, und »an diesem Punkt werden wir die Rolle des Syndikus übernehmen, der ein bankrottes Unternehmen abwickelt«.[5]

Wie wir wissen, kam es anders. Am Anfang seines dritten langen Zyklus mutierte der Kapitalismus. Der Kampf um neue Kolonien näherte sich dem Ende, aber der Kapitalismus bewies seine Anpassungsfähigkeit und schuf neue innere Märkte. Und es gelang ihm, bestimmte Merkmale des Marktes zu unterdrücken, um sein Überleben zu sichern.

Ende des 19. Jahrhunderts kündigten die Marxisten den Untergang des

Kapitalismus an, doch ihre Prognose erwies sich als falsch. Stattdessen mussten sie mit ansehen, wie das System einen spektakulären Aufschwung erlebte. Dann kamen das Chaos und der Zusammenbruch in den Jahren 1914-21. Die erneute Erholung des Kapitalismus nach der Weltwirtschaftskrise der dreißiger Jahre ließ die linke Wirtschaftstheorie ratlos zurück. Für den Rest des 20. Jahrhunderts blieb sie orientierungslos.

Der Kapitalismus unterdrückt den Markt

Um das Jahr 1900 durchlief die Weltwirtschaft umwälzende Veränderungen. Technologien, Geschäftsmodelle, Handelsmuster und Konsumgewohnheiten entwickelten sich im Gleichschritt weiter und verschmolzen rasch zu einem neuartigen Kapitalismus.

Im Rückblick verblüffen die Kühnheit und Geschwindigkeit des Wandels: Stahl ersetzt Eisen. Elektrizität ersetzt Gas. Das Telefon verdrängt den Telegrafen. Boulevardzeitungen und Lichtspieltheater tauchen auf. Die Industrieproduktion wächst rasant. In den Hauptstädten der Welt schießen spektakuläre Gebäude mit Stahlstrukturen aus dem Boden, und durch die Straßen fahren plötzlich motorisierte Fahrzeuge.

»Der Wettbewerb ist der Krieg der Industrie«, schreibt James Logan, der Leiter der US Envelope Company, im Jahr 1901. »Der unbewusste, unbeschränkte Wettbewerb führt zwangsläufig zum Tod einiger der Kriegsparteien, und alle tragen Verletzungen davon.«[6] Logans Unternehmen genoss damals beinahe eine Monopolstellung auf dem amerikanischen Markt. Zur selben Zeit warnte Theodore Vail, der starke Mann von Bell Telephone: »Die Kosten des aggressiven, unkontrollierten Wettbewerbs muss letzten Endes direkt oder indirekt die Allgemeinheit tragen.«[7] Um der Allgemeinheit diese Bürde abzunehmen, entschloss sich Vail, sämtliche Telefonvermittlungen der USA zu kaufen.

Wenn man den Wirtschaftsmagnaten glauben durfte, stürzte der Wettbewerb die Produktion ins Chaos und drückte die Preise so lange, bis es sich nicht mehr lohnte, neue Technologie einzuführen. Die Unternehmen fanden drei Lösungen für das Problem: Monopole, Preisabsprachen und Schutz der Märkte. Um diese Lösungen zu verwirklichen, gab es drei Wege: erstens Fusionen, die von aggressiven neuen Investmentbanken ermöglicht wurden; zweitens die Bildung von Kartellen und »Konzernen«, welche die Preise festsetzen konnten; drittens vom Staat verhängte Einfuhrbeschränkungen.

Im Jahr 1901 schlossen sich 138 Unternehmen zur United States Steel Corporation zusammen, die auf Anhieb sechzig Prozent des Marktes kontrollierte. Standard Oil besaß neunzig Prozent der amerikanischen Raffineriekapazitäten und setzte seine Macht rücksichtslos ein: Das Unternehmen zwang die Eisenbahngesellschaften, sein Erdöl mit Verlust zu befördern. Bell Telephone genoss bis in die neunziger Jahre des 19. Jahrhunderts ein absolutes Telekommunikationsmonopol, das zwischenzeitlich verloren ging, 1909 jedoch wiederhergestellt wurde, als sich J. P. Morgan mit Vail zusammentat, um Bells Konkurrenten aufzukaufen.

In Deutschland, wo Preiskartelle von der Politik gefördert und registriert wurden, stieg die Zahl dieser Gebilde zwischen 1901 und 1911 auf mehr als das Doppelte.[8] Das Rheinisch-Westfälische Kohlen-Syndikat, das 67 Unternehmen umfasste, konnte 1400 verschiedene Preise festsetzen und kontrollierte 95 Prozent des Energiemarkts in der Region.[9]

Da es uns heute schwerfällt, das zu verstehen, möchte ich es noch einmal ganz klar formulieren: In diesem System hingen die Preise nicht von Angebot und Nachfrage ab. Sie wurden von Millionären festgelegt.

Im Jahr 1915 beherrschten zwei Industriegiganten den deutschen Elektrizitätssektor, und auch in der chemischen Industrie, im Bergbau und in der Schifffahrt gab es nur jeweils zwei beherrschende Akteure. Die gesamte japanische Wirtschaft wurde von sechs *zaibatsu* beherrscht, Konglomeraten, die ursprünglich Handelsgesellschaften gewesen waren, sich jedoch in vertikal integrierte Industrieimperien verwandelt hatten, die, gestützt auf mächtige Bankhäuser, die Sektoren Bergbau, Stahl, Schiffbau und Waffenproduktion dominierten. Beispielsweise kontrollierte das *zaibatsu* Mitsui nicht weniger als sechzig Prozent der japanischen Elektroindustrie.[10]

Um derart große Unternehmenskonglomerate finanzieren zu können, wurde der Finanzsektor neu organisiert. In den USA, in Großbritannien und Frankreich wurde der Konzentrationsprozess von Börsen und Investmentbanken vorangetrieben. Im Jahr 1890 notierten zehn Industrieunternehmen an der New Yorker Börse; sieben Jahre später waren es mehr als

200.[11] In Japan und Deutschland, wo autoritäre Regierungen den Industriekapitalismus »von oben« geschaffen hatten, wurde das Kapital weniger über den Aktienmarkt beschafft, sondern vor allem von den Banken und sogar vom Staat selbst bereitgestellt. Der Nachzügler Russland entwickelte ein Hybridmodell, und ein Großteil seiner Industrie befand sich in ausländischem Besitz.

Das angelsächsische und das deutsche/japanische Modell sahen also sehr unterschiedlich aus, und es begann eine hundertjährige Debatte über die Frage, welches von beiden das bessere war.* Aber beide waren Varianten desselben Grundkonzepts: Der Finanzsektor sicherte sich eine Kontrollmehrheit an der Industrie, baute Monopolpositionen auf, wo dies möglich war, und unterdrückte die Marktkräfte. Und der Staat beteiligte sich an dem Projekt.

Der Markt war also organisiert worden. Nun musste er geschützt werden. Neben dem Kampf um Kolonien errichteten die großen Mächte Handelsschranken, deren ausdrücklicher Zweck darin bestand, die Interessen der eigenen Unternehmen zu schützen. So schirmten die meisten Industrieländer im Jahr 1913 die heimischen Produzenten mit zweistelligen Einfuhrzöllen auf Fertigwaren von der internationalen Konkurrenz ab.[12] Die Monopolunternehmen platzierten ihrerseits wichtige Mitarbeiter in den Regierungen. Die Vorstellung vom Staat als Nachtwächter, der sich aus der Wirtschaft heraushielt, gehörte der Vergangenheit an.

Das neue System war nicht gegen Krisen gefeit. In den USA beschleunigte in den Jahren 1893-97 eine kleine Rezession die Fusionen, und im Jahr 1907 korrigierte eine Finanzkrise die Überbewertung der während des Fusionsbooms ausgegebenen Aktien. In Japan und Deutschland wurde der Konzentrationsprozess in den neunziger Jahren durch kurze Aufschwung- und Krisenphasen vorangetrieben.

Insgesamt konnten die Krisen die Fortschritte im Zeitraum zwischen 1895 und dem Ausbruch des Ersten Weltkriegs jedoch nicht wettmachen:

* Erschwert wird die Beurteilung dadurch, dass sich das amerikanische Modell nach 1911 weiterentwickelte. Das Monopolsystem wurde durch einen geregelten Wettbewerb zwischen den großen Industrieunternehmen ersetzt, wobei die eigentliche Monopolmacht der Wall Street und der neu gegründeten Federal Reserve zufiel. Das löste heftige Kritik der amerikanischen Rechten an den Monopolen aus, was die Tatsache verdeckte, dass das Monopol während des gesamten Zeitraums in den USA die Norm war.

Die amerikanische Wirtschaft wuchs um das Doppelte, die kanadische sogar um das Dreifache.[13] Selbst in Europa, das weniger von der Zuwanderung neuer Arbeitskräfte profitierte, wuchs die Wirtschaft in diesen zehn Jahren deutlich, beispielsweise um ein Drittel in Italien und um ein Viertel in Deutschland.

Dies war der Anstieg der dritten Kondratjew-Welle. Die Resultate sieht man im Stadtbild von New York, Shanghai, Paris und Barcelona: Die dauerhaftesten und schönsten öffentlichen Bauten – Bibliotheken, Bürohäuser und sogar Bäder – stammen überwiegend aus der Zeit zwischen 1890 und 1914. Ihre Bedeutung liegt auf der Hand: In der Zeit des rasanten Wachstums, der Liberalisierung und der kulturellen Blüte, welche die Europäer als »Belle Époque« und die Amerikaner als »Progressive Era« kennen, entwickelte sich die Welt nicht dank der Marktwirtschaft, sondern dank der kontrollierten Unterdrückung des Markts. Zu jener Zeit störten sich die Konservativen nicht daran. Aber unter den Marxisten sorgte das für Verwirrung.

Der Kapitalismus mutiert

Ein 33-jähriger österreichischer Arzt übernahm die Aufgabe, die marxistische Wirtschaftstheorie den veränderten Gegebenheiten anzupassen. Rudolf Hilferding war ein typischer Intellektueller der Belle Époque. Während er im letzten Jahrzehnt des 19. Jahrhunderts in Wien Kinderheilkunde studierte, wurde er auch in der ökonomischen Szene der Metropole aktiv, in der sich zu jener Zeit zahlreiche Koryphäen tummelten. Eugen von Böhm-Bawerk, ein Professor für Volkswirtschaft, der eine berühmte Kritik des Marxismus geschrieben hatte, veranstaltete Seminare, in denen sich Hilferding in Debatten mit Leuten wie Schumpeter, Ludwig von Mises – dem Begründer dessen, was später Neoliberalismus heißen sollte – und einem ungarischen Studenten namens Eugen Varga behaupten musste, der einige Jahre später wichtige Beiträge zur marxistischen Wirtschaftstheorie leisten würde.

Im Jahr 1906 kehrte Hilferding der Medizin den Rücken und ging nach

Berlin, um an der Parteischule der SPD, damals der intellektuelle Brennpunkt der globalen Linken, Wirtschaftswissenschaft zu unterrichten. Im Jahr 1910 gab Hilferding in seinem Buch *Das Finanzkapital* der Verschmelzung von Bank- und Industriekapital einen Namen: »Durch diese Beziehung nimmt das Kapital [...] die Form des Finanzkapitals an, die seine höchste und abstrakteste Erscheinungsform bildet.«[14]

Dieses Buch würde ein Jahrhundert lang der Bezugspunkt für die Debatte innerhalb der Linken über die Zukunft des Kapitalismus sein. Hilferding war der erste Marxist, der die umfassende Verwandlung des Kapitalismus verstand. Tatsächlich sahen viele der dauerhaften Merkmale der neuen Struktur genauso aus wie jene, die Marx als Reaktionen auf die sinkende Profitrate ausgemacht hatte: der Kapitalexport, der Export überschüssiger Arbeitskräfte in die Kolonien, die Anhäufung der Gewinne mittels des Aktienmarkts, die Abkehr vom Unternehmertum hin zu Investitionen, die Renten abwerfen sollten.

Das Finanzsystem, das im vorangegangenen Jahrhundert ein klägliches Verteilungszentrum für die Unternehmensgewinne und eine unzuverlässige Quelle für Kapital gewesen war, beherrschte und steuerte jetzt die Wirtschaft. Die Reaktionen auf die Krise hatten ein neues, stabileres System hervorgebracht.

Hilferding glaubte, diese neue Struktur könne die zyklischen Krisen unterdrücken. Großunternehmen und Großbanken konnten nun längere Durststrecken mit geringen Gewinnen oder sogar ohne Profit überleben. Und die Investoren würden sich eher mit langen Stagnationsphasen als mit plötzlichen Krisen abfinden, die Unternehmen wie Siemens, Bell oder Mitsui zerstören konnten. Daher, so Hilferding, würden die kommenden Krisen im Finanzkapitalismus keine scharfen traumatischen Einbrüche mehr sein, sondern lange Stagnationsphasen. Die Banken würden der Spekulation entgegenwirken, weil sie sich ihrer Zerstörungskraft bewusst waren. Die Kartelle würden die Marktkräfte – und damit die Krisen – im Interesse der Großunternehmen unterdrücken und die Verluste auf die weniger einflussreichen Wirtschaftssektoren abwälzen. Die Hauptlast von Rezessionen würden die kleinen Unternehmen tragen müssen, die aufgrund der Belastung eine leichte Beute für die Monopolisten würden.

Hilferding glaubte nicht, dass die destabilisierenden Kräfte verschwunden waren, sondern erklärte, sie seien mittlerweile auf eine einzige Sphäre beschränkt: das Ungleichgewicht zwischen den Produktions- und Konsumsektoren der Volkswirtschaft. Die »Unterkonsumtion« schloss er ausdrücklich als Ursache von Krisen aus, da der Kapitalismus in der Lage sei, immer neue Märkte zu schaffen, wenn die alten erschöpft seien. Auf diese Art könne die Produktion unendlich ausgedehnt werden. Aber es war weiterhin möglich, dass die Sektoren mit unterschiedlicher Geschwindigkeit wuchsen. Daher musste der Staat eingreifen, um ein Ungleichgewicht zu verhindern.

Hilferdings Buch zwang die Linke, sich der Realität zu stellen. Er machte der These von den »zu einer Lawine anschwellenden Schneebällen« als Auslöser für soziale Veränderungen den Garaus und führte Konzepte und Begriffe ein, die der Marxismus schließlich mit den übrigen ökonomischen Theorien teilen sollte. Und Hilferding erklärte früher als Schumpeter, die Innovation werde nicht mehr vom Unternehmensgründer vorangetrieben, der in seiner Werkstatt experimentierte, sondern vom Großunternehmen, das sich der angewandten Wissenschaft bediente.[15]

Hilferdings Vorstellungen führten die marxistische Wirtschaftstheorie allerdings in eine Sackgasse. Er bezeichnete den Finanzkapitalismus nur als »neuestes Stadium« des Systems. Implizit sagte er jedoch, dass dies das letzte Stadium sein würde, denn das vom Finanzkapital dominierte System bezeichnete er als »höchste und abstrakteste Erscheinungsform des Kapitalismus« – was bedeutete, dass sich das System nicht mehr weiterentwickeln konnte:

> Die sozialisierende Funktion des Finanzkapitals erleichtert die Überwindung des Kapitalismus außerordentlich. Sobald das Finanzkapital die wichtigsten Produktionszweige unter seine Kontrolle gebracht hat, genügt es, wenn die Gesellschaft durch ihr bewußtes Vollzugsorgan, den vom Proletariat eroberten Staat, sich des Finanzkapitals bemächtigt, um sofort die Verfügung über die wichtigsten Produktionszweige zu erhalten. Von diesen Produktionszweigen sind alle anderen abhängig, und die Herrschaft über die Großindustrie bedeutet so bereits die wirksamste gesellschaftliche Kontrolle auch ohne jede weitere unmittelbare Vergesellschaftung.[16]

Hilferding war ein gemäßigter Sozialist und sollte sich im Lauf der Zeit zum Sozialdemokraten wandeln. Er glaubte, der Kapitalismus werde sich langsam zum Sozialismus entwickeln. Aber seine Vorstellungen beeinflussten die Sozialdemokratie und den revolutionären Sozialismus gleichermaßen. Bald waren beide Flügel der Arbeiterbewegung überzeugt: Man konnte den Sozialismus verwirklichen, indem man die Kontrolle über den Staat und den organisierten Markt übernahm. Der Finanzkapitalismus war, wie Lenin es ausdrückte, ein »sterbender Kapitalismus«, der »den Übergang zum Sozialismus bildet: das aus dem Kapitalismus hervorwachsende Monopol ist bereits das Sterben des Kapitalismus, der Beginn seines Übergangs in den Sozialismus«.[17] Umstritten war innerhalb der sozialistischen Bewegung lediglich die Frage, *wie* man seinen Tod herbeiführen sollte.

Bedeutsam ist Hilferdings Analyse, weil er nicht nur den Sozialismus mit einem staatlich gelenkten Übergangsprojekt verknüpfte, sondern auch die Möglichkeit ausschloss, dass sich der Kapitalismus über das zu Beginn des 20. Jahrhunderts dominante Modell hinaus weiterentwickeln könnte. Seine Theorie hat die Linke bis in unsere Zeit beeinflusst. Noch in den siebziger Jahren konnte man behaupten, dass der Kapitalismus zwar länger als erwartet überlebt hatte, im Grunde jedoch weiterhin ein staatlich gelenktes, von Monopolen geprägtes nationales System war. Linke Gewerkschaftler durften mit einigem Recht annehmen, dass ein Kapitalismus mit staatlichen Fluglinien, Stahlwerken und Autobauern das zweite Stadium des Fortschritts vom freien Markt über das Monopol bis zum Sozialismus darstellte.

Diese Vorstellung musste die Linke im Jahr 1989 aufgeben, als das sowjetische Imperium zerfiel, die Globalisierung rasch voranschritt und ein fragmentiertes, von der Privatisierung und den Marktkräften geprägtes Wirtschaftssystem entstand. Hilferdings Vorstellung von der Entwicklung zum Sozialismus, jene Vorstellung, die achtzig Jahre lang das unausgesprochene Leitbild der Linken war, ist mittlerweile widerlegt.

Solange die Sozialisten daran festhalten konnten, übte die Doktrin vom unvermeidlichen linearen Übergang – von Standard Oil geradewegs zum Sozialismus – allerdings einen unwiderstehlichen Reiz aus.

Warum die Linke die Katastrophe braucht

Als Hilferdings Buch im Jahr 1910 erschien, übte die Sozialdemokratie in allen hochentwickelten Ländern großen Einfluss aus. Ihr Nervenzentrum war Berlin, und die Texte ihrer deutschsprachigen Führer wurden in viele Sprachen übersetzt und in den Fabriken Chicagos, in den Goldminen von New South Wales und in den revolutionären Zellen an Bord russischer Kriegsschiffe diskutiert. Aber schon zu der Zeit, da die Arbeiter über Hilferdings Botschaft debattierten, wollte die Realität nicht recht zur Theorie passen: Rund um den Erdball begannen Massenstreiks, welche die New Yorker Textilarbeiter ebenso erfassten wie die Straßenbahnfahrer von Tokio. Auf dem Balkan bahnte sich ein Krieg an. Ein System, das eigentlich keine Krisen mehr kennen sollte, wurde von politischen und sozialen Wirren heimgesucht.

Rosa Luxemburg, die 1907 Hilferdings Platz im Leitungskollegium der Berliner SPD-Parteischule übernommen hatte, begann, an einem Buch zu arbeiten, in dem sie Hilferdings Stabilitätspostulat zu widerlegen versuchte. Luxemburg hatte sich an der Organisation von Massenstreiks beteiligt und den Militarismus verurteilt, ja, sie hatte sogar Lenins elitäre Vorstellung von der revolutionären Politik attackiert. Jetzt griff sie Hilferding an.

Im Jahr 1913 erschien Luxemburgs Buch *Die Akkumulation des Kapitals: Ein Beitrag zur ökonomischen Erklärung des Imperialismus.* Die Autorin verfolgte zwei Ziele: Sie wollte die wirtschaftlichen Beweggründe für die kolonialistische Rivalität zwischen den Großmächten erklären und zeigen, dass der Kapitalismus zum Untergang verurteilt war. Dabei entwickelte sie die erste moderne Theorie der Unterkonsumtion.

Luxemburg spielte die Berechnungen von Marx erneut durch und bewies – zumindest in ihren eigenen Augen –, dass der Kapitalismus in einem ständigen Zustand der Überproduktion lebt: Er leidet stets unter einer zu geringen Kaufkraft der Arbeiterklasse. Daher muss er Kolonien erobern, die nicht nur Rohstoffe liefern, sondern auch als neue Märkte dienen. Die militärischen Kosten der Eroberung und Verteidigung der Kolonien haben den Zusatznutzen, überschüssiges Kapital zu absorbieren. Damit hat die koloniale Expansion eine ähnliche Funktion wie Verschwendung und Konsum von Luxusgütern.

Da Luxemburg in der kolonialen Expansion das einzige Überdruckventil eines krisenanfälligen Systems sieht, sagt sie voraus, dass der Kapitalismus unweigerlich zusammenbrechen wird, sobald die ganze Welt kolonisiert und das kapitalistische System überall installiert ist. Der Kapitalismus, erklärt sie, ist die erste Wirtschaftsform, »die allein, ohne andere Wirtschaftsformen als ihr Milieu und ihren Nährboden, nicht zu existieren vermag, die also gleichzeitig mit der Tendenz, zur Weltform zu werden, an der inneren Unfähigkeit zerschellt, eine Weltform der Produktion zu sein«.[18]

Ihr Buch wurde von Lenin und den meisten ihrer sozialistischen Lehrer mit vernichtender Kritik überhäuft. Ihre Gegner wandten mit Recht ein, jede Fehlanpassung von Produktion und Verbrauch sei vorübergehend und werde durch eine Verschiebung der Kapitalinvestitionen von der Schwerindustrie zu den Konsumgütern behoben. In jedem Fall seien die neuen Absatzmärkte in den Kolonien nicht das einzige Überdruckventil für Krisenzeiten.

Ungeachtet dieser Einwände sollte Luxemburgs Buch große Bedeutung erlangen, führte es doch die Idee der »Endkrise« in die linke Wirtschaftstheorie ein. Diese Vorstellung deckte sich mit dem Gefühl vieler Sozialisten, dass Monopole, Finanzkapitalismus und Kolonialismus ungeachtet des Friedens und des Wohlstands um die Jahrhundertwende eine gewaltige finale Katastrophe heraufbeschwören würden. In den zwanziger Jahren wurde die Unterkonsumtion zur beherrschenden Krisentheorie der Linken, und als sich die Lage wieder beruhigt hatte, eignete sie sich im folgenden halben Jahrhundert zumindest als Berührungspunkt mit dem Keynesianismus.

Rosa Luxemburg ist immer noch relevant, weil sie etwas erkannte, das wichtig für die aktuelle Debatte über den Postkapitalismus ist: die Notwendigkeit einer »Außenwelt« für die erfolgreiche Adaptation von Systemen.

Wenn wir Luxemburgs Fixierung auf den Kolonialismus und die Militärausgaben beiseitelassen und stattdessen einfach sagen, dass der Kapitalismus ein offenes System ist, dann kommen wir dem Verständnis seiner Anpassungsfähigkeit näher als jene Theoretiker, die in Anlehnung an Marx versuchten, ihn als geschlossenes System darzustellen.

Genau diese Erkenntnis war es, was die sozialistischen Koryphäen an Luxemburg störte: Es gehört zum Wesen des Kapitalismus, dass er auf die Interaktion mit einer Außenwelt angewiesen ist, die ihrerseits nicht kapitalistisch ist. Ist die Außenwelt einmal verwandelt – sind die indigenen Völker zerstört und die Bauern von ihrem Land vertrieben –, so muss er neue Orte finden, um den Prozess zu wiederholen.

Aber Luxemburg war im Irrtum, als sie diesen Prozess auf die Einverleibung von Kolonien beschränkte. Neue Märkte kann man auch daheim schaffen, und zwar nicht nur, indem man die Kaufkraft der Arbeiter erhöht, sondern auch, indem man Aktivitäten außerhalb des Marktes in den Markt hineinholt. Es ist sonderbar, dass diese Möglichkeit Luxemburg entging, denn genau so eine Transformation fand in der Welt um sie herum statt.

Noch während sie an ihrer Theorie arbeitete, rollten in Detroit die ersten Autos von Fords Fließband. Die Victor Talking Machine Company verkaufte in den USA 250 000 Grammophone pro Jahr. Als Luxemburg im Jahr 1911 mit der Arbeit an ihrem Buch begonnen hatte, gab es in Berlin ein Lichtspieltheater; innerhalb von vier Jahren stieg die Zahl der Kinos auf 168.[19] Der spektakuläre Wirtschaftsaufschwung des dritten langen Zyklus (1896-1945) hatte begonnen und fand vor allem auf einem neuen Verbrauchermarkt statt, der von der unteren Mittelschicht und den Facharbeitern gebildet wurde. Die Freizeit, die Nicht-Markt-Aktivität schlechthin, wurde kommerzialisiert.

Luxemburg hatte nicht begriffen, dass neue Märkte in einer komplexen Interaktion entstehen und nicht nur in Kolonien, sondern auch innerhalb einer Binnenwirtschaft, in örtlichen Sektoren, in den Privathaushalten und sogar innerhalb des menschlichen Gehirns geschaffen werden können.

Welchen Schluss müssen wir aus Luxemburgs Erkenntnissen ziehen? Die eigentliche Frage lautet nicht, was geschieht, wenn erst einmal die ganze Welt industrialisiert ist. Vielmehr müssen wir fragen, was geschieht, wenn der Kapitalismus keinen Weg mehr findet, mit einer Außenwelt zu interagieren. Und was geschieht, wenn er innerhalb der existierenden Wirtschaft keine neuen Märkte mehr schaffen kann? Wie wir sehen werden, ist das genau das Problem, vor das die Informationstechnologie den Kapitalismus heute stellt.

Die große Desorientierung

Im Januar 1919 wurde Rosa Luxemburg nach einem fehlgeschlagenen Revolutionsversuch in Berlin von rechtsradikalen Freikorpsmilizionären ermordet, die ihre Leiche in den Landwehrkanal warfen. Rudolf Hilferding starb im Jahr 1941 – durch Selbstmord oder Folter – in einer Gestapo-Zelle in Paris. Im Zeitraum zwischen diesen beiden Ereignissen verlor die antikapitalistische Wirtschaftstheorie vollkommen die Orientierung.

Luxemburg hatte den Bolschewismus stets abgelehnt, da sie überzeugt war, Lenins Partei werde nach einer Machtergreifung in Russland schließlich ein autoritäres Regime errichten. Eine Ironie der Ideengeschichte wollte es, dass ihre Theorie Mitte der zwanziger Jahre ausgerechnet zur Staatsdoktrin der Sowjetunion wurde. Um verstehen zu können, wie es dazu kam und warum die Linke die Folgen dieser Entwicklung bis heute nicht verkraftet hat, müssen wir uns bewusstmachen, was die Menschheit Anfang der zwanziger Jahre erlebte.

Es war eine chaotische Zeit. In den Jahren 1919/20 machte die Welt den abruptesten Zyklus von Wirtschaftsblüte und Zusammenbruch in der Geschichte durch. Auf einen irrwitzigen Anstieg der Inflation folgten plötzliche Zinserhöhungen, die einen Börsencrash auslösten, der die Welt von Washington bis Tokio erbeben ließ. Riesige Fabrikanlagen lagen plötzlich still, was Massenarbeitslosigkeit zur Folge hatte und die Produktion deutlich unter das Niveau des Jahres 1914 drückte.

Und mitten in der Krise geschahen Dinge, von denen die meisten Sozialisten nicht zu träumen gewagt hatten. Die russische Revolution war gerade ein Jahr alt, als in Bayern und Ungarn Räterepubliken entstanden. Deutschland konnte eine sozialistische Revolution nur durch weitreichende Reformen zu Beginn der Weimarer Republik vermeiden, darunter das Versprechen einer »Vergesellschaftung« der Wirtschaft. In Italien besetzten Arbeiter im Jahr 1919 zahlreiche Fabriken, in Frankreich und Schottland brachen Streiks aus, die an einen Aufstand grenzten, in Seattle und Shanghai kam es zu Generalstreiks. Überall in der westlichen Welt ging das Gespenst der Revolution um.

Mittlerweile standen der Linken neben Luxemburgs Buch weitere Leitfäden zur Verfügung. Während des Weltkriegs hatten Lenin und der bolschewistische Theoretiker Nikolai Bucharin ausgehend von Hilferding theoretische Arbeit geleistet und waren beide zu dem Schluss gelangt, dass die beherrschende Stellung der Finanzwirtschaft zweifellos auf den nahenden Untergang des Kapitalismus hindeute. Lenin bezeichnete diese neue, dem Zerfall vorausgehende Form des Kapitalismus als »Imperialismus« und definierte sie als »Kapitalismus im Übergang«. Die hochgradige Organisation – durch vertikal integrierte Konzerne, Kartelle und den Staat – bedeutete, dass die Wirtschaft schon im Kapitalismus vergesellschaftet werde: Die Privateigentumsverhältnisse, schrieb Lenin im Jahr 1916 in *Der Imperialismus als höchstes Stadium des Kapitalismus*, seien eine Hülle, »die dem Inhalt bereits nicht mehr entspricht und die daher unvermeidlich in Fäulnis übergehen muß, wenn ihre Beseitigung künstlich verzögert wird, eine Hülle, die sich zwar verhältnismäßig lange in diesem Fäulniszustand halten kann [...], die aber dennoch unvermeidlich beseitigt werden wird«.[20]

Bucharin ging in einem Pamphlet, das im Jahr 1915 in einer durchgehend geöffneten Bibliothek in New York entstand, noch weiter: Da die Politik der Nationalstaaten mittlerweile den Interessen ihrer beherrschenden Industrieunternehmen entspreche, gebe es nur noch eine Form des Wettbewerbs, und zwar den Krieg.[21]

Dass diese Streitschriften von der Linken jahrzehntelang in Ehren gehalten wurden, lag daran, dass ihre Autoren zwar Amateurökonomen waren, aber eine Geschichte erzählten, die mit den Daten zusammenpasste: Der Monopolismus führte zu kolonialen Eroberungsfeldzügen, die wiederum den totalen Krieg heraufbeschworen – und dieser führte zur Revolution. Die Dominanz der Finanzwirtschaft führte zum organisierten Kapitalismus, den die Arbeiterklasse leicht unter ihre Kontrolle bringen konnte, um ihn zu vergesellschaften.

Sowohl Lenin als auch Bucharin bemühten sich, die Vorstellung zu entkräften, es könne eine neue Art von Kapitalismus entstehen, in dem länderübergreifende Zusammenarbeit möglich war. Auf diesen Gedanken war der deutsche Sozialist Karl Kautsky kurz vor Ausbruch des Ersten Weltkriegs gekommen: Er erwartete, dass sich ein von transnationalen Konzernen beherrschter Weltmarkt herausbilden würde. Als der Artikel erschien, in dem Kautsky das Thema des »Ultraimperialismus« behandelte, war der Krieg allerdings bereits ausgebrochen, weshalb die Frage scheinbar nur noch von akademischem Interesse war.[22]

Aber die revolutionären Sozialisten begriffen, dass die These vom Ultraimperialismus eine Bedrohung für ihr Weltbild war. Sie griffen Kautsky scharf an und stellten klar: Der Kapitalismus war bereits an seine Grenzen gestoßen, und das von der revolutionären Partei geführte Proletariat musste die nächste Gelegenheit zur Machtergreifung nutzen. Alles Gerede darüber, dass die Arbeiterklasse »mehr Zeit« brauche, um sich zu bilden und politisch zu reifen, war eine revisionistische Irrlehre.

Die revolutionären Sozialisten sahen eine klare dialektische Entwicklung vom freien Markt zum Monopol, von der Kolonisierung zum Weltkrieg. War diese Entwicklung einmal abgeschlossen, so gab es in ihrem philosophischen Schema keinen Platz mehr für eine weitere Evolution: An diesem Punkt konnte sich der Kapitalismus nur noch selbst zerstören.

Mittlerweile hatte die gesamte radikale Linke eine von Luxemburgs zentralen Thesen übernommen: Die Krisentheorie musste die Endlichkeit des Kapitalismus beschreiben – nicht seine zyklische Entwicklung.

Zwischen 1917 und 1923 erhielten beide Flügel des Sozialismus Gelegenheit, die Vorstellung, die Arbeiter könnten die staatliche Macht nutzen, um den Kapitalismus zu vergesellschaften, in die Tat umzusetzen.

Im Januar 1919 trat Hilferding in die Sozialisierungskommission der deutschen Reichsregierung ein, die vier Monate lang versuchte, den Kapitalismus unter Einsatz der Staatsmacht zu vergesellschaften. Aber das Projekt scheiterte schon im Ansatz an der Obstruktion der gemäßigten Sozialdemokraten und Bürgerlichen in der Regierung. In Österreich kam die Vergesellschaftung besser voran. Die Koalitionsregierung von Christlich-Sozialen und Sozialisten verabschiedete ein Gesetz, das die Verstaatlichung gescheiterter Unternehmen vorsah, doch ein sozialistischer Plan zur Vergesellschaftung des Bankensystems wurde abgelehnt. Am Ende entstanden drei wichtige Staatsunternehmen: eine Schuhfabrik, ein pharmazeutisches Unternehmen und das Arsenal des ehemaligen Habsburgerreichs, das in ein diversifiziertes Fertigungsunternehmen umgewandelt werden sollte. Das Schicksal des Projekts fasste der Verantwortliche so zusammen: »Das Problem der neuen Gesellschaft war, dass sie ihre Arbeiter und Maschinen für die Erzeugung von Gütern einzusetzen versuchte, für die erst noch ein Markt geschaffen werden musste.«[23]

In Ungarn stieg Eugen Varga, der jahrelang an Hilferdings Wiener Seminaren teilgenommen hatte, in der kurzlebigen Räterepublik zum Finanzminister auf. Er ordnete die Verstaatlichung sämtlicher Betriebe mit mehr als zwanzig Beschäftigten an. Alle Kaufhäuser wurden geschlossen, um die Mittelschicht daran zu hindern, ihr Geld in Luxusgüter zu investieren. Die Landwirtschaft wurde verstaatlicht. Doch bald stand die ungarische Arbeiterrepublik vor einem Problem: Die Fabriken mussten geleitet werden, aber die Arbeiter verstanden nichts von der Betriebsführung. Varga sagte es geradeheraus:

> Es ergibt sich hier eine schwere Aufgabe für die Menschenwirtschaft des Proletarierstaates: aus improduktiven Konsumenten produktive Arbeiter zu bilden. [...] Zehntausende Angestellte [...] bezogen ohne irgendeine Arbeitsleistung ihren vollen, sogar erhöhten Gehalt, lungerten herum, lehnten jede Teilnahme an irgendeiner Arbeit mit dem Bemerken ab, daß sie ja ihren »Posten« haben [...].[24]

Mit anderen Worten: Die Arbeitskomitees handelten nicht im Interesse der Kommissare, sondern im Interesse der Arbeiter.

In Russland hatten die Kommunisten solche Probleme in den Griff bekommen, indem sie in den Fabriken militärische Disziplin eingeführt und die Selbstverwaltung der Arbeiter beseitigt hatten. Aber sie hatten ein größeres Problem: Die Wirtschaft kollabierte unter den chaotischen Zuständen in der Industrie, den Versorgungsengpässen und der Weigerung der Bauern, ihr Getreide in die Städte zu schicken.

Im Jahr 1920 schlug Bucharin einen detaillierten Plan vor, um den improvisierten »Kriegskommunismus« durch ein dauerhaftes System der zentralen Planung der gesamten Wirtschaft zu ersetzen. Ein Jahr später ließ Lenin dieses Vorhaben wieder fallen, denn das wirtschaftliche Chaos und die Hungersnot zwangen die Bolschewisten, zu einem rudimentären Marktsozialismus überzugehen.

Die Führer der Sozialdemokratie erklärten seit Jahrzehnten, es habe keinen Sinn, das Vorgehen nach einer eventuellen Machtübernahme zu planen. Darin waren sich alle von den revolutionären Sozialisten bis zur gemäßigten britischen Labour Party einig: Ihre Vorstellungen waren ein Gegenprojekt zum utopischen Sozialismus mit seinen gescheiterten Experimenten und Träumen. Sie begriffen, dass sich die Technologie und die Organisation der Wirtschaft so rasant entwickelten, dass jeder Plan, der in der Parteizentrale in einer Schublade lag, zwangsläufig veraltet sein würde, wenn man ihn hervorholte. Sie wussten, dass sie das Finanzsystem kontrollieren oder verstaatlichen mussten. Und es war ihnen klar, dass die Bedürfnisse der Bauern mit denen der städtischen Konsumenten kollidieren würden. Doch sie dachten sehr wenig über das Problem nach, das sowohl das reformistische als auch das revolutionäre Vergesellschaftungsprojekt zu Fall bringen sollte: Das unabhängige Handeln der Arbeiter, die ihre eigenen kurzfristigen Interessen verfolgten, kollidierte mit der Notwendigkeit der technokratischen Betriebsführung und der zentralen Planung.

Ob es nun die widerspenstigen Arbeitskomitees in Budapest, die auf der Selbstverwaltung beharrenden russischen Arbeiter oder die Fiat-Arbeiter in Mailand waren, die tatsächlich ohne Hilfe von Managern Autos zu bauen versuchten: Das Problem des Widerspruchs zwischen Arbeiterselbstverwaltung und Planwirtschaft traf die sozialistischen Führer vollkommen überraschend.

Es sollte jedoch darauf hingewiesen werden, dass nicht nur diese ersten sozialistischen Versuche, sondern auch die kapitalistischen Stabilisierungsbemühungen fehlschlugen. Die erdrückenden Reparationen, die Deutschland mit dem Versailler Vertrag aufgebürdet wurden, verurteilten die Wiederaufbaubemühungen des Landes zum Scheitern. »Auf dem europäischen Kontinent bebt die Erde«, schrieb ein enttäuschter John Maynard Keynes, nachdem er unter Protest aus der britischen Verhandlungsdelegation in Versailles ausgeschieden war, »und es gibt keinen, der nicht das Grollen hörte. Es ist nicht nur eine Frage des Luxus und der ›Arbeiterunruhen‹, sondern es geht um Leben und Tod, um Hunger und Überleben und um die schrecklichen Zuckungen einer sterbenden Zivilisation.«[25]

Rückblickend ist klar, dass die Welt in den Jahren 1917-21 eine beinahe letale soziale Krise durchmachte, aber als Wirtschaftskrise war sie nicht unvermeidlich, sondern das Ergebnis politischer Fehlentscheidungen. In Deutschland war sie das Resultat der untragbaren Reparationsleistungen. In Großbritannien und den USA wurde sie von den Zentralbanken ausgelöst, die die Zinsen zu stark anhoben, um die im Jahr 1919 überhitzte Konjunktur abzukühlen. Österreich und Ungarn, die in Versailles im Stich gelassen worden waren, saßen auf riesigen Schuldenbergen und hatten kein Habsburgerreich mehr, das dafür aufkommen konnte.

Ab 1921 begann sich die Lage zu stabilisieren. Wie wir gesehen haben, betrachtete Kondratjew die Krise der Jahre 1917-21 lediglich als Vorspiel eines langen Abstiegs. Aber die Marxisten, die sich auf die Kausalkette »Monopol – Krieg – Zusammenbruch« verlassen hatten, waren ratlos angesichts der Stabilisierung. Sie legten sich eine Erklärung zurecht: Der Kapitalismus überlebte lediglich, weil das Proletariat zu unreif, weil die Arbeiterklasse nicht zur Machtübernahme entschlossen war. Und dazu kamen taktische Fehler der sozialistischen Parteien. Nun räumte Lenin die Möglichkeit von Wachstumsschüben in einzelnen Wirtschaftssektoren ein, ohne jedoch von der Überzeugung abzuweichen, dass das System als Ganzes nicht mehr überlebensfähig sei.

Im Jahr 1924 starb Lenin. In der sowjetischen Führung war Trotzki an den Rand gedrängt worden, Stalin kontrollierte das Politbüro. Eugen Varga, der nach dem Ende der Räterepublik aus Ungarn hatte fliehen müssen und in Moskau Zuflucht gesucht hatte, wurde Stalins Chefvolkswirt. Und Stalin brauchte keine Theorie, mit der er Komplexität erklären konnte; er brauchte eine Theorie der Gewissheit. Die Gewissheit des unvermeidlichen Untergangs des Kapitalismus sollte als Rechtfertigung für den Versuch dienen, das aufzubauen, was alle sozialistischen Wirtschaftstheoretiker für unmöglich hielten: den »Sozialismus in einem Land«, einem Land, das obendrein extrem rückständig war. Rosa Luxemburg hatte den Grundstein für eine Theorie der kapitalistischen Katastrophe gelegt, aber das genügte nicht. Varga lieferte, was noch fehlte.

Varga beschrieb eine »Gesetzmäßigkeit«, der zufolge die Realeinkommen der Arbeiter stetig sinken würden. Dies, erklärte er, sei das Kennzeichen »des absteigenden, verfallenden Kapitalismus. […] Die Lebenshaltung des Proletariats sinkt.«[26] Varga hatte keinen Zweifel: Der Abwärtstrend des Massenkonsums war ein nichtzyklisches, generelles Merkmal des Kapitalismus im 20. Jahrhundert und würde der reformistischen und liberalen Politik im Lauf der Zeit jegliche Unterstützung seitens der Arbeiterschaft entziehen. Anstelle von Wachstum würde es zur »Desakkumulation« kommen.

Heute können wir kaum noch nachvollziehen, wie einflussreich diese Ideen wurden, als sie erst einmal durch Mundpropaganda unter den Arbeitern verbreitet worden waren. In den zwanziger und dreißiger Jahren beriefen sich Aktivisten der Arbeiterbewegung regelmäßig auf das »Varga-Gesetz«. Es gab ihrer eigenen Erfahrung einen Sinn: Ging es den Regierungen Großbritanniens und Frankreichs in den zwanziger Jahren nicht in erster Linie darum, die Löhne zu senken? Und machte die amerikanische Regierung nach dem Zusammenbruch im Jahr 1929 nicht absichtlich alles noch schlimmer, um die Löhne zu drücken? Die Theorie der Unterkonsumtion war vollkommen falsch, aber ihrer Beliebtheit bei den Sozialisten tat das keinen Abbruch.

Varga legte in den dreißiger Jahren einige anspruchsvolle Arbeiten vor. Als Anhänger Rosa Luxemburgs war er sich der Tatsache bewusst, dass sich die Bedingungen in der Welt außerhalb der entwickelten Volkswirtschaften durchaus auf die Krisendynamik auswirken konnten. Also konzentrierte er sich darauf, dass das Scheitern der Landwirtschaft in den Kolonialgebieten dazu beitrage, die wirtschaftliche Erholung im Westen zu verhindern. Folglich war die »autorisierte Version« der marxistischen Wirtschaftstheorie – das Dogma vom unvermeidlichen und unmittelbar bevorstehenden Zusammenbruch des Kapitalismus – plausibel. Sogar die von Stalin verfolgten Trotzkisten waren Ende der dreißiger Jahre vom Untergang des Kapitalismus überzeugt; Trotzki erklärte: »Die Produktivkräfte der Menschheit stagnieren.«[27]

In einer globalen Arbeiterbewegung, in der mittlerweile die sowjetische Variante des Marxismus den Ton angab, war der Zusammenbruch des Kapitalismus die einzig denkbare Möglichkeit.

Marx hatte versucht, den Kapitalismus abstrakt zu beschreiben: Ausgehend von einer möglichst geringen Zahl von allgemeinen Konzepten, arbeitete er sich vor zu einer Erklärung der komplexen, sichtbaren Realität der Krise. So löste die sinkende Profitrate bei Marx Gegenkräfte auf zahlreichen Abstraktionsebenen aus, und zwar sowohl in der reinen Welt der aggregierten Profite als auch in der schmutzigen Welt der Kolonien und der Ausbeutung. Für Marx hatte jede reale Krise eine konkrete Ursache, aber er wollte den Prozess erklären, der *allen* Krisen zugrunde lag.

Es war jedoch unmöglich, die erste große strukturelle Wandlung des Kapitalismus in diesen Rahmen einzuordnen. Der Finanzkapitalismus hatte eine neue Realität geschaffen.

Im 20. Jahrhundert zwang das Bemühen, den Finanzkapitalismus zu verstehen, die marxistischen Theoretiker dazu, sich mit konkreten Phänomenen auseinanderzusetzen: mit Fragen wie der fehlenden Abstimmung zwischen verschiedenen Wirtschaftssektoren und dem niedrigen Konsum, mit einer aus vielen Sektoren bestehenden Volkswirtschaft, mit realen Preisen anstelle der abstrakten Arbeitsmengen, mit denen sich Marx beschäftigt hatte.

Diese Hinwendung zum »Realen« führte die Theoretiker zu neuen Ergebnissen: Hilferding hielt die zyklische Krise für beendet. Rosa Luxemburg ersetzte die Krisentheorie durch die Theorie des Zusammenbruchs. Lenin postulierte die Unumkehrbarkeit des wirtschaftlichen Niedergangs. Und Varga vollzog den Schritt von der Rationalität zum Dogma. So wurde die plumpeste aller Krisentheorien zur unanfechtbaren Doktrin eines erbarmungslosen Staates. Sämtliche kommunistischen Parteien in der Welt hatten sie zu verbreiten, und eine ganze Generation linker Intellektueller lernte vollkommenen Unfug.

Die Teilnehmer an der Debatte wurden zu Gefangenen ihrer politischen Implikationen – und das wirkt sich nie vorteilhaft auf das Denken eines Sozialwissenschaftlers aus. Wenn Hilferding recht hatte, erklärte Luxemburg, dann war der Sozialismus nicht unvermeidlich, sondern ein »Luxus« für die Arbeiterklasse, die sich genauso gut mit dem Kapitalismus arrangieren konnte – und genau das würde sie in Anbetracht ihres geringen politischen Bewusstseins vermutlich auch tun. So sah sich Luxemburg gezwungen, eine objektive Begründung für die Unvermeidlichkeit des Zusammenbruchs zu finden.

Die Theorie der Unterkonsumtion hat aber in all ihren Varianten eine Schwachstelle: Was geschieht, wenn der Kapitalismus doch einen Weg findet, um die Kaufkraft der Massen zu erhöhen? Im Jahr 1928 schwante Bucharin, dass genau das geschehen war. Der Kapitalismus, erklärte er, habe sich in den zwanziger Jahren stabilisiert – und dies sei weder eine vorübergehende noch eine partielle Stabilisierung gewesen – und eine neue Welle der technischen Innovation eingeleitet. Die Ursache dieses Aufschwungs sah Bucharin in der Entstehung des »Staatskapitalismus«, das heißt in einer Verschmelzung von Monopolen, Banken und Kartellen mit dem Staat.[28]

Damit hatte sich der argumentative Kreis der Krisentheorie geschlossen, und man war wieder bei der Möglichkeit angelangt, dass der organisierte Kapitalismus die Krise unterdrücken konnte. Bucharin hatte das Pech, seine Einschätzung unmittelbar vor dem Börsencrash in New York und inmitten einer innerparteilichen Auseinandersetzung mit Stalin zu äußern. Er wurde aus der Parteiführung ausgeschlossen, und obwohl er ein Jahrzehnt lang versuchte, ein Auskommen mit Stalin zu finden und sich von seinen früheren Standpunkten zu distanzieren, wurde er wie Kondratjew im Jahr 1938 hingerichtet.

Das Problem der Krisentheorie

Erst in den siebziger Jahren des vergangenen Jahrhunderts wurden die unzusammenhängenden Teile von Marx' Theorie zu einem brauchbaren Ganzen zusammengefügt. Doch obwohl die Ökonomen der Neuen Linken wichtige Beiträge geleistet haben, um den wirklichen Marx zu retten und seine Thesen zu klären, bleibt das grundlegende Problem bestehen: Die Krisentheorie genügt nicht, um zu verstehen, wohin sich der Kapitalismus entwickelt und wie er sich wandelt.

Marx erkannte, dass die Maschinen die menschliche Arbeitskraft verdrängen, was zur Folge hat, dass die Profitrate sinkt. Desgleichen wird der Rückgang der Profite tendenziell durch Anpassung (durch die »entgegenwirkenden Ursachen«) wettgemacht, und wenn diese Anpassungen zusammenbrechen, kommt es zu einer zyklischen Krise.

Kondratjew zeigte uns allerdings, wie an einem bestimmten Punkt – an dem die Krisen häufig, tief und chaotisch werden – eine strukturelle Anpassung ausgelöst wird. Da ihr Wirtschaftsmodell diese strukturelle Anpassung nicht berücksichtigte, mussten die Marxisten des frühen 20. Jahrhunderts diesen Prozess anhand historischer »Epochen« oder philosophischer Kategorien wie Parasitismus, Verfall und Übergang beschreiben.

Tatsächlich ist der Augenblick der Mutation im Grunde wirtschaftlicher Natur. Eine ganze Struktur von Geschäftsmodellen, Kenntnissen, Märkten, Währungen, Technologien funktioniert nicht mehr und wird rasch durch eine neue ersetzt.

Das geschieht auf der »Mesoebene« der Systeme, das heißt zwischen der mikro- und der makroökonomischen Ebene. Aufgrund ihres Umfangs finden die Anpassungen irgendwo zwischen dem Kreditzyklus und dem Untergang des ganzen Systems statt. Sobald man die Mutationen als zu erwartende und regelmäßige Ereignisse betrachtet, stellt man fest, dass jedes Kapitalismusmodell, in dem sie als zufällig oder optional betrachtet werden, nicht funktionieren wird.

Es gibt keine Krisentheorie, die das gesamte Phänomen der Systemmutation erfassen kann, aber die Krisentheorie kann beschreiben, wodurch die Mutation in jedem spezifischen Fall ausgelöst wird.

Eine moderne Krisentheorie darf nicht abstrakt sein. Sie muss makroökonomisch sein. Sie kann sich wie die marxsche Theorie der Abstraktion bedienen, um grundlegende Marktmechanismen zu beschreiben, aber sie kann den Staat als wirtschaftliche Kraft und die Gewerkschaften, Monopole, Währungen, Zentralbanken nicht ignorieren. Auch darf sie das Finanzsystem als Krisenkatalysator und (im gegenwärtigen Kontext) die Auswirkungen des finanzialisierten Verhaltens der Konsumenten nicht außer Acht lassen. Dasselbe gilt für die Instabilität, die das Fiatgeld heraufbeschwört. Dieses hat eine Ausweitung des Kredits und eine Spekulation von einem Ausmaß ermöglicht, das der Kapitalismus des 19. Jahrhunderts nicht verkraftet hätte.

In diesem Sinn waren Hilferding, Luxemburg und die anderen sozialistischen Wirtschaftstheoretiker keine »schlechten Marxisten«, als sie sich von den Abstraktionen lösten, um sich den konkreten Fakten zuzuwenden. Vielmehr waren sie gute Materialisten. Ihr Fehler war, dass sie annahmen, der einzige Weg zu einem postkapitalistischen System führe über den Staatskapitalismus. Heute wissen wir mit Sicherheit, dass es nicht so ist.

Marxistische Ökonomen haben wichtige Beiträge zu unserem Verständnis der Krise von 2008 geleistet. Der französische Wirtschaftswissenschaftler Michel Husson und Anwar Shaikh, der an der progressiven New School in New York unterrichtet, haben gezeigt, wie der Neoliberalismus ab den achtziger Jahren die Profitraten stabilisiert und teilweise wiederhergestellt hat.[29] Husson weist mit Recht darauf hin, dass der Neoliberalismus das Problem der Rentabilität »löst«, sei es für das einzelne Unternehmen (durch Senkung der Arbeitskosten) oder für das System insgesamt (durch eine deutliche Erhöhung der finanzwirtschaftlichen Profite). Aber während die Gewinne steigen, bleibt die Investitionsrate seit den siebziger Jahren niedrig.

Dieses Paradox der trotz sinkender Investitionen steigenden Profite sollte der eigentliche Hauptgegenstand der modernen Krisentheorie sein. Es gibt eine gute Erklärung dafür: Im neoliberalen System fließen die Gewinne der Unternehmen nicht in Investitionen, sondern in Dividenden. Und angesichts von finanziellem Stress verwenden sie die Gewinne, um für den Fall einer Kreditklemme Rücklagen zu schaffen – das zeigte sich besonders deutlich nach der Asienkrise von 1997. Sie müssen unentwegt Schulden tilgen und in guten Zeiten mit Aktienrückkäufen den Profit unter ihren Eigentümern verteilen. Sie müssen das Risiko verringern, finanziell ausgebeutet zu werden, und ihre eigene Fähigkeit zu gewinnbringenden Aktivitäten auf den Finanzmärkten erhöhen.

Husson und Shaikh haben also eine »sinkende Profitrate« in den Jahrzehnten vor 2008 nachgewiesen, doch die Krise ist das Ergebnis eines umfassenderen strukturellen Prozesses. Verursacht wurde sie durch das plötzliche Verschwinden von Faktoren, die jahrzehntelang Ineffizienz und geringe Produktivität ausgleichen konnten (wie Larry Summers in seiner Arbeit über die säkulare Stagnation erklärt hat).[30]

Das Bedürfnis, die Krisen allgemein auf eine einzige abstrakte Ursache zurückzuführen und die Tatsache der strukturellen Mutationen zu ignorieren, ist der Grund für die Verwirrung in der marxistischen Theorie. Angesichts der heutigen Krise müssen wir diesen Fehler vermeiden. Unsere Analyse muss konkret sein: Sie muss die realen Strukturen des Kapitalismus berücksichtigen: Staaten, Konzerne, Sozialsysteme, Finanzmärkte.

Die Krise im Jahr 2008 brach nicht aus, weil eine bestimmte entgegenwirkende Ursache ausfiel oder weil die Profitrate plötzlich sank. Vielmehr kam es zum Zusammenbruch eines als Neoliberalismus bezeichneten Systems von Faktoren, welche die Profitrate stützten. Der Neoliberalismus war weder eine große Wirtschaftsblüte noch eine Periode verborgener Stagnation, wie manche behaupten. Er war ein Experiment, das scheiterte.

Der perfekte Zyklus

Im nächsten Kapitel werde ich erklären, wie es zu diesem Experiment kam. Ich werde im Detail beschreiben, wie sich in den Jahren 1948 bis 2008 der vierte Kondratjew-Zyklus entfaltete, wie er unterbrochen wurde und was ihn verlängerte. Meine These ist, dass die Wirkung der Technologie und das plötzliche Auftauchen einer neuen Außenwelt das Langzeitmuster zerstörten.

Um uns eine Vorstellung von der Entwicklung machen zu können, brauchen wir allerdings ein Modell eines normalen Zyklus. Kondratjew wies mit Recht darauf hin, dass jede Welle, da sie auf der vorherigen aufbaut, eine neue Version des Musters erzeugt. Aber nur wenn wir eine klare Vorstellung von der Natur der ersten drei Wellen haben, können wir erkennen, inwieweit die vierte davon abwich.

Es folgt meine »normative« Neuformulierung der Theorie der langen Zyklen, die ich mit den rationalen Bestandteilen der marxistischen Krisentheorie verschmelzen werde:

1. Dem Beginn eines Zyklus geht normalerweise eine Anhäufung von Kapital im Finanzsystem voraus, was die Suche nach neuen Märkten anregt und die Verbreitung einer Gruppe neuer Technologien in Gang setzt. Der erste plötzliche Anstieg löst Kriege und Revolutionen aus, aber nach einer Weile stabilisiert sich der Weltmarkt, gestützt auf neue Regeln oder Vereinbarungen.
2. Sobald die neuen Technologien, Geschäftsmodelle und Marktstrukturen aufeinander abgestimmt sind und das neue »technologische Paradigma« etabliert ist, fließt Kapital in den produktiven Sektor und dient als Treibstoff für eine goldene Ära mit überdurchschnittlichem Wirtschaftswachstum und wenigen Rezessionen. Da überall Profit erzielt wird, setzt sich die Überzeugung durch, dass er rational zwischen allen Akteuren aufgeteilt werden sollte, und dasselbe gilt für die Möglichkeit, den Wohlstand abwärts umzuverteilen. Dies ist eine Zeit von »kooperativem Wettbewerb« und sozialem Frieden.
3. Während des gesamten Zyklus wird die menschliche Arbeitskraft zusehends durch Maschinen ersetzt, während des Aufschwungs wird der Rückgang der Profitrate jedoch durch die Ausweitung der Produktion ausgeglichen, weshalb der Gesamtprofit steigt. In jeder Aufschwungphase gelingt es der Wirtschaft, trotz steigender Produktivität neue Arbeitskräfte aufzunehmen. So fand der Glasbläser, der im zweiten Jahrzehnt des 20. Jahrhunderts von Maschinen verdrängt wurde, Arbeit als Vorführer in einem Lichtspieltheater oder in einem Automobilwerk.
4. Der Wirtschaftsaufschwung kommt in der goldenen Ära oft zum Still-

stand, weil die Euphorie zu übermäßigen Investitionen in bestimmten Sektoren führt, die Inflation antreibt oder dominante Mächte zu kriegerischen Abenteuern verleitet. Normalerweise gibt es einen traumatischen »Umbruch«, weil sich Ungewissheit über die Zukunft der Geschäftsmodelle, der Währungssysteme und der globalen Stabilität ausbreitet.

5. Jetzt beginnt die erste Anpassung: Der Druck auf die Löhne steigt, es wird versucht, Tätigkeiten so zu gestalten, dass sie weniger Kenntnisse erfordern. Umverteilungsprojekte wie der Sozialstaat oder die Entwicklung städtischer Infrastrukturen geraten unter Druck. Die Geschäftsmodelle werden rasch weiterentwickelt, um das Profitpotenzial vollkommen auszuschöpfen, und der Staat wird gedrängt, einen beschleunigten Wandel zu organisieren. Die Rezessionsphasen werden häufiger.
6. Wenn der erste Anpassungsversuch scheitert (was in den dreißiger und siebziger Jahren des 19. Jahrhunderts sowie in den zwanziger Jahren des 20. Jahrhunderts geschah), wird das Kapital aus dem produktiven Sektor abgezogen und ins Finanzsystem umgeleitet, wodurch die Krisen einen offen finanziellen Charakter annehmen. Die Preise sinken. Auf eine Panik folgt eine Depression. Die Suche nach vollkommen neuen Technologien, Geschäftsmodellen und Geldquellen beginnt. Die globalen Machtstrukturen werden instabil.

An diesem Punkt müssen wir das Konzept der »sozialen Agenten« in Betracht ziehen, das heißt der gesellschaftlichen Gruppen, die ihre eigenen Interessen verfolgen. Ein Problem der auf Schumpeter zurückgehenden Version der Zyklentheorie ist ihre Fixierung auf Innovatoren sowie Technologien und ihre Vernachlässigung der Klassen. Ein genauer Blick auf die Sozialgeschichte zeigt, dass alle »fehlgeschlagenen Anpassungen« zunächst am Widerstand der Arbeiterklasse scheiterten und dass jede erfolgreiche dann vom Staat organisiert wurde.

Im ersten langen Zyklus in Großbritannien, der etwa von 1790 bis 1848 dauert, ist eine Industriewirtschaft in einem aristokratischen Staat gefangen. Ende der zwanziger Jahre des 19. Jahrhunderts beginnt eine lange Krise, deren wichtigstes Merkmal die Entschlossenheit der Fabrikbesitzer ist, ihr wirtschaftliches Überleben durch ein Deskilling der Arbeiter und durch Lohnkürzungen zu sichern; dazu kommen Turbulenzen im Bankensektor. Der Widerstand der Arbeiterklasse – die Revolte der Chartisten erreicht ihren Höhepunkt mit dem Generalstreik im Jahr 1842 – zwingt den Staat, die Wirtschaft zu stabilisieren.

In den vierziger Jahren findet allerdings eine erfolgreiche Anpassung statt: Die Bank of England erhält das Monopol auf die Ausgabe von Banknoten, die Fabrikgesetze beenden den Traum der Fabrikbesitzer, männliche Facharbeiter durch billigere Frauen und Kinder zu ersetzen. Die Korngesetze – Schutzzölle, die die Einnahmen der aristokratischen Großgrundbesitzer schützen – werden abgeschafft. Es wird eine Einkommenssteuer eingeführt, und der Staat beginnt wie eine Maschine der Industriekapitalisten zu funktionieren, anstatt nur als Schlachtfeld für ihre Auseinandersetzungen mit der alteingesessenen Aristokratie zu dienen.

Im zweiten Zyklus – der in Großbritannien, Westeuropa und Nordamerika beginnt, dann aber auch Russland und Japan erfasst – beginnt der Schrumpfungsprozess im Jahr 1873. Das System versucht, sich anzupassen, indem es Monopole aufbaut, Agrarreformen einleitet, die Löhne der Facharbeiter drückt und Einwanderer aufnimmt, die sich als billige Arbeitskräfte eignen. Die Staaten koppeln ihre Währungen an das Gold, bilden Währungsblocks und führen Einfuhrzölle ein. Aber das Wachstum leidet weiterhin unter sporadischen Phasen der Instabilität. In den achtziger Jahren erhält die Arbeiterbewegung erstmals massenhaften Zulauf. Obwohl ihre Proteste oft niedergeschlagen werden, widersetzen sich die Facharbeiter mit Erfolg der Automatisierung, und die ungelernten Arbeiter kommen in den Genuss erster Sozialleistungen. Erst im letzten Jahrzehnt des 19. Jahrhunderts, als die Monopole mit den Banken verschmelzen oder Rückendeckung durch einen liquiden Finanzmarkt erhalten, kommt es zu einem strategischen Wandel. Eine Reihe radikal neuer Technologien setzt sich durch, und wie seinerzeit in den vierziger Jahren wird dem Staat eine neue Rolle zugewiesen, sei es in Berlin, Tokio oder Washington: Er wird ein unverzichtbarer Garant optimaler Bedingungen für die großen Monopolunternehmen, denen er mit Einfuhrzöllen, der Einverleibung neuer Territorien und dem Bau von Infrastrukturen unter die Arme greift.

Einmal mehr verhindert der Widerstand der Arbeiterklasse, dass sich das System ohne technologische Innovation mit billigen Lösungen anpassen kann.

Im dritten langen Zyklus, in dem wir den Beginn des Abschwungs in den Jahren 1917-21 ansetzen können, passt sich das System mit einer verstärkten staatlichen Kontrolle über die Industrie an und versucht, zum Goldstandard zurückzukehren. In den meisten Ländern werden in den zwanziger Jahren die Löhne ins Visier genommen, aber sie sinken nicht schnell genug, um die Krise zu überwinden. Als die Weltwirtschaftskrise beginnt, sehen sich die großen Länder gezwungen, aus Furcht vor gesellschaftlichem Aufruhr konkurrierende Lösungen zu suchen: Sie geben den Goldstandard auf, bilden geschlossene Handelsblöcke und kurbeln das Wachstum und den Arbeitsmarkt mit Staatsausgaben an.

Diese Deutung ist meines Erachtens eine wesentliche Ergänzung der Theorie der langen Zyklen: In jedem Zyklus stellt der Angriff auf die Einkommen und Arbeitsbedingungen der Arbeiterklasse zu Beginn des Abschwungs ein unverkennbares Moment des Musters dar. Er löst den Klassenkampf nach 1830, die Entstehung der Gewerkschaften in den letzten beiden Jahrzehnten des 19. Jahrhunderts und die sozialen Konflikte in den zwanziger Jahren des 20. Jahrhunderts aus. Das Ergebnis der Auseinandersetzungen ist bedeutsam: Kann die Arbeiterklasse den Angriff abwehren, so wird das System zu einer grundlegenden Mutation gezwungen, die ein neues Paradigma hervorbringt.

Im vierten Zyklus haben wir gesehen, was geschieht, wenn die Arbeiterklasse nicht erfolgreich Widerstand leistet.

Auch der Einfluss des Staats auf die Entwicklung eines neuen Paradigmas ist unübersehbar. In den vierziger Jahren des 19. Jahrhunderts setzen sich die Volkswirte der Currency School durch, die dem britischen Kapitalismus eine solide Geldpolitik verschreiben, indem sie auf dem Emissionsmonopol der Bank of England beharren. In den achtziger und neunziger Jahren nehmen die staatlichen Eingriffe zu. In den dreißiger Jahren des 20. Jahrhunderts sehen wir direkten Staatskapitalismus und Faschismus.

Die Geschichte der langen Zyklen zeigt, dass der Staat nur eingreifen muss, wenn das Kapital nicht in der Lage ist, die Löhne zu drücken, und wenn es keine geeigneten Bedingungen für neue Geschäftsmodelle gibt: Dann muss er neue Systeme regeln, neue Technologien belohnen, Kapital für Innovatoren bereitstellen und diesen Schutz gewähren.

Dass der Staat in den großen Transformationen eine wichtige Rolle spielt, wird allgemein anerkannt. Hingegen wird die Bedeutung der Klassen unterschätzt. In ihrer Studie über die langen Zyklen behandelt Carlota Perez den Widerstand der Arbeitnehmer lediglich als einen von mehreren Faktoren des »Widerstands gegen Veränderungen«. Ich bin anderer Meinung: Der Widerstand der Arbeitnehmer hat entscheidenden Einfluss auf die Gestalt der nächsten langen Welle.

Wenn es der Arbeiterklasse gelingt, sich gegen Lohnkürzungen und Angriffe auf das Sozialsystem zu wehren, müssen die Innovatoren nach neuen Technologien und Geschäftsmodellen suchen, welche die Dynamik auf der Grundlage höherer Löhne wiederherstellen können, das heißt durch Innovation und höhere Produktivität statt durch Ausbeutung. Im Allgemeinen lässt sich feststellen, dass der Widerstand der Arbeiterklasse den Kapitalismus in den ersten drei langen Zyklen zwang, sich mit den bestehenden oder höheren Konsumniveaus neu zu erfinden (obwohl das den Nachteil hatte, dass die Großmächte immer brutalere Methoden anwandten, um aus den Kolonien Profite herauszuholen).

Perez hält Widerstand gegen den Tod des alten Systems für vergeblich. Sie zieht eine Linie »zwischen denen, die nostalgisch zurückblicken und sich an die Praktiken der Vergangenheit klammern, und denen, die das neue Paradigma übernehmen«.[31]

Doch wenn man die Faktoren Klasse, Löhne und Sozialstaat berücksichtigt, kann der Widerstand der Arbeiterklasse den technologischen Fortschritt antreiben, da er die Einführung des neuen Paradigmas auf einem höheren Produktivitäts- und Konsumniveau erzwingt. Er zwingt die »neuen Menschen« der nächsten Ära, Wege zu finden, um eine produktivere Form des Kapitalismus zu verwirklichen, die höhere Realeinkommen ermöglicht.

Die langen Zyklen werden nicht nur durch Technologie und Wirtschaftspolitik hervorgebracht. Der Klassenkampf ist der dritte unverzichtbare Faktor. Und hier ermöglicht uns die ursprüngliche Krisentheorie von Karl Marx ein besseres Verständnis der Entwicklung als Kondratjews Theorie der »Erschöpfung der Investitionen«.

Was erzeugt den Zyklus?

Marx' Theorie beschreibt gut, woher die Energie kommt, die den Fünfzig-Jahres-Zyklus antreibt. Wenn wir die falschen Ergänzungen seiner Nachfolger streichen, wird uns klar, wo Marx recht hatte und wo sich seine Theorie mit den hier beschriebenen fünfzigjährigen Mutationszyklen deckt.

Wir dürfen annehmen, dass die Profitrate während des gesamten Fünfzig-Jahres-Zyklus sinkt und dass die dem Profitrückgang entgegenwirkenden Kräfte ebenfalls während der gesamten Phase wirken. Es kommt zu Zusammenbrüchen, wenn die Gegenwirkungen zu schwach werden. Im unreifen Kapitalismus des 19. Jahrhunderts waren sie oft zu beobachten, wobei sie sich jedoch immer im Lauf des Abschwungs häuften. Marx zum Beispiel unterschätzte die Möglichkeit, dass der Widerstand der Arbeiterklasse gegen Lohnkürzungen ein Auslöser für Profitkrisen sein könnte. Aber der Rückgang der Profitrate wirkt unter mehreren Schichten von sozialen Praktiken, deren Zweck es ist, diesen Rückgang aufzuhalten oder ihn zu kompensieren.

Kondratjews Darstellung, die Fünfzig-Jahres-Zyklen hätten ihren Ursprung in der Notwendigkeit, die Infrastruktur zu erneuern, war eine übermäßige Vereinfachung. Es ist eher so, dass jeder Zyklus eine spezifische und konkrete Antwort auf den Rückgang der Profitrate im Verlauf des Aufschwungs hervorbringt – eine Reihe von Geschäftsmodellen, Kenntnissen und Technologien. Wenn diese Reaktion erlahmt oder unterbrochen wird, beginnt der Abschwung. Die wirksamsten Lösungen während des Aufschwungs sind in der marxistischen Theorie auf einer grundlegenden Ebene im Produktionsprozess beschrieben: Erhöhung der Produktivität, billigere Inputs und eine wachsende Profitmasse. Sobald der Abstieg ins Wellental beginnt und der Mangel an Lösungen zutage tritt, werden die eher kontingenten Faktoren an der Oberfläche wirksam: Können neue Märkte außerhalb des Systems gefunden werden? Werden sich die Investoren mit einem geringeren Anteil am Gewinn (in Form von Dividenden) zufriedengeben?

Die rückläufige Tendenz der Profitrate, die in unablässiger Wechselwirkung mit den entgegenwirkenden Einflüssen steht, erklärt sehr viel besser als Kondratjews Interpretation, was den Fünfzig-Jahres-Zyklus antreibt. Und wenn man die beiden miteinander verschmilzt, stellt sich heraus, dass die Theorie der langen Zyklen ein sehr viel besseres Werkzeug ist, als sich die orthodoxen Marxisten vorstellen konnten.

Einfach ausgedrückt, sind die Fünfzig-Jahres-Zyklen der langfristige Rhythmus des Profitsystems.

Eine Lösung, die den Unternehmen erlaubt, Arbeitskräfte rasch durch Maschinen zu ersetzen, funktioniert eine Weile und steigert die Profite. Doch irgendwann versagt sie. Dies ist meine Alternative zu Kondratjews »Erschöpfung der Investitionen«.

Was Finanzkrisen betrifft, so sind sie in der Aufschwungphase des langen Zyklus möglich (ein Beispiel ist die Panik in den USA im Jahr 1907), aber in der Abwärtsphase sind sie praktisch eine Gewissheit. Das Kapital, das aus dem notleidenden produktiven Sektor in den Finanzsektor fließt, destabilisiert diesen und löst kurze spekulative Boom-Bust-Zyklen aus. Und im Lauf der ersten drei langen Zyklen wurde das Kapital finanziell immer ausgeklügelter und komplexer.

Schließlich müssen wir berücksichtigen, dass der Kapitalismus gezwungen ist, mit der Außenwelt zu interagieren, um neue Märkte für die Güter und neue Arbeitskräfte zu finden. Dies ist ein bedeutsamer Bestandteil der Systemtheorie, aber in der marxistischen Krisentheorie, die sich auf geschlossene und abstrakte Modelle beschränkt, findet er zu wenig Beachtung.

Im 19. Jahrhundert gab es in den meisten kapitalistischen Ländern großes Entwicklungspotenzial auf dem Binnenmarkt, sofern die Agrarwirtschaft den Schock der Umstellung verkraften konnte. Auch war das Arbeitskräfteangebot groß. Aber nach 1848 mussten die Anpassungsbemühungen um die Suche nach externen Märkten erweitert werden.

Zu Beginn des 20. Jahrhunderts war das interne Arbeitskräfteangebot beschränkt, was zum Teil am Widerstand der Arbeiterklasse gegen Kinderarbeit sowie den Einsatz von Frauen und zum Teil an der sinkenden Geburtenrate lag. Und was die neuen Märkte anbelangte, so hatten sich in den dreißiger Jahren praktisch alle Länder in geschlossenen Handelsblöcken abgeschottet.

Im vierten Zyklus war ein großer Teil der Außenwelt anfangs ausgeschlossen. Als der Kalte Krieg begann, wurden rund zwanzig Prozent des globalen BIP außerhalb des Marktes produziert.[32] Nach 1989 trugen die plötzliche Verfügbarkeit neuer Märkte und neuer Arbeitskräfte wesentlich zur Verlängerung des Zyklus bei. Dazu kam, dass der Westen nun ungehindert Märkte in früher unzugänglichen neutralen Ländern aufbauen konnte.

Mit anderen Worten: Zwischen 1917 und 1989 konnte der Kapitalismus seine Fähigkeit zu komplexen Anpassungsreaktionen nicht vollkommen ausschöpfen. Nach 1989 erhielt er einen Energieschub: Er fand Arbeitskräfte, Märkte, unternehmerische Freiheit vor und profitierte von neuen Skaleneffekten. Diese Phase erklärt teilweise die Verzerrung des Zyklus, mit der wir uns im nächsten Kapitel befassen werden. Aber sie kann sie nicht zur Gänze erklären.

Das Muster des langen Zyklus ist gestört worden. Der vierte Zyklus wurde von Faktoren, die in der Geschichte des Kapitalismus neu waren, verlängert, verzerrt und schließlich unterbrochen. Diese Faktoren waren die Niederlage und moralische Kapitulation der organisierten Arbeiterklasse, der Aufstieg der Informationstechnologie und die Entdeckung, dass eine unangefochtene Supermacht lange Zeit Geld aus dem Nichts schöpfen kann.

4

Ein unterbrochener langer Zyklus

Im Jahr 1948 trat der Marshall-Plan in Kraft, der Kalte Krieg begann, und Bell Laboratories erfand den Transistor. Diese Ereignisse sollten den vierten langen Zyklus prägen, dessen ansteigende Phase bald darauf beginnen würde.

Der Marshall-Plan, der Europa mit zwölf Milliarden Dollar an amerikanischen Hilfsgeldern versorgte, gewährleistete, dass der Wirtschaftsaufschwung nach dem Zweiten Weltkrieg unter Führung der USA stattfand. Der Kalte Krieg verzerrte und verschob den nächsten langen Zyklus, indem er zwanzig Prozent der globalen Produktion für das Kapital unerreichbar machte und eine zweite Wachstumsphase auslöste, als der Zyklus im Jahr 1989 endete. Was den Transistor anbelangt, so wurde er zur wichtigsten Technologie der Nachkriegszeit, da er die Informationsverarbeitung in industriellem Maßstab ermöglichte.

Jene, die den Nachkriegsboom erlebten, waren fasziniert und ständig in Sorge, die Wirtschaftsblüte könne irgendwann vorbei sein. Sogar Harold Macmillan, der den Briten im Jahr 1957 sagte, es sei ihnen »nie zuvor so gut gegangen«, fügte hinzu: »Aber einige von uns beginnen, sich zu fragen, ob es zu schön ist, um wahr zu sein.«[1] In Deutschland, Japan und Italien bezeichnete die Boulevardpresse die Wirtschaftsblüte ihres Landes als »Wunder«.

Die Zahlen waren tatsächlich verblüffend. In Kombination mit den nationalen Wiederaufbaubemühungen trieb der Marshall-Plan in den meisten europäischen Volkswirtschaften ein zweistelliges Wachstum an, bis sie die Vorkriegswirtschaftsleistung wieder erreicht hatten; in den meisten Ländern war dieser Punkt im Jahr 1951 erreicht.[2] Es begann ein spektakuläres Wachstum – das nicht mehr aufhörte. Die amerikanische Wirtschaft verdoppelte ihren Umfang von 1948 bis 1973.[3] Im selben Zeitraum vervierfachte sich das Bruttoinlandsprodukt Großbritanniens, der Bundesrepublik und Italiens. Und die japanische Wirtschaft wuchs auf das *Zehnfache* – und das hatte nichts mit einem Aufholeffekt aufgrund der atomaren Zerstörung zu tun, sondern wurde ausgehend von einem Niveau gemessen, das fast dem Vorkriegsniveau entsprach. In diesem Vierteljahrhundert wuchs die Wirtschaft Westeuropas durchschnittlich um 4,6 Prozent pro Jahr, fast doppelt so schnell wie in der Aufschwungphase von 1900 bis 1913.[4]

Angetrieben wurde das Wachstum von beispiellosen Produktivitätssteigerungen. Die Ergebnisse sind am Pro-Kopf-BIP zu erkennen. Dieses stieg in den 16 am höchsten entwickelten Ländern zwischen 1950 und 1973 um durchschnittlich 3,2 Prozent pro Jahr. Zwischen 1870 und 1950 hatte der Zuwachs lediglich 1,3 Prozent pro Jahr betragen.[5] Die Realeinkommen stiegen deutlich: In den USA schwoll das Einkommen der meisten Haushalte zwischen 1947 und 1975 um mehr als 90 Prozent an,[6] in Japan erhöhte sich das durchschnittliche Realeinkommen um verblüffende 700 Prozent.[7]

Überall in der entwickelten Welt war das neue techno-ökonomische Paradigma zu erkennen, auch wenn jedes Land seine eigene Version entwickelte. In der gesamten Volkswirtschaft setzte sich die genormte Massenproduktion durch, und die Arbeitseinkommen waren so hoch, dass sich die Bevölkerung die von den Fabriken erzeugten Güter leisten konnte. Die männliche Erwerbsbevölkerung genoss Vollbeschäftigung, und je nach kulturellem Kontext wurde nach Abschluss des Wiederaufbaus auch die Beschäftigung von Jugendlichen und Frauen ausgeweitet. In der entwickelten Welt verließen zahlreiche Menschen den ländlichen Raum, um Arbeit in den Fabriken zu suchen: Zwischen 1950 und 1970 schrumpfte die Zahl der Beschäftigten in der europäischen Landwirtschaft von 66 Millionen auf 40 Millionen, und in den USA sank sie von 16 Prozent auf nur noch 4 Prozent der Erwerbsbevölkerung.[8]

Dieses Wachstum, das in der menschlichen Geschichte seinesgleichen suchte, verursachte zwangsläufig Spannungen. Mit ausgeklügelten Managementtechniken gelang es jedoch, sie zu bewältigen: Echtzeitstatistiken, nationale Wirtschaftsplanungsgremien, Heere von Betriebswirten und Statistikern in den Hauptquartieren der Großunternehmen.

Die Linke schaute dem ungebremsten Aufschwung ratlos zu. Stalins Haus-und-Hof-Ökonom Eugen Varga hatte es tatsächlich kommen sehen: Ein Jahr nach Kriegsende warnte er die sowjetische Führung, die im Krieg entwickelten staatskapitalistischen Methoden könnten die westliche Wirtschaft stabilisieren.[9] Seine Prognose lautete, die dominanten angelsächsischen Mächte würden der übrigen Welt genug Geld leihen, um den Konsum erneut in Gang zu bringen, und die im Krieg entwickelten Methoden der staatlichen Organisation würden die »Anarchie der kapitalistischen Produktion« ersetzen.[10] Diese Voraussage kostete ihn seinen Posten; er musste seine Thesen widerrufen und gestehen, sich des »Kosmopolitismus« schuldig gemacht zu haben. Stalin hatte verordnet, dass eine Stabilisierung der westlichen Volkswirtschaften unmöglich war.

Auch die revolutionäre Linke im Westen hielt an der aus Moskau vorgegebenen düsteren Prognose für den Kapitalismus fest: »Die Wiederbelebung der wirtschaftlichen Aktivität in den durch den Krieg geschwächten kapitalistischen Ländern [...] wird durch eine besonders geringe Geschwindigkeit gekennzeichnet sein, weshalb ihre Wirtschaft auf einem an Stagnation und Rezession grenzenden Niveau funktionieren wird«, erklärten die Trotzkisten im Jahr 1946.[11]

Als sich herausstellte, dass das Unfug war, waren nicht nur die Marxisten verwirrt. Auch die sozialdemokratischen Theoretiker waren so perplex, dass sie keinen anderen Ausweg wussten, als zu behaupten, das westliche Wirtschaftssystem sei mittlerweile nichtkapitalistisch. »Die charakteristischen Merkmale des Kapitalismus sind verschwunden«, schrieb der Labour-Abgeordnete Anthony Crosland im Jahr 1956. Die Bestandteile des Kapitalismus, die es seiner Meinung nach nicht mehr gab, waren »die Unantastbarkeit des Privateigentums, die Unterwerfung des Lebens unter die Marktkräfte, die Vormachtstellung des Profitmotivs, die Neutralität des Staates, die typische Laissez-faire-Verteilung der Einkommen und die Ideologie der individuellen Freiheitsrechte«.[12]

Mitte der fünfziger Jahre hatte die Linke beinahe geschlossen das Konzept des »staatsmonopolistischen Kapitalismus« (Stamokap) übernommen, das ursprünglich von Bucharin und Varga stammte und vom linken amerikanischen Ökonomen Paul Sweezy zu einer Theorie verarbeitet worden war.[13] Sweezy glaubte, durch staatliche Eingriffe, Systeme der sozialen Sicherung und dauerhaft hohe Militärausgaben sei die Krisengefahr gebannt worden. Die sinkende Profitrate könne durch eine – ebenfalls dauerhafte – Erhöhung der Produktivität ausgeglichen werden. Für ihn war klar, dass sich die Sowjetunion an die Koexistenz mit dem Kapitalismus gewöhnen musste. Die westliche Arbeiterbewegung sollte die Revolution vergessen und von den erheblichen Vorteilen des Wirtschaftsaufschwungs profitieren.

Die Debatte kreiste in dieser Zeit um die Frage, was sich auf der Ebene des Staates, der Fabrik, des Supermarkts, des Vorstandsbüros und des Laboratoriums geändert hatte. Mit dem Geld beschäftigte sich die Linke kaum. Dabei waren es gerade das stabile internationale Währungssystem und die wirksame Unterdrückung der Finanzmärkte, die in den fünfziger und sechziger Jahren die wirtschaftliche Entwicklung ermöglichten.

Die Macht klarer Regeln

Am 1. Juli 1944 setzte ein Sonderzug eine Ladung Ökonomen, Staatsmänner und Bankiers in White River Junction, Vermont, ab, von wo aus sie in ein Hotel in New Hampshire weiterfuhren. »Alle anderen Züge mussten auf uns warten«, erinnerte sich der Heizer der Lokomotive, »wir hatten absoluten Vorrang«.[14] Das Ziel der Reisegruppe war der Wintersportort Bretton Woods. Dort wollten sie ein globales monetäres System entwerfen, das wie der Zug »absoluten Vorrang« haben würde.

Auf der Konferenz von Bretton Woods wurde ein System fester Wechselkurse vereinbart, um jene Stabilität wiederherzustellen, von der die Weltwirtschaft vor 1914 profitiert hatte. Nur sollten diesmal klare Regeln gelten. Alle Währungen würden an den Dollar gekoppelt, und die USA würden den Dollar an das Gold koppeln. Eine Feinunze Gold würde 35 Dollar wert sein. Länder, deren Handelsbilanz erheblich aus dem Gleichgewicht geriet, würden Dollar kaufen oder verkaufen müssen, um den vereinbarten Wechselkurs ihrer Währung halten zu können.

Der britische Ökonom John Maynard Keynes sprach sich für die Schaffung einer separaten Weltwährung aus, was die USA jedoch ablehnten, da sie die Position des Dollar als inoffizielle Weltwährung erhalten wollten. Es gab keine globale Zentralbank, aber der Internationale Währungsfonds (IWF) und die Weltbank sollten Spannungen innerhalb des Systems verringern, wobei der IWF als Kreditgeber der letzten Instanz fungieren und die Regeln durchsetzen sollte.

Das System war offenkundig zum Vorteil der USA gestaltet worden: Die amerikanische Volkswirtschaft war nicht nur die größte der Welt, sondern stützte sich auch auf eine vom Weltkrieg verschonte Infrastruktur und war produktiver als die jedes anderen Landes. Die Vereinigten Staaten durften auch den Leiter des Währungsfonds ernennen. Das System begünstigte die Inflation. Da die Goldpreisbindung indirekt war, die Bindung der Wechselkurse den einzelnen Staaten Spielraum gab und die Regeln für einen ausgewogenen Handel und für Strukturreformen eher locker gehalten waren, würde das System Inflation verursachen. Die rechten Befürworter des freien Marktes erkannten das, noch bevor der Zug nach Bretton Woods abfuhr. Der Journalist Henry Hazlitt, ein Vertrauter des Freimarkt-Gurus Ludwig von Mises, ließ in der *New York Times* kein gutes Haar an dem Vorhaben: »Man kann sich kaum eine größere Bedrohung für die Stabilität der Welt und die volle Auslastung der Produktionskapazitäten vorstellen als die Aussicht auf eine einheitliche weltweite Inflation, die eine große Versuchung für die Politiker jedes Landes wäre.«[15]

Das System legte allerdings auch der Hochfinanz Fesseln an. Der Verschuldung der Banken wurden durch gesetzliche Vorschriften und »gutes Zureden« Grenzen gesetzt. (Die Zentralbanken sollten sanften Druck auf Geschäftsbanken ausüben, die zu viel Geld verliehen.) In den USA mussten die Banken Reserven (in Bargeld oder Anleihen) in Höhe von 24 Prozent ihrer Ausleihungen halten.[16] Im Vereinigten Königreich lag die Eigenkapitalquote sogar bei 28 Prozent. Im Jahr 1950 beliefen sich die Bankkredite in 14 entwickelten kapitalistischen Ländern auf nur ein Fünftel des BIP – dies war der niedrigste Wert seit 1870 und sehr viel weniger als in der Aufschwungphase vor 1914.

Das Ergebnis war ein Kapitalismus mit einem ausgeprägt nationalen Charakter. Banken und Rentenfonds wurden gesetzlich verpflichtet, die Anleihen ihrer eigenen Länder zu kaufen, während grenzüberschreitende finanzielle Aktivitäten nach Möglichkeit unterbunden wurden. Dazu kam eine klare Höchstgrenze für die Zinsen. Das war, was wir heute als »Finanzrepression« bezeichnen.

Finanzrepression funktioniert folgendermaßen: Der Staat hält die Zinsen unterhalb der Inflation, womit die Sparer für das Privileg bezahlen, Geld zu besitzen. Man hindert sie daran, ihr Geld außer Landes zu bringen, wo es höhere Zinserträge abwerfen würde, und zwingt sie, die Schulden ihres eigenen Landes zu einem Aufpreis zu kaufen. Wie die Wirtschaftswissenschaftlerinnen Carmen Reinhart und Maria Belen Sbrancia nachgewiesen haben, wurden auf diese Art die Schulden der entwickelten Welt deutlich verringert.[17]

Im Jahr 1945 betrugen die Staatsschulden der entwickelten Länder aufgrund der Kriegsausgaben fast 90 Prozent des BIP. Aber ein deutlicher Anstieg der Inflation direkt nach dem Weltkrieg und eine anschließende moderate Inflation während des gesamten Nachkriegsaufschwungs sorgte für negative Realzinsen: In den USA lagen die langfristigen Realzinsen zwischen 1945 und 1973 im Durchschnitt bei minus 1,6 Prozent. Da die Vorschriften für den Bankensektor de facto wie eine Steuer auf finanzielle Vermögenswerte wirkten, sorgten sie nach Berechnungen von Ökonomen für ein Fünftel der Staatseinnahmen während der Wirtschaftsblüte (im Vereinigten Königreich war der Anteil noch höher).[18] So schrumpften die Schulden der entwickelten Länder bis 1973 auf einen historischen Tiefstand von 25 Prozent des BIP.

Bretton Woods erreichte also etwas noch nie Dagewesenes: Mit diesem Abkommen gelang es, die im Krieg angehäuften Schulden abzubauen, die Spekulation zu unterdrücken, die Ersparnisse in produktive Investitionen zu lenken und ein spektakuläres Wachstum anzukurbeln. Die gesamte Instabilität des Systems wurde in die Sphäre der Beziehungen zwischen den Währungen ausgelagert, aber die amerikanische Vormachtstellung sorgte anfangs dafür, dass die Spannungen gering blieben. Die Empörung der Rechten über die inflationären Ergebnisse von Bretton Woods wurde durch die strahlendste Periode der Stabilität und des Wachstums, die die Menschheit je erlebt hatte, in den Hintergrund gedrängt.

Keynes hatte im Vorfeld ausdrückliche Regeln gefordert, die nicht auf ein Gentlemen's Agreement über den Goldstandard beschränkt sein sollten. Tatsächlich wurden klare, von einer globalen Supermacht garantierte Regeln eingeführt, die einen Multiplikatoreffekt hatten, den sich kaum jemand hatte vorstellen können.

Die Weltwirtschaftskrise war teilweise ein Ergebnis des Niedergangs des britischen Empire und der Weigerung der Vereinigten Staaten gewesen, die Rolle einer globalen Supermacht zu übernehmen. In Bretton Woods nahmen die USA die Pflichten einer Supermacht bereitwillig auf sich. Tatsächlich war das Vierteljahrhundert nach dem Zweiten Weltkrieg die einzige

Zeit in der modernen Geschichte, in der eine Großmacht tatsächlich eine hegemoniale Position einnahm. Die Vormachtstellung Großbritanniens im 19. Jahrhundert war stets relativ gewesen und musste ausgehandelt werden. Doch Mitte des 20. Jahrhunderts übten die Vereinigten Staaten in der kapitalistischen Welt eine uneingeschränkte Dominanz aus. So konnten sie die Weltwirtschaft wieder in Gang setzen und den Aufschwung ausweiten. Dies war allerdings nicht der einzige Prozess, der wieder in Gang gesetzt wurde.

Der Nachkriegsaufschwung als Zyklus

Im Krieg hatte eine weitere bedeutsame Veränderung stattgefunden: Der Staat hatte die Kontrolle über die Innovation übernommen. Bei Kriegsende wussten die nationalen Verwaltungen, wie das Verhalten des Privatsektors durch Staatseigentum und staatliche Kontrolle – sowie durch die Massenkommunikation – gelenkt werden konnte. Normale Manager hatten unter dem Druck, im Krieg siegen zu müssen, um nicht unterzugehen, die Technokratie perfektioniert. Selbst auf dem Gebiet der Achsenmächte, wo der Staat nach Kriegsende zerschlagen wurde, überlebten diese Kultur der Innovation und ein großer Teil des technokratischen Systems.

Ein schönes Anschauungsbeispiel ist General Motors. Im Jahr 1940 übertrug die amerikanische Regierung dem Präsidenten des Unternehmens, Alfred Knudsen, die Leitung ihres Büros für Produktionsmanagement, das für die Koordinierung der Kriegswirtschaft verantwortlich war. Im Lauf des Krieges vergab Knudsen Aufträge im Wert von 14 Milliarden Dollar an GM. Das Unternehmen stellte seine 200 Fabriken auf Kriegsproduktion um und baute unter anderem 38 000 Panzer, 206 000 Flugzeugmotoren und 119 Millionen Granaten. Mit anderen Worten: Es wurde zu einem riesigen Rüstungsunternehmen mit einem einzigen Kunden. In diesem und anderen großen Segmenten der amerikanischen Industrie fungierte das Management praktisch als eine gewinnorientierte staatliche Planungsbehörde. Etwas Vergleichbares hatte es nie zuvor gegeben – und wir haben auch seither nichts Derartiges gesehen.

Auf Bundesebene wurden Forschung und Entwicklung vom Office of Scientific Research and Development (OSRD, Behörde für wissenschaftliche Forschung und Entwicklung) zentralisiert und industrialisiert. Entscheidend war das Verbot, direkten Gewinn aus der Forschung zu ziehen. »Für den Profit ist nicht die Forschungsabteilung, sondern der Produktionsbereich eines Industrieunternehmens zuständig«, erklärte das OSRD.[19] Die Aufträge wurden auf möglichst viele Organisationen verteilt und gingen dabei an jene Unternehmen, die über geeignete Kenntnisse verfügten und bei denen die Gefahr einer Überlastung durch die Massenfertigung gering war. Erst wenn mehrere Anbieter all diese Kriterien erfüllten, konnte der Preis berücksichtigt werden. Wettbewerb und Patentrechte wurden hintangestellt.[20]

Es ist bemerkenswert, dass diese Dinge innerhalb des Kapitalismus bewerkstelligt werden konnten: Forschungsergebnisse wurden als Eigentum der Allgemeinheit betrachtet, der Wettbewerb wurde unterdrückt, und neben der Produktion wurde auch die Ausrichtung der Forschung geplant. Die USA perfektionierten das System, aber alle am Krieg beteiligten Staaten versuchten, etwas Vergleichbares zu implementieren. So wurde in strategischen Bereichen eine beispiellose Kultur der gegenseitigen Befruchtung geschaffen: Mathematik und Wissenschaften wurden in den industriellen Prozess integriert, Betriebswirtschaft und Datenmanagement wurden Teil der politischen Entscheidungsfindung.

Das OSRD war es auch, das Claude Shannon, den Begründer der Informationstheorie, aus Princeton holte, damit er in den Bell Labs Algorithmen für Luftabwehrgeschütze entwickeln konnte.[21] Dort lernte er Alan Turing kennen, mit dem er über die Möglichkeit »denkender Maschinen« diskutierte. Turing war von der britischen Regierung ebenfalls aus der Wissenschaft abgezogen und mit der Leitung des Enigma-Entschlüsselungsprojekts in Bletchley Park betraut worden.

Diese Kultur der Innovation überlebte den Übergang zum Frieden, obwohl einzelne Unternehmen versuchten, die Ergebnisse zu monopolisieren, und über die Patentansprüche zu streiten begannen. Und es war eine Kultur, die nicht auf die technische Innovation beschränkt war.

Im Jahr 1942 gab GM dem Managementtheoretiker Peter Drucker ungehinderten Zugang, damit er die Abläufe im Unternehmen untersuchen konnte. Seine Ergebnisse veröffentlichte Drucker in *The Concept of the Cor-*

*poration**, dem vermutlich ersten modernen Managementbuch, in dem er sich dafür aussprach, die hierarchischen Befehlsstrukturen aufzubrechen und die Unternehmensleitung zu dezentralisieren. General Motors nahm Druckers Rat nicht an, aber Tausende andere Unternehmen taten es: Die japanische Automobilindustrie hielt sich an sein Rezept. Die Managementlehre war kein geheimes Wissen mehr, sondern verwandelte sich in eine Disziplin, die allgemein angewandt wurde. Eine Schar von Beratungsfirmen begann, bewährte Methoden zu verbreiten, anstatt sie wie Betriebsgeheimnisse zu hüten.

In diesem Sinne brachte die Kriegswirtschaft einen der grundlegenden Reflexe des Kapitalismus des langen Wirtschaftsaufschwungs hervor: Man löste Probleme durch kühne Technologiesprünge, holte Experten aus verschiedenen Disziplinen an Bord, verbreitete die bewährten Methoden in einem ganzen Sektor und änderte die Betriebsabläufe, wenn sich das Produkt änderte.

In deutlichem Gegensatz zur tragenden Rolle des Staates standen die dürftigen Beiträge des Finanzsektors. In allen normativen Modellen der langen Zyklen ermöglicht der Finanzsektor die Innovation und lenkt das Kapital in neue, produktivere Bereiche. In den dreißiger Jahren war der Finanzsektor jedoch praktisch ausgeschaltet worden.

Der Kapitalismus ging stark verändert aus dem Krieg hervor. Er brauchte lediglich eine Flut neuer Technologien, und tatsächlich standen sie im Überfluss bereit: Das Düsentriebwerk, der integrierte Schaltkreis, die Atomenergie, die Kunststoffe. Nach 1945 begann die Welt plötzlich, nach Nylon, Plastik und Vinyl zu riechen, und überall waren elektrifizierte Prozesse.

Eine Schlüsseltechnologie war allerdings unsichtbar: die Informationstechnologie. Die »Informationsgesellschaft« war noch Jahrzehnte entfernt, aber in der Nachkriegswirtschaft kamen Informationen bereits in industriellem Maßstab zum Einsatz. Sie flossen als Wissenschaft, als Managementlehre, als Daten, als Massenkommunikation und – in einigen wenigen Heiligtümern – sogar auf Endlospapier aus einem Computer.

Ein Transistor ist einfach eine Schaltung ohne bewegliche Teile. Gemeinsam mit der Informationstheorie versetzen uns Transistoren in die La-

* Deutsch als: *Das Großunternehmen* (Düsseldorf: Econ 1966) (Anm. d. Ü.).

ge, physikalische Prozesse zu automatisieren. So kam es, dass Fabriken mit halbautomatischen Maschinen ausgerüstet wurden: mit Druckluftpressen, Schneidewerkzeugen, Drehbänken, Nähmaschinen und Fließbändern. Was fehlte, waren geeignete Feedback-Mechanismen: Die elektronischen Sensoren und automatisierten logischen Systeme waren so unausgereift, dass die Systeme Druckluft einsetzten, um zu tun, was wir heute mit Smartphone-Applikationen tun. Aber es gab Arbeitskräfte im Überfluss, und für viele von ihnen wurde die manuelle Arbeit zu einer Tätigkeit, in der sie einen halbautomatischen Prozess steuerten.

Der Cambridge-Ökonom Andrew Glyn glaubte, der außergewöhnliche Aufschwung nach dem Zweiten Weltkrieg sei nur mit einem »einzigartigen Wirtschaftsregime« zu erklären.[22] Er beschrieb dieses Regime als Mischung wirtschaftlicher, sozialer und geopolitischer Faktoren, die während des gesamten Aufschwungs harmonisch zusammenwirkten, Ende der sechziger Jahre jedoch miteinander in Konflikt gerieten.

Die staatliche Lenkung brachte eine Kultur der von der Wissenschaft angeführten Innovation hervor. Die Innovation erhöhte die Produktivität. Die steigende Produktivität ermöglichte Lohnerhöhungen, die zur Folge hatten, dass der Konsum 25 Jahre lang mit der Produktion Schritt halten konnte. Ein System ausdrücklicher globaler Regeln sorgte für zusätzliche Stabilität. Das Mindestreservesystem ermöglichte eine »gutartige« Inflation, die in Kombination mit der Finanzrepression das Kapital in produktive Sektoren lenkte und die Finanzspekulation im Zaum hielt. Der Einsatz von Düngemitteln und die Mechanisierung der Landwirtschaft in der entwickelten Welt erhöhten die Produktivität deutlich und hielten die Kosten der Inputs niedrig. Auch die Energie war zu jener Zeit billig.

Daher brummte die Wirtschaft in den Jahren von 1948 bis 1973, als hätte man ihr während der Aufschwungphase eines Kondratjew-Zyklus Dopingmittel verabreicht.

Warum überschritt die Welle ihren Scheitelpunkt?

In der Wirtschaftsgeschichte gibt es keinen deutlicheren Wendepunkt als den 17. Oktober 1973. An diesem Tag verhängten die erdölexportierenden arabischen Staaten ein Embargo gegen die USA, weil die Amerikaner ihren Kriegsgegner Israel unterstützten. Sie drosselten die Produktion deutlich, und der Ölpreis vervierfachte sich. Der Schock stürzte die führenden Volkswirtschaften in eine Rezession. Die amerikanische Wirtschaft schrumpfte zwischen Januar 1974 und März 1975 um 6,5 Prozent,[23] die britische um 3,4 Prozent. Sogar Japan, dessen Wirtschaft seit dem Krieg in jedem Jahr um fast 9 Prozent gewachsen war, geriet in eine kurze Rezession. Die Krise war einzigartig, weil der Wachstumseinbruch in den am schwersten getroffenen Ländern mit einer hohen Inflation einherging. Im Jahr 1975 stieg die Inflation in Großbritannien auf 20 Prozent und in den USA auf 11 Prozent. Und die westliche Öffentlichkeit machte mit dem Wort »Stagflation« Bekanntschaft.

Doch schon den Zeitgenossen war klar, dass die Ölkrise lediglich der Auslöser war. Der Aufschwung war bereits vorher ins Stocken geraten. In sämtlichen entwickelten Ländern litt die Wirtschaft Ende der sechziger Jahre unter nationalen oder lokalen Problemen: unter Inflation, Arbeitskonflikten, sinkender Produktivität und sporadischen Finanzskandalen. Das Jahr 1973 markierte allerdings die Zäsur, den Punkt, an dem die Kraft, welche den vierten langen Zyklus aufwärts trieb, ihren Höhepunkt überschritt und die Kurve abzufallen begann. Die Frage nach der Ursache hat die moderne volkswirtschaftliche Debatte geprägt.

Die rechten Ökonomen sahen den Grund in der Erschöpfung der keynesianischen Nachfragepolitik. Die Erklärungsversuche der Linken haben sich im Lauf der Zeit geändert: Ende der sechziger Jahre wurden die hohen Löhne als Ursache betrachtet, aber im folgenden Jahrzehnt versuchten die Wirtschaftstheoretiker der Neuen Linken, die marxistische Überproduktionstheorie auf das Problem anzuwenden.

Tatsächlich handelte es sich am ehesten um einen klassischen Phasenwechsel in einem Kondratjew-Zyklus. Dieser Phasenwechsel findet nach etwa 25 Jahren in der Mitte des Fünfzig-Jahres-Zyklus statt. Er ist ein globales Phänomen und kündigt eine lange Phase wiederkehrender Krisen an.

Und wenn wir erst einmal verstanden haben, was den Aufschwung auslöste – hohe Produktivität, klare globale Regeln und Finanzrepression –, wird uns auch klar, wieso er endete.

Die Nachkriegsregelungen hatten die Instabilität auf zwei Bereiche beschränkt, die kontrolliert werden mussten: die Beziehungen zwischen den Währungen und die Beziehungen zwischen den Klassen. Die in Bretton Woods beschlossenen Regeln sahen zwar vor, dass kein Land seine Währung abwerten durfte, um seine Exporte zu verbilligen und seine Beschäftigung zu erhöhen. Stattdessen musste ein Land, dessen Wirtschaft nicht wettbewerbsfähig war, entweder Handelsbarrieren errichten, um seine Produzenten gegen die internationale Konkurrenz zu schützen, oder zur »internen Abwertung« übergehen, indem es Löhne und Gehälter kürzte, Preiskontrollen einführte und den Sozialstaat zurechtstutzte. In der Praxis erschwerte Bretton Woods protektionistische Eingriffe, und Lohnkürzungen wurden bis Mitte der siebziger Jahre nicht ernsthaft versucht. Also blieb am Ende doch nur die Abwertung der eigenen Währung. Im Jahr 1949 wertete Großbritannien das Pfund um 30 Prozent gegenüber dem Dollar ab, und 23 andere Länder folgten seinem Beispiel. Bis 1973 wurden insgesamt 400 Abwertungsschritte gezählt.

Das Bretton-Woods-System lud die Staaten also implizit dazu ein, ihr wirtschaftliches Versagen wettzumachen, indem sie den Wechselkurs ihrer Währung gegenüber dem Dollar manipulierten. Die Vereinigten Staaten betrachteten dies als eine Form von unlauterem Wettbewerb und wehrten sich. In den sechziger Jahren begann das Land seinerseits, seine Währung real, das heißt gemessen an den Preisunterschieden, gegenüber den Währungen seiner Konkurrenten abzuwerten. In der Inflationskrise in den späten sechziger Jahren brach dieser unterschwellige Wirtschaftskrieg offen aus.

Auf der Ebene der Fabrik hing der lange Aufschwung mit der Produktivität und den Löhnen zusammen. In den entwickelten Ländern erhöhte sich die Produktivität um 4,5 Prozent pro Jahr, während der private Konsum um 4,2 Prozent stieg. Die wachsende Produktion automatisierter Maschinen genügte, um die steigenden Löhne der Arbeiter zu bezahlen, die sie bedienten. All das war das Ergebnis neuer Investitionen. Der Aufschwung endete jedoch, als die Investitionen die Produktivität nicht mehr mit derselben Geschwindigkeit erhöhen konnten.

Die Daten zeigen deutlich, dass sich der Produktivitätsanstieg schon vor

1973 verlangsamt hatte und dass die Produktivität des Kapitals gesunken war.[24] Um den wachsenden Druck auf die Profite auszugleichen, wurde die Produktivität übermäßig erhöht. Aber obwohl die Bedingungen ungünstiger wurden, waren Lohnkürzungen angesichts der starken Verhandlungsposition der Arbeiterklasse in den Ländern mit Vollbeschäftigung und aufgrund der Abneigung gegen eine Kündigung des Gesellschaftsvertrags der Nachkriegszeit tabu. Die Unternehmensleitungen sahen sich sogar gezwungen, Löhne und Sachleistungen zu erhöhen und die Arbeitszeit zu verkürzen.

Die Folge war eine »Profitklemme«. Bei einem Vergleich der Profitraten im Jahr 1973 mit den jeweiligen Spitzenwerten während der Wirtschaftsblüte stellte Andrew Glyn fest, dass die Profite in den Vereinigten Staaten, in Europa und Japan jeweils um ein Drittel gesunken waren. Angesichts sinkender Gewinne, steigender Löhne und alarmierend militanter Fabrikarbeiter gab es nur zwei Möglichkeiten, den Überdruck im System abzulassen: Man konnte der Inflation freien Lauf lassen, um den Wert der Reallöhne zu verringern, ohne weitere Arbeitskonflikte zu riskieren, oder man konnte die Sozialeinkommen erhöhen und die Belastung der Unternehmen verringern, indem man zum Beispiel Familienbeihilfen und andere staatliche Sozialleistungen erhöhte. So stiegen die Sozialausgaben des Staates für Lohnzusatzleistungen, Beihilfen und andere einkommenswirksame Maßnahmen insbesondere in Europa auf ein untragbares Niveau, nämlich von 8 Prozent des BIP Ende der fünfziger Jahre auf 16 Prozent im Jahr 1975.[25] Etwa im selben Zeitraum verdoppelten sich die Staatsausgaben für Sozialhilfe, Renten und Gesundheit in den USA auf 10 Prozent.

Es genügte ein Schock, um dieses fragile System in eine Krise zu stürzen. Er kam im August 1971, als Präsident Richard Nixon die Verpflichtung der USA, Dollar gegen physisches Gold zu tauschen, einseitig aufkündigte. Bretton Woods gehörte der Vergangenheit an.

Nixons Beweggründe für diesen Schritt sind gut dokumentiert.[26] Als die Konkurrenten der Vereinigten Staaten bei der Produktivität aufholten, floss Kapital nach Europa ab, während der Handelsüberschuss der USA schrumpfte. Ende der sechziger Jahre betrieben alle Länder eine expansive Politik mit hohen Staatsausgaben und niedrigen Zinsen, und die Vereinigten Staaten verwandelten sich in den großen Verlierer von Bretton Woods. Sie waren nicht mehr in der Lage, den Vietnamkrieg und die Sozialreformen der späten sechziger Jahre zu finanzieren. Sie hätten den Dollar abwerten müssen, was jedoch nicht möglich war, weil sich die anderen Länder weigerten, ihre Währung gegenüber dem Dollar aufzuwerten. Also handelte Nixon.

An den Dollar und das Gold gebundene Wechselkurse wurden durch frei floatende Währungen ersetzt. Von da an schöpfte das globale Bankensystem tatsächlich Geld aus dem Nichts.

Jetzt stand es jedem von der Krise erschütterten Land frei, sich die grundlegenden Produktivitäts- und Rentabilitätsprobleme zeitweilig mit Maßnahmen vom Hals zu schaffen, die im alten System unmöglich gewesen waren: Es konnte die Staatsausgaben erhöhen und die Zinsen senken. Die Jahre 1971-73 verbrachte die westliche Welt in einem Zustand nervöser Euphorie.

Im Januar 1973 kam es zum unvermeidlichen Börsenkrach in New York und London. Mehrere Investmentbanken brachen zusammen. Die Ölkrise im Oktober 1973 war der Tropfen, der das Fass zum Überlaufen brachte.

Eine Parodie auf Keynes

Im Jahr 1973 waren sämtliche Säulen des einzigartigen Systems, das den langen Aufschwung möglich gemacht hatte, eingestürzt. Aber die Krise schien zufällig: Die OPEC hatte die niedrigen Inputpreise kaputt gemacht, Richard Nixon hatte die globalen Spielregeln gebrochen, und der »gierige Arbeiter«, jene verabscheuungswürdige Figur, hatte die Unternehmen unrentabel gemacht.

Die Macher der britischen Filmreihe *Carry On …* wählten diesen Augenblick, um von den üblichen albernen historischen Parodien abzuweichen und sich an einem bissigen Kommentar zur gesellschaftlichen Entwicklung zu versuchen. Der in einer Toilettenfabrik angesiedelte Film *Carry On At Your Convenience* (*Ist ja irre – Ein Streik kommt selten allein*, 1971) macht sich über eine Welt lustig, in der die Arbeiter die Produktion kontrollieren, die Manager inkompetent sind und die sexuelle Freiheit sogar in einem Kleinstadtbetrieb das Leben verändert. Die unterschwellige Botschaft von *Carry On At Your Convenience* lautet, dass das gegenwärtige System grotesk ist: Wir können nicht so weitermachen, aber wir haben keine

Alternative. Wie sich herausstellte, war dies auch die unterschwellige Botschaft der Maßnahmen gegen die Krise.

Nach 1973 versuchten die Regierungen das System zu reparieren, indem sie die keynesianischen Regeln strenger anwandten. Sie versuchten, mit Preis- und Lohnkontrollen die Inflation unter Kontrolle zu bringen und die rebellische Arbeiterschaft zu beschwichtigen. Sie erhöhten die Staatsausgaben und verschuldeten sich, um die Nachfrage in der Rezession zu stützen. Doch obwohl das Wachstum nach 1975 wieder anzog, erreichte es sein früheres Niveau nicht mehr.

Ende der siebziger Jahre zerstörte sich das keynesianische System selbst. Diese Zerstörung war nicht nur das Werk der Politiker, sondern aller Beteiligten: der Arbeiter, der Bürokraten, der Technokraten, der Politiker.

Die Militanz in den Fabriken war bereits zuvor abgeebbt, die Arbeiterschaft verhandelte nun auf nationaler Ebene mit den Regierungen. Mitte der siebziger Jahre konzentrierten sich die Gewerkschaftsführungen in fast allen Ländern auf landesweite Tarifvereinbarungen, Preiskontrollen, soziale Reformprogramme und Strategien, die ihnen helfen sollten, die Kontrolle über bestimmte Sektoren zu wahren. (Ein Beispiel für eine solche Strategie war der Versuch der britischen Hafenarbeiter, die Einführung von Containern zu verhindern.) Die Arbeiterbewegungen in der entwickelten Welt versuchten, sozialdemokratische Parteien an die Macht zu bringen, die eine Fortsetzung der keynesianischen Politik garantieren würden.

Die Unternehmerklasse und einflussreiche rechte Politiker hatten sich jedoch mittlerweile vollkommen von den keynesianischen Lösungen abgewandt.

Der Angriff auf die Arbeiter

Heute scheint es uns, als sei der Triumph der Globalisierung und des Neoliberalismus unvermeidlich gewesen. Aber das war er keineswegs. Diese Phänomene wurden ebenso durch staatliche Eingriffe ermöglicht wie der Korporatismus und der Faschismus in den dreißiger Jahren.

Der Neoliberalismus wurde von visionären Politikern gestaltet und in die Tat umgesetzt: von Pinochet in Chile, Thatcher und ihrem ultrakonservativen Kreis in Großbritannien, Reagan und den Kalten Kriegern, die ihn in den USA an die Macht brachten. Sie waren auf erbitterten Widerstand seitens der Gewerkschaften gestoßen und wollten sich nicht mehr von ihnen behindern lassen. Der Schluss, den diese Pioniere des Neoliberalismus aus dem Konflikt zogen, hat unsere Zeit geprägt: Mit einer organisierten Arbeiterklasse kann eine moderne Volkswirtschaft nicht funktionieren. Also entschlossen sie sich, die kollektive Verhandlungsmacht, die Traditionen und den sozialen Zusammenhalt der Arbeiterschaft vollkommen zu zerstören.

Die Gewerkschaften wurden nicht zum ersten Mal attackiert. In der Vergangenheit waren ihre Widersacher allerdings stets paternalistische Politiker gewesen, die ihnen das geringere von zwei Übeln angeboten hatten: Also hatten sie die Militanz hinter sich gelassen und sich als Repräsentanten der »guten« Arbeiterschaft geriert, die sich einen gemäßigten Sozialismus auf die Fahnen schrieb. Die Gewerkschaften waren von Vertretern des Staates geführt worden und hatten beim Aufbau stabiler, sozial konservativer Gemeinschaften geholfen, die Soldaten und Diener hervorbrachten. Der Konservatismus und sogar der Faschismus hatten eine andersartige Solidarität angestrebt, eine, die den Interessen des Kapitals diente. Aber es war immer noch Solidarität.

Den Neoliberalen schwebte etwas anderes vor: die Atomisierung. Da die gegenwärtige Generation nur die Ergebnisse des Neoliberalismus sieht, entgeht ihr leicht, dass die Zerstörung der Verhandlungsmacht der Arbeiter das zentrale Vorhaben des ganzen Projekts war: Es war das Mittel, mit dem alle anderen Ziele erreicht werden sollten. Das Leitprinzip des Neoliberalismus ist weder der freie Markt noch die Haushaltsdisziplin, die Geldwertstabilität oder die Verlagerung der Produktion in Billiglohnländer. Es geht ihm nicht einmal um die Globalisierung. All das waren Nebenprodukte seines Feldzugs, dessen Ziel es war, die organisierte Arbeiterschaft zu beseitigen; oder es waren Waffen, die er in diesem Feldzug einsetzte.

Nicht alle Industrieländer schlugen denselben Weg ein, und nicht alle bewegten sich mit derselben Geschwindigkeit. Japan hatte in den siebziger Jahren das Tor zur Flexibilisierung der Arbeit aufgestoßen, indem es die Arbeit in den Fertigungslinien auf kleine Teams verteilt und individuelle Lohn- und Gehaltsverhandlungen sowie Propagandaversammlungen in den Werkshallen eingeführt hatte. Japan war das einzige Land mit einer hochentwickelten Volkswirtschaft, dem es nach 1973 gelang, die industriellen Geschäftsmodelle zu rationalisieren. Natürlich gab es Widerstand, der jedoch brutal unterdrückt wurde: Die Rädelsführer von Arbeiterprotesten wurden jeden Tag verprügelt, so lange, bis sie klein beigaben. »Es ist, als wäre die ›Welt des Unternehmens‹ immun gegen das Gesetz«, schrieb der japanische Linke Muto Ichiyo, der Zeuge solcher Misshandlungen wurde. »Und in dieser Unternehmenswelt ist es natürlich, dass die verängstigten Arbeiter, die nicht frei denken dürfen, den Mund halten.«[27]

Deutschland widersetzte sich bis zur Jahrtausendwende allen Arbeitsmarktreformen und zog es vor, außerhalb der paternalistischen Welt der Werkshalle eine Randgruppe von osteuropäischen Gastarbeitern zu schaffen, die einfache Tätigkeiten im Dienstleistungs- und Baugewerbe übernahmen. Deshalb wurde es vom *Economist*, der noch im Jahr 1999 das »aufgeblähte Sozialsystem und die exzessiven Arbeitskosten« Deutschlands beklagte, zum »kranken Mann der Eurozone« gekürt.[28] Diese Mängel wurden ab 2002/03 mit den sogenannten Hartz-Reformen beseitigt, die Deutschland zu einem von ausgeprägter Ungleichheit gekennzeichneten Land gemacht haben, in dem viele Gemeinden unter wachsender Armut leiden.[29]

Viele entwickelte Länder nutzten die Rezession Anfang der achtziger Jahre, um Massenarbeitslosigkeit durchzusetzen. Das Ziel ihrer Politik war offenkundig, die Rezession zu vertiefen: Sie erhöhten die Zinsen und trieben damit alte Industrieunternehmen in den Ruin. Sie privatisierten oder schlossen staatliche Kohlegruben, Stahlwerke, Automobilwerke und Schwerindustriebetriebe. Sie verboten die wilden Streiks und Solidaritätsaktionen, die den Unternehmen in den Jahren des Aufschwungs zu schaffen gemacht hatten. Aber sie versuchten noch nicht, die Sozialsysteme aufzulösen, denn diese wurden gebraucht, um die soziale Stabilität von Gemeinschaften zu wahren, denen das Herz herausgerissen wurde.

Während dieses Feldzugs gegen die organisierte Arbeiterschaft wurden einige auch symbolisch besonders bedeutende Schlachten geschlagen. Im Jahr 1981 wurden die streikenden amerikanischen Fluglotsen samt und sonders entlassen. Die Führer ihrer Gewerkschaft wurden verhaftet und in Handschellen vorgeführt. In Großbritannien setzte Premierministerin Thatcher in den Jahren 1984/85 paramilitärische Polizeieinheiten ein, um den Streik der Bergarbeiter zu beenden. Ihren größten Triumph im Krieg gegen die Arbeiterklasse feierten die Neoliberalen jedoch auf moralischer und kultureller Ebene. Ab dem Jahr 1980 ging die Zahl der Streiks in der entwickelten Welt zurück, und den Gewerkschaften liefen die Mitglieder davon. In den USA schrumpfte die Zahl der gewerkschaftlich organisierten Arbeiter zwischen 1980 und 2003 von ohnehin niedrigen 20 Prozent der Erwerbsbevölkerung auf nur noch 12 Prozent; die verbliebene Gewerkschaftsbewegung war weitgehend auf den öffentlichen Sektor beschränkt.[30] In Japan schrumpfte der Anteil der Gewerkschaftsmitglieder von 31 auf 20 Prozent, in Großbritannien von 50 auf 30 Prozent.[31]

Sobald die Gewerkschaften kaltgestellt waren, konnte die eigentliche Umgestaltung der Arbeitswelt beginnen. Man wollte eine atomisierte Arbeiterschaft schaffen, der nichts anderes übrigbleiben würde, als sich mit unsicheren Beschäftigungsverhältnissen abzufinden. Für diejenigen unter uns, die Zeugen dieser Niederlage der organisierten Arbeiterschaft in den achtziger Jahren wurden, war es eine traumatische Erfahrung, aber wir sagten uns, dass unsere Großväter dasselbe durchgemacht hatten. Wenn wir diesen Prozess allerdings durch das Kaleidoskop der Zyklentheorie betrachten, stellen wir fest, dass in Wahrheit etwas ganz anderes geschah.

Die »Anpassungsphase« in den achtziger Jahren war die erste in der Geschichte der langen Zyklen, in welcher der Widerstand der Arbeiter zusammenbrach. Im normalen Muster, das wir in Kapitel 3 untersucht haben, zwingt der Widerstand der Arbeiterklasse die Kapitalisten zu radikalen Anpassungsschritten: So entsteht ein neues Modell, das auf höherer Produktivität und höheren Reallöhnen beruht. Nach 1979 erlaubte es der mangelnde Widerstand der Arbeiter den kapitalistischen Schlüsselländern, die Krise mit Lohnsenkungen und auf geringem Wert beruhenden Produktionsmodellen zu überwinden. Dies ist grundlegend für das Verständnis all dessen, was anschließend geschah.

Anders als von den Neoliberalen erwartet, ebnete die Niederlage der organisierten Arbeiterschaft nicht den Weg zu einem »neuartigen Kapitalismus«. Stattdessen gelang es lediglich, die vierte lange Welle gestützt auf Atomisierung und stagnierende Arbeitseinkommen zu verlängern. Das Eine Prozent war nicht wie in der Endphase der drei vorangegangenen langen Zyklen gezwungen, mit technologischer Innovation den Weg aus der Krise zu finden, sondern bewerkstelligte das einfach, indem es die Arbeiterklasse in die Armut hinabdrückte und sie atomisierte.

Überall in der westlichen Welt sank der Anteil der Arbeitseinkommen am BIP deutlich. Der Ökonom Engelbert Stockhammer hat im Auftrag der Internationalen Arbeitsorganisation (ILO) den Schaden begutachtet und gezeigt, dass der Rückgang der Lohnquote zur Gänze auf Globalisierung, Finanzialisierung und Sozialabbau zurückzuführen ist. Er schreibt: »Es handelt sich um eine bedeutsame historische Veränderung, denn in der Nachkriegszeit war die Lohnquote stabil geblieben oder gestiegen.«[32]

Das ist untertrieben. Diese Entwicklung sollte der Welt ein neues Gesicht geben.

Die unterbrochene Welle in Bildern

Wenn Veränderungen umfassend und unübersehbar sind, sich jedoch über Jahrzehnte hinziehen, sind zweidimensionale Schaubilder oft am besten geeignet, um uns das Gesamtbild vor Augen zu führen. Die folgenden Diagramme zeigen sehr deutlich, welche Entwicklungen in das von Kondratjew beschriebene klassische Muster passen und welche nicht, und helfen uns zu verstehen, woran das liegt.

1. Wachstum des globalen BIP

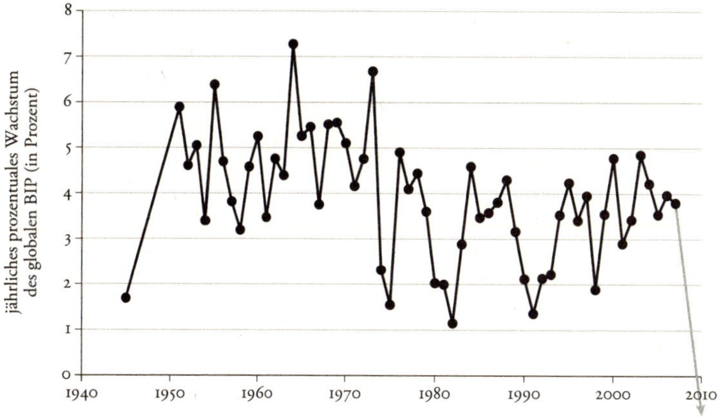

Dieses Diagramm zeigt die allgemeine Form des vierten langen Zyklus auf einen Blick. Anfang der siebziger Jahre ist ein deutlicher Phasenwechsel zu erkennen. Wenn wir uns an die vom IWF vorgeschlagene Definition einer globalen Rezession halten – eine Wachstumsrate von weniger als 3 Prozent –, gab es in den ersten 25 Jahren des Zyklus keine Rezession, aber sechs nach 1973, wobei die letzte sehr heftig ausfiel.[33]

2. Zinsen[34]

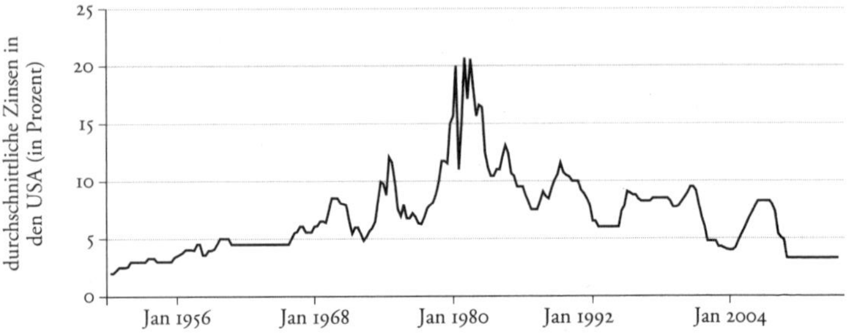

Kondratjew maß seine Wellen anhand der Zinssätze, und in der Zeit nach 1945 gibt es keinen aussagekräftigeren Maßstab als den der durchschnittlichen Zinsen, die Banken von Unternehmen und Privathaushalten in den USA verlangten. Im Verlauf des langen Zyklus stiegen die Zinsen schrittweise. In den frühen achtziger Jahren, als sie eingesetzt wurden, um große Teile der alten Industrien auszulöschen, erreichten sie einen Höhepunkt, und von da an sanken sie schrittweise. Aufgrund der geldpolitischen Lockerung ebbt die Kurve schließlich ab. Kondratjews Kollegen, die genau dasselbe Muster in allen früheren Zyklen beobachtet hatten, wären zu folgendem Schluss gelangt: »Genosse, das ist eine lange Welle.«

3. Rohstoffpreise: Nickel

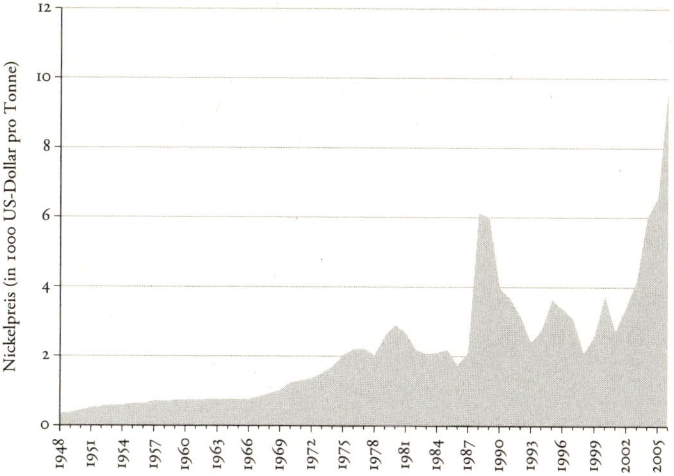

Aber Kondratjew studierte auch die Preise von Rohstoffen wie Kohle und Eisenerz. Dieses Diagramm zeigt, wie sich der Preis eines modernen Gegenstücks dieser Rohstoffe – Nickel ist ein unverzichtbarer Bestandteil von rostfreiem Stahl – im Lauf von 57 Jahren entwickelte. Ich glaube, Kondratjew wäre begeistert gewesen. Nickel ist nur einer von vielen Rohstoffen, aber sieht man von wenigen Ausnahmen ab, so ist die Entwicklung seines Preises durchaus repräsentativ für die der Rohstoffpreise in ihrer Gesamtheit seit 1945: Am Ende der Zeitreihe ist in allen Fällen ein deutlicher Ausschlag nach oben zu beobachten, dessen Ursache die rasche Entwicklung der Industrie und des Massenkonsums in der südlichen Hemisphäre ist (vor allem in China).

Ein Bericht des United States Geological Survey aus dem Jahr 2007 zeigt, dass die Preise sämtlicher Industriemetalle ab 1989 durch Chinas Eintritt in den Weltmarkt in die Höhe getrieben wurden.[35] Der Nickelverbrauch Chinas wuchs von 30 Kilotonnen im Jahr 1991 auf 60 Kilotonnen im Jahr 2001 und auf 70 Kilotonnen im Jahr 2012. Im Gegensatz dazu stieg der Nickelverbrauch der meisten anderen großen Produktionsländer in diesem Zeitraum nur langsam, in Deutschland beispielsweise von 80 auf 110 Kilotonnen.*

* Die Volkswirte setzen die Preise normalerweise in Beziehung zur Inflation. Inflationsbe-

4. Staatsschulden gemessen am BIP in 20 hochentwickelten Ländern[36]

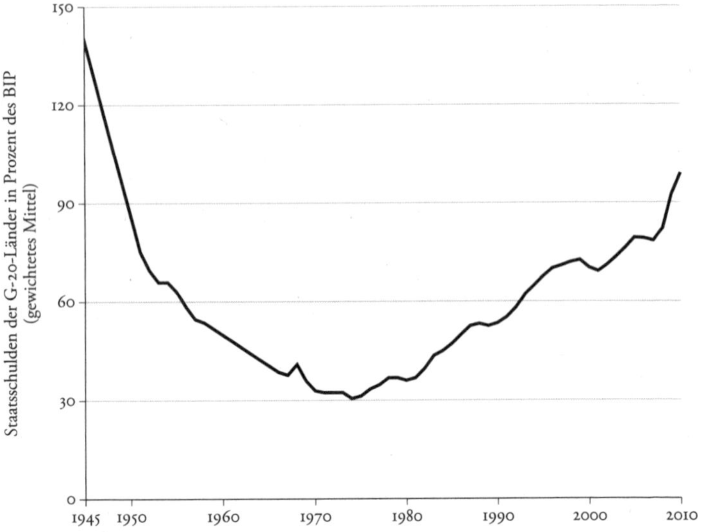

Kondratjew selbst maß die Staatsschulden nicht, aber in einem modernen Land sind sie ein guter Indikator für die Gesundheit der Volkswirtschaft. Dieses Diagramm zeigt die Staatsschulden gemessen am BIP. In Kombination mit der Inflation beseitigte die Finanzrepression die Kriegsschulden dieser Staaten in 25 Jahren ununterbrochenen Wachstums. Dann war die entwickelte Welt angesichts der 1973 beginnenden Krise gezwungen, sich erneut zu verschulden. Obwohl drei Jahrzehnte lang Privatisierungen und der Abbau des Sozialstaats vorangetrieben worden sind, haben die öffentlichen Schulden mittlerweile fast 100 Prozent des BIP erreicht.

reinigt waren die Preise für dieses und andere Metalle nach 1989 einigermaßen konstant oder sanken sogar. Aber in der Analyse der langen Zyklen geht es gerade darum, Inflation und Deflation sichtbar zu machen, anstatt sie herauszurechnen.

5. Geldmenge

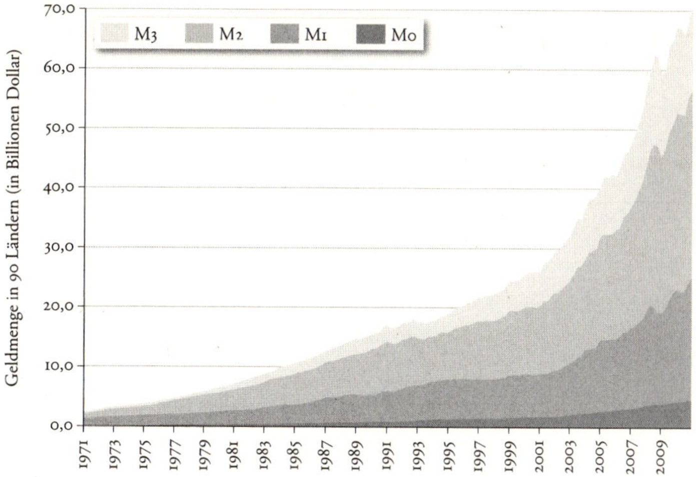

Dieses Schaubild ist so etwas wie das wichtigste Exponat zur Geschichte des Fiatgeldes (also des nicht durch Gold besicherten Geldes). Ausgangspunkt des Diagramms ist der Moment, in dem Nixon die Vereinbarung von Bretton Woods kündigte (1971). Die Grafik zeigt die Menge des in 90 Ländern in verschiedenen Formen zirkulierenden Geldes: vom Bargeld (M0), dessen Menge sich kaum verändert, bis zu Kredit- und Finanzinstrumenten, deren Menge in der neoliberalen Ära stetig zugenommen hat und nach 2000 explodiert ist (M3 umfasst – je nach Definition – neben Bargeld und Sichteinlagen auch Sparguthaben und alle möglichen Formen von Wertpapieren).[37]

Nixon koppelte das Geld und den Kredit von der Realität ab, und obwohl es mehrere Jahrzehnte dauerte, um ein Finanzsystem zu entwickeln, das diese Freiheit wirklich nutzen konnte, wuchs die Geldmenge ab Ende der neunziger Jahre rasant.

6. Ungleichheit in den USA

Die dunkle Linie zeigt die Entwicklung der Realeinkommen der unteren 99 Prozent im vierten langen Zyklus. Im Lauf des Zweiten Weltkriegs hatte es sich verdoppelt, da die Bevölkerung vom Land in die Städte abwanderte und Arbeit in den Fabriken fand, und zwischen dem Krieg und der Ölkrise stieg es erneut um den Faktor zwei. Ab 1989 wuchs es jedoch nur noch sehr langsam. Beim reichsten Einen Prozent war es umgekehrt: Die Abschwungphase des Zyklus war sehr einträglich für die Reichsten. Während des Aufschwungs und in den Krisenjahren stagnierten ihre Einkommen, aber als Ende der achtziger Jahre der Markt vom Zügel gelassen wurde, explodierten sie. Nichts zeigt deutlicher, wer in den entwickelten Ländern die Gewinner und Verlierer des Abschwungs sind.[38]

7. Finanzialisierung[39]

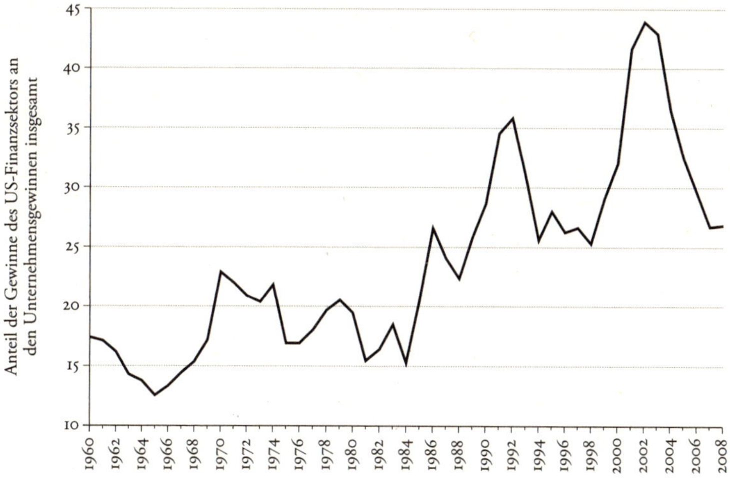

Dieses Diagramm gibt Aufschluss über die Profite des amerikanischen Finanzsektors, gemessen an den Gesamtgewinnen der Unternehmen. Während des langen Aufschwungs blieben die relativen Gewinne des Finanzsektors gering. Mitte der achtziger Jahre begann ein deutlicher Anstieg, und in den Jahren vor dem Zusammenbruch von Lehman Brothers erzielten Banken, Hedgefonds und Versicherungsgesellschaften mehr als vierzig Prozent der gesamten Unternehmensgewinne. Das ist ein deutlicher Beleg dafür, dass der Finanzkapitalismus einen größeren Teil seiner Profite mit unseren Krediten sowie unserem Konsum und einen schrumpfenden Anteil mit unserer Arbeit erzielte. Am Vorabend der Krise wurden vier von zehn Dollar an Unternehmensgewinnen im Finanzsektor erzielt.

8. Globale Investitionsströme

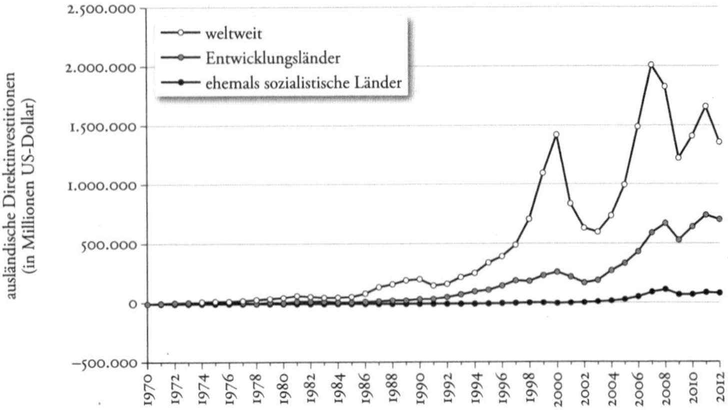

Diese Daten zeichnen ein sehr anschauliches Bild der Realität der Globalisierung. Die obere Linie zeigt den Gesamtbetrag der ausländischen Direktinvestitionen zwischen 1970 und 2012 (in Millionen Dollar zu gegenwärtigen Preisen und Wechselkursen). Die mittlere Linie zeigt den Betrag, der in die Entwicklungsländer floss, die untere die Investitionen in den ehemals sozialistischen Ländern. Der Abstand zwischen der oberen und der mittleren Linie entspricht dem Betrag der ausländischen Direktinvestitionen, die zwischen den hochentwickelten Ländern flossen.[40]

Die Globalisierung beginnt in dem Moment, als das keynesianische Paradigma aufgegeben wird. Die Investitionsströme zwischen den entwickelten Ländern schwellen an, und dem entspricht ein stetiger Fluss von ausländischen Direktinvestitionen in jene Regionen, die wir früher als »Dritte Welt« bezeichneten. Die Kapitalströme nach Russland und in die ehemaligen Ostblockstaaten sind, gemessen am Umfang ihrer Volkswirtschaften, beträchtlich, fallen insgesamt jedoch kaum ins Gewicht.

9. Pro-Kopf-BIP[41]

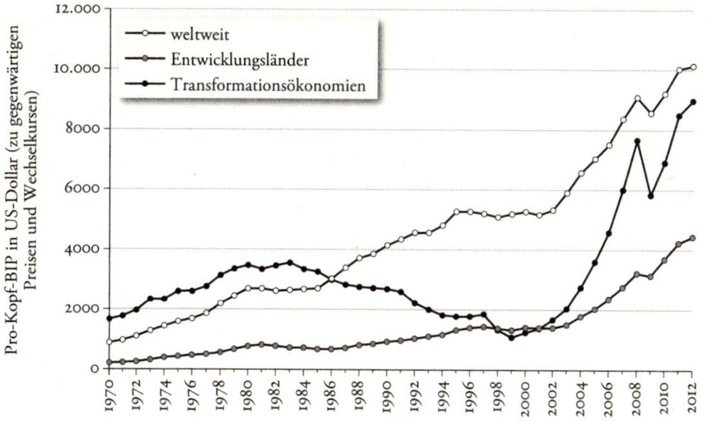

Das Bruttoinlandsprodukt pro Person gibt Aufschluss über den wirtschaftlichen Fortschritt der Menschheit: Es zeigt uns, auf wie viele Menschen das Wachstum verteilt ist. Die obere Linie zeigt, dass das globale Pro-Kopf-BIP zwischen 1989 und 2012 um 162 Prozent stieg. In den ehemals sozialistischen Ländern war das Wachstum, über die gesamte Zeitspanne betrachtet, etwa genauso hoch; allerdings wurde dies erst durch den EU-Beitritt einiger ehemaliger Ostblockstaaten sowie durch die steigenden Erdöleinnahmen Russlands ermöglicht, denn auf den Fall der Berliner Mauer war zunächst ein katastrophaler Absturz gefolgt. Wirklich spektakulär ist jedoch der Anstieg der unteren Linie: In den Entwicklungsländern nahm das Pro-Kopf-BIP ab 1989 um 404 Prozent zu.

Dieser Anstieg hat den britischen Ökonomen Douglas McWilliams dazu bewegt, die vergangenen 25 Jahre als Ära der »bedeutendsten wirtschaftlichen Entwicklung in der Menschheitsgeschichte« zu bezeichnen. In den 100 Jahren nach der Entdeckung Amerikas stieg das globale BIP um 33 Prozent und das Pro-Kopf-BIP um 5 Prozent. In den 50 Jahren nach 1820, als in Europa und Amerika die industrielle Revolution stattfand, stieg das globale BIP um 60 Prozent und das Pro-Kopf-BIP um 30 Prozent. Aber zwischen 1989 und 2012 schwoll das globale BIP von 20 Billionen auf 71 Billionen Dollar an, das heißt um 272 Prozent. Und wie wir gesehen haben, stieg das Pro-Kopf-BIP um 162 Prozent. Beide Werte erhöhten sich im Zeitraum ab 1989 schneller als im Verlauf des langen Nachkriegsaufschwungs.[42]

10. Die Gewinner der Globalisierung

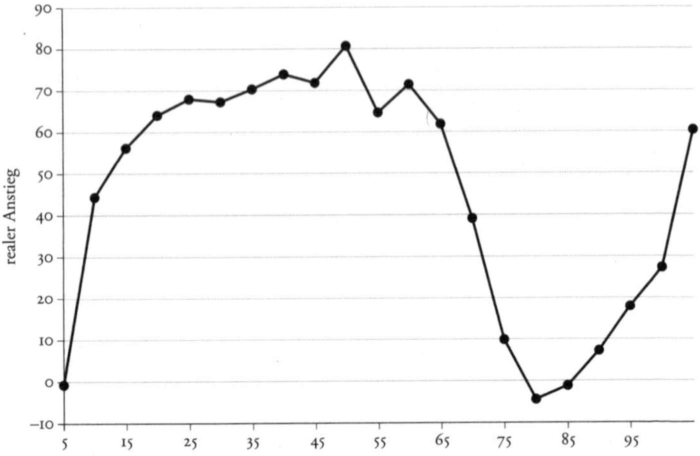

Perzentile der globalen Einkommensverteilung (die Punkte markieren jeweils das fünfte, zehnte usw. Perzentil; die beiden Punkte ganz rechts weichen von dieser Logik ab: Der vorletzte markiert den durchschnittlichen Anstieg, den die Perzentile 96-99 erlebten, der letzte den Zugewinn für das oberste eine Prozent)

Während des Nachkriegsaufschwungs unterdrückte der Kapitalismus die Entwicklung des Globalen Südens. Wie er das tat, ist gut dokumentiert.[43] Ungleiche Handelsbeziehungen zwangen große Teile Lateinamerikas, ganz Afrika und den größten Teil Asiens, Entwicklungsmodelle einzuführen, die westlichen Unternehmen gewaltige Gewinne und der heimischen Bevölkerung Armut brachten. In Ländern, die Widerstand leisteten, wurde die Regierung von der CIA gestürzt (so geschehen beispielsweise in Iran, Guyana und Chile) oder wie in Grenada durch eine Invasion beseitigt. Die Volkswirtschaft vieler dieser Länder wurde durch Überschuldung und »Strukturanpassungsprogramme« zerstört, die der Internationale Währungsfonds ihnen als Gegenleistung für Schuldenerlässe aufzwang. Da ihre Industrie schwach war, konnten sie nur durch den Export von Rohstoffen wachsen, und die Einkommen der Armen stagnierten.

Die Globalisierung änderte das. Wie das Schaubild zeigt, nahmen die Realeinkommen von zwei Dritteln der Weltbevölkerung zwischen 1988 und 2008 deutlich zu. Das zeigt der sprunghafte Anstieg auf der linken Seite des Diagramms.

Sehen wir uns nun die rechte Seite der Grafik an. Auch das Realeinkommen des reichsten Einen Prozents ist gestiegen, und zwar um sechzig Prozent. Aber die U-förmige Delle links von der Mitte zeigt, dass das Realeinkommen all derer, die zwischen den Superreichen und der Bevölkerung der Entwicklungsländer angesiedelt sind – das sind die Arbeiter und die untere Mittelschicht in den westlichen Ländern –, nur geringfügig stieg oder gar stagnierte. Diese Delle erzählt die Geschichte der Mehrheit der Bevölkerung der Vereinigten Staaten, Japans und Europas: Diese Menschen haben in den letzten zwanzig Jahren kaum vom Kapitalismus profitiert. Einige von ihnen haben sogar verloren. An der Stelle, an der die Kurve unter null Prozent fällt, befinden sich vermutlich die Afroamerikaner, die Armen Großbritanniens und ein Großteil der Erwerbsbevölkerung Südeuropas.

Branko Milanovic, der diese Zahlen für die Weltbank ermittelt hat, spricht von der »wohl umfassendsten globalen Neuverteilung der wirtschaftlichen Positionen seit der industriellen Revolution«.[44]

11. Verdopplung der globalen Erwerbsbevölkerung

Der Harvard-Ökonom Richard Freeman hat ausgerechnet, dass sich die Erwerbsbevölkerung der Welt zwischen 1980 und 2000 in absoluten Zahlen verdoppelte, womit sich die Kapitalintensität halbierte.[45] Das Bevölkerungswachstum und der Anstieg der ausländischen Direktinvestitionen ließen die Erwerbsbevölkerung in den Entwicklungsländern deutlich wachsen, in China entstand infolge der Verstädterung eine Arbeiterklasse von 250 Millionen Menschen, und die Arbeitskräfte in den früheren Ostblockstaaten drängten über Nacht auf den globalen Arbeitsmarkt.

Die beiden folgenden Grafiken zeigen, wo der wirtschaftliche Nutzen, der aus dem Einsatz einer großen Zahl von Arbeitern in Niedriglohnländern gezogen werden kann, an seine Grenzen stößt.

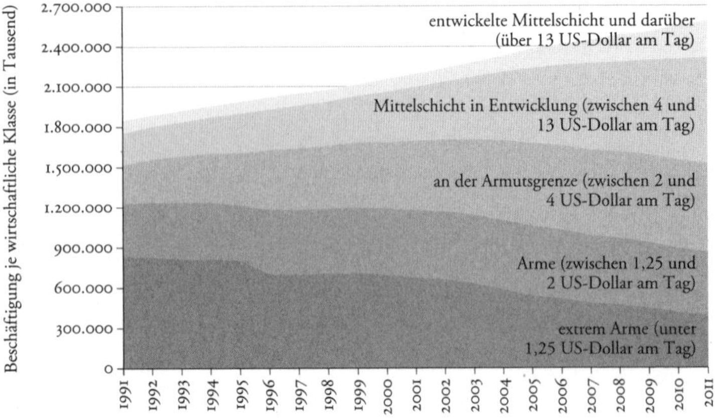

Hier sehen wir, wie sich das Einkommen der Erwerbsbevölkerung in den Entwicklungsländern seit Beginn der Globalisierung entwickelt hat.

Verblüffend ist, dass die Gruppe der Arbeitskräfte, die zwischen 4 und 13 US-Dollar am Tag verdienen, am stärksten gewachsen ist, nämlich von 600 Millionen auf 1,4 Milliarden Menschen.[46] (Die Demografen bezeichnen diese Gruppe als »neu entstehende Mittelschicht«, ein Tageseinkommen von 13 Dollar markiert allerdings in etwa die Armutsgrenze in den USA.) Diese Menschen sind überwiegend Arbeiter. Sie haben Zugang zu Bankdienstleistungen und Versicherungen, besitzen vermutlich ein Fernsehgerät und leben zumeist in Kleinfamilien statt in den aus mehreren Generationen bestehenden Haushalten der Elendsviertel oder in der Einsamkeit der Massenunterkunft. Drei Viertel von ihnen arbeiten im Dienstleistungssektor. Die Zunahme der Dienstleistungsjobs in den Entwicklungsländern hat sowohl mit der natürlichen Entwicklung des Arbeitsmarkts im modernen Kapitalismus als auch mit einer zweiten Runde der Verlagerung von Arbeitsplätzen ins Ausland zu tun, die sich auf Callcenter, IT-Abteilungen und Backoffice-Funktionen konzentriert. Die Grafik zeigt die Grenzen des Offshoring. Die wachsende Gruppe von Arbeitskräften mit einem Einkommen von 13 Dollar am Tag steigt in die Schicht auf, der auch die einkommensschwächsten amerikanischen Arbeiter angehören.

Das bedeutet, dass die Tage des leichten Profits für Unternehmen, die ihre Produktion ins Ausland verlegen, gezählt sind. In den vergangenen

25 Jahren haben große Teile der Industrie im Globalen Süden die Produktion mit »extensiven« anstelle von intensiven Methoden angekurbelt. Das bedeutet, dass man, um die doppelte Menge eines bestimmten Geräts zu erzeugen, eine weitere Fabrik baut, anstatt effizientere Produktionsmethoden zu entwickeln. Aber das ist nicht mehr möglich, sobald man den hochqualifizierten Arbeitskräften im Billiglohnland genauso viel bezahlen muss wie einem ungelernten Arbeiter in den Vereinigten Staaten. Tatsächlich werden die Auswirkungen steigender Einkommen in den Entwicklungsländern erkennbar, wenn wir uns das zweite Diagramm ansehen:

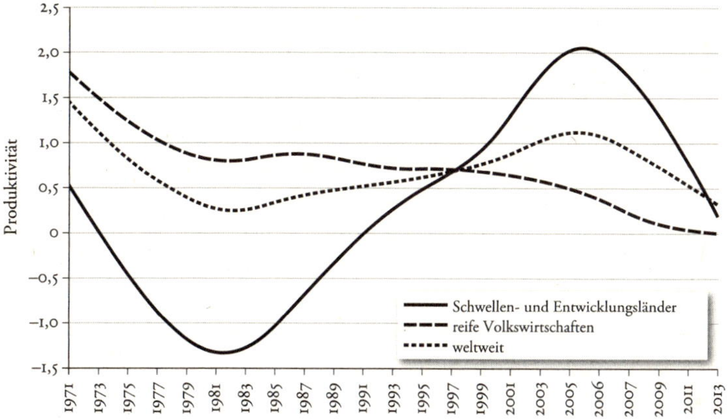

Hier zeigt sich, dass der anfängliche Produktivitätsschub, den die Verlagerung von Hunderten Millionen Arbeitsplätzen in Entwicklungs- und Schwellenländer möglich machte, beendet ist.

Sehen wir uns alle drei Linien an. Die (am linken Rand) obere Linie, die Aufschluss über das Produktivitätswachstum in der entwickelten Welt gibt, sinkt auf null. Hier leisten die Arbeitskräfte kaum noch einen Beitrag zu einem Anstieg der globalen Produktivität. Die durchgezogene Linie zeigt, dass die Entwicklungsländer in den ersten Jahren der Globalisierung einen großen Beitrag zur Produktivität leisteten, der jedoch in den letzten Jahren deutlich gesunken ist. Das zeigt anschaulich, dass die Möglichkeiten zur Produktivitätssteigerung durch die Globalisierung der Erwerbsbevölkerung weitgehend ausgereizt sind und dass sich die Verlangsamung des Wachstums in den Schwellenländern – von China bis Brasilien – in ein strategisches Problem verwandelt. Zusammengenommen illustrieren diese Diagramme, dass das normale Wellenmuster vollkommen durcheinandergeraten ist.

Wie wurde das Muster durchbrochen?

Der Grund dafür, dass der Aufschwung in den sechziger Jahren an Dynamik verlor, hätte Kondratjew nicht verwundert: Jenes System, das hohe Produktivitätszuwächse gekoppelt mit steigenden Arbeitseinkommen ermöglicht hatte, funktionierte nicht mehr. Das führte zu den berühmten kurzen Krisen der sechziger Jahre, als das globale System die Regierungen zwang, das Wachstum zu bremsen, und anschließend zum Zusammenbruch der globalen Wirtschaftsordnung, zu hoher Inflation und einem Krieg in Vietnam, der so größenwahnsinnig war, dass sich die amerikanische Volksseele bis heute nicht vom Schock der Niederlage erholt hat.

Der entscheidende Unterschied zu den vorangegangenen drei Zyklen bestand darin, dass sich die Arbeiter in all diesen Zyklen gegen die billige und hässliche Lösung für die Krise gewehrt hatten, das heißt gegen Lohnkürzungen, Deskilling und eine Senkung des Sozialeinkommens. (In Kapitel 7 werden wir untersuchen, warum dieser Widerstand in der vierten Welle ausblieb.) Weil die Arbeiterklasse nicht imstande war, sich zur Wehr zu setzen, konnte die gesamte Weltwirtschaft zum Vorteil des Kapitals neu ausgerichtet werden.

Etwa zwanzig Jahre lang funktionierte diese Neuausrichtung, und zwar so gut, dass viele vernünftige Menschen zu der Überzeugung gelangten, wir lebten tatsächlich in einer neuen Welt. Was gemäß Kondratjews Theorie zu Abschwung und Depression hätte führen sollen, brachte zwei Jahrzehnte der Euphorie, in denen steigende Profite mit Sozialabbau, militärischen Konflikten, der Widerkehr tiefer Armut sowie Kriminalität in den Städten der westlichen Welt und mit unerhörtem Reichtum für das Eine Prozent einhergingen.

Aber das ist keine soziale Ordnung. Es ist soziale Unordnung von der Art, die sich einstellt, wenn man den (von Kondratjew erwarteten) Übergang vom produktiven zum Finanzkapitalismus mit der Unterwerfung einer atomisierten Arbeiterschaft und dem Aufstieg einer superreichen Elite kombiniert, die von den Finanzerträgen lebt.

Wir haben gesehen, auf welchen Faktoren der Neoliberalismus beruht: Fiatgeld, Finanzialisierung, Verdoppelung der Erwerbsbevölkerung, globale Ungleichgewichte einschließlich der deflationären Wirkung der Verbilligung der Arbeit sowie der Verbilligung alles anderen durch die Informationstechnologie. Dank dieser Entwicklungen gelang es uns, den Zyklus anscheinend kostenlos zu verlängern und die Gesetze der Ökonomie außer Kraft zu setzen. Doch wie wir gesehen haben – und wie die meisten von uns auf die eine oder andere Art am eigenen Leib erfahren haben –, haben wir dafür einen hohen Preis bezahlt.

Der Traum ist geplatzt. Und was kommt als Nächstes? Wir werden das vorhandene Material verwenden müssen, um das neue technische und wirtschaftliche System zu bauen. Wir wissen, dass dieses System Netzwerke, Wissensarbeit, die Anwendung wissenschaftlicher Erkenntnisse und hohe Investitionen in grüne Technologien beinhalten wird.

Die Frage ist: Kann dieses System noch kapitalistisch sein?

TEIL II

Gegenwärtig läuft ein großes Projekt, um die Beziehungen und die Kommunikation zwischen allen Lebewesen und allen Objekten zu intensivieren, zu erweitern und zu verbessern.

Kevin Kelly[1]

5

Die Propheten des Postkapitalismus

Das Düsentriebwerk war eine der grundlegenden Technologien des langen Zyklus, der nach dem Zweiten Weltkrieg begann. Das während des Kriegs entwickelte Mantelstromtriebwerk – dies ist die präzise Bezeichnung – ist eine reife Technologie und sollte keine großen Überraschungen mehr in sich bergen. Aber das tut es.

Das Triebwerk funktioniert, indem es an der Vorderseite Luft einsaugt, verdichtet und durch Erhitzung ausdehnt. Die ausgedehnte Luft treibt eine Turbine an, welche die Hitze in Antriebsenergie umwandelt. Das Mantelstromtriebwerk ist allerdings ausgesprochen ineffizient. Die ersten Düsentriebwerke wandelten lediglich 20 Prozent der Hitze in Vortrieb um. Bis 2001 hatten sie eine Effizienz von 35 Prozent erreicht, und ein Industrieveteran kündigte für das »zweite Viertel des 21. Jahrhunderts« vorsichtig 55 Prozent an.[2]

Warum sollte uns das interessieren? Weil die Hersteller erwarten, dass sich die Zahl der Passagierflugzeuge bis 2030 verdoppeln wird. Das bedeutet 60 000 neue Triebwerke.[3] All diese Triebwerke werden den Beitrag der Luftfahrt zur Erderwärmung von 3,5 Prozent im Jahr 2005 bis Mitte des Jahrhunderts auf etwa 5 Prozent erhöhen.[4] Die Effizienz eines Düsentriebwerks ist also kein Thema für Technikfreaks, sondern eine Überlebensfrage für unseren Planeten.

In den ersten fünfzig Jahren nach seiner Erfindung haben die Ingenieure die Effizienz des Strahltriebwerks um 0,5 Prozent pro Jahr erhöht. Mittlerweile kommt die Innovation jedoch sprunghaft voran: Eine Effizienz von 65 Prozent ist in Reichweite, und bald dürften vollkommen neue Triebwerkstypen eingeführt werden. Angetrieben wird der Wandel durch eine Mischung von Beschränkungen für die CO_2-Emissionen und durch die Treibstoffkosten. Ermöglicht wird er durch die Schlüsseltechnologie des fünften langen Zyklus: die Information.

Die Menschen, die die Düsentriebwerke bauen, können sich noch daran erinnern, dass die Turbinenschaufeln ursprünglich aus Metall gehämmert wurden. Ab den sechziger Jahren wurden sie aus flüssigem Metall gegossen. Aber gegossenes Metall weist Mängel auf, was die Schaufeln für Beschädigungen anfällig macht.

Womit wir bei einer der spektakulärsten technischen Neuerungen sind, von der Sie wahrscheinlich noch nie gehört haben. Im Jahr 1980 erzeugten Ingenieure des amerikanischen Triebwerkbauers Pratt & Whitney eine Turbinenschaufel aus einer einkristallinen Legierung.[5] Das Ergebnis war ein Metall mit einer vollkommen neuartigen Atomstruktur. Eine einkristalline Schaufel hält höheren Geschwindigkeiten stand. Schaufeln aus solchen Superlegierungen können Luft widerstehen, die heißer ist als der Schmelzpunkt des Metalls. Der Fahrplan für die Weiterentwicklung der Flugzeugtriebwerke[6] sieht mittlerweile vor, dass in sehr naher Zukunft Getriebe, bis 2020 ein sonderbar geformtes offenes Triebwerksystem und irgendwann nach 2035 ein selbstkühlendes Triebwerk, das die thermische Effizienz auf nahezu 100 Prozent erhöhen soll, eingeführt werden.

Die Entwicklung hängt vollkommen von der Informationstechnologie ab. Moderne Flugzeugtriebwerke werden von einem Computer gesteuert, der ihre Leistung analysieren, Defekte voraussagen und die Wartung planen kann. Die fortschrittlichsten Triebwerke schicken während des Flugs Leistungsdaten zum Sitz des Herstellers.

Sehen wir uns an, wie die Informationstechnologie zum Entwicklungsprozess beigetragen hat. Es sind immer noch Flugzeuge im Einsatz, die auf Papier entworfen wurden. Die Belastungstests wurden mit Rechenschiebern durchgeführt, und die Maschinen wurden ausgehend von mit Seide bespannten Modellen in Originalgröße gebaut. Heutige Flugzeuge werden am Computer entworfen und mit Superrechnern virtuell getestet. »Als wir das Heckruder des Tornado-Kampfflugzeugs entwickelten, machten wir zwölf Belastungstests«, erzählte mir ein altgedienter Ingenieur. »Beim Nachfolgemodell Eurofighter Typhoon waren es 186 Millionen Tests.«

Der Computer hat auch die Fertigung revolutioniert. Die Ingenieure bauen mittlerweile jedes Bauteil des Flugzeugs »virtuell« anhand digitaler 3-D-Modelle, die in Superrechnern erzeugt werden. In diesen Modellen besitzt jede Messingschraube die physikalischen Eigenschaften einer Messingschraube, und jede Kohlefaserplatte verbiegt sich wie eine wirkliche Platte.

Jedes Stadium des Fertigungsprozesses wird in Modellen durchgespielt, bevor ein einziges physisches Objekt hergestellt wird.

Der Weltmarkt für Mantelstromtriebwerke hat ein Volumen von 21 Milliarden Dollar. Nun stellt sich folgende Frage: Wie viel von diesen 21 Milliarden entfallen auf die physischen Bauteile, wie viel auf die Arbeitskraft, wie viel auf die Information, die im Triebwerk steckt?

In den Bilanzen findet man keine Antwort auf diese Frage: In der modernen Buchhaltung wird der Wert des geistigen Eigentums geraten. Die Autoren einer Studie, die im Jahr 2013 im Auftrag des SAS Institute durchgeführt wurde, versuchten, den Wert von Daten zu bestimmen, und stellten fest, dass weder die Kosten der Datensammlung noch ihr Marktwert oder der potenzielle zukünftige Ertrag, der sich mit der Information erzielen ließ, richtig berechnet werden konnten. Nur anhand einer Buchführung, die nichtökonomischen Nutzen und Risiken berücksichtigt, können Unternehmen ihren Aktionären erklären, was ihre Informationen wirklich wert sind.[7]

Im Bericht heißt es, dass der Wert der »nicht greifbaren Vermögenswerte« in den Bilanzen amerikanischer und britischer Unternehmen zwar fast dreimal so schnell wächst wie jener der dinglichen Assets, dass sich die Größe des digitalen Sektors in den BIP-Statistiken jedoch nicht verändert. Es stimmt also etwas nicht mit unserer Methode, den Wert des wichtigsten Bestandteils der modernen Wirtschaft zu bestimmen.

Trotzdem ist klar, dass sich die Zusammensetzung der Inputs geändert hat. Ein Flugzeug sieht aus wie alte Technologie. Aber von der atomaren Struktur der Turbinenschaufeln über den komprimierten Designzyklus bis zu den Daten, die während des Flugs an die Zentrale gefunkt werden, vibriert es geradezu vor Information.

Diese Verschmelzung von virtueller und realer Welt sehen wir in zahlreichen Sektoren: Die Leistung von Automotoren wird von einem Siliziumchip gesteuert, digitale Pianos haben den Klang Tausender echter Pianos gespeichert und man kann per Tastendruck steuern, welchen sie wiedergeben. Heute sehen wir Filme, die nicht mehr aus Zelluloidkörnen, sondern aus Pixeln bestehen und ganze Szenen enthalten, in denen nie etwas Reales vor der Kamera gewesen ist. In den Fertigungsstraßen der Autobauer ist jedes Bauteil mit einem Balkencode versehen: Was die Menschen dort Seite an Seite mit surrenden Robotern tun, wird von einem Computeralgorithmus festgelegt und überprüft. Die Beziehung zwischen körperlicher Arbeit und Information hat sich verändert.

Den bedeutendsten technologischen Fortschritt des frühen 21. Jahrhunderts stellen nicht neue Objekte dar, sondern alte Objekte, die intelligent gemacht werden. Der Wissensgehalt der Produkte hat mittlerweile einen höheren Wert als ihre physischen Bestandteile.

In den neunziger Jahren, als langsam klar wurde, wie die Informationstechnologie die Welt veränderte, kamen Menschen in verschiedenen Disziplinen auf denselben Gedanken: Der Charakter des Kapitalismus wandelt sich von Grund auf.

Es tauchten neue Modeworte auf: Wissensökonomie, Informationsgesellschaft, kognitiver Kapitalismus. Die Annahme lautete, dass der freie Markt und der Informationskapitalismus Hand in Hand arbeiteten: Der eine bringe den anderen hervor und stärke ihn. Einige Leute hielten die Veränderung für ebenso bedeutsam wie den Übergang vom Merkantilismus zum Industriekapitalismus im 18. Jahrhundert. Doch als sich die Ökonomen daranmachten, die Funktionsweise dieser »dritten Erscheinungsform des Kapitalismus« zu erklären, stießen sie auf ein Problem: Dieser Kapitalismus funktioniert nicht.

Es tauchen immer mehr Belege dafür auf, dass sich die Informationstechnologie keineswegs als Grundlage für einen neuartigen, stabilen Kapitalismus eignet. Ganz im Gegenteil: Sie löst ihn auf. Sie zersetzt die Marktmechanismen, höhlt die Eigentumsrechte aus und zerstört die Beziehung zwischen Einkommen, Arbeit und Profit. Die Ersten, die das begriffen, waren eine Handvoll Philosophen, Managementgurus und Rechtsanwälte.

In diesem Kapitel werde ich die wichtigsten Erkenntnisse dieser heterogenen Gruppe von Vordenkern kritisch beleuchten. Anschließend werde ich eine noch radikalere These aufstellen: Die Informationstechnologie führt uns in ein postkapitalistisches Wirtschaftssystem.

Peter Drucker: Die richtigen Fragen

Im Jahr 1993 schrieb der Managementguru Peter Drucker: »Die Tatsache, daß Wissen *die* Ressource geworden ist und nicht mehr bloß eine Ressource unter anderen, macht unsere Gesellschaft zu einer ›postkapitalistischen‹. Sie verschiebt die Struktur unserer Gesellschaft, und zwar grundsätzlich. Sie schafft eine neue soziale Dynamik. Sie schafft eine neue wirtschaftliche Dynamik. Sie schafft eine ganz neue Politik.«[8] Im Alter von neunzig Jahren war der letzte überlebende Schüler Joseph Schumpeters ein wenig übers Ziel hinausgeschossen, aber seine Erkenntnis war richtig.

Druckers Argumentation beruhte auf der Erkenntnis, dass die herkömmlichen Produktionsfaktoren – Boden, Arbeit und Kapital – gegenüber der Information in den Hintergrund getreten waren. In seinem Buch *Die postkapitalistische Gesellschaft* erklärte Drucker, grundlegende Normen des Kapitalismus würden ersetzt. Noch bevor irgendjemand einen Internetbrowser zu Gesicht bekommen hatte, studierte Drucker den an Information reichen Kapitalismus der achtziger Jahre und stellte sich in Grundzügen die Netzwerkökonomie vor, die in den folgenden zwanzig Jahren entstehen sollte.

Genau dafür brauchen wir die Visionäre. Während viele andere der Meinung waren, Informationstechnologie plus Neoliberalismus würden den vollkommenen Kapitalismus hervorbringen, ging Drucker einen Schritt weiter und stellte sich den Informationskapitalismus als Übergangsphase zu etwas anderem vor. Er bemerkte, dass es trotz all des Geredes über die Information keine Theorie dazu gab, wie sich die Information tatsächlich in den wirtschaftlichen Abläufen verhielt. In Ermangelung einer solchen Theorie stellte er eine Reihe von Fragen zur möglichen Gestalt einer postkapitalistischen Gesellschaft.

Seine erste Frage: Wie können wir die Produktivität des Wissens erhöhen? Wenn bisher die steigende Produktivität von Maschinen und Arbeitskräften die kapitalistische Entwicklung vorangetrieben hatte, dann musste im nächsten Stadium die Produktivität des Wissens erhöht werden. Drucker erklärte, um das zu erreichen, müssten die verschiedenen Wissensdisziplinen kreativ miteinander verknüpft werden: Auf wissenschaftlicher Ebene sei die Fähigkeit, eine Verbindung herzustellen, »vielleicht angeboren und Teil des Rätsels, das wir ›Genie‹ nennen. Diese Fähigkeit, alles miteinander zu verknüpfen und so den Ertrag aus dem Wissen zu steigern, ist – für den einzelnen Menschen, das Team oder eine Organisation – erlernbar.«[9]

Die Herausforderung bestand darin, Wissensarbeiter darin zu schulen, jene Art von Verknüpfungen herzustellen, die das Gehirn eines Einstein spontan bewältigte. Druckers Lösung stammte direkt aus dem Handbuch der Managementtheorie: Man braucht schließlich immer eine Methode, einen Projektplan und eine bessere Ausbildung.

Die Menschheit fand eine bessere Lösung: das Netzwerk. Dieses war nicht das Resultat eines zentralisierten Plans oder der Arbeit einer Managementgruppe, sondern entstand aus der spontanen Interaktion von Menschen, die Informationspfade und Organisationsformen nutzten, die bis vor 25 Jahren nicht existierten. Dennoch war Druckers Idee der »Verknüpfung« und der modularen Informationsnutzung als Schlüssel zu höherer Produktivität brillant.

Seine zweite Frage war ebenso bedeutsam: Welches ist der gesellschaftliche Archetyp des Postkapitalismus? Wenn der Ritter die Feudalgesellschaft und der Bourgeois den Kapitalismus verkörperte, wer könnte dann, historisch betrachtet, der typische Vertreter postkapitalistischer Haltungen, Interessen und Formen der Vergesellschaftung sein? Dieselbe Frage hatte auch Karl Marx beschäftigt, aber Druckers Antwort war eine Enttäuschung für die traditionellen Linken, die der Meinung waren, es müsse das Proletariat sein. Drucker schwebte stattdessen die »gebildete universelle Person« vor.

Dieser neue Mensch würde aus der Verschmelzung von Managern und Intellektuellen hervorgehen und die Fähigkeit des Managers zur Anwendung von Wissen mit der Fähigkeit des Intellektuellen zur Auseinandersetzung mit reinen Konzepten verbinden. Ein solcher Mensch würde das Gegenteil des Universalgelehrten sein, jenes seltenen Menschen, der gleichzeitig Experte für Mandarin-Chinesisch und Atomphysik ist. Der neue Mensch würde ganz anders vorgehen: Er würde imstande sein, die Ergebnisse der Forschung in Spezialgebieten aufzugreifen und auf andere Gebiet zu übertragen. Er würde die Chaostheorie auf die Volkswirtschaft, die Genetik auf die Archäologie oder das Data Mining auf die Sozialgeschichte anwenden.

Drucker wünschte sich, dass solche Menschen die Führungsgruppe der neuen Gesellschaft stellen würden, »eine einigende Kraft […], der es gelingt, lokale, die Menschen voneinander trennende Traditionen gemeinsamen, von allen Menschen geteilten Wertvorstellungen und einem gemeinsamen Konzept herausragender Leistung und gegenseitiger Achtung zu verpflichten«.[10]

Mittlerweile gibt es diese Gruppe: die Technobourgeoisie des 21. Jahrhunderts, die im T-Shirt herumläuft, ihre Information in der Cloud speichert und eine ultraliberale Einstellung zu Sexualität, Ökologie und Philanthropie hat. Sollte es in den nächsten fünfzig Jahren lediglich einen auf der Information beruhenden fünften langen Zyklus des Kapitalismus geben, dann haben wir bereits den neuen Menschen, den wir nach der Theorie der langen Zyklen erwarten dürfen. Das Problem ist, dass diese Menschen nicht das geringste Interesse daran haben, den alten Kapitalismus zu überwinden, und dass sie generell geringes politisches Interesse zeigen.

Um den Postkapitalismus zu errichten, bräuchten wir eine große Zahl gebildeter universeller Menschen, die andere Interessen haben als die hierarchischen Großunternehmen, die das 20. Jahrhundert prägten. Sie müssten wie seinerzeit die Bourgeoisie für das neue Wirtschaftsmodell kämpfen und ihr Verhalten an die mit diesem Modell verbundenen Werte anpassen. Sie müssten, wie im materialistischen Geschichtskonzept, innerhalb der alten Strukturen die Träger der neuen gesellschaftlichen Beziehungen sein.

Sehen wir uns um.

Ich sitze in der Londoner U-Bahn in einem Waggon, in dem sämtliche Fahrgäste unter 35 Jahren weiße Kabel aus den Ohren hängen haben, die mit einem Gerät verbunden sind, das etwas abspielt, was sich diese Leute aus dem Netz heruntergeladen haben. Sogar diejenigen, die offensichtlich ins Büro fahren oder Manager sind, sind leger gekleidet und legen ein einstudiert lockeres Verhalten an den Tag. Einige gehen sogar hier, wo es kein Wifi gibt, auf ihren Smartphones die E-Mails durch. Vielleicht vertreiben sie sich auch nur die Zeit mit einem Computerspiel, denn beide Aktivitäten erfordern dieselben Bewegungen und dasselbe Maß an Konzentration. Sie sind an die digitale Information gefesselt, und sobald sie wieder draußen auf der Straße sind, werden sie über 3G wieder ins globale Netz einsteigen.

Alle anderen Fahrgäste passen in die Demografie des 20. Jahrhunderts:

das ältere Mittelschichtpaar, sie mit Hut, er im Tweed-Sakko, der unrasierte Arbeiter, der die Zeitung liest, der Mann im Anzug, der auf seinem Laptop tippt und zu beschäftigt ist, um Musik zu hören, sich aber die Zeit genommen hat, seine Schuhe zu putzen (das bin ich).

Die erste Gruppe setzt sich aus Personen zusammen, die von den Soziologen als »vernetzte Individuen« bezeichnet werden. Diese Menschen verstehen es, Wissen aus einem relativ offenen globalen System zu holen. Sie legen ein vernetztes Verhalten an den Tag, sei es am Arbeitsplatz, beim Konsum, in ihren Beziehungen oder in ihrem kulturellen Leben. Dreißig Jahre nachdem Stewart Brand das berühmte Bonmot »Die Information will kostenlos sein« prägte, glauben sie instinktiv, dass die Information unter normalen Umständen kostenlos sein *sollte*. Sie bezahlen für ihre Drogen in der Diskothek, empfinden es jedoch immer noch als Zumutung, für heruntergeladene Musik bezahlen zu müssen.

Diese Gruppe ist bereits so groß und klar abgegrenzt, dass die typischen Vertreter des 20. Jahrhunderts in einigen Städten – zum Beispiel in London, Tokio und Sydney – bereits in der Minderheit sind: Diese Menschen orientieren sich immer noch anhand von Papierstadtplänen, anstatt GPS zu verwenden, sie sind immer noch verwirrt angesichts der vielfältigen Kaffeeoptionen, die ihnen bei Starbucks angeboten werden, und schockiert und fasziniert von der Wechselhaftigkeit des Lebens, das jene andere Gruppe als normal betrachtet.

Die vernetzten Individuen des frühen 21. Jahrhunderts – die »Leute mit den weißen Kabeln« – sind genau die Menschen, die Drucker vorschwebten: Sie sind die gebildeten universellen Personen. Sie sind nicht mehr auf eine technologisch-demografische Nische beschränkt. Jeder Barkeeper, Verwaltungsangestellte oder juristische Zeitarbeiter kann sich, sofern er das will, in eine gebildete universelle Person verwandeln. Alles, was er dafür braucht, ist eine Grundausbildung und ein Smartphone. Tatsächlich zeigen neue Studien, dass sich sogar chinesische Fabrikarbeiter dank der Ausbreitung des mobilen Internets angesichts der strikten Disziplin und der langen Arbeitstage in ihrer Freizeit begeistert vernetzen.[11]

Hat man einmal verstanden, wie sich die Information als wirtschaftliche Ressource verhält und welche Menschen den neuen gesellschaftlichen Archetyp darstellen, so ist man auf dem besten Weg zu verstehen, wie der Übergang zum Postkapitalismus ablaufen *könnte*. Natürlich stellt sich die Frage:

Warum *sollte* er stattfinden? Druckers Antworten sind spekulativ, aber sie liefern die ersten Bausteine für das Fundament einer soliden Theorie des Postkapitalismus.

Drucker unterteilt die Geschichte des Industriekapitalismus in vier Phasen: 1. eine mechanische Revolution, die fast das ganze 19. Jahrhundert in Anspruch nahm; 2. mit dem Auftauchen der wissenschaftlichen Betriebsführung in den neunziger Jahren jenes Jahrhunderts begann eine Produktivitätsrevolution; 3. nach 1945 begann eine durch die Anwendung des Wissens auf die Betriebsabläufe ermöglichte Managementrevolution; 4. die Informationsrevolution schließlich beruht auf der »Anwendung des Wissens auf das Wissen«.

Als guter Schüler Schumpeters stützt Drucker sich hier ganz bewusst auf die Kondratjew-Zyklen, die er jedoch aus der Sicht des einzelnen Unternehmens betrachtet. (Außerdem verschmilzt er die ersten beiden Zyklen miteinander.) Das führt ihn zu seiner bedeutsamsten Erkenntnis: Diese Zyklenwechsel können wir ohne die Ökonomie der Arbeit nicht verstehen. Von Virgil bis Marx, erklärt Drucker, machte sich niemand die Mühe, sich genauer anzusehen, was der Bauer oder Fabrikarbeiter im Alltag tat. Erst gegen Ende des 19. Jahrhunderts bemerkten die Kapitalisten, was ihre Arbeiter tatsächlich taten, und versuchten es zu ändern.

»Es wurde immer noch keine Geschichte der Arbeit geschrieben«, klagte Drucker in den frühen neunziger Jahren, und auch 25 Jahre später ist die Geschichte der Arbeit zu wenig erforscht. Die Arbeitsmarktökonomie konzentriert sich auf Arbeitslosigkeit und Einkommen und genießt in den Wirtschaftswissenschaften wenig Ansehen. Aber sobald wir begreifen, was die Information mit der Arbeit, mit den Grenzen zwischen Arbeit und Freizeit und mit den Arbeitseinkommen macht, wird uns klar, wie umwälzend der Wandel ist, den wir gerade erleben.

Am Ende hinterließ uns Drucker eine Reihe von Fragen. Es waren die richtigen Fragen, aber ein Vierteljahrhundert später haben wir immer noch keine umfassende Theorie des Informationskapitalismus, geschweige denn eine Theorie des Postkapitalismus. Dabei ist die herkömmliche Wirtschaftswissenschaft einer solchen Theorie nahegekommen, wenn auch zufällig.

Die Informationsgüter verändern alles

In den neunziger Jahren widerlegte der amerikanische Ökonom Paul Romer eine der zentralen Annahmen der modernen Volkswirtschaftslehre und führte die Frage des Informationskapitalismus in die Mainstream-Diskussion ein.

Auf der Suche nach einem Modell, anhand dessen die Wachstumsrate einer Volkswirtschaft prognostiziert werden konnte, waren die Ökonomen auf verschiedene Faktoren gestoßen: Ersparnisse, Produktivität, Bevölkerungswachstum. Sie wussten, dass der technologische Wandel sich auf all diese Faktoren auswirkte, nahmen jedoch an, dass er in ihrem Modell als »exogener« Faktor zu gelten hatte und daher in der Gleichung nicht berücksichtigt werden musste. Dann kam Romer und lenkte die Debatte in eine andere Richtung. In einem Artikel mit dem Titel »Endogenous technological change«[12] wies er nach, dass die Innovation, da sie von den Marktkräften angetrieben wird, nicht als zufällig oder als externer Faktor betrachtet werden kann. Vielmehr muss sie Romer zufolge als fester, »endogener« Bestandteil der wirtschaftlichen Entwicklung betrachtet werden. Die Innovation muss Teil der Wachstumstheorie sein: Ihre Auswirkungen sind nicht zufällig, sondern vorhersehbar.

Romer stellte allerdings nicht nur eine schöne Berechnung zum Kapitalismus im Allgemeinen an, sondern gab auch eine Anregung zur Diskussion über den Informationskapitalismus, die eine Revolution auslösen sollte. Er definierte den technologischen Wandel bewusst einfach als »Verbesserung der Anweisungen zur Kombination von Rohstoffen«. Er trennte also die Dinge von den Ideen – denn genau das sind »Anweisungen«. Die Information war für Romer wie eine Blaupause oder ein Rezept, um etwas in der dinglichen oder in der digitalen Welt zusammenzusetzen. Das führte ihn zu einer vollkommen neuen Prämisse: »Die Anweisungen für die Arbeit mit Rohstoffen unterscheiden sich von Natur aus von anderen Wirtschaftsgütern.«[13]

Ein Informationsprodukt unterscheidet sich von sämtlichen physischen Gütern, die je produziert wurden. Und eine Volkswirtschaft, die vor allem auf Informationsprodukten beruht, wird sich anders verhalten als eine Volkswirtschaft, die auf der Erzeugung von Dingen und der Bereitstellung von Dienstleistungen beruht. Romer erklärt, warum: »Sind die Kosten für die Erzeugung eines neuen Satzes von Anweisungen einmal angefallen, so können diese Anweisungen wieder und wieder ohne zusätzliche Kosten verwendet werden. Die Entwicklung neuer und besserer Anweisungen entspricht der Belastung durch Fixkosten.«[14]

Damit hatte Romer in einem Absatz das revolutionäre Potenzial des winzigen Handgriffs zusammengefasst, mit dem ich gerade sein Zitat aus einer PDF kopiert und in meinen Text eingefügt habe: *copy and paste*. Wenn man einmal einen Textabsatz kopieren und einfügen kann, kann man dasselbe auch mit einer Audiodatei, einem Film, dem Bauplan für ein Düsentriebwerk und dem digitalen Modell des Montagewerks tun, in dem dieses Triebwerk zusammengesetzt werden soll.

Sobald etwas kopiert und eingefügt werden kann, kann es kostenlos reproduziert werden. Um es im Wirtschaftsjargon zu sagen: Seine Grenzkosten liegen bei null.

Das kann ein Problem sein, und die Informationskapitalisten haben eine Lösung für dieses Problem gefunden: Man kann das Kopieren bestimmter Arten von Information gesetzlich verbieten. Beispielsweise ist es mir erlaubt, kostenlos aus Romers Buch zu zitieren, doch um mir bei JSTOR die PDF seines berühmten Artikels aus dem Jahr 1990 herunterladen zu können, musste ich 16,80 Dollar bezahlen. Und würde ich versuchen, den Bauplan für ein Düsentriebwerk zu kopieren, könnte ich im Gefängnis landen.

Die geistigen Eigentumsrechte sind allerdings für ihre Unklarheit berüchtigt: Ich kann eine CD, die ich gekauft habe, legitim in meinen iTunes-Ordner kopieren, aber es ist illegal, eine DVD zu rippen. Die Gesetze, die uns sagen, was wir kopieren dürfen und was nicht, sind unklar. Die Vorschriften werden ebenso sehr durch gesellschaftliche wie durch gesetzliche Normen durchgesetzt, und wie die Patente der vordigitalen Ära verfallen die geistigen Eigentumsrechte nach einer gewissen Zeit.

Wer für sich in Anspruch nimmt, eine Informationseinheit zu »besitzen« – ob er nun ein Rockmusiker oder ein Triebwerkshersteller ist –, hat ein Problem: Die Information nutzt sich nicht ab, und die Tatsache, dass sie von einer Person konsumiert wird, hindert eine andere Person nicht daran, sie ebenfalls zu konsumieren. Die Ökonomen sprechen hier von »nicht rivalisierenden Gütern«. Der Verständlichkeit halber kann man sie auch als »gemeinsam nutzbare Güter« bezeichnen.

Bei dinglichen Gütern und vielen Dienstleistungen verhindert die Nutzung durch eine Person normalerweise die Nutzung durch eine zweite: Die Zigarette, die ich rauche, können Sie nicht rauchen, und es ist mein Mietauto, mein Cappuccino und meine Psychotherapiesitzung. Nicht Ihre. Aber bei einer MP3-Datei liegen die Dinge anders: Die Information *ist* das Wirtschaftsgut. Es kann technisch in einer Vielzahl physischer Formen existieren, und zwar in einem derart kleinen Maßstab, dass ich die gesamte Musik, die ich in meinem Leben gekauft habe, auf einem fünf Zentimeter großen USB-Stick oder einem iPod mit mir herumtragen kann.

Ist ein Wirtschaftsgut einmal ein nichtrivalisierendes Gut, so kann man sein Eigentumsrecht daran nur durch »Ausschluss« verteidigen, wie die Ökonomen es ausdrücken: Man kann die Software mit einem Kopierschutz versehen – wie es bei DVDs geschieht – oder das Kopieren strafbar machen. Doch was auch immer man tut, um die Information zu schützen – man kann einen Kopierschutz einbauen, die Daten verschlüsseln, den Verkäufer von Raubkopien in der Fußgängerzone verhaften –, die Information selbst bleibt kopierbar und kann mit anderen geteilt werden, und das zu verschwindend geringen Kosten.

Das hat erhebliche Auswirkungen auf die Funktionsweise des Marktes.

Die Mainstream-Ökonomen gehen davon aus, dass die Märkte den vollkommenen Wettbewerb fördern und dass Fehler wie Monopole, Patente, Gewerkschaften und Preiskartelle stets vorübergehend sind. Des Weiteren nehmen diese Ökonomen an, dass die Marktteilnehmer vollkommene Information besitzen. Romer zeigte allerdings, dass in dem Moment, da die Wirtschaft aus gemeinsam nutzbaren Informationsgütern besteht, der unvollkommene Wettbewerb zur Norm wird.

Der Gleichgewichtszustand einer Informationstechnologieökonomie ist ein Zustand, in dem Monopole dominieren und die Marktteilnehmer ungleichen Zugang zu Informationen haben, die sie brauchen, um rationale Kaufentscheidungen fällen zu können. Die Informationstechnologie zerstört also den normalen Preisbildungsmechanismus, in dem der Wettbewerb die Preise in Richtung der Produktionskosten drückt. Es kostet fast nichts, einen iTunes-Song auf dem Server von Apple zu speichern, und es kostet fast nichts, ihn auf meinen Computer zu übertragen. Was immer die Produktion des Songs die Plattenfirma an Künstlerhonoraren und Marketingausgaben gekostet hat, mich kostet er 0,99 Euro, und das auch nur, weil es gesetzwidrig ist, ihn kostenlos zu kopieren.

Das Wechselspiel zwischen Angebot und Nachfrage hat hier keinerlei Einfluss mehr auf den Preis: Das Angebot des Beatles-Songs »Love me do« auf iTunes ist unbegrenzt. Und anders als bei tatsächlichen CDs schwankt der Preis auch dann nicht, wenn die Nachfrage sinkt oder größer wird. Der Preis wird von Apples unantastbarem gesetzlichen Anspruch bestimmt, 0,99 Euro für dieses Wirtschaftsgut zu berechnen.

Um ein auf Information beruhendes milliardenschweres Unternehmen zu betreiben, stützt sich Apple nicht nur auf das Urheberrecht, sondern hat einen eingezäunten Garten angelegt, in dem einander ergänzende Technologien blühen – der Mac, iTunes, der iPod, die iCloud, das iPhone und das iPad. So sorgt das Unternehmen dafür, dass uns die Gesetzestreue leichter fällt als der Gesetzesbruch. Und das Ergebnis ist, dass iTunes einen Anteil von rund 75 Prozent am Weltmarkt für digitale Musik hält.[15]

Im Informationskapitalismus ist das Monopol nicht einfach eine schlaue Methode der Profitmaximierung. Es ist die einzige Überlebenschance einer Industrie. Es ist verblüffend, wie wenige Unternehmen die verschiedenen Sektoren beherrschen. In den traditionellen Sektoren gibt es normalerweise auf jedem Markt vier bis sechs dominierende Unternehmen: die großen vier Wirtschaftsprüfungsfirmen, die vier oder fünf großen Einzelhandelsgruppen, die vier großen Triebwerkshersteller. Aber die führenden Marken in den einzelnen Branchen der Informationstechnologie sind auf die totale Marktbeherrschung angewiesen: Google muss die einzige Suchmaschine sein, Facebook muss der einzige Ort sein, an dem man eine Online-Identität entwickeln kann, Twitter der einzige Ort, an dem man seine Gedanken zum Besten geben kann, iTunes der beherrschende Online-Musikanbieter. Auf zwei Schlüsselmärkten – Internetsuche und mobile Betriebssysteme – bekämpfen sich zwei Unternehmen auf Leben und Tod, wobei es gegenwärtig so aussieht, als würde Google beide Kriege für sich entscheiden.

Bis zum Auftauchen der gemeinsam nutzbaren Güter lautete das grundlegende wirtschaftliche Gesetz, dass alles knapp ist. Angebot und Nachfrage setzen Knappheit voraus. Mittlerweile sind bestimmte Güter nicht mehr knapp, sondern im Überfluss vorhanden, womit Angebot und Nachfrage irrelevant werden. iTunes bietet im Grunde eine Datei auf einem Server in Cupertino an, die technisch von aller Welt gemeinsam genutzt werden kann. Nur das geistige Eigentumsrecht und ein kleines Stück Code im iTunes-Song verhindern, dass jeder Erdbewohner jedes Musikstück besitzen kann, das je produziert wurde. Apple hat es sich also zur Aufgabe gemacht, einen vollkommenen Überfluss an Musik zu verhindern.

Romers neue Theorie war gleichzeitig eine schlechte Nachricht für die Mainstream-Ökonomie und eine gute Nachricht für die aufstrebenden Giganten des Informationskapitalismus. Diese Theorie erklärte viele der Anomalien, die der herkömmlichen Wirtschaftswissenschaft Kopfzerbrechen bereitet hatten. Und sie beinhaltete eine unausgesprochene Rechtfertigung für eine Monopolstellung der Technologieunternehmen. Der Journalist David Warsh hat die Bedeutung der Theorie so beschrieben:

> Nach 200 Jahren waren Boden, Arbeit und Kapital plötzlich nicht mehr die grundlegenden Kategorien der ökonomischen Analyse. Ersetzt wurden sie durch Menschen, Ideen und Dinge [...], das vertraute Prinzip der Knappheit wurde durch das wichtige Prinzip des Überflusses ergänzt.[16]

Man sollte meinen, die Wirtschaftswelt hätte Romers Arbeit begeistert aufnehmen müssen. Weit gefehlt. Romer stieß auf Feindseligkeit und Desinteresse. Kritiker der Mainstream-Ökonomie mit Joseph Stiglitz an der Spitze sagten seit Jahren, dass die allgemeinen Annahmen der herkömmlichen Ökonomie – die Annahme vollkommener Information und die Annahme effizienter Märkte – falsch seien. Jetzt hatte Romer, ein Vertreter der Mainstream-Ökonomie, den Verteidigungswall gegen diese Kritiker niedergerissen, denn er hatte gezeigt, dass in der Informationsökonomie der Marktmechanismus für die Preisbildung die Grenzkosten bestimmter Güter im Lauf der Zeit auf null drücken wird, womit die Aussichten der Unternehmen auf Gewinn schwinden.

Die Informationstechnologie untergräbt das normale Funktionieren des Preismechanismus. Das hat gewaltige Auswirkungen auf das gesamte Wirtschaftssystem, wie wir in diesem Buch sehen werden.

Hätten Romer und seine Anhänger den Kapitalismus als endliches System betrachtet, so hätten sie sich möglicherweise mit den weitreichenden Auswirkungen seiner außergewöhnlichen Erkenntnis beschäftigt. Aber das taten sie nicht. Sie hielten an der Vorstellung fest, dass die Wirtschaft wie in den Lehrbüchern aus Preisführern und Preisnehmern bestand: Rationale Individuen verfolgen ihre Interessen auf dem Markt.

Nicht die Wirtschaftswissenschaftler, sondern die Technologievisionäre waren diejenigen, die das Gesamtbild sahen. Ende der neunziger Jahre begannen sie zu verstehen, was Romer nicht verstanden hatte: Die Informationstechnologie macht eine Nicht-Marktwirtschaft möglich und bringt eine Gruppe von Akteuren hervor, die bereit sind, ihr Eigeninteresse außerhalb des Marktes zu verfolgen.

Der Aufstieg von Open Source

Vielleicht lesen Sie dieses Buch auf einem Tablet: auf einem Kindle, einem Nexus oder einem iPad. Diese Geräte stürzen kaum einmal ab, und wir würden nicht im Traum auf die Idee kommen, sie zu programmieren, aber sie sind tatsächlich Computer. Auf dem Chip eines iPad Air sitzen eine Milliarde Transistoren – vor dreißig Jahren hätte man fünftausend Desktop-Computer zusammenschalten müssen, um auf eine solche Rechenleistung zu kommen.[17]

Die Software-Grundlage für einen iPad ist das Betriebssystem iOS. Die Computer arbeiten heute so reibungslos, dass wir uns kaum noch vorstellen können, was für eine Herausforderung die Betriebssysteme in den siebziger Jahren für die Pioniere waren. In den frühen Jahren der Softwareentwicklung begann ein Streit über die Betriebssysteme, der sich zu einem Streit über die Frage auswuchs, wer die Information besitzen könne oder solle.

In den ersten drei Jahrzehnten waren Computer groß und selten und kamen nur in großen Unternehmen und an Universitäten zum Einsatz. Als Mitte der siebziger Jahre der Desktop-PC erfunden wurde, waren solche Geräte im Grunde eine Ansammlung von elektronischen Schalttafeln mit einem Bildschirm. Und Desktops wurden nicht von Unternehmen, sondern von Freizeitinformatikern gebaut.

Der Altair 8800 war eine bahnbrechende Maschine, die per Zeitschriftenannonce an Computerfreaks verkauft wurde, die Programmieren lernen wollten. Man brauchte eine Programmiersprache, um den Computer dazu zu bringen, das zu tun, was man von ihm wollte, und zwei junge Männer in Seattle entwickelten eine solche Sprache: Altair BASIC wurde auf einer Rolle Lochstreifen vertrieben und kostete 200 Dollar. Nach kurzer Zeit stellten die beiden Entwickler allerdings fest, dass der Absatz der Programmiersprache hinter dem des Computers herhinkte. Der Grund war, dass die Benutzer die Papierrollen kopierten und kostenlos weitergaben. In einem wütenden »Offenen Brief« forderte der Autor der Software die Computerclubs auf, die Softwarepiraten hinauszuwerfen und ihn zu bezahlen: »Die meisten von Euch stehlen ihre Software. Ihr denkt, die Hardware müsse bezahlt werden, aber die Software sollte man teilen. Wen kümmert es, ob die Leute, die daran gearbeitet haben, bezahlt werden?«[18]

Der Briefschreiber war Bill Gates, und er fand rasch eine Lösung für das Problem: Man musste Eigentümer des Betriebssystems und der Programmiersprache sein. Gates entwickelte Windows, das zum Standardbetriebssystem für den PC wurde. Bald hatte Windows beinahe ein Monopol auf dem Markt für Unternehmens-Desktops, und Gates wurde Milliardär. Sein »Offener Brief« ging als zweitwichtigstes Dokument in die Geschichte der digitalen Ökonomie ein.

Womit wir bei dem in meinen Augen wichtigsten Dokument sind:

> Wenn irgendetwas eine Belohnung verdient, sind es soziale Beiträge. Kreativität kann ein sozialer Beitrag sein, aber nur, wenn die Gesellschaft die Freiheit hat, die Resultate zu nutzen. [...] Geld von Benutzern zu kassieren, indem man den Gebrauch eines Programms einschränkt, ist destruktiv, weil die Beschränkungen die Häufigkeit und die Wege reduziert, in denen das Programm genutzt werden könnte. Dies reduziert den Reichtum, den die Menschheit aus dem Programm [ziehen kann]. Ist die Beschränkung eine bewusste Entscheidung, sind die schädlichen Auswirkungen absichtliche Zerstörung.[19]

Diese Worte schrieb Richard Stallman, der Vater der Open-Source-Bewegung, 1985 in seinem »GNU-Manifest«. Stallman lehnte nicht nur das Vorgehen von Microsoft ab, sondern auch den Versuch der Hersteller von sehr viel leistungsfähigeren Unternehmensrechnern, das Eigentum an einem konkurrierenden Betriebssystem namens Unix für sich zu beanspruchen. Er wollte eine Gratisversion von Unix – GNU – schreiben und kostenlos vertreiben, um Idealisten dazu zu bewegen, sich freiwillig an der Entwicklung dieses Betriebssystems zu beteiligen. Die Bedingung war, dass niemand GNU besitzen oder Geld damit verdienen durfte. Dieses Konzept wurde als »Open Source« bekannt.

Sechs Jahre später übernahm GNU Linux, eine kostenlose PC-Version von Unix, die von Hunderten Programmierern gemeinsam entwickelt worden war und den von Stallman geforderten rechtlichen Status hatte.

Springen wir in die Gegenwart: Linux läuft vielleicht auf einem Zehntel aller Unternehmenscomputer in der Welt. Die zehn schnellsten Superrechner werden mit Linux betrieben. Noch wichtiger ist, dass die Werkzeuge für den Betrieb einer Website – vom Betriebssystem über den Webserver und die Datenbank bis zur Programmiersprache – quelloffene Produkte sind.

Firefox, ein Open-Source-Browser, hat gegenwärtig einen globalen Marktanteil von etwa 30 Prozent.[20] Verblüffende 70 Prozent aller Smartphones werden mit Android betrieben, das technisch ebenfalls ein Open-Source-System ist.[21] Das liegt nicht zuletzt daran, dass Samsung und Google mit quelloffener Software das Monopol von Apple attackieren und ihre eigene Marktposition verteidigen wollen, was jedoch nichts daran ändert, dass das weltweit dominierende Smartphone mit einer Software betrieben wird, die niemandem gehört.

Der Erfolg der Open-Source-Software ist verblüffend. Er zeigt, dass in einer Wirtschaft voller Information neue Formen des Besitzes und Umgangs mit Eigentum nicht nur möglich, sondern nötig sind. Es zeigt, dass Informationsgüter Eigenschaften besitzen, die auch die Monopole nicht monopolisieren können.

Ginge es nach der herkömmlichen Volkswirtschaftslehre, so dürfte es einen Akteur wie Richard Stallman gar nicht geben: Anstatt seinem Eigeninteresse zu folgen, unterdrückt er es, um nicht nur dem wirtschaftlichen, sondern auch dem moralischen Interesse der Gemeinschaft zu dienen.

In der traditionellen Markttheorie sind die effizienteren Neuerer jene, die vom Gewinnstreben motiviert werden. Ginge es nach der herkömmlichen Wirtschaftstheorie, so sollten Großunternehmen wie Google und Samsung das tun, was Bill Gates seinerzeit tat: Sie sollten sich den Markt aneignen und versuchen, die quelloffene Software zu begraben. Tatsächlich sind Google und Samsung hartgesottene kapitalistische Unternehmen, aber sie müssen in ihrem eigenen Interesse dafür kämpfen, dass einige Standards offen und ein Teil der Software kostenlos bleibt. Weder Google noch Samsung sind postkapitalistische Unternehmen, aber solange sie dafür sorgen, dass Android eine quelloffene Software bleibt, zeigen sie ein Verhalten, das ein Vorläufer nichtkapitalistischer Formen von Eigentum und wirtschaftlichem Austausch ist.

Die Geburt der freien Software und die kollaborativen Softwareprojekte der achtziger Jahre waren nur die ersten Scharmützel in einem Krieg, der weiterhin an wechselnden Fronten tobt. Die Open-Source-Bewegung inspirierte auch eine Bewegung für Informationsfreiheit: Wikipedia, Wikileaks und die Entwicklung spezieller Verträge zur Verteidigung von Offenheit und gemeinsamer Benutzbarkeit.

In diesem Milieu begannen sich Ende der neunziger Jahre einige Personen systematisch mit einer Frage zu beschäftigen, die Drucker gestellt hatte, während sie Romer entgangen war: Kann eine auf Informationsnetzen beruhende Wirtschaft eine *neue Produktionsweise* jenseits des Kapitalismus hervorbringen?

»Am Rand des Chaos dahingleiten«

In die Erinnerung der vor 1980 geborenen Generation ist ein Klang eingebrannt, den man heute nirgendwo mehr hört. Es ist ein hoher, jaulender, an- und abschwellender Klang, der nach ein paar Sekunden in eine Reihe knackender Geräusche übergeht und von zwei tiefen brummenden Noten gekrönt wird. Dies ist der Klang eines Einwahlmodems, das eine Verbindung herstellt.

Ich hörte diesen Klang erstmals irgendwann in den achtziger Jahren, als ich versuchte, mich mit Compuserve zu verbinden. Compuserve war ein privates Internetportal, über das man elektronische Post verschicken, Dateien übertragen und auf zahlreichen »schwarzen Brettern« Informationen mit anderen Nutzern austauschen konnte. Es war eine Welt der Worte, eine Welt in Schwarzweiß. Doch schon dieses Netz war eine Brutstätte der Wut, der Subversion und der Pornografie.

Im Jahr 1994 wechselte ich von Compuserve zu Easynet, einem der ersten Internet-Dienstanbieter: Die Technologie war dieselbe, aber das Spiel ein anderes. Von nun an, hieß es im Benutzerhandbuch, hatte ich Zugang »zum gesamten Straßennetz, nicht nur zu einer Tankstelle«. Easynet gab seinen Kunden Zugang zum World Wide Web, einem Netz untereinander verbundener Computer rund um den Erdball.

Für mich gab es nicht viel zu entdecken in diesem Netz. Der Computer an meinem Arbeitsplatz war lediglich mit den übrigen Computern im Gebäude des Verlagshauses Reed Elsevier verbunden. Als wir versuchten, unsere erste Webpage zu basteln, weigerte sich die EDV-Abteilung, diese Seite auf »ihrem« Server zu speichern, denn dieser war für die Gehaltsabrechnung reserviert. Auf dem Mac an meinem Arbeitsplatz hatte ich kein E-Mail-Programm und keinen Zugang zum Internet. Computer waren zur Datenverarbeitung da; untereinander verbunden wurden sie nur, um spezifische Aufgaben zu erfüllen.

Wenn wir uns diese Situation vor Augen halten, wird uns bewusst, dass der amerikanische Journalist Kevin Kelly ein Visionär war. Er schrieb im Jahr 1997:

> Die große Ironie unserer Zeit besteht darin, dass die Ära des Computers vorüber ist. Alle bedeutsamen Auswirkungen des Computers haben bereits stattgefunden. Der Computer hat unser Leben ein wenig beschleunigt, mehr nicht. Hingegen geht es bei allen vielversprechenden Technologien, die jetzt auftauchen, um die Kommunikation zwischen Computern, das heißt nicht um Rechenvorgänge, sondern um Verbindungen.[22]

Kellys Artikel in *Wired* öffnete meiner Generation die Augen. Alles, was wir bis dahin gesehen und gehört hatten – die Fünf-Zoll-Disketten für den Großrechner in der Universität, die grünen Bildschirme der frühen Amstrads, das Knacken und Surren des Modems –, war nur das Vorspiel gewesen. Plötzlich nahm eine Netzwerkökonomie Gestalt an. Kelly schrieb: »Ich ziehe den Begriff Netzwerkökonomie vor, denn die Information genügt nicht, um die Brüche zu erklären, die wir beobachten. Im Lauf dieses Jahrhunderts wurden wir mit einer stetig wachsenden Menge an Information überflutet, […] aber erst in jüngster Zeit hat eine vollständige Neugestaltung der Information die gesamte Wirtschaft verändert.«[23]

Kelly selbst war kein Befürworter des Postkapitalismus. Tatsächlich war sein Buch *New Rules for the New Economy* ein atemloser Überlebensratgeber für herkömmliche Unternehmen, die sich in der vernetzten Welt behaupten wollten. Aber er leistete einen wichtigen Beitrag. Er öffnete uns die Augen dafür, dass nicht der Computer, sondern das Netzwerk die »intelligente Maschine« war und dass dieses Netzwerk den Wandel beschleunigen und unvorhersehbar machen würde. Kelly definierte unsere Ära: »Gegenwärtig läuft ein großes Projekt, um die Beziehungen und die Kommunikation zwischen allen Lebewesen und allen Objekten zu intensivieren, zu erweitern und zu verbessern.«[24]

Die Meilensteine, die wir seither gesehen haben, sind der Start von eBay (1997), der die Dotcom-Blase auslöste, der erste Wifi-fähige Laptop (ein Mac) im Jahr 1999, die Breitbandinternetverbindung, die rund um die Uhr funktionierte und zehnmal schneller war als die Einwahlverbindung (2000), die Expansion von 3G, die ab 2001 das mobile Internet begründete, die Einführung von Wikipedia im Jahr 2001, das plötzliche Auftauchen billiger, standardisierter digitaler Werkzeuge – das Web 2.0 – im Jahr 2004.

An diesem Punkt wanderten Programme und Daten ins Netz, anstatt auf einzelnen Computern zu lagern. Online-Suche, Self-Publishing und Interaktion (einschließlich der Interaktion mittels Online-Spielen, die einen Milliardenmarkt entstehen ließen) wurden zu archetypischen Aktivitäten.

Dann kamen die sozialen Netzwerke – MySpace (2003), Facebook (2004), Twitter (2006) – und das iPhone (2007), das erste wirkliche Smartphone. Im selben Jahr lösten das iPad und das Kindle das rasante Wachstum des Markts für E-Books aus, dessen Umfang von weniger als 1,5 Milliarden Dollar im Jahr 2009 auf 15 Milliarden Dollar im Jahr 2015 gewachsen ist. Im Jahr 2008 wurden erstmals mehr Notebooks als PCs verkauft. Im Jahr 2009 brachte Samsung sein erstes Android-Smartphone auf den Markt.[25]

In der Zwischenzeit bewältigte ein Supercomputer von IBM erstmals eine Billiarde Rechenoperationen pro Sekunde (2008). Sechs Jahre später schaffte der chinesische Rechner Tianhe-2, der auf Linux lief, 33 Billiarden Operationen. Im Jahr 2002 überstieg die Menge der digitalen Information erstmals jene der analogen. Zwischen 2006 und 2012 verzehnfachte sich die globale Informationsproduktion.[26]

Es ist schwer zu beurteilen, an welchem Punkt in einer technologischen Revolution man sich befindet, wenn man mittendrin steckt, aber ich habe den Eindruck, dass die gleichzeitige Ankunft von Tablets und Video- sowie Musikstreaming und der Durchbruch der sozialen Medien zwischen 2009 und 2014 einen Schlüsselmoment der Synergie darstellten. In den kommenden zehn Jahren werden Milliarden neue M2M-Verbindungen (Machine-to-Machine) hergestellt werden, über die im »Internet der Dinge« Informationen zwischen Geräten ausgetauscht werden können. Diese Verbindungen werden dafür sorgen, dass es auf der Erde bald mehr intelligente Maschinen als Menschen geben wird.

All das zu erleben war atemberaubend genug. Noch faszinierender ist der Anblick eines Kindes, das sein erstes Smartphone geschenkt bekommt und mit all der Technologie – Bluetooth, GPS, 3G, Wifi, Videostreaming, hochauflösende Fotos und Pulsmessgerät – vollkommen selbstverständlich umgeht.

Die Netzwerkökonomie ist da, und sie hat die Gesellschaft erobert. Im Jahr 1997 hatten nur 2 Prozent der Weltbevölkerung einen Internetanschluss. Mittlerweile sind es 38 Prozent, und in der entwickelten Welt sind 75 Prozent der Menschen im Netz. Mittlerweile kommen auf 100 Erdbewohner 96 Mobilfunkanschlüsse, und fast jeder dritte Mensch besitzt ein aktives 3G-Handy (oder ein leistungsfähigeres Gerät). Gleichzeitig sinkt die Zahl der Festnetzanschlüsse.[27]

Innerhalb eines Jahrzehnts wurde unser Leben ins Netzwerk eingeflochten. Der durchschnittliche Teenager mit einem intelligenten Gerät führt ein psychologisch stärker vernetztes Leben als der schrägste Computerfreak vor fünfzehn Jahren.

Als Romer und Drucker Anfang der neunziger Jahre ihre Überlegungen anstellten, wurde noch über die wirtschaftlichen Auswirkungen intelligenter Maschinen diskutiert. Mittlerweile leben wir in dem unausgesprochenen Bewusstsein, dass das Netzwerk die Maschine ist. Und da die Software und die Daten ins Netzwerk umgezogen sind, steht das Netzwerk heute auch im Zentrum der Debatte über die wirtschaftlichen Auswirkungen der Informationstechnologie.

Im Jahr 1997 kündigte Kelly die Entstehung einer neuen Wirtschaftsordnung mit drei Hauptmerkmalen an: »Sie ist global. Sie rückt nichtgreifbare Dinge – Ideen, Information und Beziehungen – in den Mittelpunkt. Und sie ist eng verflochten. Diese drei Merkmale sind Kennzeichen eines neuartigen Markts und einer neuen Gesellschaft.«[28]

Kelly akzeptierte als normal, was Romer nur sieben Jahre früher als neuartig betrachtet hatte: die Tendenz der Informationstechnologie, Daten und physische Produkte zu verbilligen, so dass die Grenzkosten ihrer Produktion gegen null sinken. Aber er wies seine Leser darauf hin, dass es ein Gegengewicht zu unbegrenztem Angebot und sinkenden Preisen gebe, nämlich eine unbegrenzte Nachfrage: »Technologie und Wissen erhöhen die Nachfrage schneller, als sie die Preise senken. [...] Die einzige Grenze für die Bedürfnisse und Wünsche des Menschen ist seine Vorstellung, und das bedeutet in der Praxis, dass es keine Grenze gibt.«[29]

Kelly schlug folgende Lösung vor: Neue Güter und Dienste mussten schneller erfunden werden, als sie die Kurve zur Wertlosigkeit hinabrutschen konnten. Die Unternehmen sollten nicht versuchen, die Preise zu verteidigen, sondern sich damit abfinden, dass sie im Lauf der Zeit zusammenbrechen würden, und in der Lücke zwischen eins und null ein Geschäft aufbauen. Die Unternehmen sollten »am Rand des Chaos dahingleiten« und das kostenlose Wissen nutzen, das der Kunde ihnen schenke, wenn er mit ihren Websites interagiere. Ende der neunziger Jahre nahmen jene, die das Problem erkannt hatten, an, der Kapitalismus werde überleben, weil die Innovation dem Druck der Technologie auf die Preise entgegenwirken werde. Kelly fragte sich allerdings nicht, was geschehen würde, wenn das nicht funktionierte.

Dann platzte die Dotcom-Blase. Der spektakuläre Absturz des Nasdaq im April 2000 veränderte das Weltbild der Generation, die mit dem Einwahlmodem gekämpft hatte und reich geworden war. Nach der Katastrophe fällte John Perry Barlow, ein Aktivist, der für ein freies Internet kämpfte und 95 Prozent seines Geldes an der Börse verloren hatte, ein hartes Urteil: »Im Dotcom-Rummel wurde versucht, die Wirtschaftskonzepte aus dem 19. und 20. Jahrhundert in einer Umgebung anzuwenden, in der sie nutzlos waren, und das Internet schüttelte sie ab. Dies war ein Angriff einer fremden Streitmacht, und die Naturgewalten des Internet schlugen ihn zurück.« Er hatte auch eine Idee, in welcher Richtung sich die Debatte als Nächstes entwickeln würde: »Auf lange Sicht spielt das den Dot-Kommunisten in die Karten.«[30]

Eine neue Produktionsweise?

Im Jahr 2006 bezeichnete Yochai Benkler, ein Jurist von der Yale University, die Netzwerkökonomie als »eine neue Produktionsweise, die sich in den fortschrittlichsten Volkswirtschaften der Welt entfaltet«.[31] Benkler versuchte, einen als »Creative Commons« bezeichneten Rechtsrahmen für das Open-Source-Publishing zu entwerfen. In *The Wealth of Networks* beschreibt er die wirtschaftlichen Kräfte, die das geistige Eigentum aushöhlen und zur Ausbreitung von Allmendemodellen und nichtgelenkter Produktion führen.

Er erklärt, zunächst habe der Aufstieg der billigen Rechenleistung und der Kommunikationsnetze die Mittel zur Produktion intellektueller Güter für eine große Zahl von Menschen zugänglich gemacht. Die Leute können Blogs schreiben, Filme drehen und vertreiben, E-Books selbst veröffentlichen (und in manchen Fällen ein Millionenpublikum gewinnen, bevor die herkömmlichen Verleger überhaupt von ihrer Existenz erfahren). »Das Ergebnis ist, dass vieles von dem, was die Menschen schätzen, jetzt von Einzelpersonen bewerkstelligt werden kann, die nicht als Marktakteure durch das Preissystem, sondern als menschliche und soziale Wesen miteinander interagieren.«[32]

Das, so Benkler, führt zur Verbreitung von Nicht-Marktmechanismen, zu dezentralem Handeln von Individuen, die kollaborative Formen der freiwilligen Organisation nutzen. Es bringt neue Formen der »Peer-to-Peer«-Ökonomie hervor, in der das Geld entweder nicht existiert oder nicht der vorrangige Wertmaßstab ist.

Das beste Beispiel dafür ist Wikipedia. Die im Jahr 2001 gegründete, kollaborativ geschriebene Enzyklopädie hat mittlerweile 38 Millionen Seiten und 27 Millionen registrierte Beitragende. Rund 114 000 Personen beteiligen sich aktiv.[33]

Wikipedia hat 284 Angestellte.[34] Die vielen tausend Redakteure arbeiten unentgeltlich. Bei einer Umfrage unter den Benutzern stellte sich heraus, dass 71 Prozent von ihnen mitmachen, weil ihnen die Idee gefällt, Wissen freiwillig mit anderen zu teilen; 69 Prozent sind der Meinung, dass Information kostenlos verfügbar sein sollten.[35] Mit 8,5 Milliarden Besuchen im Monat nimmt Wikipedia den siebten Rang unter den beliebtesten Websites ein.[36] Als kommerzielle Website, so eine Schätzung, könnte die Online-Enzyklopädie einen Jahresumsatz von 2,8 Milliarden Dollar erzielen.[37]

Aber Wikipedia verdient kein Geld. Und da ihr Angebot kostenlos ist, ist es für praktisch alle anderen Akteure unmöglich, im selben Raum einen Gewinn zu erzielen. Dazu kommt, dass Wikipedia eine der wertvollsten Lernressourcen ist, die je erfunden wurden, und bisher hat sie allen Versuchen widerstanden, sie zu zensieren, zu unterwandern, sie für Desinformation zu nutzen oder zu sabotieren, denn Dutzende Millionen Augen sind stärker als jeder Staat, jeder Stalker, jede Interessengruppe und jeder Saboteur.

Die Funktionsweise von Wikipedia beruht auf demselben Prinzip, das die frühen Open-Source-Programmierer bei GNU und Linux nutzten – nur wird es hier auf ein Produkt für den Massenkonsum angewandt. Wenn wir auf die Seite von Amazon gehen und eine Fotokamera oder ein Buch kaufen, wird unsere Entscheidung aufgezeichnet und erleichtert anderen Benutzern die Wahl. In der Wirtschaftswissenschaft wird das als positive »Externalität« bezeichnet, als unbeabsichtigter wirtschaftlicher Nutzen.

Im Fall von Amazon ist es das Unternehmen, das den Großteil des Nutzens erntet: Die Käufe nehmen zu, Amazons Position als Anbieter wird gestärkt. Im Fall von Wikipedia haben nur die Menschen einen Nutzen: Kein Kind muss jemals wieder in einer Kleinstadtbücherei inmitten einer mediokeren und zufälligen Anhäufung von Wissen hocken, das für immer auf Buchseiten gefangen ist, die nur aktualisiert oder korrigiert werden können, indem man ein vollkommen neues Buch druckt.

Benkler zog die wirtschaftliche Lehre aus einem Phänomen wie Wikipedia: Dank des Netzwerks kann die Produktion unter Verzicht auf den Markt und eine Managementhierarchie dezentral und kollaborativ erfolgen.

Die Ökonomen demonstrieren die archaische Natur der Planwirtschaft gerne anhand von Gedankenspielen wie diesem: »Stellen Sie sich vor, die Sowjetunion würde versuchen, Starbucks zu gründen.« Ich kann ein interessanteres Gedankenspiel anbieten: Stellen Sie sich vor, Amazon, Toyota oder Boeing würden versuchen, Wikipedia zu gründen.

Ohne kollaborative Allmendeproduktion und Open Source gibt es nur zwei Möglichkeiten, das zu bewerkstelligen: Man kann entweder den Markt oder die Befehlsstrukturen eines Unternehmens nutzen. Da Wikipedia 12 000 aktive Autoren und Redakteure hat, könnte man eine entsprechende Zahl von Mitarbeitern engagieren. Vielleicht würde es gelingen, einige Themenkomplexe in Billiglohnländer auszulagern und diese Mitarbeiter durch besser bezahlte Manager in den Vereinigten Staaten zu kontrollieren. Sodann könnte man der Belegschaft Anreize geben, um die beste Enzyklopädie im Internet zu produzieren. Man könnte den Mitarbeitern Ziele vorgeben, Bonuszahlungen anbieten, die Leute in Qualitätszirkeln zur Teamarbeit anhalten und dergleichen mehr.

Man könnte jedoch unmöglich etwas aufbauen, das auch nur annähernd so dynamisch wäre wie Wikipedia. Zu versuchen, mit 12 000 Mitarbeitern 26 Millionen Wikipedia-Seiten zu produzieren, wäre ebenso unsinnig wie der Versuch der Sowjetunion, ihre eigene Version von Starbucks zu starten. Eine Stiftung mit 208 Mitarbeitern wird das immer besser machen. Und selbst wenn man etwas aufbauen könnte, das so gut wie Wikipedia wäre, hätte man ein großes Problem: Wikipedia, der größte Konkurrent, bietet die Enzyklopädie kostenlos an.

Nun könnte man noch versuchen, nicht auf die Unternehmensform zu setzen, sondern die Marktkräfte zu nutzen, um ein Konkurrenzangebot zu Wikipedia aufzubauen. Schließlich lehren uns die Wirtschaftsunis doch, dass der Markt das effizienteste System ist, nicht wahr?

Vielleicht zahlen die Konsumenten einen geringen Betrag für eine kleine Menge Wissen und stören sich nicht daran, dass die Information auch kostenlos öffentlich zugänglich ist. Vielleicht freuen sich die Gelehrten, Amateurwissenschaftler und Freiwilligen, die die Artikel schreiben, über eine kleine Aufwandsentschädigung für jeden Beitrag.

Das hat noch am ehesten Ähnlichkeit mit dem, was in der Realität geschieht – nur dass die Beteiligten kein Geld austauschen. Sie tauschen Geschenke aus. Und wie die Anthropologen seit Langem wissen, ist das Geschenk nur das dingliche Symbol für etwas nicht Greifbares: Man könnte es Wohlwollen nennen, oder Freude.

Wie Linux ist auch Wikipedia in zweierlei Hinsicht radikal. Da ist zunächst das Allmendeprodukt: Es kann frei genutzt werden, ist jedoch unmöglich zu fassen, zu besitzen und auszubeuten. Sodann ist da der kollaborative Produktionsprozess: Es gibt keine Zentrale, die entscheidet, was auf den Seiten stehen sollte; die Angestellten von Wikipedia regeln lediglich die Standards für das Verfassen und die Bearbeitung der Texte und verteidigen die Plattform gegen die Erosion durch Urheber- und Managementhierarchien.

Benkler bezeichnet das als »auf dem Gemeingut beruhende Allmendeproduktion«. Das Konzept der Allmende- oder Peer-Produktion weckt weitere Zweifel an den Gewissheiten der Mainstream-Ökonomie. Die heutigen Menschen sind nicht anders als die der Vergangenheit. Nur machen sie ihr menschliches Bedürfnis, Freundschaften zu schließen, auf Vertrauen und Verpflichtung beruhende Beziehungen aufzubauen und emotionale und seelische Bedürfnisse zu erfüllen, jetzt zu einem Bestandteil des Wirtschaftslebens.

In dem Augenblick, als es möglich wurde, Dinge ohne den Markt und ohne Unternehmen zu erzeugen, begannen die Menschen, genau das zu tun.

Die Verbilligung der Rechenleistung von Computern und des Zugangs zum Netzwerk versetzt eine große Zahl von Menschen in die Lage, Informationsgüter zu produzieren. Als Nächstes braucht man das, was Benkler als »geplante Modularität« bezeichnet: Eine Aufgabe wird in kleine Teile zerlegt, die einzelne Menschen bewältigen können, um das Ergebnis anschließend dem Netzwerk zur Verfügung zu stellen. Eine Wikipedia-Seite ist das beste Beispiel dafür: Die Ergänzung eines Informationshappens oder die Löschung fehlerhafter Daten sind modulare Tätigkeiten, die man in London im Bus auf dem Smartphone oder in einem Internetcafé in einem Slum in Manila erledigen kann.

Nach Ansicht von Benkler haben billige Technologie und modulare Produktionsabläufe geeignete Bedingungen für kollaborative Arbeit außerhalb des Marktes geschaffen. Das ist in seinen Augen keine Modeerscheinung, sondern ein »nachhaltiges Muster menschlicher Produktion«. Obwohl er von einer »neuen Produktionsweise« spricht, sagt Benkler nicht, dass dies etwas anderes als Kapitalismus ist. Stattdessen erklärt er, es werde zu einer vollkommen anderen und nachhaltigeren Form des Kapitalismus führen. Er sagt eine Umverteilung von Wohlstand und Macht von den dominanten Unternehmen und Eliten zu einer vielgestaltigen Gruppe von Personen, Peer-Netzwerken und Firmen voraus, die sich den neuen Bedingungen anpassen können.

Das Problem ist, dass Benkler die neuen Formen des Informationskapitalismus beschreibt, ohne ihre Dynamik zu erklären. Diese Dynamik ist zwangsläufig widersprüchlich.

Der Informationskapitalismus verdrängt Arbeitskräfte aus dem Produktionsprozess, drückt den Marktpreis von Gütern, zerstört einige Profitmodelle und bringt eine Generation von Konsumenten hervor, die an kostenlose Produkte gewöhnt sind. Aber im ersten Jahrzehnt seines Bestehens hat er zu einer globalen Krise beigetragen, in der die ärmsten Einwohner der entwickelten Länder die Müllcontainer durchwühlen müssen, während sie die letzten Cent Guthaben auf ihren Handys vertelefonieren.

Der Informationskapitalismus ist real, doch wenn wir die Kollision des neoliberalen Wirtschaftssystems mit der Netzwerktechnologie analysieren, kommen wir nicht um das Eingeständnis herum, dass er in einer Krise steckt.

Die Ökonomie der kostenlosen Dinge

Gegen Ende des 19. Jahrhunderts fiel den Ökonomen auf, dass nicht alle Auswirkungen des Kapitalismus als Ergebnisse des Kaufens und Verkaufens verstanden werden konnten. Da die meisten Fabriken mittlerweile von Abfallbergen, Elendsvierteln und stinkenden Flüssen umgeben waren, war kaum zu übersehen, dass der Kapitalismus auch außerhalb des Marktes Folgen zeitigte. Sie bezeichneten diese Auswirkungen als »externe Effekte« und begannen darüber nachzudenken, wie man sie erfassen konnte.

Zunächst konzentrierten sich die Ökonomen auf die »schlechten« externen Effekte: Wenn man von einem Energieversorger Strom bezieht, der aus Kohle gewonnen wurde, so stellt die Luftverschmutzung durch die Kohleverbrennung einen externen Effekt dar. Die Lösung für derartige negative Externalitäten ist einfach: Man findet einen Weg, um die Kosten zwischen Käufer und Verkäufer aufzuteilen. Beispielsweise kann man im Fall des schmutzigen Stromkraftwerks eine Umweltsteuer erheben.

Es gibt jedoch auch »gute« externe Effekte. Ein Beispiel: Wenn sich an einem Ort ein Cluster ähnlicher Unternehmen ansiedelt, sinken dort die Personalbeschaffungskosten. Für gute Externalitäten muss keine Lösung gefunden werden. Sie verringern oft die Kosten und den Arbeitsaufwand.

In einer Informationsökonomie werden die externen Effekte jedoch zum entscheidenden Problem. In der alten Welt stuften die Ökonomen Informationen als »öffentliches Gut« ein: Beispielsweise wurden die Kosten der Wissenschaft von der Gesellschaft getragen, da jedermann davon profitierte. In den sechziger Jahren wurde den Ökonomen dann allerdings klar, dass Informationen ein Wirtschaftsgut sind. Im Jahr 1962 erklärte Kenneth Arrow, der Guru der Mainstream-Ökonomie, der Zweck von Erfindungen bestehe in einer freien Marktwirtschaft darin, geistige Eigentumsrechte zu erwerben. »Gerade wenn man bedenkt, wie erfolgreich manche Informationen sind, fällt auf, dass ihr wirtschaftliches Potenzial nicht voll ausgeschöpft wird.«[38]

Betrachtet man die Sache so, kann der Zweck der Patentierung des fortschrittlichen Aids-Medikaments Darunavir nur darin bestehen, den Preis bei 1095 Dollar im Jahr zu halten, womit es nach Ansicht von Ärzte ohne Grenzen »unerschwinglich teuer« ist. Das in diesem Medikament enthaltene Wissen, das Millionen Menschen eine bessere HIV-Behandlung ermöglichen könnte, ist vorhanden, aber dank des Patents wird es zu wenig genutzt. Umgekehrt sind die Kosten anderer moderner Aids-Medikamente aufgrund der berühmten Weigerung Indiens, die zwanzigjährige Patentlaufzeit, von der die Pharmaunternehmen profitieren, anzuerkennen, seit dem Jahr 2000 drastisch gesunken, und das Wissen, wie man entsprechende Medikamente produzieren kann, wird genutzt.

In einer Volkswirtschaft, in der die Informationen allgegenwärtig sind, sind auch die Externalitäten allgegenwärtig. Wenn wir uns die Giganten des Informationskapitalismus ansehen, stellen wir fest, dass ihr Geschäftsmodell fast vollständig darauf beruht, positive externe Effekte zu nutzen.

Beispielsweise bietet uns Amazon ausgehend von unseren früheren Kaufentscheidungen Produkte an. Diese Informationen haben wir dem Unternehmen kostenlos zur Verfügung gestellt – und wir hatten keine Möglichkeit, sie ihm vorzuenthalten. Supermärkte agieren ganz ähnlich: Indem sie die Daten ihrer Kunden sammeln und allen anderen Anbietern vorenthalten, sichern sich große Einzelhandelsketten wie Walmart oder Tesco beträchtliche kommerzielle Vorteile.

Stellen wir uns vor, was geschähe, wenn Walmart oder Tesco bereit wären, ihre Kundendaten (angemessen anonymisiert) kostenlos zu veröffentlichen. Die Gesellschaft würde davon profitieren: Landwirte und Epidemiologen könnten diese Daten nutzen, um bessere Entscheidungen zu fällen, und die Kunden könnten auf einen Blick sehen, ob sie rationale oder irrationale Kaufentscheidungen getroffen haben. Aber die Supermärkte würden einen Vorteil auf dem Markt einbüßen: Ihre Fähigkeit, das Verhalten der Konsumenten mit Preispunkten, Haltbarkeitsdaten und Zwei-für-eins-Angeboten zu manipulieren, würde eingeschränkt. Der Zweck ihrer E-Commerce-Systeme besteht darin, den potenziellen Nutzen dieser Kundendaten, wie Arrow es ausdrückte, nicht »voll auszuschöpfen«.

Wenn wir aus einem anderen Blickwinkel über Arrows Erkenntnis nachdenken, wird klar, dass sie beträchtliche Auswirkungen hat: Wenn eine freie Marktwirtschaft mit strengen Regeln zum geistigen Eigentum dazu führt, dass Informationen ungenügend genutzt werden, kann im Umkehrschluss ein Wirtschaftssystem, in dem Informationen optimal genutzt werden, unter den Bedingungen des freien Marktes und der unantastbaren geistigen Eigentumsrechte nicht gedeihen. Wir können das, was Benkler und Drucker richtig erkannten, also in einem anderen Licht betrachten: Der Informationskapitalismus untergräbt die Funktionsweise des Kapitalismus in einem grundlegenden Bereich.

Doch was setzt er an seine Stelle? Soll der Begriff »Postkapitalismus« einen Sinn haben, muss man genau beschreiben, wie die Netzwerktechnologie den Übergang zu etwas anderem auslöst und wie die Dynamik einer postkapitalistischen Welt aussehen wird.

Keinem der hier behandelten Propheten des Postkapitalismus ist das gelungen. Und das hat einen Grund: Keiner von ihnen arbeitet mit einer schlüssigen Theorie des Kapitalismus *an sich*. Aber gibt es wirklich niemanden, der den von der Information heraufbeschworenen Zusammenbruch des Kapitalismus vorausgesehen hat? Was, wenn jemand vorausgesagt hätte, dass die Möglichkeit, Preise festzulegen, verloren geht, wenn Wissen kollektiv verteilt und auf Maschinen übertragen wird? Wir würden eine solche Person vermutlich als Visionär preisen. Und tatsächlich gibt es diese Person. Ihr Name ist Karl Marx.

Der allgemeine Verstand

Der Ort ist Kentish Town in London. Es ist etwa vier Uhr nachmittags an einem Februartag im Jahr 1858. Karl Marx lebt seit zehn Jahren im Exil, seine Hoffnung auf die Revolution ist gesunken. Vor Kurzem ist allerdings die New Yorker Börse abgestürzt, überall in Europa brechen Banken zusammen. Marx müht sich ab, um ein lange versprochenes Buch über Ökonomie fertig zu schreiben. »Ich arbeite wie toll die Nächte durch an der Zusammenfassung meiner ökonomischen Studien«, schreibt er in einem Brief an Engels, »damit ich wenigstens die Grundrisse im klaren habe bevor dem *déluge* [der Sintflut].«[39]

Seine Mittel sind beschränkt. Dank eines Leseausweises der British Library hat er Zugang zu aktuellen Daten. Am Tag schreibt er Artikel für die *New York Tribune*. Nachts füllt er acht Notizbücher mit kaum entzifferbaren Überlegungen: mit frei fließenden Beobachtungen, Gedankenexperimenten und Notizen über Dinge, die er noch recherchieren muss.

Diese Notizbücher, die später unter der Sammelbezeichnung *Grundrisse* bekannt werden, bewahrt Engels auf, ohne sie jedoch zu lesen. Sie landen in der Berliner Zentrale der SPD, bis die Sowjetunion sie in den zwanziger Jahren des 20. Jahrhunderts kauft. In Westeuropa wird dieses Werk erst Ende der sechziger Jahre veröffentlicht, in englischer Übersetzung erst 1973. Als die Gelehrten schließlich zu sehen bekommen, was Marx in jener kalten Nacht im Februar 1858 schrieb, geben sie zu, dass seine Thesen »Zweifel an allen bisherigen Interpretationen von Marx« wecken.[40] Die Rede ist vom sogenannten »Maschinenfragment«.

Ausgangspunkt der Analyse im »Maschinenfragment« ist die Beobachtung, dass die Entwicklung der Industrie die Beziehung zwischen Arbeiter und Maschine verändert. Anfangs gab es einen Menschen, ein von ihm gehandhabtes Werkzeug und ein Produkt. Mittlerweile schiebt der Arbeiter »den Naturprozeß, den er in einen industriellen umwandelt, [...] als Mittel zwischen sich und die unorganische Natur, deren er sich bemeistert. Er tritt neben den Produktionsprozeß, statt sein Hauptagent zu sein.«[41]

Marx stellt sich eine Volkswirtschaft vor, in der die vorrangige Funktion der Maschine in der Produktion und die Hauptaufgabe des Menschen in der Steuerung und Beaufsichtigung der Maschinen besteht. Ihm ist klar, dass die wichtigste Produktivkraft in einer solchen Wirtschaft das Wissen ist. Die Produktivkraft von Maschinen wie der »selbstbetriebenen« Baumwollspinnmaschine, dem Telegraphen und der Dampflokomotive steht »in keinem Verhältnis [...] zur unmittelbaren Arbeitszeit, die ihre Produktion kostet«; vielmehr hängt sie ab »vom allgemeinen Stand der Wissenschaft und dem Fortschritt der Technologie, oder der Anwendung dieser Wissenschaft auf die Produktion«.[42]

Organisation und Wissen leisten also einen größeren Beitrag zur *Produktivkraft* als die Arbeit, die in Herstellung und Betrieb der Maschinen investiert wird.

Wenn man bedenkt, in was sich der Marxismus verwandeln wird – eine Theorie der Ausbeutung, die auf dem Diebstahl von Arbeitszeit beruht –, ist dies eine revolutionäre Aussage: Wenn das Wissen eine eigenständige Produktivkraft ist, die sehr viel mehr Gewicht hat als die für den Bau einer Maschine aufgewandte Arbeit, so lautet die entscheidende Frage nicht mehr, in welchem Verhältnis Lohn und Profit zueinander stehen sollen. Dann lautet die Frage, wer das Wissen kontrolliert.

Und nun lässt Marx eine Bombe platzen: In einer Wirtschaft, in der die Maschinen den Großteil der Arbeit leisten und die menschliche Arbeit eigentlich in der Gestaltung, Steuerung und Wartung der Maschinen besteht, muss das in den Maschinen gespeicherte Wissen *gesellschaftliches Wissen* sein.

Nehmen wir ein modernes Beispiel. Wenn eine Softwareentwicklerin eine Programmiersprache verwendet, um eine Website mit einer Datenbank zu verknüpfen, arbeitet sie offenkundig mit gesellschaftlichem Wissen. Hier ist nicht die quelloffene Programmierung gemeint, sondern die ganz normale kommerzielle Softwareentwicklung. Auf jeder Ebene des Prozesses werden Informationen ausgetauscht und gebündelt, um den Code und die Schnittstellen anzupassen.

Die Programmiererin ist offensichtlich nicht die Eigentümerin des Codes, mit dem sie arbeitet. Aber auch das Unternehmen, das die Programmiererin beschäftigt, kann bestenfalls einen Bruchteil des Codes besitzen. Es kann ein Patent auf jene Teile des Codes anmelden, den die Softwareentwicklerin produziert. Es kann die Mitarbeiterin sogar zwingen, eine Vereinbarung zu unterschreiben, in der sie sich verpflichtet, alles, was sie in ihrer Freizeit entwickelt, dem Unternehmen zu überlassen. Und doch enthält der

Code Tausende Bestandteile, die von anderen Personen geschrieben wurden und daher nicht patentiert werden können.

Dazu kommt, dass das Wissen, das benötigt wurde, um den Code zu schreiben, im Kopf der Programmiererin steckt. Wenn es die Marktbedingungen erlauben, kann sie den Arbeitgeber wechseln und dieselbe Lösung dort anwenden. Anders als die Güter des Industriezeitalters bleiben Informationsprodukte teilweise im Besitz der Arbeitskraft.

Dasselbe gilt für das Werkzeug, das die Softwareentwicklerin verwendet: die Programmiersprache. Sie wurde von Zehntausenden Menschen entwickelt, die ihr Wissen und ihre Erfahrung beigesteuert haben. Wenn die Programmiererin die letzte Aktualisierung herunterlädt, enthält diese mit Sicherheit Änderungen, die auf dem beruhen, was andere bei der Verwendung der Programmiersprache gelernt haben.

Und dann sind da noch die Konsumentendaten, also jene Daten, die bei jeder Interaktion mit der Website zurückbleiben und sich eventuell vollständig im Besitz eines Unternehmens befinden. Sie wurden jedoch gesellschaftlich produziert: Ich schicke dir einen Link, du folgst ihm oder gibst ihn in einem Tweet an 10 000 Follower weiter.

Marx konnte sich unmöglich einen Webserver vorstellen. Aber er konnte das Telegrafensystem studieren. Im Jahr 1858 waren die Telegrafenleitungen, die entlang der Eisenbahnlinien verliefen und mit jedem Bahnhof und jeder Firmenzentrale verbunden waren, die bedeutsamste Infrastruktur in der Welt. In Großbritannien umfasste das Telegrafennetz 1178 Verbindungsknoten außerhalb Londons, und Hunderte mehr verbanden die City, das Parlament und den Hafen.[43]

Die Telegrafisten waren hoch qualifiziert, aber wie bei der Softwareprogrammiererin war das für die Bedienung des Morsegeräts erforderliche Wissen unbedeutend verglichen mit dem Wissen, das in der riesigen, grenzübergreifenden Maschine steckte, die diese Experten bedienten. Die Erinnerungen der Telegrafisten zeigen deutlich, dass sie mit einer gesellschaftlichen Technologie arbeiteten. Die erste Regel lautete, dass man die Informationen nur so schnell übermitteln konnte, wie die Person am anderen Ende der Leitung sie empfangen konnte. Doch in den komplexen Telegrafensystemen, wo Räume voll von Sendern und Empfängern um die beschränkte Leitungskapazität buhlten, über die weit entfernte Telegrafisten wachten, »gehörte der Umgang mit den Egos ebenso zur Arbeit eines Telegrafisten wie der Umgang mit der Morsetaste. Rücksichtsvolle, hilfsbereite Telegrafisten machten die Arbeit leichter. Dominierende, hochmütige oder selbstgerechte erschwerten die Arbeit.«[44]

Im »Maschinenfragment« zieht Marx aus diesen beiden Erkenntnissen – das Wissen ist die entscheidende Produktivkraft, und das in den Maschinen gespeicherte Wissen ist gesellschaftlich – folgende Schlüsse:

Erstens ist in einem weitgehend mechanisierten Kapitalismus die Produktivitätssteigerung durch besseres Wissen eine sehr viel attraktivere Profitquelle als die Verlängerung der Arbeitszeit oder die Beschleunigung der Arbeit: Längere Arbeitstage verbrauchen mehr Energie, mit der Beschleunigung der Abläufe stößt man an die Grenzen der menschlichen Geschicklichkeit und Belastbarkeit. Eine auf dem Wissen beruhende Lösung hingegen ist billig und hat unbegrenztes Potenzial.

Zweitens, erklärt Marx, kann der auf dem Wissen beruhende Kapitalismus nicht mit einem Preismechanismus funktionieren, in dem der Wert eines Guts vom Wert der für seine Erzeugung benötigten Inputs abhängt. Es ist unmöglich, den Wert der Inputs richtig zu bestimmen, wenn sie die Form von gesellschaftlichem Wissen haben. Die vom Wissen angetriebene Produktion schafft unabhängig vom Arbeitseinsatz unbegrenzt Wohlstand. Aber die Funktionsweise des normalen kapitalistischen Systems beruht darauf, dass die Preise von den Inputkosten bestimmt werden, sowie auf der Annahme, das Angebot an sämtlichen Inputs sei begrenzt.

In Marx' Augen besteht im auf dem Wissen beruhenden Kapitalismus ein Widerspruch zwischen den »Produktivkräften« und den »gesellschaftlichen Beziehungen«. Diese sind »die materiellen Bedingungen, um [den Kapitalismus] in die Luft zu sprengen«. Dazu kommt, dass ein solcher Kapitalismus gezwungen ist, die intellektuellen Fähigkeiten des Arbeiters weiterzuentwickeln. Dieser Kapitalismus wird die Arbeitszeit verkürzen (oder ihre Verlängerung stoppen), damit die Arbeitskräfte Zeit haben, um abseits des Arbeitsplatzes künstlerische und wissenschaftliche Talente zu entwickeln, ohne die das Wirtschaftssystem nicht funktionieren kann. Und schließlich bringt Marx ein neues Konzept ins Spiel, das nirgendwo sonst in seinen Schriften auftaucht: den »general intellect«, den allgemeinen Verstand. Wenn wir die Entwicklung der Technologie messen, erklärt er, messen wir, »bis zu welchem Grade das allgemeine gesellschaftliche Wissen, knowledge, zur unmittelbaren Produktivkraft geworden ist und daher die Bedingungen des gesellschaftlichen Lebensprozesses selbst unter die Kontrolle des general intellect gekommen [...] sind«.[45]

In den sechziger Jahren erkannte die Linke im »Maschinenfragment« einen Gegenentwurf zum klassischen Marxismus. Bis dahin hatten die Marxisten geglaubt, der Kapitalismus könne nur durch staatliche Planung überwunden werden. Sie nahmen an, Ursache für die inneren Widersprüche des Kapitalismus sei die chaotische Natur des zu katastrophalen Zusammenbrüchen neigenden Marktes, der in ihren Augen unfähig war, die menschlichen Bedürfnisse zu erfüllen.

Im »Maschinenfragment« stoßen wir auf ein anderes Modell des Übergangs: auf einen über das Wissen führenden Ausweg aus dem Kapitalismus, dessen entscheidender innerer Widerspruch der zwischen der Technologie und dem Marktmechanismus ist. In diesem Modell, das im Jahr 1858 eilig zu Papier gebracht worden war, aber erst mehr als hundert Jahre später von der Linken entdeckt wurde, bricht der Kapitalismus zusammen, weil seine Existenz nicht mit dem gesellschaftlichen Wissen vereinbar ist. Aus dem Klassenkampf wird ein Kampf um Menschlichkeit und Bildung in der Freizeit.

Der italienische Neomarxist Antonio Negri hat das »Maschinenfragment« als »Marx jenseits von Marx« beschrieben. Negris Weggefährte Paolo Virno hat darauf hingewiesen, dass diese Ideen »in keiner seiner anderen Schriften auftauchen und eine Alternative zur gewohnten Formel darstellen«.[46]

Die Frage ist: Warum verfolgte Marx diesen Gedanken nicht weiter? Warum taucht der allgemeine Verstand, abgesehen von diesem von ihm nicht veröffentlichten Text, nirgendwo in seinem Werk auf? Warum geht das Modell, in dem der Marktmechanismus vom gesellschaftlichen Wissen aufgelöst wird, während der Arbeit an *Das Kapital* verloren?

Sieht man von den inhaltlichen Diskussionen ab, so ist die offenkundige Antwort, dass die Entwicklung des Kapitalismus der These des »Maschinenfragments« nicht entsprach. Nach der Panik im Jahr 1858 stabilisierte sich das System wieder. Die Vergesellschaftung des Wissens im Telegrafen und in der Dampflokomotive genügte nicht, um den Kapitalismus in die Luft zu sprengen.

Im folgenden Jahrzehnt entwickelte Marx eine Kapitalismustheorie, in der die Mechanismen des wirtschaftlichen Austauschs nicht durch den allgemeinen Verstand in die Luft gesprengt werden und in der das Wissen als unabhängige Profitquelle kein einziges Mal erwähnt wird. Marx hatte die im »Maschinenfragment« skizzierten Ideen verworfen.

Die Entstehung jenes Marxismus, der im 20. Jahrhundert zur Doktrin des Staatssozialismus und des von der Krise des Kapitalismus herbeigeführten Übergangs zum Kommunismus wurde, war kein Zufall: Dieser Marxismus hatte seinen Ursprung in *Das Kapital*.

Ich schreibe jedoch keine Geschichte des Marxismus, sondern beschäftige mich mit folgender Frage: Gibt es einen Weg zum Postkapitalismus, der auf der Informationstechnologie beruht? Das »Maschinenfragment« zeigt, dass Marx zumindest über einen solchen Weg nachgedacht hat.

Er stellte sich vor, dass sich das gesellschaftlich produzierte Wissen in den Maschinen vergegenständlichen werde. Er stellte sich vor, dass dies eine neue Dynamik auslösen werde, welche die alten Mechanismen zur Erzeugung von Preisen und Profiten zerstören konnte. Er stellte sich vor, dass der Kapitalismus gezwungen würde, die geistigen Fähigkeiten des Arbeiters zu entwickeln. Und er stellte sich vor, dass Information im »general intellect«, im »allgemeinen Verstand«, gespeichert und geteilt werden würde – gemeint war damit der Verstand der durch das gesellschaftliche Wissen verbundenen Erdbevölkerung. Und jede Weiterentwicklung dieses allgemeinen gesellschaftlichen Verstands würde allen Menschen zugutekommen. Karl Marx stellte sich ein System vor, das dem Informationskapitalismus nahekommt, in dem wir heute leben.

Darüber hinaus stellte er sich vor, welches das Hauptziel der Arbeiterklasse sein würde, sollte es diese Welt je geben: Freiheit von der Arbeit. Der utopische Sozialist Charles Fourier hatte vorausgesagt, Arbeit werde dasselbe wie Spiel sein. Marx war anderer Meinung. Er schrieb, die Befreiung werde durch die Freizeit kommen: »Die freie Zeit [...] hat ihren Besitzer natürlich in ein andres Subjekt verwandelt, und als dies andre Subjekt tritt er dann auch in den unmittelbaren Produktionsprozeß.« Dieser Produktionsprozess ist »materiell schöpferische und sich vergegenständlichende Wissenschaft mit Bezug auf den gewordnen Menschen, in dessen Kopf das akkumulierte Wissen der Gesellschaft existiert.«[47]

Dies ist möglicherweise die revolutionärste Idee, die Marx je hatte: Die Verringerung der Arbeit auf ein Mindestmaß könnte einen Menschen hervorbringen, der imstande sein würde, das gesamte akkumulierte Wissen der Gesellschaft einzusetzen, einen Menschen, der durch riesige Mengen an gesellschaftlich produziertem Wissen und durch eine Menge an freier Zeit, die zum ersten Mal in der Geschichte die Arbeitszeit überstiege, verwandelt würde. Es ist kein weiter Weg von dem Arbeiter, den sich Marx im »Maschinenfragment« vorstellte, zur »gebildeten universellen Person«, die Peter Drucker ankündigte.

Ich vermute, dass Marx dieses Gedankenexperiment aufgab, weil es kaum Relevanz für die Gesellschaft hatte, in der er lebte. Aber es hat große Relevanz für unsere Gesellschaft.

Eine dritte Art von Kapitalismus?

Die Neoliberalen sahen in der Entstehung des Informationskapitalismus ihren größten Erfolg. Sie hielten es für unmöglich, dass er Mängel aufwies. Ihnen schwebte eine postindustrielle Gesellschaft vor, in der alle Menschen, gestützt auf intelligente Maschinen, hochwertige Wissensarbeit leisten würden. Die sozialen Konflikte würden verschwinden.[48] Dank des Wissens würde der ideale Kapitalismus aus den Lehrbüchern – ein Kapitalismus mit Transparenz und vollkommenem Wettbewerb, der stets im Gleichgewicht wäre – wahr werden. Ende der neunziger Jahre waren die Sprachrohre der Mainstream-Ökonomie – von der Zeitschrift *Wired* bis zur *Harvard Business Review* – voll von begeisterten Beschreibungen des neuen Systems. Darüber, wie es funktionieren sollte, schwiegen sich die Neoliberalen allerdings aus.

Ausgerechnet den neomarxistischen Schülern Antonio Negris, die das »Maschinenfragment« wiederentdeckt hatten, blieb es überlassen, sich an einer Theorie des Informationskapitalismus zu versuchen. Sie bezeichneten dieses System als »kognitiven Kapitalismus«.

Der kognitive Kapitalismus, so die Neomarxisten, ist ein kohärentes neues System, ein »dritter Kapitalismus«, der auf den Merkantilismus des 17. und 18. Jahrhunderts sowie den Industriekapitalismus der letzten zwei Jahrhunderte folgt. Seine Säulen sind globale Märkte, finanzialisierter Konsum, immaterielle Arbeit und immaterielles Kapital.

Der französische Ökonom Yann Moulier-Boutang erklärt, damit der kognitive Kapitalismus funktionieren könne, müssten sich die Unternehmen die externen Effekte aneignen. Wenn die Konsumenten digitale Geräte verwenden, werden sie zu »Koproduzenten« der Unternehmen, die ihnen diese Geräte verkaufen: Das Unternehmen, das den Dienst anbietet und die Informationen sammelt, kann den Entscheidungen der Kunden, ihren Applikationen und Freundeslisten in Facebook einen monetären Wert geben. »Die Aneignung der positiven Externalitäten«, schreibt Moulier-Boutang, »wird zum vorrangigen Problem der Wertschöpfung.«[49]

Im kognitiven Kapitalismus ändert sich die Natur der Arbeit. Körperliche Arbeit und Industrie verschwinden nicht, aber ihr Platz im System ändert sich. Da die Unternehmen Profit zunehmend dadurch erzielen, dass sie sich den durch das Verhalten der Konsumenten erzeugten kostenlosen Wert aneignen, und da eine auf den Massenkonsum konzentrierte Gesellschaft unentwegt mit Kaffee versorgt, angelächelt und von Callcentern betreut werden muss, wird im kognitiven Kapitalismus die gesamte Gesellschaft zur »Fabrik«. In dieser Theorie ist die »Gesellschaft als Fabrik« ein zentrales Konzept, das benötigt wird, um nicht nur die Natur der Ausbeutung, sondern auch die des Widerstands zu verstehen.

Damit ein Paar Nike-Schuhe 179,99 Dollar wert sein kann, müssen 465 000 Arbeiter in 107 Fabriken in Vietnam, China und Indonesien dieselben Standards einhalten. Darüber hinaus muss der Konsument aber auch glauben, dass dieses Gebilde aus Kunststoff, Gummi und Schaum wegen des Nike-Swoosh siebenmal so viel wert ist wie die Arbeitsstunde des durchschnittlichen amerikanischen Arbeitnehmers.[50] Nike gibt 2,7 Milliarden Dollar im Jahr aus, um uns genau das glauben zu machen (die Herstellung seiner Sportbekleidung kostet 13 Milliarden Dollar), und mit diesem Marketingbudget wird sehr viel mehr bezahlt als Werbespots in den Pausen des Superbowl.

Tatsächlich sind Nikes Ausgaben für Werbung in Fernsehen und Presse um 40 Prozent gesunken, seit das Unternehmen zu Beginn des 21. Jahrhunderts die Regeln des kognitiven Kapitalismus verstanden hat. Stattdessen konzentriert es sich auf digitale Produkte wie Nike+, das die Leistungen von Läufern mithilfe des iPods misst. Seit seiner Einführung im Jahr 2006 hat Nike+ 150 Millionen Jogging-Einheiten aufgezeichnet – und an Nike gemeldet.[51] Wie alle Unternehmen ist Nike dabei, sein Angebot in »Informationen plus Dinge« zu verwandeln.

Das meinen die Theoretiker des kognitiven Kapitalismus, wenn sie von der »vergesellschafteten Fabrik« sprechen. Wir leben nicht länger in einer Welt, in der Produktion und Konsum klar voneinander getrennt sind. Mittlerweile hängt es vom Verhalten des Kunden und von seiner Interaktion mit der Marke ab, ob ein Unternehmen Gewinn erzielen kann. Produktion und Konsum verschmelzen miteinander. Das erklärt teilweise, warum es im Kampf gegen den neuen Kapitalismus oft um Verbraucherthemen oder den Markenwert geht (oder um die soziale Verantwortung des Unternehmens) und warum Protestbewegungen eher »Stämme« in der Marketingdemografie sind, als sich wie ein einheitliches Proletariat zu verhalten. Die Theoretiker des kognitiven Kapitalismus sehen die vorrangige Aktivität der Arbeitskräfte – so wie Drucker – in der »Produktion von Wissen durch Wissen«.[52]

Die Theorie des kognitiven Kapitalismus weist jedoch einen bedeutsamen Mangel auf. Eine Sache wäre es, zu sagen: »In der Spätphase des Industriekapitalismus entsteht ein neuartiger Informationskapitalismus.« Aber die Verfechter der Theorie des kognitiven Kapitalismus behaupten das Gegenteil: Viele von ihnen glauben, dass dieser »dritte Kapitalismus« bereits ein vollkommen funktionstüchtiges System ist. Die Fabriken in Shenzhen, die Slums von Manila und die metallverarbeitenden Betriebe in Wolverhampton mögen noch genauso aussehen wie vor zehn Jahren, aber in den Augen dieser Theoretiker hat sich ihre wirtschaftliche Funktion bereits gewandelt.

Diese Methode ist im europäischen spekulativen Denken durchaus üblich: Man erfindet eine Kategorie und wendet sie auf die gesamte Wirklichkeit an, um alles Seiende als Unterkategorien der neuen Vorstellung klassifizieren zu können. Das erspart uns die Mühe, eine komplexe und widersprüchliche Realität zu analysieren.

Im Fall der Theoretiker des kognitiven Kapitalismus hat das zur Folge, dass sie die Bedeutung des Aufstiegs der altmodischen Industrieproduktion in den BRIC-Ländern (Brasilien, Russland, Indien und China) unterschätzen und die Finanzkrise seit 2008 teilweise herunterspielen oder als Kinderkrankheit des neuen Systems abtun.

In Wahrheit ist das System, in dem wir leben, keine neue, kohärente und funktionierende Version des Kapitalismus. Es ist inkohärent. Es ist instabil, steht unter Druck und leidet unter Fieberkrämpfen, weil wir in einer Zeit leben, in der das Netzwerk neben der Hierarchie, der Slum neben dem Internetcafé existiert. Und um verstehen zu können, in welcher Lage wir uns befinden, müssen wir sie nicht als fertiges Modell, sondern als nicht abgeschlossenen Übergang betrachten.

Der Postkapitalismus: Eine Hypothese

Die Debatte über den Postkapitalismus ist seit Peter Druckers Analyse ein großes Stück vorangekommen, aber in gewissem Sinn hat sie nirgendwohin geführt. Sie ist von spekulativem Denken, Techno-Gebrabbel und dem Bemühen geprägt, die Existenz neuer Systeme zu verkünden, anstatt ihre Beziehung zur alten Realität zu untersuchen.

Benkler, Kelly und Drucker beschrieben etwas, das Ähnlichkeit mit einer »neuen Produktionsweise« hat, aber keiner von ihnen machte einen Vorschlag dazu, wie diese Produktionsweise funktionieren könnte. Der Ökonom Nick Dyer-Witheford präsentierte in seinem 1999 erschienenen Buch *Cyber-Marx* eine spekulative Skizze, die einen guten Überblick darüber gibt, wie ein auf Information beruhender Kommunismus aussehen könnte.[53] Eine ökonomische Debatte über seine Thesen fand jedoch so gut wie nicht statt.

Einer Beschreibung der gegenwärtigen Realität am nächsten gekommen ist Jeremy Rifkin in *Die Null-Grenzkosten-Gesellschaft* (2014).[54] Nach Ansicht dieses einflussreichen Managementberaters sind Peer-Produktion und Kapitalismus zwei verschiedene Systeme, die gegenwärtig nebeneinander existieren und sich sogar gegenseitig stärken. Letzten Endes werde die Allmendeproduktion die kapitalistische Wirtschaft jedoch in einige wenige Nischen zurückdrängen.

Rifkins bedeutsamste Leistung ist, dass er das Potenzial des Internets der Dinge verstanden hat. Besonders begeisterte Beratungsfirmen wie McKinsey schätzen dessen Wirtschaftsleistung auf sechs Billionen Dollar im Jahr, insbesondere in den Bereichen Gesundheit und produzierendes Gewerbe. Der Großteil dieses Betrags entfällt allerdings auf Kostensenkungen und Effizienzsteigerung, da das Netzwerk dazu beiträgt, die Grenzkosten physischer Güter und Dienstleistungen auf dieselbe Art zu senken, wie »Kopieren und Einfügen« die Kosten von Informationsgütern senkt.

Rifkin erklärt, dass die Einbindung jedes Menschen und jedes Gegenstands in ein intelligentes Netzwerk tatsächlich eine exponentielle Wirkung haben könnte. Sie könnte die Grenzkosten von Energie und materiellen Gütern auf dieselbe Art senken, wie es das Internet bei digitalen Produkten tut.

Aber wie in allen Büchern, die für die Flughafenbuchhandlung bestimmt sind, wird auch in Rifkins Arbeit die gesellschaftliche Dimension vernachlässigt. Er versteht, dass eine Welt der kostenlosen Dinge nicht kapitalistisch sein kann, und sieht, dass die kostenlosen Dinge nicht nur die digitale, sondern auch die dingliche Welt durchdringen, er reduziert die Auseinandersetzung zwischen den beiden Systemen jedoch auf einen Konflikt zwischen Geschäftsmodellen und guten Ideen.

Die von Sozialtheoretikern, Juristen und Technologiegurus geführte Debatte über den Postkapitalismus findet parallel zur ökonomischen Debatte über die Krise des Neoliberalismus und zur Debatte zwischen den Historikern über den problematische Beginn des fünften langen Zyklus statt. Um voranzukommen, müssen wir verstehen, wie die neue Info-Tech-Ökonomie, die 2008 ausgebrochene Krise und das Muster der langen Zyklen zusammenpassen. Die folgende Darstellung ist ein erster Versuch in dieser Richtung. Es handelt sich um eine Hypothese, die jedoch auf soliden Daten beruht und an der Realität gemessen werden kann.

Mitte der neunziger Jahre begann eine Revolution der Art und Weise, wie wir Informationen verarbeiten, speichern und vermitteln. Diese Revolution legte das Fundament für eine Netzwerkökonomie, die begonnen hat, die herkömmlichen Eigentumsbeziehungen des Kapitalismus auszuhöhlen. Das geschieht folgendermaßen:

Die Netzwerkökonomie untergräbt für digitale Güter den Mechanismus zur Festlegung der Preise für digitale Güter, wie ihn die herkömmliche Ökonomie versteht. Das tut sie, indem sie die Kosten für die Reproduktion der Information gegen null drückt.

Sie stattet physische Güter mit einem hohen Informationsgehalt aus, saugt sie in denselben Nullpreis-Strudel wie reine Informationsgüter und sorgt dafür, dass der Wert dieser Güter oft weniger von den Kosten der eigentlichen Produktion, sondern vielmehr von gesellschaftlich erzeugten Ideen (der Marke) abhängt.

Sie macht die Finanzialisierung erforderlich und erzeugt zwei Profitströme, die von der Bevölkerung zu den Kapitalisten fließen: Als Arbeitskräfte produzieren die Menschen Güter, Dienstleistungen und Wissen, als Kreditnehmer zahlen sie Zinsen. Während man also sagen kann, dass »die ganze Gesellschaft zur Fabrik geworden ist«, sind die Ausbeutungsmechanismen weiterhin in erster Linie die Löhne, dann der Kredit und erst an dritter Stelle unsere geistige Beihilfe zum Aufbau des Markenwerts oder unsere Bereitschaft, den Technologieunternehmen Externalitäten zu schenken.

Sie revolutioniert die Produktivität materieller Dinge, Prozesse und Energienetze, da die Internetverbindungen zwischen Maschinen zahlreicher werden als die Verbindungen zwischen Menschen.

Die Unternehmen reagieren mit drei Überlebensstrategien auf die Aushöhlung des Werts durch die Information: Sie errichten Informationsmonopole und verteidigen hartnäckig ihr geistiges Eigentumsrecht. Sie versuchen, »am Rand des Chaos dahinzugleiten« und in der Lücke zwischen erweitertem Angebot und sinkenden Preisen zu überleben. Und sie versuchen, sich gesellschaftlich erzeugte Informationen wie Konsumentendaten anzueignen und sie für sich zu nutzen oder Programmierern Verträge aufzuzwingen, die dem Arbeitgeber das Eigentum an Softwarecodes sichern, die seine Mitarbeiter in ihrer Freizeit schreiben.

Aber neben der Reaktion der Unternehmen sehen wir den Aufstieg der Nicht-Marktproduktion. Wir sehen die Entstehung horizontal verteilter Netzwerke der Allmendeproduktion, die nicht zentral gelenkt werden und Güter produzieren, die entweder vollkommen kostenlos sind oder – da sie quelloffen sind – kaum kommerziellen Wert haben.

Gemäß der Allmende-Logik produzierte kostenlose Güter verdrängen kommerziell erzeugte Güter. Wikipedia ist ein Raum, der nicht kommerziell genutzt werden kann. Linux und Android werden offenkundig kommerziell genutzt, aber diese Nutzung findet an den Rändern statt, sie stützt sich nicht auf den Besitz des Hauptprodukts. Es wird möglich, zugleich Produzent und Konsument zu sein.

Der Kapitalismus beginnt, sich in einen Verteidigungsmechanismus gegen die Peer-Produktion zu verwandeln, indem er Informationsmonopole errichtet, eine Schwächung der Lohnbeziehung zulässt und irrationale, auf der Nutzung fossiler Energieträger beruhende Geschäftsmodelle verfolgt.

Produktion und Güteraustausch außerhalb des Markts nutzen die Neigung der Menschen zur Kooperation, zum Austausch von Geschenken, deren Wert nicht greifbar ist. Diese Neigung existiert seit je, war bisher jedoch auf die Randgebiete des Wirtschaftslebens beschränkt. Hier handelt es sich nicht einfach um eine Neugewichtung von öffentlichen und privaten Gütern, sondern um ein vollkommen neues, revolutionäres System. Die Ausbreitung dieser wirtschaftlichen Nicht-Marktaktivitäten ermöglicht die Entstehung einer kooperativen, sozial gerechten Gesellschaft.

Der rasante technologische Wandel verändert das Wesen der Arbeit, verwischt die Grenze zwischen Arbeit und Freizeit und zwingt uns, in jedem Lebensbereich an der Wertschöpfung teilzunehmen. Dabei eignen wir uns mehrere ökonomische Persönlichkeiten an und werden zu neuen Menschen.[55] Das vernetzte Individuum mit seinem vielgestaltigen Selbst ist Träger der postkapitalistischen Gesellschaft, die jetzt entstehen könnte.

Die technologische Ausrichtung dieser Revolution widerspricht ihrer gesellschaftlichen Ausrichtung: Technologisch sind wir auf dem Weg zu kostenlosen Gütern, nichtmessbarer Arbeit, exponentiellen Produktivitätszuwächsen und der umfassenden Automatisierung physikalischer Prozesse. Gesellschaftlich sind wir Gefangene einer Welt, die von Monopolen, Ineffizienz, den Ruinen eines vom Finanzsektor beherrschten freien Markts und der Ausbreitung von »Bullshit-Jobs« geprägt ist.

Der wesentliche innere Widerspruch des modernen Kapitalismus ist der zwischen der Möglichkeit kostenloser, im Überfluss vorhandener Allmendeprodukte und einem System von Monopolen, Banken und Regierungen, die versuchen, ihre Kontrolle über die Macht und die Informationen aufrechtzuerhalten. Es tobt ein Krieg zwischen Netzwerk und Hierarchie.

Das geschieht jetzt, weil der Aufstieg des Neoliberalismus das normale Muster der kapitalistischen Fünfzig-Jahres-Zyklen durchbrochen hat. Und das bedeutet, dass sich der mittlerweile 240 Jahre dauernde Lebenszyklus des Industriekapitalismus möglicherweise seinem Ende nähert.

Die Entwicklung kann also in eine von zwei Richtungen führen: Entweder entsteht tatsächlich eine neue Form von kognitivem Kapitalismus und stabilisiert sich, gestützt auf eine neue Mischung von Firmen, Märkten und vernetzter Kooperation, und die Überreste des industriellen Systems finden einen Platz in diesem »dritten Kapitalismus«. Oder das Netzwerk zerstört sowohl die Funktionsfähigkeit als auch die Legitimität des Marktsystems. Wenn das geschieht, wird ein Konflikt ausbrechen, der das Marktsystem kollabieren lassen und durch den Postkapitalismus ersetzen wird.

Der Postkapitalismus kann verschiedenste Formen annehmen. Dass er begonnen hat, werden wir daran erkennen, dass zahlreiche Güter billig oder kostenlos werden, dass man sie jedoch ungeachtet der Marktkräfte weiterhin produziert. Wir werden wissen, dass wir im Postkapitalismus leben, wenn die Auflösung der Grenze zwischen Arbeit und Freizeit sowie zwischen Arbeitszeit und Arbeitseinkommen institutionalisiert ist.

Da Überfluss die Voraussetzung für den Postkapitalismus ist, wird er spontan soziale Gerechtigkeit herstellen, aber Form und Prioritäten dieser sozialen Gerechtigkeit werden verhandelbar sein. Während die kapitalistischen Gesellschaften stets über »Gewehre oder Butter« nachdenken mussten, werden die postkapitalistischen Gesellschaften über »Wachstum oder Nachhaltigkeit« nachdenken müssen – oder über den Zeitrahmen für die Bereitstellung grundlegender sozialer Güter oder über Herausforderungen wie Zuwanderung, die Befreiung der Frauen und eine alternde Bevölkerung.

Das bedeutet, dass wir den Übergang zum Postkapitalismus *gestalten* müssen. Da die meisten Theoretiker des Postkapitalismus entweder einfach seine Existenz feststellen oder ihn als unvermeidliche Entwicklung voraussagen, hat kaum einer von ihnen über die Probleme nachgedacht, die der Übergang zum neuen System verursachen wird. Eine der ersten Aufgaben besteht also darin, verschiedene Modelle zu entwerfen und zu testen, um festzustellen, wie die Wirtschaft während der Transitionsphase funktionieren könnte.

Wir kennen das Wort »Transition« aus Beschreibungen lokaler Versuche, eine Ökonomie mit einem kleinen CO_2-Fußabdruck, örtliche Währungssysteme, Zeitbanken, »Transition Towns« und dergleichen zu errichten. Hier geht es jedoch um ein größeres Projekt.

Um es zu verwirklichen, müssen wir die Lehren aus der fehlgeschlagenen Transition in der Sowjetunion ziehen. Nach 1928 versuchte die Sowjetunion, den Sozialismus durch die zentrale Planwirtschaft zu verwirklichen. Das Ergebnis war etwas, das schlimmer als der Kapitalismus war. Die moderne Linke spricht nur sehr ungern über das Scheitern dieses Projekts.

Um eine postkapitalistische Gesellschaft errichten zu können, müssen wir verstehen, was in der Sowjetunion schiefgegangen ist, und die grundlegenden Unterschiede zwischen den hier beschriebenen spontanen Nicht-Marktphänomenen und den stalinistischen Fünfjahresplänen verstehen.

Um voranzukommen, müssen wir verstehen, wie genau die Informationsgüter den Marktmechanismus aushöhlen. Wir müssen uns darüber klar werden, was geschehen wird, wenn diese Tendenz nicht unterdrückt, sondern gefördert wird. Und wir müssen wissen, welche Gesellschaftsgruppe ein Interesse an der Transition hat. Kurz gefasst, brauchen wir eine bessere Definition des Werts und eine detailliertere Geschichte der Arbeit. An beidem werde ich mich auf den folgenden Seiten versuchen.

6

Auf dem Weg zur kostenlosen Maschine

Ein Zeltlager, eine lärmende Menschenmenge, Tränengasschwaden und ein Haufen kostenloser Dinge: Das war der Gezi-Park in Istanbul während der Protestkundgebungen im Jahr 2013. In dem Zeltlager konnten die Menschen einige Tage leben, wie sie wollten, und die kostenlosen Dinge waren ihre Geste der Hoffnung.

Am ersten Tag war es ein sehr kleiner Haufen: Die Leute hatten dort ein paar abgepackte Salamis, Saftpackungen, ein paar Schachteln Zigaretten und Aspirin deponiert. Am letzten Tag war der Haufen zu einer Pyramide angewachsen, in der man alles fand, was man brauchte: Nahrung, Kleidung, Medikamente und Tabak. Junge Leute gingen in Gruppen im Park umher und drängten jedermann kostenlose Produkte auf. Natürlich waren diese Dinge nicht wirklich gratis. Sie waren gespendet worden. Aber sie waren Symbole für den Wunsch, in einer Gesellschaft zu leben, in der einige grundlegende Dinge geteilt werden.

Dieser Wunsch ist nicht neu. In den ersten Jahrzehnten des 19. Jahrhunderts entschloss sich die Linke angesichts eines Systems, das entschlossen war, alles mit einem Preis zu versehen, utopische Gemeinschaften zu bilden, die auf Teilhabe, Kooperation und gemeinsamer Arbeit beruhten. Die meisten dieser Experimente scheiterten, was letzten Endes daran lag, dass alle Güter knapp waren.

Heute sind nicht mehr allzu viele Dinge knapp. Ein Beleg dafür ist, dass die Bewohner einer Stadt wie Istanbul einen Berg kostenloser Nahrung anhäufen können. Die Recyclingcontainer in europäischen Städten sind ein weiterer Beleg dafür: Neben tatsächlichen Abfällen laden die Leute dort brauchbare Kleidung, unversehrte Bücher und funktionierende Elektrogeräte ab: Dinge, die einmal einen Wert hatten, können jetzt nicht mehr verkauft werden, weshalb sie verschenkt werden, um sie wiederzuverwerten oder zu teilen. Die Energie bleibt natürlich knapp, zumindest die auf den fossilen Brennstoffen beruhende Energie, von der wir abhängig sind. Doch das wichtigste Gut des 21. Jahrhunderts ist keineswegs knapp: Informationen sind im Überfluss vorhanden.

Der Fortschritt von der Knappheit zum Überfluss ist eine bedeutsame Entwicklung in der Geschichte der Menschheit und die große Leistung des Kapitalismus in seinem vierten Zyklus. Dieser Fortschritt stellt allerdings eine große Herausforderung für die Wirtschaftstheorie dar. Der Kapitalismus machte uns glauben, der Preismechanismus sei ein natürlich gewachsener, spontaner Bestandteil des Wirtschaftslebens. Jetzt brauchen wir eine Theorie für das Verschwinden dieses Mechanismus.

Zunächst einmal müssen wir das Konzept von Angebot und Nachfrage überwinden. Offensichtlich funktioniert das Wechselspiel von Angebot und Nachfrage: Wenn in Bangladesch mehr Textilfabriken in Betrieb gehen, wird billige Kleidung noch billiger. Und wenn die Polizei kurz vor Öffnung der Diskotheken Drogenhändler verhaftet, steigt der Preis von Ecstasy. Aber Angebot und Nachfrage erklären nur die Schwankungen des Preises. Wenn Angebot und Nachfrage identisch sind, warum liegt der Preis dann nicht bei null? Offensichtlich ist das nicht möglich. In einer normalen kapitalistischen Volkswirtschaft, die auf einem knappen Angebot an Gütern und Arbeitskräften beruht, muss es einen intrinsisch zu begründenden Preis geben, um den der Verkaufspreis schwanken kann. Doch wovon wird dieser Preis bestimmt?

In den vergangenen zwei Jahrhunderten wurden zwei gegensätzliche Antworten auf diese Frage gegeben. Nur eine von ihnen kann richtig sein. Leider ist es nicht die, die an den Wirtschaftsuniversitäten gelehrt wird.

In diesem Kapitel werde ich einen Ansatz verteidigen, der als »Arbeitswerttheorie« bezeichnet wird. Sie ist nicht beliebt, weil sie nicht sehr gut geeignet ist, um die Bewegungen in einem funktionierenden und stabilen Marktsystem zu berechnen und vorauszusagen. Aber angesichts des Aufstiegs des Informationskapitalismus, der die Preismechanismen, die Eigentumsverhältnisse und die Beziehung zwischen Arbeit und Arbeitseinkommen zerstört, ist die Arbeitswerttheorie die einzige Erklärung, die funktioniert. Sie ist die einzige Theorie, mit der wir Modelle entwickeln können, die uns genau zeigen, wo in einer Wissensökonomie Wert erzeugt wird und wo der Wert landet. Die Arbeitswerttheorie zeigt uns, wie wir den Wert in einer

Volkswirtschaft messen können, in der die Maschinen kostenlos gebaut werden können und ewig halten.

Die Arbeit ist die Quelle des Werts

Zwischen all den leer stehenden Geschäftslokalen in der heruntergekommenen Hauptstraße der schottischen Kleinstadt Kirkcaldy gibt es eine Filiale von Greggs, der die Krise nichts anhaben kann. Diese Kette bietet Speisen mit hohem Fettgehalt zu niedrigen Preisen an. Greggs ist eines der wenigen Lokale in Kirkcaldy, in denen zu Mittag emsiges Treiben herrscht. Ein Blick auf die Karte der Armutsverteilung in Schottland zeigt uns, wie wir dieses Phänomen einordnen müssen: In dem Städtchen gibt es einige Viertel, deren Bewohner unter extremem Mangel und schlechter Gesundheit leiden.[1]

An der Mauer des Hauses, in dem die Greggs-Filiale untergebracht ist, hängt eine Gedenktafel: In diesem Haus schrieb Adam Smith *Der Wohlstand der Nationen*. Kaum jemandem fällt die Tafel auf. Doch an diesem Ort wurden im Jahr 1776 die wirtschaftlichen Prinzipien des Kapitalismus formuliert. Ich bezweifle, dass Smith Gefallen am heutigen Aussehen seiner von der Deindustrialisierung verwüsteten und von Niedriglöhnen und chronischer Krankheit gezeichneten Heimatstadt finden würde. Aber er hätte die Ursache der Malaise verstanden. Denn wie Smith erklärte, ist die Arbeit die Quelle allen Wohlstands.

Smith schrieb: »Nicht mit Gold oder Silber, sondern mit Arbeit wurde aller Reichtum dieser Welt letztlich erworben. Und sein Wert ist für die Besitzer, die ihn gegen neue Güter austauschen möchten, genau gleich der Arbeitsmenge, die sie damit kaufen oder über die sie mit seiner Hilfe verfügen können.«[2] Dies ist die klassische Arbeitswerttheorie: Sie besagt, dass die Arbeit, die eingesetzt werden muss, um ein Gut zu erzeugen, den Wert dieses Guts bestimmt.

Das ist auf eine grundlegende Art folgerichtig. Wenn man ein Wasserrad lange genug studiert, versteht man, welche physikalischen Kräfte hier am Werk sind. Wenn man Arbeitern zusieht, die dreizehn Stunden am Tag in einer Maschinenwerkstatt schwitzen (genau das tat Smith), versteht man, dass die Arbeiter und nicht die Maschinen den Mehrwert erzeugen.[3]

In den herkömmlichen Lehrbüchern liest man, Smith habe die Arbeitswerttheorie nur auf primitive Gesellschaften angewandt. Im Kapitalismus sei der »Wert« das gemeinsame Produkt von Löhnen, Arbeit und Boden.

Das ist falsch.[4] Die Arbeitswerttheorie von Adam Smith ist nicht schlüssig, aber bei einer sorgfältigen Lektüre von *Der Wohlstand der Nationen* wird klar, was er meinte: Die Arbeit ist die Quelle des Werts, den der Markt jedoch nur ungefähr wiedergeben kann. Auf dem Markt wird der Wert durch »Aushandeln und Feilschen« bestimmt, wie Smith es ausdrückt.[5] In einer ausgereiften kapitalistischen Wirtschaft arbeitet das Gesetz also unter der Oberfläche. Profite und wirtschaftliche Renten werden vom Wert abgeleitet, den die Arbeit erzeugt.

David Ricardo, der einflussreichste Ökonom des frühen 19. Jahrhunderts, entwickelte ein umfassenderes Modell. Sein im Jahr 1817 veröffentlichtes Hauptwerk verankerte die Arbeitswerttheorie so fest im Bewusstsein der damaligen Gesellschaft, wie die Theorie von Angebot und Nachfrage in unserem Bewusstsein verankert ist. Ricardo, der den Siegeszug des Fabriksystems miterlebte, spottete über die Vorstellung, die Maschinen könnten die Quelle wachsenden Wohlstands sein. Die Maschinen, erklärte er, übertrügen lediglich ihren Wert auf das Produkt. Nur die Arbeit füge neuen Wert hinzu.

Die Bedeutung der Maschinen besteht demnach darin, dass sie die Produktivität erhöhen.[6] Wenn man ein Produkt auch mit geringerem Arbeitsaufwand erzeugen kann, sollte es billiger und profitabler sein. Wenn man den für die Produktion von Hüten nötigen Arbeitseinsatz verringern kann, erklärt Ricardo, so wird ihr Preis »schließlich auf ihren neuen natürlichen Preis fallen, obgleich die Nachfrage verdoppelt, verdreifacht oder vervierfacht sein würde«.[7]

Ricardos Nachfolger machten die Arbeitswerttheorie zur theoretischen Grundlage des Industriekapitalismus. Sie wurde benutzt, um den Profit zu rechtfertigen, der die Belohnung für die Arbeit des Fabrikbesitzers war. Sie wurde benutzt, um den Landadel anzugreifen, der von den wirtschaftlichen Renten lebte, anstatt zu arbeiten. Und sie wurde benutzt, um die Forderungen der Arbeiter nach einer Verringerung der Arbeitszeit und nach dem Recht auf gewerkschaftliche Organisation mit dem Argument abzuschmettern, dies würde den Preis der Arbeit auf ein »künstliches« Niveau heben, womit ein Niveau über dem Minimum gemeint war, das für Nahrung, Kleidung und ein Dach über dem Kopf benötigt wurde.

Trotz ihres ultrakapitalistischen Grundgedankens erwies sich die Arbeitswerttheorie jedoch als subversives Konzept. Sie warf die Frage auf, wer Anspruch worauf hatte, und hier waren die Fabrikbesitzer augenblicklich im Hintertreffen. In den ersten Gewerkschaftsgruppen, die sich im Kerzenlicht der Kneipen versammelten, fand David Ricardo plötzlich eine ganz neue Anhängerschaft.

Die Arbeiterintellektuellen, die sich um das Jahr 1820 mit seiner Theorie beschäftigten, erkannten deren revolutionäre Tragweite: Wenn die Arbeit die Quelle allen Wohlstands ist, muss die Frage legitim sein, wie dieser Wohlstand verteilt werden sollte. Wenn klar ist, dass die Aristokratie in Form wirtschaftlicher Renten parasitär von der produktiven Wirtschaft lebt, kann man auch sagen, dass die Kapitalisten Parasiten sind, die von der Arbeit anderer leben. Der Beitrag der Kapitalisten wird benötigt, aber es sieht so aus, als wäre das Fabriksystem so ausgelegt, dass es ihnen einen übermäßig hohen Anteil am Ertrag der Arbeit sichert.

»Der Kapitalist kann seinen Anspruch auf einen Anteil an den Erzeugnissen nur mit dem Wissen, den Fähigkeiten und der Arbeit begründen, die erforderlich sind, um eine Fabrik aufzubauen«, schrieb Thomas Hodgskin, ein Marineoffizier, der sich dem Sozialismus zugewandt hatte, im Jahr 1825.[8]

Während die Untergrundgewerkschaften die Doktrin vom »ricardianischen Sozialismus« verbreiteten, schwand die Begeisterung der Fabrikbesitzer für die Arbeitswerttheorie. Als die britische Mittelschicht im Jahr 1832 das Wahlrecht erhielt, brauchten die Kapitalisten keine Theorie mehr, um das System zu rechtfertigen. Löhne, Preise und Profite waren nicht länger ein Untersuchungsgegenstand für die Sozialwissenschaften: Sie waren einfach da und konnten beschrieben und gemessen werden. Ricardo kam aus der Mode, ersetzt wurden seine Erkenntnisse jedoch nur durch theoretische Verwirrung.[9]

Dass die Volkswirtschaftlehre Mitte des 19. Jahrhunderts auf »Beschreibung und Zählung« reduziert wurde, hat eine Entsprechung in den Naturwissenschaften. Charles Darwin formulierte seine Evolutionstheorie im Jahr 1844, Alfred Russel Wallace stellte unabhängig von ihm drei Jahre später sein eigenes Evolutionskonzept fertig. Diese Theorie hatte so gewaltige

Auswirkungen – im Wesentlichen entkräftete sie den Schöpfungsmythos –, dass sich die beiden Forscher erst einmal zurückzogen und sich darauf beschränkten, Proben »zu sammeln, zu benennen und zu kategorisieren«. Erst im Jahr 1858 gingen beide plötzlich mit einer weltbewegenden Theorie in die Öffentlichkeit.

In der Ökonomie lieferte Karl Marx die weltbewegende Theorie. Es wird oft behauptet, Marx habe auf den Theorien von Smith und Ricardo aufgebaut. In Wahrheit brachte er sie zum Einsturz. Er beschrieb sein Projekt als Kritik der politischen Ökonomie, das heißt als Kritik an Smith, Ricardo, den ricardianischen Sozialisten, den liberalen Moralisten und den Erbsenzählern. Lange bevor sich die Mainstream-Ökonomen ab den siebziger Jahren des 19. Jahrhunderts dazu durchrangen, bezeichnete er Ricardos Version der Arbeitswerttheorie als Durcheinander. Er würde sie vollkommen neu schreiben müssen.

Trotz aller Mängel der Arbeitswerttheorie erkannte Marx, dass sie erklären konnte, wie der Kapitalismus funktionierte – und warum er eines Tages möglicherweise nicht mehr funktionieren würde. Seine Version der Theorie ist schlüssig und hat sich bewährt. Tausende Wissenschaftler mit einem Lehrstuhl, darunter einige weltweit anerkannte Gelehrte, halten sie für korrekt. Das Problem ist, dass nur wenige von ihnen Wirtschaftswissenschaften unterrichten dürfen.

Die Arbeitswerttheorie in Zahlen

Wenn ein Einkäufer des Textil-Discounters Primark 100 000 T-Shirts bei einer Fabrik in Bangladesch bestellt, ist dies eine Transaktion. Wenn eine Arbeiterin jeden Morgen in dieser Fabrik zur Arbeit erscheint und dafür einen Monatslohn von 68 Dollar erhält, ist das ebenfalls eine Transaktion.[10] Und auch wenn sie ein Fünftel ihres Tageslohns für ein Kilo Reis ausgibt,[11] ist das eine Transaktion.

Wenn wir Transaktionen abschließen, haben wir eine grobe Vorstellung vom Wert des Produkts, das wir kaufen. Wenn die Arbeitswerttheorie richtig ist, bestimmen wir, ohne uns allzu viele Gedanken darüber zu machen, den Wert ausgehend von einer Schätzung des menschlichen Arbeitsaufwands, den dieses Produkt oder diese Dienstleistung enthält.

Es folgt eine kurze, vereinfachte Erklärung der Arbeitswerttheorie. Es gibt ausführliche, komplizierte Versionen, aber um uns eine Vorstellung davon machen zu können, wie der Postkapitalismus funktionieren könnte, genügt es, die Grundlagen zu verstehen.

Der Wert eines Wirtschaftsguts kann anhand des durchschnittlichen Arbeitsaufwands bestimmt werden, der notwendig ist, um dieses Gut zu erzeugen.[12] Der Wert hängt nicht von der *tatsächlichen* Zahl der Arbeitsstunden ab, sondern von den in einer Industrie oder Volkswirtschaft festgelegten »gesellschaftlich notwendigen« Arbeitsstunden. Die grundlegende Berechnungseinheit kann also als »gesellschaftlich notwendige Arbeitszeit« zusammengefasst werden. Wenn wir wissen, wie viel eine Stunde einfacher Arbeit kostet – in Bangladesch liegt der Mindestlohn bei etwa 0,28 US-Dollar pro Stunde –, können wir den Wert in Geld ausdrücken. Aber ich werde bei den Arbeitsstunden bleiben.

Zwei Dinge tragen zum Wert eines Wirtschaftsguts bei: (a) die im Produktionsprozess geleistete Arbeit (diese beinhaltet Marketing, Forschung, Entwicklung usw.) und (b) alles Übrige, was man braucht, um Waren herzustellen (Maschinen, Anlagen, Rohstoffe, Transport usw.). Beides kann anhand der darin enthaltenen Arbeitszeit gemessen werden.

Die Arbeitswerttheorie behandelt Maschinen, Energie und Rohstoffe als »vergegenständlichte« Arbeit und überträgt ihren Wert auf das neue Produkt. Wenn es insgesamt dreißig Minuten gedauert hat, die für ein Kleidungsstück benötigte Baumwolle anzubauen, zu ernten, zu spinnen, zu weben und zu transportieren, so wird dieser Wert auf das fertige T-Shirt übertragen. Bei Maschinen und anderen großen Investitionsgütern erfordert der Prozess jedoch Zeit: Sie übertragen ihren Wert in kleinen Happen. Wenn also Arbeit im Wert von einer Million Stunden erforderlich war, um die Maschine zu bauen, und wenn diese Maschine im Lauf ihres Lebens eine Million T-Shirts produziert, fließt eine Stunde des Werts der Maschine in jedes T-Shirt ein.

Die tatsächlich im Produktionsprozess aufgewandte Arbeit behandeln wir als einen neuen Wert, der durch das hinzugefügt wird, was Marx als »lebendige Arbeit« bezeichnete.

Dieser Mechanismus – die Arbeitszeit bestimmt die Menge an neuem

Wert – läuft auf einer tieferen Ebene ab, unsichtbar für Arbeiter, Manager, Einkäufer und die Leute, die am Ende bei Primark Shoppen gehen. Wenn wir einen Preis aushandeln, wirken sich eine Vielzahl anderer Faktoren darauf aus: Angebot, Nachfrage, kurzfristiger Nutzen, die Gelegenheit, die wir uns entgehen lassen, wenn wir das Produkt nicht kaufen, die Kosten, die uns entstehen, weil wir Geld ausgeben, anstatt es zu sparen. Adam Smith fasste all diese Faktoren mit dem Wort »Feilschen« zusammen. Aber insgesamt ist der Preis sämtlicher Produkte und Dienstleistungen, die auf einem Markt verkauft werden, lediglich ein monetärer Ausdruck dafür, wie viel Arbeit aufgewendet wurde, um sie zu erzeugen.

Das Problem ist, dass wir erst im Nachhinein wissen, ob wir den richtigen Preis bezahlt haben. Der Markt funktioniert wie eine riesige Rechenmaschine, die den belohnt, der die gesellschaftlich notwendigen Kosten richtig errät, und den bestraft, der zu viel Arbeit aufgewendet hat.

Die Preise weichen immer vom zugrundeliegenden Wert der Dinge ab, letzten Endes werden sie jedoch von ihm bestimmt. Und der Wert wird von der Menge an Arbeit bestimmt, die erforderlich war, um ein Wirtschaftsgut zu erzeugen.

Aber wovon hängt der Wert der Arbeit ab? Vom Arbeitseinsatz anderer Menschen, das heißt von der durchschnittlichen Arbeitsmenge, die aufgewandt werden muss, um den arbeitsfähigen Arbeiter zum Fabriktor zu bringen. Das beinhaltet die Arbeit, die in die Erzeugung der von ihm konsumierten Nahrung und Elektrizität, der von ihm getragenen Kleidung und – mit zunehmender Entwicklung – der durchschnittlichen Menge an Schul- und Berufsbildung, medizinischer Versorgung und Freizeit geflossen ist, die er benötigt, um arbeiten zu können.

Natürlich sind die durchschnittlichen Kosten einer Arbeitsstunde von einem Land zum anderen unterschiedlich. Diese Unterschiede sind einer der Gründe dafür, dass Unternehmen ihre Produktion ins Ausland verlegen. Die Betreuung in einem Betriebskindergarten in Bangladesch kostet weniger als einen halben Dollar am Tag, während ein Kindermädchen in New York 15 Dollar pro Stunde kostet. Im vergangenen Jahrzehnt sind die Produktionsstätten aufgrund der steigenden Löhne in China von dort nach Bangladesch verlegt worden, obwohl die Produktivität in diesem Land geringer ist. Die Arbeit war in Bangladesch eine Weile so billig, dass die Ersparnis die Ineffizienz wettmachte.[13]

Woher kommt also der Profit? Die Arbeitswerttheorie betrachtet den Profit nicht als Diebstahl, sondern als Übervorteilung. Im Durchschnitt entspricht der Monatslohn eines Arbeiters tatsächlich der Menge an Arbeit, die andere aufwenden müssen, um seinen Bedarf an Nahrung, Energie und Kleidung zu decken. Aber der Arbeitgeber verdient mehr. Er kann den tatsächlichen Wert der acht Stunden bezahlen, die sein Beschäftigter gerade gearbeitet hat. Es kann jedoch sein, dass dieser tatsächliche Wert nur vier Stunden sind.

Diese mangelnde Übereinstimmung zwischen In- und Outputs der menschlichen Arbeit ist der Kern der Theorie. Sehen wir uns ein Beispiel an.

Die Arbeiterin Nazma erklärt sich bereit, in einer Textilfabrik in Bangladesch für einen Lohn zu arbeiten, der genügt, um einen Monat lang Nahrung, Miete, Transport, Strom, Freizeitvergnügen usw. zu bezahlen und noch ein wenig Geld zur Seite zu legen. Nazma würde gerne mehr verdienen, aber die Löhne für Fabrikarbeit bewegen sich innerhalb einer relativ schmalen Bandbreite, weshalb der Arbeiterin durchaus klar ist, welchen durchschnittlichen Stundenlohn sie mit ihren Fähigkeiten erzielen kann.

Ihr Arbeitgeber kauft aber nicht ihre Arbeit *an sich*. Er kauft ihre Arbeits*tauglichkeit*.

Wenn wir für einen Augenblick das Geld vergessen und alles in »notwendigen Arbeitsstunden« messen, beginnen wir zu begreifen, wie Profit erzielt wird. Wenn dreißig Arbeitsstunden anderer, über sämtliche Wirtschaftsbereiche verteilter Menschen erforderlich sind, um Nazma an sechs Wochentagen arbeitstauglich zum Fabriktor zu bringen – gemeint sind die Arbeitsstunden, die erforderlich sind, um Nazmas Nahrung, Kleidung, Strom, Kinderbetreuung, Unterkunft usw. zu erzeugen –, und wenn Nazma sechzig Stunden pro Woche arbeitet, dann ist der Output ihrer Arbeit doppelt so hoch wie der Input. Die Differenz streicht ihr Arbeitgeber ein. Die an sich durchaus faire Transaktion hat also ein unfaires Ergebnis. Das ist, was Marx als »Mehrwert« bezeichnet. Der Mehrwert ist die Quelle des Profits.

Man kann es auch anders ausdrücken: Die Arbeit ist einzigartig. Unter allen Dingen, die wir kaufen und verkaufen, ist die Arbeit das Einzige, was Wert hinzufügen kann. Die Arbeit ist nicht einfach der Maßstab des Werts, sondern die Quelle, aus der der Profit geschöpft wird.

Dass diese Einschätzung zutrifft, zeigt sich daran, dass die Kapitalisten jede Gelegenheit nutzen, Arbeitskräfte kostenlos auszunutzen – sei es im amerikanischen Gefängnissystem oder in den nationalsozialistischen Konzentrationslagern. Einen weiteren Beleg liefert die Tatsache, dass die Manager überall dort, wo sie darauf angewiesen sind, die Arbeit unter ihrem Durchschnittswert zu bezahlen – wie zum Beispiel während des Aufstiegs der chinesischen Exportindustrie –, dazu übergehen, die Inputs kollektiv bereitzustellen: Schlafsäle, Uniformen und Kantinen. Die Arbeit von Menschen, die in Baracken wohnen, kostet sehr viel weniger als im gesellschaftlichen Durchschnitt, der den Lebenshaltungskosten eines Haushalts entspricht – und natürlich sind die Arbeitskräfte in der Baracke leichter zu disziplinieren.

Doch warum sollte ich sechzig Stunden arbeiten, wenn der reale wöchentliche Wert meiner Arbeit dem von dreißig Arbeitsstunden anderer Menschen entspricht? Die Antwort: Der Arbeitsmarkt ist nie frei. Er ist durch Zwang entstanden und wird täglich mit Gesetzen, Vorschriften, Verboten, Geldbußen und Angst vor der Arbeitslosigkeit stabilisiert.

In der Entstehungszeit des Kapitalismus wurden den Arbeitern Arbeitstage aufgezwungen, die durchschnittlich vierzehn Stunden oder länger dauerten – und zwar nicht nur Erwachsenen, sondern auch achtjährigen Kindern. Es wurde ein striktes System zur Einhaltung der Arbeitszeit etabliert: rationierte Toilettenzeit, Geldbußen für Zuspätkommen, für Produktmängel oder Unterhaltungen am Arbeitsplatz, strenge Überwachung der Arbeitszeiten und gnadenlose Fristen. Überall, wo das Fabriksystem neu eingeführt wurde, sei es in Lancashire im letzten Jahrzehnt des 18. oder in Bangladesch im letzten Jahrzehnt des 20. Jahrhunderts, wurde ein solches Zwangssystem errichtet.

Selbst in hochentwickelten Ländern beruht das Funktionieren des Arbeitsmarkts auf unverhohlenem Zwang. Man muss sich nur die Politiker anhören, die über den Sozialstaat sprechen: Arbeitslosengeld und Berufsunfähigkeitsrenten sollen gekürzt werden, um die Menschen zu zwingen, Jobs anzunehmen, die so schlecht bezahlt sind, dass man nicht davon leben kann. Nirgendwo sonst zwingt uns der Staat zur Beteiligung am Markt; niemand sagt uns: »Du musst Schlittschuhlaufen gehen, oder die Gesellschaft wird zusammenbrechen.«

Die Lohnarbeit ist das Fundament des Systems. Wir akzeptieren sie, weil derjenige, der nicht gehorcht, auch nicht essen wird. Unsere Vorfahren lernten das auf schmerzhafte Art.

Daher ist unsere Arbeit kostbar. Wer Zweifel daran hat, sollte sich einmal die Arbeit im Umschlagzentrum eines Internet-Einzelhändlers oder in einem Callcenter oder den Einsatzplan eines Mitarbeiters einer Heimpflegefirma ansehen. Die Arbeit ist eingeteilt und organisiert, als wären die Minuten Gold wert – und tatsächlich sind sie es für den Arbeitgeber. Auf der Ebene des Arbeitsmarkts, wo hochwertige Kenntnisse gefordert und hohe Gehälter bezahlt werden, wird der Zwang natürlich nicht mit Zeitplänen oder Disziplin ausgeübt, sondern mit Zielvorgaben und Qualitätskontrollen.

Die Arbeitswerttheorie hält noch mehr für uns bereit, aber für einen Augenblick können wir es bei diesen Erkenntnissen belassen. Wir wissen bereits genug, um diese Theorie mit den Werkzeugen zu attackieren, die man in der Bibliothek jeder wirtschaftswissenschaftlichen Fakultät findet.

Einige legitime Einwände …

Ich will Ihnen erklären, warum ich die Arbeitswerttheorie mag. Sie behandelt den Profit so, als würde er an einem zentralen Ort des Kapitalismus erzielt: nicht auf dem Markt, sondern am Arbeitsplatz. Und sie behandelt eine unserer grundlegenden alltäglichen Aktivitäten – die Arbeit – so, als wäre sie von wirtschaftlicher Bedeutung. Aber es gibt eine lange Liste legitimer Einwände gegen die Arbeitswerttheorie. Fangen wir an.

Frage: *Warum brauchen wir überhaupt eine »Theorie«? Warum begnügen wir uns nicht mit den Tatsachen, mit den BIP-Daten, den Unternehmensbilanzen, den Börsenindizes usw.?*

Antwort: Weil wir Veränderungen erklären wollen. Die Wissenschaft beschränkt sich nicht darauf, Schmetterlinge fein säuberlich in einem Glaskasten aufzureihen, sondern sie will herausfinden, warum sich jede Spezies geringfügig von den anderen unterscheidet. Wir wollen wissen, warum im Verlauf von Millionen Wiederholungen ihres normalen Lebenszyklus kleine Variationen auftreten, die plötzlich zu einer massiven Veränderung führen.

Mit Theorien können wir die Realität beschreiben, die wir nicht sehen können. Und Theorien ermöglichen uns Voraussagen. Alle Zweige der Wirtschaftswissenschaft akzeptieren, dass sie notwendig sind. Angesichts der Schwierigkeit, eine Theorie zu entwickeln und sich mit ihren Auswirkungen auseinanderzusetzen, wandte sich die Ökonomie jedoch Ende des 19. Jahrhunderts von der wissenschaftlichen Methode ab.

Frage: *Warum kann man Wert, Mehrwert und Arbeitszeit nicht »sehen«? Sind sie nicht nur ein geistiges Konstrukt? Schließlich tauchen sie in den Bilanzen der Unternehmen nicht auf und werden von den Volkswirten nicht erfasst.*

Antwort: Man könnte es auch raffinierter ausdrücken und wie die Cambridge-Ökonomin Joan Robinson erklären, die Arbeitswerttheorie sei »metaphysisch« – sie sei ein geistiges Konstrukt, dessen Richtigkeit unmöglich widerlegt werden könne. Dasselbe sagte Robinson auch über den »Nutzen«, das zentrale Konzept der herkömmlichen Ökonomie, wobei sie jedoch einräumte, Metaphysik sei besser als gar nichts.[14]

Aber die Arbeitswerttheorie ist mehr als Metaphysik. Es ist richtig, dass sie auf einer abstrakten Ebene arbeitet: Teile der Realität werden herausgefiltert. Beispielsweise ist sie ein Modell eines reinen Kapitalismus, in dem jedermann für einen Lohn oder ein Gehalt arbeitet – es gibt also keine Sklaven, keine Bauern, keine Gangster und keine Bettler. Diese Theorie beschreibt einen Prozess, der »hinter dem Rücken« der wirtschaftlichen Akteure stattfindet: Niemand kann berechnen, ob sie mehr oder weniger als die erforderliche Arbeitszeit aufwenden – obwohl es für das Produktivitätsmanagement unverzichtbar geworden ist, diesen Aufwand annähernd richtig einzuschätzen.

In der Arbeitswerttheorie ist der Markt der Übertragungsmechanismus zwischen diesem tiefen, unergründlichen Prozess und dem Ergebnis, das an der Oberfläche zu sehen ist. Nur der Markt kann die individuellen Entscheidungen zu einer Gesamtwirkung verschmelzen, nur der Markt kann uns sagen, welches die gesellschaftlich notwendige Arbeitszeit ist. In diesem Sinn ist die Arbeitswerttheorie die beste Markttheorie, die je formuliert wurde. Sie sieht im Markt und nur im Markt den Mechanismus, der die zugrundeliegende Realität greifbar macht.

Ja, diese Theorie ist abstrakt, aber sie ist nicht abstrakter als Adam Smith' »unsichtbare Hand« oder Einsteins allgemeine Relativitätstheorie, die im Jahr 1916 formuliert, aber erst in den sechziger Jahren empirisch bewiesen wurde.

Bleibt die Frage: Kann die Arbeitswerttheorie bewiesen werden? Könnte man sie mit empirischen Sachverhalten infrage stellen? Wird sie die Nagelprobe bestehen, die der Philosoph Karl Popper vorgeschlagen hat? Diese Probe sieht so aus: Wenn eine einzige Beobachtung der Theorie widerspricht, ist sie falsch.

Sie wird diese Nagelprobe bestehen – sofern wir die gesamte Theorie verstehen. Wenn man sagen könnte, dass der Kapitalismus keine Krisen kennt, wäre die Arbeitswerttheorie falsch. Wenn man beweisen könnte, dass der Kapitalismus ewig Bestand haben wird, wäre sie ebenfalls falsch. Der Grund ist, dass die Arbeitswerttheorie (wie wir gleich sehen werden) gleichzeitig einen regelmäßigen zyklischen Prozess und einen Prozess beschreibt, der langfristig zum Zusammenbruch führt.

Frage: *Warum brauchen wir eine solche Abstraktion? Kann die Theorie nicht entwickelt werden, indem man Daten sammelt und auswertet? Warum sollte man die konkrete Welt der Mainstream-Ökonomie überlassen?*

Antwort: Zunächst die Antwort auf den letzten Teil der Frage: Das sollte man nicht. Marx begriff, dass eine schlüssige Arbeitswerttheorie die konkrete Realität beschreiben musste. Er machte sich daran, das abstrakte Modell in eine konkretere Beschreibung der Realwirtschaft umzuformen. Dazu entwickelte er im zweiten Band von *Das Kapital* ein auf zwei Sektoren (Konsum und Produktion) beruhendes Wirtschaftsmodell und führte im dritten Band ein Bankensystem ein. Zudem versuchte er zu zeigen, wie die grundlegenden Werte auf der konkreten Ebene in Preise umgewandelt werden.

Seine Darstellung dieses sogenannten »Transformationsproblems« ist nicht schlüssig, was eine hundertjährige Debatte über die Frage auslöste, ob die Theorie widersprüchlich ist. Da ich kein Lehrbuch über den Marxismus schreiben, sondern die Theorie auf eine spezifische Frage anwenden will, werde ich diese Debatte hier beiseitelassen. Ich beschränke mich auf den Hinweis, dass die »Transformationsdebatte« von einer Gruppe von Vertretern der »Temporal Single System Interpretation« (zu meiner Zufriedenheit) beendet worden ist.*

Entscheidend ist, dass die Arbeitswerttheorie selbst in ihrer schlüssigen

* Sie zeigen, dass die angeblichen logischen Inkonsistenzen in den Berechnungen von Marx verschwinden, wenn man versteht, dass dieser Prozess nicht – wie in einer einzelnen Spalte einer Tabellenkalkulation – simultan abläuft, sondern im Lauf der Zeit stattfindet.

Form ungeeignet ist, Preisbewegungen zu messen und vorauszusagen. Aber sie hilft uns zu verstehen, was Preisbewegungen *sind.* Diese Theorie gehört zu jener Art von Ideen, die Einstein als »Prinzipientheorien« bezeichnete: Solche Theorien dienen dazu, das Wesen der Realität in einer einfachen Aussage zusammenzufassen, die von der Alltagserfahrung losgelöst sein kann. Einstein zufolge ist es das Ziel der Wissenschaft, die Zusammenhänge zwischen allen messbaren Daten »in ihrer Gesamtheit« zu erfassen, und zwar »anhand einer möglichst geringen Zahl primärer Konzepte und Beziehungen«. Er wies darauf hin, dass diese Grundkonzepte umso weiter von den Daten entfernt seien, je klarer und logischer sie seien.[15]

Selbstverständlich war Einstein überzeugt, dass sich die Richtigkeit einer Theorie daran zeigt, dass sie die Erfahrung richtig voraussagen kann. Aber die Beziehung zwischen Theorie und Erfahrung kann nur intuitiv verstanden werden.

Aus Gründen, die wir noch behandeln werden, entwickelte sich die Mainstream-Ökonomie zu einer Pseudowissenschaft, die nur Aussagen erlaubt, die auf der Datenauswertung beruhen. Das Ergebnis ist eine Ansammlung von Lehrbüchern, die sich gegenseitig bestätigen, aber ungeeignet sind, die Realität zu beschreiben und vorauszusagen.

Frage: *Ist die Arbeitswerttheorie nicht übermäßig ideologisch? Ist sie nicht zu feindselig gegenüber dem Kapitalismus, um einen Nutzen zu haben?*

Antwort: Ja, das ist ein Problem. Die ideologische Auseinandersetzung, die seit den siebziger Jahren des 19. Jahrhunderts in der Wirtschaftswissenschaft tobt, ist eine Unterhaltung zwischen Kontrahenten, die beide nicht stumm, aber taub sind. Wir stehen also vor der Aufgabe, die Ungereimtheit der Mainstream-Ökonomie und die mangelnde Konkretheit des Marxismus zu überwinden.

Linke Ökonomen tun die Mainstream-Ökonomie häufig als »nutzlos« ab, aber sie haben unrecht. Sofern man versteht, wo sie an ihre Grenzen stößt, passt die herkömmliche Preistheorie sehr gut zu den oberflächlichen Ergebnissen der grundlegenden Prozesse, die von der Arbeitswerttheorie beschrieben werden.

Das Problem ist, dass die Mainstream-Ökonomie ihre eigenen Grenzen nicht versteht. Je umfassender sie als akademische Disziplin eine abstrakte, statische und unveränderliche Realität beschreibt, desto weniger begreift sie die Veränderung. Sehen wir uns an, woran das liegt. Dazu müssen wir uns mit der wichtigsten Quelle des Wandels im Kapitalismus beschäftigen, mit jener Kraft, die den Preis teurer Dinge senkt und mittlerweile begonnen hat, einige Dinge kostenlos zu machen: mit der Produktivität.

Die Produktivität in der Arbeitswerttheorie

Die Arbeitswerttheorie besagt, dass die Produktivität auf zwei Arten erhöht werden kann. Erstens kann man die Arbeitskräfte besser ausbilden. Die Tätigkeit eines Facharbeiters, der eine Metallpresse zu bedienen gelernt hat, ist wertvoller als die Arbeit eines ungeschulten Mannes, der vom Arbeitsamt geschickt wurde. Das liegt entweder daran, dass der Facharbeiter eine einfache Tätigkeit schneller und mit besseren Ergebnissen erledigen kann, oder daran, dass er eine anspruchsvolle Aufgabe bewältigen kann, die den ungeschulten Arbeiter überfordert.

Die Kosten von Facharbeitern steigen allerdings durch die Ausbildung normalerweise proportional zur Erhöhung der Produktivität: Ihre Arbeit ist mehr wert, weil andere mehr Arbeit aufwenden mussten, um sie zu erzeugen. Beispielsweise sind die Durchschnittseinkommen von Hochschulabsolventen in den OECD-Ländern mehr als doppelt so hoch wie die von Arbeitskräften, die nur eine Grundbildung haben, und sechzig Prozent höher als die von Arbeitskräften, die lediglich eine »höhere Schulbildung« abgeschlossen haben.[16]

Zweitens kann man die Produktivität durch die Einführung neuer Maschinen, durch eine Reorganisation des Produktionsprozesses oder durch eine neue Erfindung erhöhen. Zumeist steigt die Produktivität auf diese Art. Marx beschreibt den Prozess so:

Eine Arbeitsstunde erhöht den Wert des erzeugten Produkts um den Wert einer Stunde. Eine Erhöhung der Produktivität verringert also den im Produkt enthaltenen Wert.

Nehmen wir an, eine Fabrik erzeugt 10 000 Kleidungsstücke am Tag. Nehmen wir weiter an, die Fabrik hat 1000 Arbeiter, die in der Lage sind, durchschnittlich zehn Stunden täglich zu arbeiten. Somit fließen 10 000 Stunden »lebendiger« Arbeit in den täglichen Output ein. Nehmen wir an, dass die tägliche Produktion zusätzlich 10 000 Stunden an »vergegenständlichter« Arbeit enthält: Abnutzung der Maschinen, Verbrauch von Energie, Textilien und anderer Rohmaterialien, Transport usw. Für die tägliche Gesamtproduktion der Fabrik werden daher 20 000 Arbeitsstunden aufgewandt (je eine Hälfte »lebendige« und »vergegenständlichte« Arbeitszeit). Jedes Kleidungsstück enthält also zwei Stunden Arbeitszeit. Daher sollte es auf dem Markt für den monetären Gegenwert von zwei Arbeitsstunden gehandelt werden.

Nehmen wir nun an, dass ein Verfahren eingeführt wird, das die Arbeitsproduktivität verdoppelt. In eine Charge von 10 000 Kleidungsstücken fließt weiterhin etwa dieselbe Menge an vergegenständlichter Arbeit ein (10 000 Stunden in diesem Beispiel). Aber die Komponente der lebendigen Arbeit wird auf 5000 Stunden verringert. Jetzt enthält jedes Kleidungsstück nur noch 1,5 Stunden Arbeitszeit.

Der Markt belohnt das Unternehmen wie folgt für die Innovation: Wenn es das erste Unternehmen ist, das die Neuerung einführt, kommen die Produkte auf einen Markt, auf dem die gesellschaftlich notwendige Arbeitszeit für ihre Erzeugung weiterhin bei 20 000 Stunden liegt. Dies ist der Preis, den das Unternehmen auf dem Markt erhalten sollte. Es hat jedoch nur 15 000 Stunden für die Produktion aufgewandt. So streicht das Unternehmen den infolge des Produktivitätsgewinns erhöhten Profit ein, der dem Kostenunterschied zwischen zwei und anderthalb Arbeitsstunden entspricht. Alternativ kann der Fabrikbesitzer die Preise senken und seinen Marktanteil erhöhen. Im Lauf der Zeit wird die gesamte Branche die Innovation kopieren, wodurch sich der normale Preis des Produkts bei 1,5 Stunden Arbeitszeit pro Kleidungsstück einpendeln wird.*

Das bringt uns zum entscheidenden Punkt. Um die Produktivität zu steigern, erhöhen wir den »Maschinenwert« im Verhältnis zum Wert der lebendigen menschlichen Arbeit. Wir verdrängen Menschen aus dem Pro-

* Ein Bestandteil von Marx' Theorie scheint dem gesunden Menschenverstand zu widersprechen: Muss eine Erhöhung der Produktivität nicht auch die »Qualität« der Arbeit erhöhen? Fast alle neuen Maschinen und Umgestaltungen des Arbeitsplatzes verleihen unserer Arbeit eine neue Qualität. Aber wenn man darauf beharrt, dass der Wert der Arbeit nicht von Produktivitätszuwächsen beeinflusst wird, sagt man lediglich, dass die Produktivität nicht durch eine Änderung der Qualität der Arbeit an sich, sondern durch *Maschinen, Managementtechniken und Wissen* erhöht wird. Sie erhöhen die Wirksamkeit der menschlichen Arbeit, aber diese bleibt im Grunde unverändert.

duktionsprozess und steigern kurzfristig – auf der Ebene des Unternehmens oder des Sektors – die Profite. Da die Arbeit jedoch die einzige Quelle zusätzlichen Werts darstellt, gib es weniger Arbeitskräfte und mehr Maschinen, sobald eine Innovation im gesamten Wirtschaftszweig eingeführt und ein neuer, niedrigerer gesellschaftlicher Durchschnitt festgelegt worden ist. Der Teil der Unternehmenstätigkeit, der den Mehrwert erzeugt, ist geschrumpft. Und wird nicht gegengesteuert, so wird dies die Profitrate des Sektors senken.

Innovation, die sich aus der Notwendigkeit ergibt, die Kosten zu senken, die Produktivität zu erhöhen und die Ressourcen bestmöglich zu nutzen, erhöht den materiellen Wohlstand. Und sie kann zu einem Anstieg der Profite führen. Aber hat sich eine Innovation einmal durchgesetzt, so erzeugt sie notwendigerweise eine »Tendenz der fallenden Profitrate« – sofern der Rückgang nicht durch andere Faktoren ausgeglichen wird.

Der von Marx postulierten »Tendenz der fallenden Profitrate« haftet eine Aura des drohenden Untergangs an, aber in Wahrheit ist sie keine Katastrophe für den Kapitalismus. Wie wir in Kapitel 3 gesehen haben, sind die ausgleichenden Faktoren normalerweise stark genug, um die Auswirkungen des sinkenden Arbeitsanteils auszugleichen – in erster Linie durch die Schaffung neuer Sektoren, in denen höherwertige Inputs erforderlich sind –, sei es in Form von höherwertigen Wirtschaftsgütern oder durch die Schaffung von Dienstleistungssektoren.

Im von Marx skizzierten klassischen Modell des Kapitalismus erhöht das Streben nach höherer Produktivität den materiellen Wohlstand, verursacht jedoch immer wieder kurzfristige Krisen und erzwingt schließlich große Mutationen, auf die das System mit freiwilligen Erhöhungen der Arbeitskosten reagiert. Wenn es die Arbeitskräfte nicht so reich machen kann, dass sie all die produzierten Güter kaufen können, und wenn es nicht imstande ist, Abnehmer auf neuen Märkten zu finden, führt die Erhöhung des Maschinenwerts auf Kosten des Arbeitswerts zu einem Rückgang der Profitrate.

Mit der Arbeitswerttheorie kann man jedoch noch etwas anderes erklären: Sie zeigt, was geschieht, wenn Produkte und neue Prozesse ohne jeglichen Arbeitseinsatz erzeugt werden können.

Bevor wir uns diesem Thema zuwenden, müssen wir uns allerdings noch mit der alternativen Preistheorie der Mainstream-Ökonomie auseinandersetzen, der sogenannten »Grenznutzentheorie«.

Die Abkehr von der Zukunft

Wie Marx gingen auch die Gründer der herrschenden Volkswirtschaftslehre von einer Kritik an Ricardo aus. Sie hielten seine Erklärung des Profits für widersprüchlich und bezweifelten, dass seine Theorie repariert werden konnte. Daher wandten sie sich einem anderen Gebiet zu und verlegten sich darauf, beobachtbare Bewegungen von Preisen, Angebot und Nachfrage, wirtschaftlichen Renten, Steuern und Zinsen zu untersuchen.

Das Ergebnis ihrer Studien war die Grenznutzentheorie. Diese besagt, dass nichts an sich wertvoll ist. Der Wert eines Wirtschaftsguts hängt ausschließlich davon ab, was der Käufer in einem gegebenen Augenblick dafür zu zahlen bereit ist. Léon Walras, einer der Begründer der Grenzkostenschule, erklärte: »Die Verkaufspreise von Produkten werden abhängig von ihrem Nutzen und ihrer Menge [...] auf dem Markt bestimmt. Andere Bedingungen sind nicht zu berücksichtigen; dies sind die notwendigen und ausreichenden Bedingungen.«[17]

Diese »Nutzentheorie« des Werts galt seit den Tagen von Adam Smith als veraltet. Dass sie zu neuem Leben erwachte, verdankte sie der Tatsache, dass sie um das Konzept der Marginalität ergänzt wurde. »Der Wert wird nicht vom durchschnittlichen, sondern vom letzten oder marginalen Nutzen bestimmt«, schrieb William Smart, ein englischer Ökonom, der zur Verbreitung der Theorie beitrug.[18] »Marginal« bedeutet einfach, dass der Wert nicht im ganz allgemeinen Nutzen eines Produkts steckt, sondern in dem Nutzen einer zusätzlichen Einheit dieses Produkts. Daher ist die letzte Ecstasy-Tablette, die man in der Diskothek ergattern kann, wertvoller als alle anderen.

Die Vertreter der Grenznutzenschule reduzierten die Entscheidungen, die wir beim Kauf eines Produkts fällen, auf folgende Frage: »Brauche ich das nächste Ding – das nächste Glas Bier, die nächste Zigarette, das nächste Kondom, den nächsten Lippenstift, die nächste Taxifahrt – mehr als den letzten Zehn-Euro-Schein in meiner Hosentasche?«

William Stanley Jevons, der englische Pionier dieser Schule, zeigte, dass diese Urteile über den Nutzen – die er als Wahl zwischen Genuss und Schmerz verstand – berechnet werden konnten. Eine gleitende Skala der augenblicklichen Preise war das Einzige, was man brauchte, um Angebot und Nachfrage zu bestimmen. Der Wert konnte in seinen Augen nur als

»Tauschverhältnis« ausgedrückt werden, und er schlug vor, vollkommen auf den Begriff »Wert« zu verzichten.

Auf den ersten Blick schien es den Vertretern der Grenznutzenschule darum zu gehen, die Ökonomie aus der Umklammerung der Philosophie zu befreien. Walras erklärte, man könne den Kapitalismus nicht mit dem Argument verteidigen, er sei »natürlich«. Die einzige Rechtfertigung könne darin bestehen, dass er effizient sei und den Wohlstand erhöhe.

Die Grenznutzentheorie enthält jedoch eine ideologische Aussage: Sie behauptet, der Markt sei »rational«. Walras hielt den Gedanken nicht aus, dass die wirtschaftlichen Gesetzmäßigkeiten unabhängig vom menschlichen Willen wirkten. Das lief darauf hinaus, die Ökonomie wie die Zoologie zu betreiben und den Menschen als Tier zu betrachten. »Neben den vielen blinden und unausweichlichen Kräften des Universums«, erklärte er, »gibt es eine Kraft, die sich ihrer selbst bewusst und unabhängig ist, nämlich den menschlichen Willen.«[19] Die neue Wirtschaftswissenschaft musste seiner Meinung nach davon ausgehen, dass der Markt ein Ausdruck unseres kollektiven rationalen Willens sei. Aber sie sollte mathematisch sein und sich von ihren ethischen und philosophischen Wurzeln lösen, um alle Fälle anhand abstrakter Modelle in idealisierter Form zu betrachten.

Die Grenznutzentheorie leistete einen bedeutenden Beitrag: Sie zeigte, dass Märkte, auf denen ein freier und vollkommener Wettbewerb herrscht, ein »Gleichgewicht« finden werden. Walras war derjenige, der ein demonstrierbares Gesetz dazu formulierte: Da jeder Preis das Ergebnis der Entscheidung eines rationalen Individuums ist (das vor der Wahl steht, den Lippenstift zu kaufen oder die zehn Euro zu behalten), besteht die rationale Entscheidung darin, auf den Kauf zu verzichten, sobald das Angebot knapp wird. Umgekehrt wird es dann, wenn das Angebot größer wird, rational, ein Produkt zu wollen und zu entscheiden, welchen Preis man dafür zu zahlen bereit ist. Dieser Theorie zufolge erzeugt das Angebot die Nachfrage, und ein freier Markt wird so lange zwischen beiden vermitteln, bis die Nachfrage dem Angebot entspricht. Im Lauf dieses Prozesses ändert sich der Preis.

Wie Marx arbeitete auch Walras auf einer sehr abstrakten Ebene. Sein Modell beruht auf der Annahme, dass alle Akteure über vollkommene Information verfügen, dass es keine Unsicherheit bezüglich der Zukunft gibt und dass der Markt nicht von äußeren Faktoren (wie Monopolen, Gewerkschaften, Einfuhrzöllen usw.) beeinflusst wird. Diese Abstraktionen sind legitim, solange man nicht behauptet, dass sie die Realität abbilden. Die Frage ist: Ist der Grenznutzen die *richtige* Abstraktion?

Einen ersten Hinweis darauf, dass er nicht die richtige ist, lieferte der Umgang der Grenznutzenschule mit Krisen. Die Verfechter dieser Theorie waren so felsenfest von der inneren Tendenz des Kapitalismus zum Gleichgewicht überzeugt, dass sie annahmen, Krisen müssten das Ergebnis nichtwirtschaftlicher Faktoren sein. Jevons behauptete allen Ernstes, die Lange Depression (1873-93) sei einfach die jüngste in einer langen Reihe von Schwankungen, die durch Sonnenflecken verursacht worden seien.[20]

Die heutige Volkswirtschaftslehre beruht auf den Entdeckungen der Grenznutzenschule. Aber im Bemühen, die politische Ökonomie durch die Mathematik zu ersetzen, begründeten die Verfechter der Grenznutzentheorie eine Disziplin, die den Produktionsprozess ausblendete. Sie reduzierten die Psychologie des wirtschaftlichen Austauschs auf eine zweidimensionale Abwägung zwischen Genuss und Schmerz und gestanden der Arbeit keine besondere Rolle zu.* Sie lehnten die Möglichkeit ab, die wirtschaftlichen Gesetzmäßigkeiten könnten unabhängig vom rationalen Willen der Menschen auf einer nicht beobachtbaren, tieferen Ebene wirken, und reduzierten alle wirtschaftlichen Akteure auf Händler, womit sie Klassen- und andere Machtbeziehungen ignorierten.

In ihrer reinsten Form leugnete die Grenznutzentheorie nicht nur die Möglichkeit der Ausbeutung, sondern auch den Profit als spezifisches Phänomen. Im Profit sahen sie einfach die Belohnung für den Nutzen von etwas, das der Kapitalist anbot: Dies war seine Sachkenntnis – oder in späteren Formen der Theorie sein Verzicht, das heißt der »Schmerz«, den er beim Anhäufen seines Kapitals spürte. Die Grenznutzentheorie war also ausgesprochen ideologisch. Sie war blind für die Probleme von Verteilung und Klasse – von dieser Blindheit hat sich die Ökonomie immer noch nicht erholt – und zeigte nicht das geringste Interesse an dem, was am Arbeitsplatz vorging.

Die Grenznutzentheorie entstand, weil Unternehmensleiter und Politiker eine Form von Wirtschaftswissenschaft brauchten, die über die Buchhaltung hinausging, aber keine Geschichtstheorie war. Diese Theorie sollte

* Jevons war der Meinung, die Arbeit sei vermutlich eine Mischung aus Vergnügen und Schmerz, aber die Furcht vor einem größeren Schmerz – dem Hunger – treibe uns jeden Tag zur Arbeit.

genau beschreiben, wie das Preissystem funktionierte – und dabei Fragen der Klassendynamik und der sozialen Gerechtigkeit vollkommen außer Acht lassen.

Der österreichische Ökonom Carl Menger fasste die Beweggründe für die Grenznutzentheorie in einem berühmten Angriff auf Smith und Ricardo zusammen. Er erklärte, sie seien lediglich »auf die Wohlfahrt des abstracten Menschen, der Entfernten, der noch nicht Existierenden, der Künftigen bedacht« gewesen und hätten »in diesem Streben nur allzu oft die lebendigen, berechtigten Interessen der Gegenwart« übersehen. Menger meinte, Ziel der Ökonomie müsse es sein, die Realität zu untersuchen, die der Kapitalismus spontan hervorbringe, und sie gegen eine »einseitig rationalistische Neuerungssucht« zu verteidigen, die »gegen die Absicht seiner Vertreter unausweichbar zum Socialismus führt«.[21]

Die auf die Gegenwart fixierten Vertreter der Grenzkostenschule, die eine feindselige Haltung gegenüber der Zukunft einnahmen, entwickelten ein Modell, das sich sehr gut eignete, um alle Formen des Kapitalismus zu verstehen, die sich nicht verändern und nicht sterben.

Leider gibt es keine solchen Formen.

Warum das bedeutsam ist …

Aber warum sollen wir uns in unserer Zeit der gewaltigen Datenmengen, in der Ära von Spotify und Hochfrequenzhandel, mit einer Debatte aus dem 19. Jahrhundert herumschlagen?

Nun, zunächst einmal erklärt sie die Starrköpfigkeit der zeitgenössischen Ökonomie angesichts systemischer Risiken. Der Ökonom Steve Keen meint, die gegenwärtige Grenznutzentheorie habe zum Zusammenbruch beigetragen, indem sie alles auf die Doktrin der »effizienten Märkte« reduziert habe. Die Mainstream-Ökonomie habe »eine bereits erschütterte Gesellschaft noch schlimmer gemacht: ungleicher, instabiler und weniger ›effizient‹«.[22]

Es gibt noch einen zweiten Grund für die Auseinandersetzung mit dieser Frage. Dieser Grund hat damit zu tun, wie wir die Dynamik des Informationskapitalismus beschreiben. Der Aufstieg der Informationsgüter stellt die Grundlagen der Grenznutzentheorie infrage: Diese Theorie beruht auf der Knappheit, aber Information ist im Überfluss vorhanden. Walras sagte es klipp und klar: »Es gibt keine Produkte, die unbegrenzt vervielfacht werden können. Alle Dinge, die Teil des sozialen Wohlstands sind [...], existieren nur in begrenzter Menge.«[23]

Erzählen Sie das einmal den Machern von *Game of Thrones*: Die zweite Folge der vierten Staffel wurde 2014 innerhalb von 24 Stunden von 1,5 Millionen Konsumenten illegal heruntergeladen.[24]

Informationsgüter existieren in potenziell unbegrenzter Menge, und wenn das der Fall ist, liegen die realen Grenzkosten der Produktion bei null. Obendrein sinken auch die Grenzkosten einiger physischer Informationstechnologien (Speichermedien und Drahtlosbandbreite) gegen null. Gleichzeitig steigt der Informationsgehalt anderer physischer Güter, womit es wahrscheinlicher wird, dass die Produktionskosten weiterer Wirtschaftsgüter abstürzen werden. All das höhlt den Preismechanismus aus, den die Grenznutzentheorie so schön beschreibt.

In der gegenwärtigen Volkswirtschaft gibt es sowohl knappe als auch im Überfluss vorhandene Güter. Unser Verhalten ist eine Mischung aus eigennützigen Vergnügen-oder-Schmerz-Entscheidungen einerseits und Teilen sowie Kooperation andererseits, was in den Augen der Grenznutzenschule einem Sabotageakt gleichkommt.

Aber in einer ausgereiften Informationsökonomie, in der ein Großteil des Nutzens vom Wissen geliefert wird und physische Güter relativ reichlich vorhanden sind, wird sich der von der Grenznutzentheorie beschriebene Preismechanismus auflösen. Da es sich bei der Grenznutzentheorie um eine reine Preistheorie handelt, ist sie einer Welt kostenloser Produkte, gemeinsam genutzter wirtschaftlicher Räume, der Nicht-Marktorganisationen und der Produkte, die niemandes Eigentum sind, nicht gewachsen.

Die Arbeitswerttheorie im Sinne von Marx hingegen kann eine solche Welt verstehen. Implizit sagt diese Theorie sogar ihre eigene Abdankung voraus. Sie prophezeit nämlich einen Zusammenstoß zwischen den sozialen Verhältnissen, welche die Produktivität bestimmen, und der Produktivität selbst.

Die marxsche Arbeitswerttheorie prognostiziert, dass die Automatisierung den notwendigen Arbeitseinsatz derart verringern kann, dass die Arbeit *optional* werden wird. Nützliche Dinge, die mit verschwindend geringem Arbeitsaufwand erzeugt werden können, werden wahrscheinlich gratis sein, gemeinsam genutzt werden und allen gemeinsam gehören, sagt Marx. Und er hat recht.

Karl Marx und die Informationsmaschinen

Sehen wir uns das an, was Marx als »Wertgesetz« bezeichnet. Der Preis jedes Wirtschaftsguts spiegelt die Gesamtmenge der Arbeit wider, die aufgewendet wurde, um es zu erzeugen. Produktivitätssteigerungen werden durch die Einführung neuer Prozesse, Maschinen und Organisationsformen erreicht – und all diese Dinge kosten etwas, nämlich die Menge an Arbeit, die aufgewendet werden musste, um sie zu entwickeln. In der Praxis vermeidet der Kapitalismus, dass die Innovation den Arbeitsgehalt der Wirtschaft verringert und damit die Quelle des Profits austrocknen lässt, indem er neue Bedürfnisse, neue Märkte und neue Industrien schafft, in denen die Arbeitskosten hoch sind, so dass die Arbeitskräfte genug Geld verdienen, um die erzeugten Güter konsumieren zu können.

Die Informationstechnologie ist nur das jüngste Ergebnis eines Innovationsprozesses, der seit 250 Jahren läuft. Informationen verleihen diesem Prozess jedoch eine neue Dynamik. Denn die Informationstechnologie bringt Maschinen hervor, die nichts kosten, ewig halten und nicht zusammenbrechen.

Würde man dem Fabrikbesitzer in Bangladesch eine Nähmaschine anbieten, die ewig hält, so würde der Mann sicher ziemlich große Augen machen und sich an seinem Frühstück verschlucken. Software kauft er allerdings, ohne groß darüber nachzudenken. Und Software ist eine Maschine, die ewig hält. Zwar kann sie durch neuere Software überflüssig gemacht werden, aber die Welt ist voll von alter Software, die ewig laufen könnte, wenn es noch Hardware gäbe, die man mit ihr betreiben könnte.

Sind die Entwicklungskosten einmal angefallen, so sinken die Kosten für die Produktion von Software auf die Kosten der Speicher- oder Übertragungsmedien, das heißt auf die Kosten der Festplatte oder des Breitbandnetzes. Dazu kommen die Kosten für Aktualisierung und Wartung.

Und diese Kosten sinken dramatisch. Vor zehn Jahren kostete es 1 Dollar, eine Million Transistoren auf einen Siliziumchip zu drucken. Heute kostet das 6 Cent. Im selben Zeitraum sind die Kosten eines Gigabytes Speicherplatz von 1 auf 0,03 Dollar gesunken. Ein Megabit Breitbandverbindung kostete im Jahr 2000 rund 1000 Dollar. Heute bekommt man sie für 23 Dollar. Die Wirtschaftsprüfungs- und Beratungsfirma Deloitte, die diese Berechnungen angestellt hat, bezeichnet den Preisverfall bei Informationstechnologien, die heute zur Grundausstattung gehören, als exponentiell: »Die gegenwärtige Geschwindigkeit des technologischen Fortschritts ist beispiellos in der Geschichte, und es gibt keinerlei Hinweise auf eine Verlangsamung wie bei früheren technologischen Innovationen, etwa der Elektrizität.«[25]

Es ist mittlerweile üblich, Information als »immateriell« zu betrachten. Norbert Wiener, einer der Väter der Informationstheorie, erklärte: »Information ist Information, weder Materie noch Energie. Kein Materialismus der dieses nicht berücksichtigt, kann heute überleben.«[26]

Das ist ein Irrtum. Im Jahr 1961 bewies der IBM-Physiker Rolf Landauer, dass Information sehr wohl materiell ist.[27] Er schrieb: »Information ist keine körperlose abstrakte Einheit. Sie ist immer an eine physikalische Darstellung gebunden. Damit ist der Umgang mit Informationen an die Möglichkeiten und Beschränkungen unserer realen physikalischen Welt, an die Gesetze der Physik und an den Vorrat verfügbarer Ersatzteile gebunden.«[28]

Landauer wies nach, dass die Informationsverarbeitung Energie verbraucht und dass es möglich sein sollte, den Energieaufwand für die Löschung eines »Informationsbits« zu messen. Im Jahr 2012 baute ein Forscherteam ein winziges physisches Modell und demonstrierte das »Landauer-Prinzip«.[29]

Information ist also ein Produkt, dessen Erzeugung Energie verbraucht und das als Materie existiert. Bits nehmen in der Realität Raum ein: Sie verbrauchen Strom, geben Wärme ab und müssen irgendwo gespeichert werden. Googles berühmte »Wolke« füllt in Wahrheit einen Serverpark, der ein Gebiet von mehreren Hektar einnimmt und aufwändig gekühlt werden muss.

Aber eines erkannte Wiener richtig: Das Produkt eines Rechenprozesses in einem Computer unterscheidet sich qualitativ von anderen materiellen Produkten.

Das eigentliche Wunder der Information ist nicht, dass sie immateriell ist, sondern dass sie das Erfordernis menschlicher Arbeit in unkalkulierbarem Maß verringert. Die Information tut alles, was eine Maschine tut: Sie ersetzt billige ungelernte durch qualifizierte Arbeitskräfte, sie beseitigt das Erfordernis von Arbeit in manchen Tätigkeiten vollkommen, und sie ermöglicht neue Tätigkeiten, die keine frühere Form von Arbeit bewältigt hätte. Von einem Computer erzeugte neue Informationen haben einen Nutzen, der den seiner Bauteile bei weitem übersteigt.

Die Menge des in Informationsgütern enthaltenen Arbeitswerts kann allerdings verschwindend gering sein. Und wenn das Wissen einmal wirklich gesellschaftlich wird – was Marx anhand des Konzepts des »allgemeinen Verstands« beschrieb –, wird ein Teil des Werts kostenlos beigesteuert:

- Informationsgüter nutzen auf natürliche Art die allgemeinen wissenschaftlichen Kenntnisse.
- Die Nutzer speisen in Echtzeit kostenlose Daten ein, mit denen diese Informationsgüter verbessert werden können.
- Jede an einem beliebigen Ort vorgenommene Verbesserung kann augenblicklich in jeder Maschine an jedem anderen Ort der Welt übernommen werden.

Ein Beispiel: Das im Jahr 1974 entwickelte und kostenlos veröffentlichte Internetprotokoll ist kein Produkt, sondern ein »Standard«. Aber es ist kein Standard wie die Sicherheitsnormen, an die sich eine Textilfabrik halten soll. Dieses Protokoll ist eher mit dem Stromnetz vergleichbar, aus dem eine Fabrik ihre Energie bezieht: Es ist materiell nützlich. Und es kostet nichts.

Was geschieht, wenn man einige dieser kostenlosen Maschinen in die Arbeitswerttheorie einfügt? Wie sich herausstellt, hat sich Marx tatsächlich Gedanken darüber gemacht.

In den *Grundrissen* erklärt er: Wenn die Herstellung einer Maschine Arbeit im Wert von 100 Tagen kostet und diese Maschine nach 100 Tagen abgenutzt ist, erhöht sie die Produktivität nicht. Sehr viel besser ist eine Maschine, die 100 Arbeitstage kostet, aber erst nach 1000 Tagen abgenutzt ist. Je haltbarer die Maschine, desto geringer der Teil ihres Werts, der auf jedes einzelne mit ihr erzeugte Produkt übergeht. Führt man diesen Gedanken zu Ende, so wäre es ideal, eine Maschine zu haben, die sich nie abnutzt oder kostenlos ersetzt werden kann. Marx erkannte, dass beide Maschinen wirtschaftlich dasselbe sind: »Könnte das Kapital das Produktionsinstrument ohne Kosten, für 0 haben, was wäre die Folge?« Der Mehrwert würde erhöht, »ohne daß es dem Kapital das geringste kostete«. Marx beschreibt zwei Arten, wie dem Kapital schon im 19. Jahrhundert eine solche kostenlose Erhöhung des Mehrwerts gelang: durch eine Neuanordnung der Arbeitsabläufe und durch wissenschaftlichen Fortschritt. Marx fährt fort: »Dauerte die Maschine ewig, bestünde sie nicht selbst aus vergänglichem Material, das reproduziert werden müßte, [...] so entspräche sie am vollständigsten ihrem Begriffe.«[30]

Angesichts dieser brillanten Erkenntnis, die im Jahr 1858 im Licht einer Gaslampe niedergeschrieben wurde, müssten uns Schauer der Ehrfurcht über den Rücken laufen: Die ideale Maschine ist aus einem Stoff gemacht, der sich nicht abnutzt und nichts kostet. Marx spricht hier nicht über immaterielles, sondern über nichttransitorisches Material, das heißt über etwas, das keinerlei Verschleiß kennt.

Maschinen, bei denen Teile des Werts kostenlose Inputs an gesellschaftlichem Wissen und wissenschaftlichen Erkenntnissen sind, die öffentlich zur Verfügung stehen, sind der Arbeitswerttheorie nicht fremd. Im Gegenteil: *Sie sind ein zentraler Bestandteil dieser Theorie*. Aber Marx glaubte, dass sie, wenn sie in großer Zahl existierten, das auf dem Arbeitswert beruhende System »in die Luft sprengen« würden, wie er es im »Maschinenfragment« ausdrückte.

Das Beispiel, das Marx in den *Grundrissen* verwendet, verdeutlicht das: Eine Maschine, die ewig währt oder ohne Arbeitsaufwand erzeugt werden kann, kann keine Arbeitsstunden zum Wert der von ihr erzeugten Produkte hinzufügen. Wenn eine Maschine ewig hält, überträgt sie von diesem Augenblick bis in die Ewigkeit einen Arbeitswert von nahezu null auf das Produkt, womit der Wert jeder mit ihr erzeugten Einheit sinkt.*

Natürlich halten physische Maschinen in der Realität noch nicht ewig. In den letzten fünfzehn Jahren haben wir allerdings Maschinen gesehen, deren Nutzen auf den Informationen beruht, die verwendet werden, um sie zu betreiben, zu entwerfen oder zu bauen. Und nur die Arbeitswerttheo-

* Marx schreibt: »Nimm ein Kapital von 1000l. 1/5 sei Maschinerie; der Surpluswert der Summe nach = 50. Der Wert der Maschinerie also gleich 200. Nach 4maligem Umschlage wäre die Maschinerie bezahlt. Und außerdem, daß das Kapital fortfahren würde, in der Maschinerie vergegenständlichte Arbeit von 200 zu besitzen, wäre es vom fünften Umschlag an dasselbe, als ob es mit einem Kapital, das ihm nur 800 kostet, 50 machte.« (*Grundrisse*, *MEW* 42, S. 658)

rie kann richtig beschreiben, was es wirtschaftlich bedeutet, wenn die Welt der materiellen Objekte von Information belebt wird.

Wenn Maschinen denken

Im Jahr 1981 arbeitete ich ein paar Monate in einer kleinen Maschinenbaufabrik am River Mersey. Ich bediente eine Presse, die teils mit Strom, teils mit Druckluft betrieben wurde: Zog man an einem Hebel, sauste ein Maschinenwerkzeug auf eine Metallscheibe herab und presste sie in eine Form. Meine Arbeit bestand darin, die Scheibe auf die Platte zu legen, den Hebel umzulegen und meine Hand rechtzeitig wegzuziehen. Es war ungelernte Arbeit. Ich wiederholte den Vorgang etwa zehnmal in einer Minute, und zahlreiche Werkstücke kamen fehlerhaft aus der Maschine. Sie hatte keinerlei Regelungsmechanismus, und abgesehen von diesem einen Umformvorgang war nichts automatisiert.

Ich war zwei Maschineneinrichtern unterstellt, angelernten Arbeitern, deren Aufgabe es war, die Metallpresse alle paar Stunden zu justieren und Reparaturen vorzunehmen. Im angrenzenden Raum bauten Metallarbeiter die Werkzeuge. Sie sprachen nie mit uns. Aber wir hatten etwas gemeinsam: Ohne geschickte Hände und einen guten Blick für Mängel, Gefahren und fehlerhafte Abläufe hätte die Fabrik nicht funktioniert.

Mittlerweile sind die Metallpressverfahren fast vollständig automatisiert. Der Ablauf wird zunächst am Computer simuliert, der Tausende Datenpunkte auf dem Metall modelliert, um festzustellen, welchen Belastungen es ausgesetzt ist. Anschließend wird ein 3-D-Design direkt in den Computer eingegeben, der die Maschine steuert. Die Form und das Maschinenwerkzeug sind häufig sehr viel ausgereifter als das Gerät, mit dem ich im Jahr 1981 arbeitete, und mittlerweile werden sie mit Laserstrahlen justiert, was die Genauigkeit beträchtlich erhöht. Wenn etwas schiefgeht, registriert der Computer, der die Maschine steuert, den Fehler. Kommt das defekte Teil aus der Maschine, so wird es von einem Roboter ausgesondert, analysiert und je nach Ergebnis an den richtigen Ort gebracht. Muss etwas am Werkzeug geändert werden, so übernimmt das ein Roboterarm.

Solche Maschinen können die Arbeit, für die wir damals einen Tag brauchten, in einer Stunde bewältigen, und zwar ohne Defekte. Es gibt auch keine Fingerabdrücke auf den Teilen – weil es keine Arbeiter gibt. Ermöglicht wird das durch verschiedene Anwendungen der Informationstechnologie: computergestützte Analyse und 3-D-Design im Vorbereitungsprozess, Echtzeit-Feedback sowie Analysen während des Prozesses und Datensammlung für weitere Verbesserungen des Vorgangs. Die Forscher konzentrieren sich mittlerweile auf die Frage, wie auch die Produktion der Werkzeuge automatisiert werden kann, und machen mit Computermodellen sogar ihre eigene Designarbeit teilweise überflüssig.

Die Maschine steckt voller Information, und dasselbe gilt für das Produkt: In automatisierten Fabriken müssen selbst kleinste Teile durch Markierungen und Nummern individuell identifizierbar sein. Die Presse übernimmt auch diese Aufgabe.

In der Metallbearbeitung, einer der grundlegenden industriellen Aktivitäten, hat also eine Revolution stattgefunden. Doch niemand hat sich die Mühe gemacht, sich theoretisch mit dieser Revolution auseinanderzusetzen – die wissenschaftliche Literatur zur automatisierten Metallpresse findet man in der Bibliothek der technischen Hochschule, nicht in der der wirtschaftswissenschaftlichen Fakultät.[31]

Der Grund dafür ist, dass niemand weiß, wie der Wert der Information wirtschaftlich gemessen werden kann. Man kann sehen, wie sich der Kauf einer automatisierten Metallpresse auf das Betriebsergebnis auswirkt, und man kann die 3-D-Designs und Computerprogramme als Vermögenswerte einstufen. Aber wie die Studie des SAS Institute gezeigt hat, sind das im Grunde nur Vermutungen.

Mit der Arbeitswerttheorie können wir den Wert der Information besser bestimmen. Dank dieser Theorie können wir uns Software als eine Maschine vorstellen, und die Information (3-D-Designs, Programme, Überwachungsberichte) können wir genau wie Werkzeuge und Werkstücke als vergegenständlichte Arbeit betrachten. Und anhand der Arbeitswerttheorie können wir den Prozess nachverfolgen, in dem diese »Null-Grenzkosten«-Logik sich auch auf die Welt der physischen Produkte und der Maschinen auswirkt, mit denen diese Güter erzeugt werden.

Das Metallwerk, in dem ich Anfang der achtziger Jahre arbeitete, beschäftigte vielleicht fünfundzwanzig Arbeiter. Heute würde man für einen vergleichbaren Betrieb keine fünf Mitarbeiter brauchen. Der Grund dafür sind Software, Lasersensoren und Robotik.

Der Wert dieser Industriesoftware beruht zur Gänze auf dem Patentschutz, der verhindert, dass sie kostenlos vervielfacht werden kann. Aber obwohl diese Software schwerer zu stehlen ist als ein Film, ist das Prinzip dasselbe: Die Reproduktion von Industriesoftware kostet nichts. Zusätzlicher Wert entsteht dadurch, dass sie bestimmten Maschinen und Prozessen angepasst wird.

Obwohl eine Maschinenwerkstatt heute genauso riecht und klingt wie vor dreißig Jahren, ist der Unterschied so groß wie der zwischen einem iTunes-Song und einer Schallplattenaufnahme.

Kostenlose Maschinen in einer gelenkten Volkswirtschaft

Wir haben gesehen, was geschieht, wenn man Produkte mit Null-Grenzkosten in das Preismodell einführt: Es zerfällt. Sehen wir uns an, was geschieht, wenn man kostenlose Maschinen in den Zyklus der Kapitalinvestitionen einführt.

Im Interesse der Verständlichkeit werde ich ein extrem vereinfachtes Modell verwenden, wobei ich mir der Gefahren der übermäßigen Vereinfachung durchaus bewusst bin.

Nehmen wir an, wir haben eine Tabelle mit vier Zeilen (und Spalten für die einzelnen Jahre), in der die wirtschaftlichen Inputs, gemessen am Arbeitswert, modellhaft dargestellt werden. Nehmen wir an, dass die Inputs in Millionen Arbeitsstunden angegeben werden. Und wir wollen annehmen, dass die Arbeit in Jahr 1 wie folgt auf das Endprodukt übertragen wird:

- Kapital: 200
- Energie: 200
- Rohmaterial: 200
- Arbeit: 200

Betrachtet man diese vier Faktoren unter dem Gesichtspunkt der anfallenden Kosten, unterscheiden sich die Maschinen insofern von den anderen, als die Kosten für Arbeit, Rohstoffe und Energie in der Regel jährlich anfallen, während eine Maschine in einem bestimmten Jahr gekauft wird; ihr Wert wird dann über die Folgejahre abgeschrieben.

Nun werden wir mit der Kapital-Zeile eine drastische Operation durchführen: Nehmen wir an, dass sie für eine einzige Maschine steht, die ewig hält. In der Arbeitswerttheorie sinkt der aus der Kapital-Zeile übertragene Arbeitswert damit auf null, und zwar für immer. Gleichgültig, wie viele Stunden ursprünglich aufgewendet wurden, um die Maschine zu erzeugen: Wenn sie sich nie abnutzt, überträgt sie fast keinen Wert – denn auch eine Milliarde geteilt durch »ewig« ist gleich null.

Die insgesamt von allen Produktionsfaktoren übertragenen Arbeitsstunden sinken also auf 600 Stunden (aufmerksame Marxisten werden bemerken, dass ich den Profit nicht berücksichtigt habe, aber dazu kommen wir gleich).

Jetzt fügen wir den Faktor Zeit in die Tabelle ein, ergänzen weitere Spalten und gehen sie nach und nach durch: In Periode 2 wirkt sich der Umstand, dass in der Kapital-Zeile »0« steht, auch auf die anderen Zeilen aus und verringert so die Zahl der auf das Endprodukt übertragenen Arbeitsstunden weiter. Das liegt daran, dass die für die Reproduktion der Arbeitskraft benötigten Stunden verringert werden (etwa weil die Nahrungsmittel, welche die Arbeiter konsumieren, ebenfalls billiger werden, da sie mit ewig haltenden Maschinen produziert werden). Lässt man das Modell weiterlaufen, ohne etwas zu tun, um dem Druck auf die Arbeitsinputs entgegenzuwirken, liegen bald nicht nur die Kapitalkosten bei null, sondern auch die Kosten von Arbeit und Rohmaterial sinken rasch. Natürlich halten die Maschinen in der realen Wirtschaft nicht ewig. Aber da ihr Informationsgehalt steigt, zirkuliert ein Teil der für ihre Erzeugung aufgewendeten Arbeit nicht mehr wie früher. Der Wert verschwindet.

Gehen wir nun in unserer Tabelle ganz nach rechts, zu einem Zeitpunkt also, bis zu dem nicht nur die Grenzkosten der Reproduktion des Kapitals bei null liegen, sondern auch die der Reproduktion der Arbeitskraft gegen null gesunken sind. Arbeit wird jetzt im Wesentlichen für die Bereitstellung von Energie und Rohmaterial aufgewendet. Geschähe dies in der Realität, so könnte das Preissystem, da das Wertgesetz unter der Oberfläche wirkt, weiter wie normal funktionieren und versuchen, den Grenznutzen der Güter zu berechnen. Die Unternehmen könnten auf den Preisverfall mit dem

Versuch reagieren, Monopolpreise durchzusetzen und auf diese Art zu verhindern, dass der in der Maschine und ihrem Produkt enthaltene Wert gegen null sinkt. Doch die Mainstream-Ökonomie wäre ratlos: Sie hätte den Eindruck, als würden große Teile der wirtschaftlichen Aktivität »gestohlen« und dem normalen Markt entzogen.

Obwohl wir noch weit von der reinen Informationsökonomie entfernt sind, die ich in diesem einfachen Modell dargestellt habe, sehen wir diese Effekte bereits in der Realität: Es entstehen Monopole, die verhindern sollen, dass Software oder Informationsgüter kostenlos werden, und die Buchführungsstandards geraten durcheinander, da die Unternehmen bei der Bewertung ihrer Vermögenswerte auf Vermutungen angewiesen sind. Es gibt Versuche, den Anstieg der Arbeitseinkommen zu erhöhen, während die meisten Inputs mittlerweile mit geringerem Arbeitsaufwand erzeugt werden können.

In der ersten makroökonomischen Studie über das Internet räumte die OECD im Jahr 2013 ein: »Offenkundig wirkt sich das Internet nachhaltig auf Markttransaktionen und Wertschöpfung aus, aber seine Auswirkungen auf die Nicht-Markt-Interaktionen [...] sind noch tiefgreifender. Charakteristisch für die Nicht-Markt-Interaktionen im Internet ist das Fehlen eines Preis- und Gleichgewichtsmechanismus.« Die Grenznutzentheorie liefert keine Maßstäbe, kein Modell, das uns helfen könnte zu verstehen, wie sich eine auf Preisen beruhende Wirtschaft in eine verwandelt, in der es keine Preise mehr gibt. Wie es die OECD-Forscher ausdrücken: »Den Nicht-Markt-Interaktionen wurde bisher wenig Aufmerksamkeit gewidmet, da es kaum allgemein anerkannte, gut definierte und fundierte Maßstäbe für ihre Beurteilung gibt.«[32]

Wir wollen also zugeben, dass wir nur anhand der Grenznutzentheorie Preismodelle für eine kapitalistische Wirtschaft entwickeln können, in der alle Güter knapp sind. Umgekehrt dürfen wir behaupten, dass wir nur anhand der Arbeitswerttheorie Modelle entwickeln können, die zeigen, wie die Null-Kosten ausgehend von der Information auf Maschinen und Produkte und schließlich auf die Arbeitskosten übergreifen.

Sobald man kostenlose Maschinen und Produkte in ein Modell des Kapitalismus mit kontinuierlichem Zeitverlauf einspeist – und sei es ein rudimentäres wie dieses –, macht man ebenso faszinierende Entdeckungen wie bei der Einführung der Zahl Null in die Mathematik.

Eigentlich sollte unsere vierzeilige Tabellenkalkulation um die Rubrik »Profit« erweitert werden, und die Werte sollten nicht einfach sinken, sondern einen Anstieg des BIP (beispielsweise um drei Prozent pro Jahr) beinhalten. Doch was geschieht, wenn wir Profit und Wachstum ergänzen? Sobald der Null-Grenzkosten-Effekt einsetzt, wären gewaltige Profite und ein hohes Wachstum erforderlich, um die Auswirkungen auf die Arbeitskosten wettzumachen. Mit anderen Worten: Wir bräuchten eine neue industrielle Revolution alle fünfzehn Jahre, ein rasantes nominelles Wachstum und noch größere Monopolunternehmen.

Aber das ist unmöglich.

Der Kapitalismus funktionierte, solange er angesichts sinkender Kosten in einem Sektor infolge der technologischen Innovation zu Sektoren mit höheren Löhnen, höheren Profiten und teureren Inputs übergehen konnte. Der Kapitalismus reproduziert sich jedoch nicht selbst, wenn das Ergebnis Null-Kosten sind.

Unser vereinfachtes Modell zeigt auch deutlich, wie sich die wirtschaftliche Aktivität in einer Volkswirtschaft mit Produktionskosten von null rasch auf Energie und Rohstoffe konzentriert: In diesem Sektor herrscht immer noch Knappheit.

Später werden wir uns mit der Frage befassen, wie solche Modelle, die Aufschluss über das Verschwinden des Arbeitswerts geben, die Gestaltung tatsächlicher Strategien für die Transition zum Postkapitalismus ermöglichen können und wie die Energie in solche Modelle passt. Aber zunächst sollten wir uns ansehen, wie der Kapitalismus sich verwandeln könnte, um auf diese wirtschaftlichen Herausforderungen zu reagieren.

Wie würde der Informationskapitalismus aussehen?

Der Aufstieg der kostenlosen Information und der freien Maschinen ist etwas Neues. Aber die Verbilligung der Inputs durch Produktivitätserhöhungen ist so alt wie der Kapitalismus selbst. Dass der Kapitalismus keinen stetigen Niedergang erlebt, liegt daran, dass er neue Märkte und neue Bedürfnisse schafft und die gesellschaftlich notwendige Arbeitszeit aufbringt, um diese Bedürfnisse zu erfüllen: Wärmende Kluft wird durch Mode ersetzt, Zeitschriften durch Fernsehgeräte. Dies wiederum erhöht die Menge der in jeder Maschine, jedem Produkt und jeder Dienstleistung vergegenständlichten Arbeitszeit.

Würde dieser Reflex auch angesichts der Informationsrevolution richtig funktionieren, so wäre das Ergebnis ein ausgereifter Informationskapitalismus. Doch dazu müsste Folgendes geschehen.

Der Preisrückgang der Informationsgüter müsste gebremst werden. Das kann nur mit Monopolpreisen funktionieren – stellen Sie sich Unternehmen wie Apple, Microsoft oder Nikon/Canon mit uneingeschränkter Macht vor. Die Unternehmen müssten in der Lage sein, sich die Externalitäten vollkommen anzueignen. Aus jeder Interaktion – zwischen Produzent und Konsument, zwischen Konsumenten, zwischen Freunden – müsste Wert herausgeholt werden. (Die Arbeitswerttheorie würde sagen, dass unsere Aktivitäten abseits der Arbeit in Gratisarbeit für die Unternehmen verwandelt werden müssten.) Der Informationskapitalismus könnte versuchen, die Preise für Energie und physisches Rohmaterial durch Horten und andere monopolistische Methoden künstlich hoch zu halten, damit ihre Kosten die durchschnittliche notwendige Arbeitszeit zur Reproduktion der Arbeit erhöhen. Vor allem müsste er jenseits der Produktion neue Märkte in den Dienstleistungen schaffen. Die 250-jährige Geschichte des Kapitalismus ist von dem Bemühen geprägt, die Marktkräfte in Sektoren zu drängen, in denen es sie vorher nicht gab. Der Informationskapitalismus müsste diese Methode ins Extrem treiben und hauptsächlich im Privatsektor neue Formen von Mikrodienstleistungen zwischen Personen hervorbringen, die mit Mikrozahlungen beglichen würden.

Um sich zu behaupten, müsste der Informationskapitalismus schließlich Arbeit für Millionen Menschen schaffen, deren Arbeitsplätze automatisiert werden. Die meisten dieser Tätigkeiten dürften keine Niedriglohnjobs sein, denn der traditionelle Ausweg besteht darin, die Arbeitskosten zu erhöhen: Das menschliche Leben muss komplexer werden, und es muss nicht weniger, sondern mehr Arbeitsinputs erforderlich machen – so wie es in den vier zyklischen Aufschwüngen geschah, die in der Theorie der langen Zyklen beschrieben sind.

Wäre all das möglich, so könnte der Informationskapitalismus aufblühen. Die Bestandteile einer solchen Lösung sind in den modernen Volkswirtschaften vorhanden: Apple ist der klassische Preismonopolist, Amazons Geschäftsmodell entspricht der klassischen Strategie zur Aneignung positiver externer Effekte, die Rohstoffspekulation ist ein klassisches Mittel, um die Energie- und Rohstoffkosten über ihren Wert hinaus in die Höhe zu treiben. Der Aufstieg der persönlichen Mikrodienstleistungen – Hundeausführen, Nagelstudios, persönliche Hausmeister und dergleichen – zeigt, dass der Kapitalismus Dienste kommerzialisiert, die früher informell oder aus Freundschaft erbracht wurden.

Aber es gibt unübersehbare strukturelle Hindernisse für den Übergang zu einer solchen Wirtschaft.

Erstens ist der normale Ausweg – die Innovation bringt teure neue Technologien hervor, die an die Stelle der Informationstechnologie treten – blockiert. Die Information ist nicht irgendeine beliebige Technologie, die auftaucht und wie die Dampfmaschine irgendwann obsolet wird. Sie zwingt jeder zukünftigen Innovation die Null-Preis-Dynamik auf, sei es in Biotechnologie, Raumfahrt, Gehirnumbau oder Nanotechnologie – sowie in all den Branchen, die wir uns nicht einmal vorstellen können. Es gäbe nur eine Möglichkeit, diese Wirkung der Information auf die kommenden Technologien zu verhindern: Man könnte wie in Frank Herberts Science-Fiction-Roman *Der Wüstenplanet* die Computer verbieten und durch sehr teure menschliche Rechenexperten ersetzen.

Das zweite Hindernis ist das Ausmaß der Umwälzung auf dem Arbeitsmarkt. Zu Marx' Zeit gab es in den USA 82 000 Büroangestellte; das waren 0,6 Prozent der Arbeitskräfte. Im Jahr 1970, kurz vor Beginn der Informationstechnologierevolution, waren es 14 Millionen, das heißt, fast jeder fünfte Beschäftigte arbeitete in einem Büro.[33] Und obwohl die Automation zahlreiche Jobs beseitigt hat, die geistige Arbeit erforderten – Bankangestellte, Stenografen, Bedienpersonal von Rechenmaschinen usw. wurden wegrationalisiert –, sind »Bürotätigkeiten und Verwaltungsunterstützung« in den USA mit einem Anteil von 16 Prozent immer noch die größte Beschäftigungskategorie.[34] Danach kommt die Kategorie »Vertrieb«, die 11 Prozent der Beschäftigten umfasst.

Im Jahr 2013 gelangten Forscher der Oxford Martin School in einer Studie zu dem Ergebnis, dass 47 Prozent aller Arbeitsplätze in den Vereinigten Staaten von der Automatisierung bedroht seien. Das gilt insbesondere für Verwaltung und Vertrieb. Die Forscher erwarten in den kommenden zwanzig Jahren zwei Computerisierungswellen: »In der ersten Welle dürften die meisten Beschäftigten in Transport und Logistik sowie der Großteil der Büro- und Verwaltungsangestellten und Arbeiter in der Fertigungsindustrie durch Computerkapital ersetzt werden.«[35]

Der zweiten Welle werden alle Tätigkeiten, in denen es auf Fingerfertigkeit, Beobachtungsgabe und Feedback ankommt, sowie alle Arbeiten auf engem Raum zum Opfer fallen. Diese Tätigkeiten werden von Robotern übernommen. Die Forscher gelangten zu dem Schluss, die geringste Gefahr stelle die Automatisierung für jene Dienstleistungstätigkeiten, in denen zwischenmenschliche Kompetenz benötigt wird – zum Beispiel für Pflegeberufe –, sowie für kreative Tätigkeiten dar.

Die Studie löste einen Aufschrei aus. Das Gespenst der Unterkonsumtion tauchte auf: Die Roboter werden den Kapitalismus zerstören, weil sie Massenarbeitslosigkeit erzeugen, weshalb der Konsum zusammenbrechen wird. Die Gefahr ist real. Um sie zu bannen, müsste der Kapitalismus die Sozialdienste erheblich ausweiten. Wir müssten vieles von dem, was wir heute kostenlos tun, in bezahlte Tätigkeiten verwandeln. Neben den sexuellen Dienstleistungen könnten wir »Zuwendungsdienste« aufbauen. Die ersten derartigen Dienste gibt es bereits: die Mietfreundin, den professionellen Hundeausführer, die Putzfrau, den Gärtner, den Caterer und den persönlichen Hausmeister. Reiche Leute sind bereits von solchen postmodernen Dienern umgeben. Doch um den Verlust der Hälfte aller Arbeitsplätze auszugleichen, müsste das menschliche Alltagsleben umfassend kommerzialisiert werden.

Und hier stoßen wir auf das dritte Hindernis. Der Sozialphilosoph André Gorz sprach von den »Grenzen der ökonomischen Vernunft«.[36] Auf einer bestimmten Ebene widersetzen sich das menschliche Leben und die zwischenmenschlichen Kontakte der Kommerzialisierung. Eine Volkswirtschaft, in der zahlreiche Menschen Mikrodienstleistungen füreinander erbringen, ist möglich, aber als eine Form des Kapitalismus wäre sie ausgesprochen ineffizient und würde kaum Wert schaffen.

Wir könnten die Hausarbeit entlohnen und sämtliche sexuellen Beziehungen in bezahlte Arbeit verwandeln. Auf dem Spielplatz könnten Mütter einander zehn Cent für das Anstoßen der Schaukel berechnen. Aber eine solche Volkswirtschaft würde sich dem technologischen Fortschritt widersetzen.

Als der Frühkapitalismus die Menschen in die Fabriken zwang, musste er große Teile des Lebens, das außerhalb des Marktes stattfand, strafbar machen: Wer seinen Arbeitsplatz verlor, wurde als Herumtreiber verhaftet, wer wie früher im Wald jagte, musste nun damit rechnen, wegen Wilderei hingerichtet zu werden. Um heute etwas Ähnliches zu bewerkstelligen, müsste man nicht nur das gesamte Alltagsleben kommerzialisieren, sondern auch den Widerstand gegen diese Kommerzialisierung unter Strafe stellen. Menschen, die einander kostenlos küssen, müssten so bestraft werden wie Vagabunden im 19. Jahrhundert. Das ist unmöglich.

Die größte Gefahr, die von der Robotisierung ausgeht, ist also nicht die Massenarbeitslosigkeit, sondern die Erschöpfung der Fähigkeit des Kapitalismus, neue Märkte zu schaffen, wenn die alten absterben.

Und dann ist da noch ein weiteres Hindernis: die Eigentumsrechte. Um sich die positiven Externalitäten in einer von der Information beherrschten Volkswirtschaft aneignen zu können, muss das Kapital seine Eigentumsansprüche auf neue Gebiete ausweiten: Es muss sich unsere Selfies, unsere Playlists und neben unseren veröffentlichten Forschungsarbeiten auch die Forschung aneignen, die wir dafür betrieben haben. Die Technologie gibt uns jedoch die Mittel in die Hand, um uns dem zu widersetzen, und verurteilt diesen Versuch auf lange Sicht zum Scheitern.

Daher kämpft der Informationskapitalismus in Wahrheit ums nackte Überleben.

Wir sollten mitten in einer dritten industriellen Revolution stecken, aber sie ist zum Stillstand gekommen. Wer die Gründe für den Stillstand in schlechter Politik, falschen Investitionsstrategien und der Hybris des Finanzsektors sucht, verwechselt die Symptome mit der Krankheit. Jene, die versuchen, die Marktstrukturen zu zähmen, indem sie ihnen kollaborative Normen wie Creative-Commons-Lizenzen überstülpen, verstehen nicht, wo der springende Punkt liegt.

Eine auf Wissen beruhende Volkswirtschaft kann aufgrund ihrer Tendenz zu kostenlosen Produkten und schwachen Eigentumsrechten keine kapitalistische Volkswirtschaft mehr sein.

Die Arbeitswerttheorie ist nützlich, weil sie dem Rechnung trägt: Sie gibt uns die Möglichkeit, etwas zu tun, was die Volkswirte der OECD nicht tun konnten: Wir können denselben Maßstab auf die Produktion innerhalb und außerhalb des Marktes anwenden. Vor allem aber können wir mithilfe der Arbeitswerttheorie den Übergang zum Postkapitalismus so gestalten, dass wir wissen, was wir erreichen wollen: eine Welt, in der die Maschinen nichts kosten, der Preis grundlegender Güter bei null liegt und die notwendige Arbeitszeit auf ein Mindestmaß verringert wird.

Die nächste Frage ist: Wer wird dafür sorgen, dass diese Welt Wirklichkeit wird?

7

Wunderbare Störenfriede

Im Jahr 1980 verkündete der französische Philosoph André Gorz, die Arbeiterklasse sei tot. Sie sei als soziale Gruppe gespalten und kulturell enteignet worden und spiele als Agent des gesellschaftlichen Fortschritts keine Rolle mehr.

Gorz hätte keinen ungünstigeren Zeitpunkt wählen können, um diese These zu präsentieren. Seit jenem Jahr hat sich die Zahl der Arbeitnehmer weltweit verdoppelt. Die Verlegung von Arbeitsplätzen in Billiglohnländer, die Globalisierung und der Eintritt der ehemals sozialistischen Länder in den Weltmarkt haben die Zahl der Arbeitnehmer auf mehr als drei Milliarden erhöht.[1] Ein Arbeiter zu sein bedeutet heute etwas anderes als in der Vergangenheit. Etwa 150 Jahre lang bezeichnete das Wort »Proletarier« vor allem weiße Männer in den Industrieländern, die körperliche Arbeit verrichteten. In den letzten dreißig Jahren ist aus dem »Proletariat« eine ethnisch vielgestaltige, mehrheitlich weibliche Arbeiterschaft geworden, die überwiegend im Globalen Süden lebt.

In einem gewissen Sinn hatte Gorz allerdings recht: In diesen drei Jahrzehnten mussten die Gewerkschaften einen deutlichen Rückgang ihrer Mitgliederzahlen verzeichnen, die Verhandlungsmacht der Arbeitnehmer in der entwickelten Welt ist geschwunden, und der Anteil der Erwerbseinkommen am BIP ist gesunken. Das ist die eigentliche Ursache des Problems, das Thomas Piketty beklagt: Die Arbeitnehmer sind nicht mehr imstande, ihren Anspruch auf einen möglichst großen Teil des Kuchens durchzusetzen, und das führt zu wachsender Ungleichverteilung.[2]

Neben der materiellen Schwächung hat die Arbeiterbewegung einen ideologischen Zusammenbruch erlitten. Dieser ist in den Fabriken in Nairobi und Shenzhen ebenso deutlich zu spüren wie in den heruntergekommenen Industriestädten Europas und Nordamerikas. Mit dem Kollaps der

Sowjetunion erlitt die Linke eine derart vernichtende politische Niederlage, dass man sich, wie der Philosoph Fredric Jameson schrieb, eher das Ende der Welt vorstellen konnte als das Ende des Kapitalismus.[3] Um es schonungslos klar zu sagen: Es war undenkbar, dass *diese* Arbeiterklasse, diese desorganisierte Arbeiterklasse, die dem Konsumismus und Individualismus anheimgefallen war – den Kapitalismus stürzen könnte.

Die alte Sequenz – Massenstreiks, Barrikaden, Arbeiterräte, Herrschaft der Arbeiterklasse – wirkt utopisch in einer Welt, in der die größte Stärke der Arbeiter, die Solidarität, unentschuldigt dem Arbeitsplatz fernbleibt.

Die Optimisten unter den Linken hielten dem entgegen, die Niederlagen seien einfach zyklisch. Das klang plausibel: In der Geschichte der Arbeiterbewegung wiederholen sich klare Muster von Entstehung und Niedergang, die eng mit den Kondratjew-Zyklen zusammenhängen.

Aber die Optimisten haben sich getäuscht. Wir haben es mit einem strategischen Wandel zu tun. Wer sich an die Vorstellung klammert, nur das Proletariat könne die gesellschaftliche Entwicklung bis zur Überwindung des Kapitalismus vorantreiben, der übersieht zwei zentrale Merkmale der modernen Welt: Der Weg zum Postkapitalismus führt über eine andere Route, und heute sind alle Menschen auf der Erde potenzielle Agenten der Veränderung.

Die neue Arbeiterschaft in den Fabriken Bangladeschs und Chinas entsteht in einem Prozess, der nicht weniger brutal ist als der, den die englischen Arbeiter vor 200 Jahren durchliefen. Man denke nur an den Vertrag, in dem sich die Arbeiter in Apples chinesischen Foxconn-Fabriken im Jahr 2010 verpflichteten, sich von der drückenden Arbeitslast nicht in den Selbstmord treiben zu lassen.[4]

Dieses Mal gelingt es der Industrialisierung allerdings nicht, die sozialen und ideologischen Spinnweben des vorindustriellen Lebens zu zerreißen. Gewerkschaftsaktivisten stoßen in der südlichen Hemisphäre auf Hindernisse, die sie nicht überwinden können: auf ethnische Konflikte, das Netzwerk der Dorfgemeinschaft, religiösen Fundamentalismus und organisiertes Verbrechen. Und neben diesen alten Problemen taucht ein neues Phänomen auf: Ich bezeichne es als »größeren Fußabdruck des Individuums«, das sich in der vernetzten Welt sogar mehrere Identitäten zulegen kann.[5]

Vor 25 Jahren spielte diese neue Arbeiterschaft im Globalen Süden, verglichen mit der Kerngruppe in den westlichen kapitalistischen Ländern, eine Nebenrolle, aber mittlerweile ist sie selbst in eine Kern- und eine Randgruppe unterteilt. Als die Internationale Arbeitsorganisation die Erwerbsbevölkerung in der südlichen Hemisphäre nach Einkommensschichten analysierte (von fünf US-Dollar am Tag bis zum fünffachen Betrag), stellte sie fest, dass jeder Schicht derselbe Prozentsatz von Industriearbeitern angehörte, was bedeutet, dass der moderne Industriesektor sowohl Arbeiter, die in Armut oder prekären Verhältnissen leben, als auch solche mit höherem Status und höheren Einkommen enthält. Die Belegschaft einer Fabrik in Nigeria ist genauso nach Qualifikation und Einkommen unterteilt wie die einer Fabrik in Köln oder Nashville.

Die alte Arbeiterbewegung lebte vom Zusammenhalt. Sie gedieh in lokalen Wirtschaftssystemen, die in erster Linie industriell waren, und in Gemeinschaften mit politischen Traditionen, die den technologischen Wandel absorbieren und überleben konnten. Der Neoliberalismus hat diese Gemeinschaften in den entwickelten Ländern gesprengt und ihre Entstehung in der übrigen Welt erschwert.

Prekäre Arbeitsverhältnisse, extreme Armut, Migration und zerfallende Gemeinschaften verhindern, dass im Globalen Süden etwas entstehen kann, das dem Zusammenhalt und dem Klassenbewusstsein der westlichen Arbeiterbewegung in ihrer Blütezeit vergleichbar wäre. Nur dort, wo eine nationale Elite die organisierte Unterstützung der Gewerkschaften genießt, übt die Arbeiterschaft heute denselben Einfluss aus wie im 20. Jahrhundert, so etwa in Argentinien unter den Kirchners oder in Südafrika unter dem ANC. In der entwickelten Welt klammert sich ein harter Kern von Gewerkschaftsaktivisten weiter an die Methoden und die Kultur der Vergangenheit, aber einer aufstrebenden Klasse junger Arbeitskräfte in prekären Beschäftigungsverhältnissen fällt es leichter, Gebäude zu stürmen und Straßenschlachten anzuzetteln, als einer Gewerkschaft beizutreten (siehe Athen im Dezember 2008).

André Gorz irrte sich in vielem, aber die Ursache der Entwicklung erkannte er richtig: *Die Arbeit, die definierende Aktivität im Kapitalismus, verliert ihre zentrale Bedeutung für die Ausbeutung auf der einen und den Widerstand auf der anderen Seite.*

Nach Ansicht von Gorz hat der rasante Produktivitätsanstieg dank des Computers und der Automatisierung die Sphäre *jenseits* der Arbeit in das wichtigste Schlachtfeld verwandelt. Er erklärt, dass alle auf der Arbeit beruhenden Utopien, vor allem der Marxismus, ihren Sinn verloren haben. Sie müssten durch neue Utopien ersetzt werden, durch Utopien, deren Vorkämpfer auf die Rückendeckung einer historischen Zwangsläufigkeit und auf die Hilfe einer Klasse verzichten müssen, die auserkoren ist, unbewusst die Rolle des Retters zu spielen. In den Ohren derer, die in den achtziger Jahren in den Streikpostenketten ausharrten, klang diese Botschaft trostlos und ein wenig abwegig. Mittlerweile kann Gorz' Erkenntnis jedoch mit etwas begründet werden, das konstruktiver ist als die Enttäuschung.

Wie wir gesehen haben, verdrängt die Informationstechnologie Arbeitskräfte aus der Produktion, sie zerstört die Preisbildungsmechanismen und begünstigt den wirtschaftlichen Austausch abseits des Marktes. Und irgendwann wird sie die Verbindung zwischen Arbeit und Wert endgültig kappen.

Wenn es so ist, dann ist der gegenwärtige Niedergang der organisierten Arbeiterbewegung kein zyklisches Phänomen und nicht das Ergebnis einer Niederlage, sondern eine ähnliche historische Umwälzung wie ihr Aufstieg vor 200 Jahren. Wenn die Geschichte des Kapitalismus einen Anfang, eine Mitte und ein Ende haben muss, so gilt dasselbe für die Geschichte der organisierten Arbeiterbewegung.

In der Natur – und der dialektischen Logik – ist das Ende normalerweise ein Augenblick der »Aufhebung«. Dieser Begriff beschreibt die Zerstörung von etwas, das gleichzeitig als etwas anderes weiterlebt. Die Arbeiterklasse ist nicht tot, aber sie erlebt eine Aufhebung. Sie wird in einer Form überleben, die sich so grundlegend von der gegenwärtigen unterscheiden wird, dass sie wie etwas vollkommen anderes wirken wird. Als historisches Subjekt wird sie von einer vielgestaltigen globalen Bevölkerung ersetzt, deren Kampf nicht auf die Arbeit beschränkt ist, sondern in allen Bereichen des gesellschaftlichen Lebens geführt wird, und deren Lebensstil nicht von Solidarität, sondern von Unbeständigkeit geprägt ist.

Diejenigen, die diese vernetzten Individuen als Erste beschrieben, sahen in ihnen irrtümlich Nihilisten, die keinen Wandel herbeiführen könnten. Dem widerspreche ich in meinem Buch *Why It's Kicking Off Everywhere* (2012), in dem ich erkläre, dass die neue Welle von Kämpfen, die im Jahr 2012 begann, ein Beleg dafür ist, dass diese Gruppe sehr wohl kämpft und dass sie überall dort, wo sie auf die Straße geht, ähnliche und von der Technologie bestimmte Werte verkörpert.

Wenn diese Einschätzung richtig ist, müssen wir uns einer Tatsache stellen, die für viele Linke schmerzhaft sein wird: Der Marxismus hat sich in Bezug auf die Arbeiterklasse getäuscht. Es stimmt, dass die menschliche Gesellschaft nie etwas hervorgebracht hat, das einem aufgeklärten, kollektiven historischen Subjekt näher gekommen wäre als das Proletariat. Aber die Erfahrung in den letzten 200 Jahren zeigt, dass es dem Proletariat nicht darum ging, den Kapitalismus zu stürzen. Vielmehr wollte es »trotz des Kapitalismus leben«.

Die Arbeiter wurden durch soziale und politische Krisen, deren Auslöser in vielen Fällen Krieg und unerträgliche Unterdrückung waren, zum revolutionären Handeln gezwungen. In den seltenen Fällen, in denen die Arbeiterklasse an die Macht kam, konnte sie sich nicht gegen die Vereinnahmung durch Eliten wehren, die unter falscher Flagge segelten. Beispiele dafür sind die Pariser Kommune von 1871, Barcelona im Jahr 1937 und die Revolutionen in Russland, China und Kuba.

Die Literatur der Linken ist voll von Rechtfertigungen für diese seit zwei Jahrhunderten andauernde Geschichte der Niederlagen: Der Staat war zu stark, die Führung der Arbeiterklasse war zu schwach, die »Arbeiteraristokratie« hatte zu viel Einfluss, der Stalinismus ermordete die Revolutionäre und unterdrückte die Wahrheit. All diese Erklärungen laufen auf zwei Ausreden hinaus: Schuld waren ungünstige Bedingungen oder unfähige Führer.

Die Arbeiterbewegung schuf in einem unmenschlichen System einen Freiraum für menschliche Werte. Aus der Tiefe des Elends tauchten Menschen auf, die für »wunderbaren Ärger« (*beautiful trouble*) sorgten: Märtyrer, Autodidakten und säkulare Heilige. Aber die Arbeiterklasse war keineswegs der unbewusste Träger des Sozialismus, sondern wusste sehr gut, was sie wollte, und handelte entsprechend. Sie wollte den Kapitalismus erträglich machen.

Die Arbeiterklasse war nicht geistig rückständig. Sie verfolgte eine klare Strategie, die auf etwas beruhte, das die Marxisten nie begriffen haben: die andauernde Bedeutung von Fähigkeiten, Autonomie und Status im Leben der Arbeiter.

Haben wir einmal verstanden, was in den vier langen Zyklen des Industriekapitalismus wirklich mit der Arbeit geschah, wird die Bedeutung ihrer Wandlung im fünften Zyklus klar. Die Informationstechnologie macht die Abschaffung der Arbeit möglich. Verhindert wird das nur durch die gesellschaftliche Struktur, die wir als Kapitalismus kennen.

1771-1848: Die Fabrik als Schlachtfeld

Die erste Fabrik, die diesen Namen verdiente, wurde im Jahr 1771 im englischen Cromford gebaut. Man findet dort immer noch den steinernen Sockel, auf dem die erste Maschine stand. Diese feuchtkalte Halle sollte ein Wallfahrtsort für jeden Humanisten sein. An diesem Ort hörte die soziale Gerechtigkeit auf, ein Traum zu sein, und verwandelte sich zum ersten Mal in der Menschheitsgeschichte in eine Möglichkeit, für die man kämpfen konnte.

In den siebziger Jahren des 18. Jahrhunderts wimmelte es in diesen Räumen von Frauen und Kindern, die schweigend in der vom Baumwollstaub schweren Luft umherliefen (es war den Arbeitern verboten zu sprechen) und Material zu den komplexen Spinnrahmen trugen. Die Maschinen wurden von Männern bedient, die als »Spinner« bezeichnet wurden. Die Belegschaft war gezwungen worden, sich die neue Kultur der Arbeit anzueignen: Die Arbeiter durften nicht länger ihrer inneren Uhr folgen, sondern mussten sich nach der Uhr ihres Arbeitgebers richten. Sie hatten sich ausschließlich mit ihrer Arbeit zu beschäftigen und die Anweisungen ihrer Vorgesetzten blind zu befolgen. Und sie mussten während des 13-stündigen Arbeitstags die Gefahr schwerer Verletzungen auf sich nehmen. Alle anderen Gesellschaftsgruppen hatten Wurzeln, eine Kultur und Traditionen, aber die Fabrikarbeiter hatten nichts von alledem, denn sie waren eine vollkommen neue Gruppe. So konnte das System in den ersten dreißig Jahren eine Funktionsweise entwickeln, die das menschliche Leben rücksichtslos zerstörte.

Doch die Arbeiter setzten sich zur Wehr. Sie schlossen sich zusammen und organisierten ihre Bildung. Als im Jahr 1818-19 der Aufschwung im ersten langen Zyklus endete, organisierten sie Massenstreiks, in denen sie die Frage des Lohns mit der Frage der Demokratie verbanden. Großbritannien schlitterte in eine politische Krise, die zwei Jahrzehnte dauerte und wiederholte Ausbrüche revolutionärer Gewalt mit sich brachte.

Marx und Engels, die ihre Werke mehr als zwanzig Jahre nach Beginn dieser Krise, Anfang der vierziger Jahre, schrieben, fanden in der Arbeiterklasse eine passende Lösung für ein philosophisches Problem. Die linken Angehörigen des deutschen Bürgertums waren begeisterte Kommunisten und träumten von einer klassenlosen Gesellschaft, in der es kein Eigentum, keine Religion und völlige Freiheit von der Arbeit geben würde. Nun entdeckte Marx in der Arbeiterklasse die Kraft, die diese Gesellschaft verwirklichen konnte.

Er glaubte, das extrem elende Leben der Arbeiter prädestiniere sie für diese historische Rolle. Gerade weil das Proletariat keinen Besitz hatte, weil es kein Gewerbe, keine Kenntnisse, keine Religion und kein Familienleben hatte – und weil es der respektablen Gesellschaft vollkommen entfremdet war –, eignete es sich als Träger eines neuen Gesellschaftssystems. Zuerst würde es ein Klassenbewusstsein entwickeln und anschließend die Macht ergreifen, um die Armut zu beseitigen, die Entfremdung von der Arbeit zu beenden und den Kommunismus zu errichten.

Eine bessere Zusammenfassung der Beziehung des Proletariats zum Schicksal der Gesellschaft wäre: Sie ist kompliziert.

Die Arbeiter wurden sich tatsächlich ihrer kollektiven Interessen bewusst. Aber dann schufen sie inmitten einer furchtbaren Situation im zweiten Jahrzehnt des 19. Jahrhunderts etwas Positives. Dabei handelte es sich jedoch nicht um ein »sozialistisches Bewusstsein«, sondern um eine revolutionäre republikanische Bewegung, welche die Prinzipien des Lernens, der Humanität und der Selbsthilfe auf ihre Fahnen schrieb.

Im Jahr 1818 traten die Baumwollspinner in Manchester massenhaft in den Ausstand. Im Jahr darauf gründeten Arbeiter überall in Nordengland Abendschulen und Arbeitervereine, organisierten politische Debatten, wählten Delegierte für Stadtkomitees und bildeten Frauengruppen. Aus ihren Diskussionen ging im Sommer 1819 eine demokratische Massenbewegung hervor: in inoffiziellen öffentlichen Versammlungen wählten sie inoffizielle Parlamentsabgeordnete. Als am 16. August 1819 100 000 Arbeiter widerrechtlich auf dem St. Peter's Field in Manchester zusammenströmten, wurden sie von der Kavallerie angegriffen.

Das Peterloo-Massaker, das ein Dutzend Tote und Hunderte Verletzte zurückließ, markierte den Beginn der organisierten Arbeiterbewegung. Und es gab den Anstoß zu einem ersten Versuch, dem Widerstand der Arbeiter mit der Automatisierung zu begegnen.

Die Spinner mussten theoretisch Männer sein, da man viel Kraft brauchte, um die Spindeln der Spinnmaschine viermal pro Minute hin- und herzuschieben. In der Praxis gab es allerdings Frauen, die kräftig genug waren, um diese Tätigkeit zu verrichten. Dass diese Arbeit Männern vorbehalten blieb, hatte in Wahrheit eine soziale Funktion: Mit hartgesottenen Männern, die besser bezahlt wurden und eine zwischengeschaltete Hierarchieebene bildeten, konnte man die Disziplin in der Fabrik leichter aufrechterhalten, als wenn man direkt mit Frauen und Kindern gearbeitet hätte.[6]

Doch als die qualifizierten Männer um das Jahr 1820 militant wurden, gab es nur noch eine Lösung: Sie mussten wegautomatisiert werden. Im Jahr 1824 wurde eine selbsttätige Spinnmaschine (der Selfaktor) patentiert, und es dauerte nicht lange, da standen Tausende dieser Maschinen in den Fabriken. Die Arbeitgeber kündigten an, dass die Spinnmaschinen in Zukunft ausschließlich von Frauen und Kindern bedient würden, da das Personal lediglich die Bewegungen der Maschine beobachten müsse.[7]

Doch genau das Gegenteil geschah.

Die Spinner organisierten ab 1819 immer wieder Streiks gegen die Beschäftigung von Frauen. Sie weigerten sich, Frauen für Arbeiten zu schulen, die Zugang zu besseren Qualifikationen boten, und verlangten, diese Arbeitsplätze sollten ihren eigenen Söhnen überlassen werden. In den zwanziger und dreißiger Jahren wurden jene Frauen, die sich als Spinnerinnen in den Fabriken durchgesetzt hatten, aus dieser Tätigkeit hinausgedrängt, und in den vierziger Jahren beherrschten die Männer diesen Bereich vollkommen. Wie die Historikerin Mary Freifeld gezeigt hat, machten die neuen Maschinen qualifizierte Arbeitskräfte nicht überflüssig, sondern schufen lediglich eine neue technische Fähigkeit, welche die alte ersetzte: »Eine komplexe Tätigkeit war durch eine andere ersetzt worden, während Qualitätskontrolle und Aufsichtsfunktionen unverändert blieben.«[8]

Ich habe diese Episode ausführlich beschrieben, weil sie sich in den folgenden zwei Jahrhunderten viele Male wiederholen sollte. Die Geschichte der Arbeit kann nicht auf »Ökonomie plus Technologie« reduziert werden. Sie muss auch die Wechselbeziehung zwischen der Technologie und den Organisationen der Arbeiter sowie die Entwicklung von Machtverhältnissen auf der Grundlage von Alter, Geschlecht und ethnischer Zugehörigkeit beinhalten.

Konkret widerlegt diese Fallstudie eine Passage in *Das Kapital*, die den Marxisten sehr am Herzen liegt. Marx, der sein Werk in den fünfziger Jahren des 19. Jahrhunderts schrieb, verwendete die selbsttätige Spinnmaschine als wichtigstes Beispiel für die Tendenz des Kapitalismus zur Herabstufung der Arbeit als Mittel zur Unterdrückung der Arbeiter. Marx schrieb: »Die Maschinerie [...] wird das machtvollste Kriegsmittel zur Niederschlagung der periodischen Arbeiteraufstände, strikes usw. wider die Autokratie des Kapitals. [...] Wir erinnern vor allem an die selfacting mule [selbsttätige Spinnmaschine], weil sie eine neue Epoche des automatischen Systems eröffnet.«[9]

Die Quelle der Verwirrung war sein Mitarbeiter Friedrich Engels. Als dieser im Jahr 1842 in Manchester eintraf, war in der Stadt gerade ein Generalstreik der gesamten Arbeiterschaft gescheitert. Mit Unterstützung seiner Geliebten, der Arbeiterin Mary Burns, zog der 22-jährige Engels durch Fabriken, Elendsviertel und Baumwollbörsen, um Material für die erste ernsthafte Studie zur materialistischen Soziologie zu sammeln: *Die Lage der arbeitenden Klasse in England* erschien 1845.

Als Anthropologe beurteilte Engels vieles richtig: die Bedingungen in den Slums, das fast völlige Fehlen von Religiosität oder Respekt zwischen den Arbeitern, ihre Abhängigkeit von Alkohol, Opium und beiläufigem Sex. Was er falsch beurteilte, war die Wirkung der selbsttätigen Spinnmaschine. Er schrieb, dass »alle Verbesserungen der Maschinen die eigentliche, anstrengende Arbeit mehr und mehr auf die Maschine werfen und so die Arbeit erwachsener Männer in eine bloße Aufsicht verwandeln, die ein schwaches Weib oder gar ein Kind ebensogut tun kann und auch für halben oder Drittellohn tut; daß also die erwachsenen Männer immer mehr aus der Industrie verdrängt und durch die vermehrte Fabrikation *nicht wieder* beschäftigt werden [...].«[10]

Man muss Engels zugutehalten, dass seine Informationen von radikalen Spinnereiarbeitern stammten, die in der Wirtschaftskrise und nach dem gescheiterten Streik von 1842 ihre Arbeit verloren hatten. Aber die Automatisierung festigte am Ende die Position der qualifizierten männlichen Spinner und schuf neue Arbeitsplätze für sie.[11] Zahlreiche Studien, unter denen vor allem die von William Lazonick von der University of Massachusetts zu nennen ist, haben gezeigt, wie Qualifikation, männliche Vorherrschaft und eine komplexe Machtstruktur innerhalb der Belegschaft den Beginn der Mechanisierung überlebten.[12]

Die erste Begegnung des Marxismus mit der organisierten Arbeiterklasse führte also zu einem großen Missverständnis, und dies betraf nicht einfach nur die Fähigkeiten, sondern das politische Bewusstsein, das sie hervorbringen.

Marx glaubte, die Arbeiter würden das Eigentum abschaffen, weil sie selbst keines hatten. Sie würden die Klassentrennung beseitigen, weil sie nicht davon profitieren konnten. Und beides würden sie tun, ohne innerhalb des alten Systems ein alternatives Wirtschaftssystem errichten zu müssen.

Doch die Geschichte der englischen Arbeiterbewegung widerlegt diese Einschätzung. Es ist eine Geschichte des positiven Handelns, des Überlebenswillens und der Entwicklung von Fähigkeiten, von Massenversammlungen im Freien, Studienzirkeln und Genossenschaftsläden. Vor allem entstand eine lebendige Arbeiterkultur: Musik, Poesie, Folklore, Zeitungen und Buchhandlungen. Ein Kästchen, das nach der marxistischen Theorie leer hätte bleiben müssen, war ausgefüllt worden. Wo Marx eine Null vermutete, war in Wirklichkeit eine Eins.

Wer die materialistische Betrachtung der Geschichte verteidigen will, muss akzeptieren, was das bedeutet: Marx irrte sich in Bezug auf die Arbeiterklasse. Es war ein Irrtum zu glauben, die Automatisierung werde die Fähigkeiten der Arbeiter zerstören. Es war falsch zu glauben, das Proletariat könne innerhalb des Kapitalismus unmöglich eine dauerhafte Kultur aufbauen. In Lancashire hatten die Arbeiter schon eine Kultur entwickelt, als Marx noch an der Universität studierte.

Als Anhänger Hegels beharrte Marx darauf, Gegenstand der Sozialwissenschaften müsse »das ganze Ding« sein: das Ding im Prozess des Werdens und Sterbens, das Ding in seinen Widersprüchen, das offizielle, aber auch das unterschwellige, verborgene Ding. Er hielt sich beim Studium des Kapitalismus strikt an diese Methode – aber er verzichtete darauf, als es darum ging, die Arbeiterklasse zu analysieren.

Die *anthropologische Studie* zur englischen Arbeiterklasse, die Engels im Jahr 1842 schrieb, ist detailliert, komplex und spezifisch. Die *marxistische Theorie* über das Proletariat ist es nicht: Sie reduziert eine ganze Gesellschaftsklasse auf eine philosophische Kategorie. Und diese Theorie würde umfassend widerlegt werden.

1848-98: Menschen gegen Maschinen

Ende des 19. Jahrhunderts waren die Gewerkschaften ein fester Bestandteil der Industriestruktur. Zumeist wurden sie von Facharbeitern geführt, die eher gemäßigt waren, aber ihre Autonomie am Arbeitsplatz hartnäckig verteidigten.

Engels' Buch über die englische Arbeiterklasse erschien in Großbritannien erst im Jahr 1892. Zu diesem Zeitpunkt war es längst ein Museumsstück. Das Vorwort zur ersten englischen Ausgabe, in dem Engels einräumte, dass sein Werk überholt war, ist eine brillante Beschreibung der Anpassungsfähigkeit des Kapitalismus – und ein Akt der Selbsttäuschung in Bezug auf die Ursachen der Mäßigung der Arbeiterschaft.

Nachdem sich der radikale Republikanismus in Großbritannien im Jahr 1848 totgelaufen hatte, blieben die von qualifizierten Arbeitern geführten Gewerkschaften als stabile Organisationsform der Arbeiterklasse bestehen. Überall, wo das Fabriksystem eingeführt wurde – insbesondere in der Metallverarbeitung und im Maschinenbau –, war bald der autonome Facharbeiter die Norm. Radikalismus und utopischer Sozialismus wurden an den Rand gedrängt.

Engels versuchte, der Entwicklung zunächst ökonomisch gerecht zu werden. Als nach 1848 neue Märkte und neue Technologien entstanden und die Geldmenge wuchs, erkannte er, dass »eine neue industrielle Ära« begonnen hatte. Diese Ära, die Kondratjew später als zweiten langen Zyklus beschreiben würde, dauerte bis in die neunziger Jahre des 19. Jahrhunderts. Und Engels entdeckte ein wesentliches Merkmal des technologischen Paradigmas dieser Ära: die Kooperation zwischen Arbeiterschaft und Kapital.

Das System war mittlerweile so rentabel, dass die britischen Fabrikbesitzer nicht mehr auf die in *Oliver Twist* geschilderten Methoden angewiesen waren. Der Arbeitstag wurde auf zehn Stunden verkürzt, die Kinderarbeit eingeschränkt, die mit der Armut einhergehenden Krankheiten durch Stadtplanung zurückgedrängt. Die Arbeitgeber hatten gelernt, dass sie »unnötige Streitereien vermeiden, sich mit dem Bestand und der Macht der Trade Unions abfinden« mussten.[13]

Die britische Arbeiterschaft umfasste jetzt Millionen ungelernte, arme und in prekären Verhältnissen lebende Menschen. Engels räumte jedoch ein, dass sich die Lage von zwei spezifischen Gruppen dauerhaft verbessert hatte:* Dies waren die Fabrikarbeiter und die Mitglieder der großen Gewerkschaften, womit die zumeist männlichen Facharbeiter gemeint waren.

Nach Ansicht von Engels waren die Arbeiter gemäßigter geworden, weil sie an den Erträgen der imperialen Macht Großbritanniens beteiligt wurden. Das galt nicht nur für die qualifizierten Arbeiter, die Engels als »Aristokratie der Arbeiterklasse« bezeichnete, sondern auch für die große Masse, die seiner Meinung nach von den fallenden Realpreisen profitierte, die der imperialen Vormachtstellung Großbritanniens zu verdanken waren. Den Wettbewerbsvorteil Großbritanniens hielt er allerdings für vorübergehend, und dasselbe galt für die Vorrechte der Facharbeiter.

Bei den Arbeitern in der übrigen entwickelten Welt sah Engels ein Maß an Rebellion und Entfremdung, wie es in Großbritannien bis 1848 beobachtet worden war. Ausgehend davon unternahm er Ende der achtziger Jahre einen zweiten Versuch, das Ausbleiben des Kommunismus plausibel zu erklären: Großbritannien, so Engels, hatte seine Arbeiter beschwichtigt, indem es seine imperiale Macht nutzte, um ihren Wohlstand zu erhöhen. Aber sobald die übrige Welt aufholte, würde die Mäßigung ein Ende haben.

Seine Einschätzung hätte kaum weiter von der Realität entfernt sein können. Die Entwicklung der Fähigkeiten, die Passivität und die politische Mäßigung waren in der zweiten Hälfte des 19. Jahrhunderts *bei der gesamten Arbeiterschaft* der entwickelten Welt zu beobachten. Das lässt sich mit einer Vielzahl von Fallstudien belegen.

Einige der detailliertesten dieser Studien stammen aus Kanada. George Kealeys Arbeit über die Fassbinder in Toronto zeigt, dass die dortige Gewerkschaft in jeder einzelnen Werkstatt den Preis der Arbeit festlegte. Es gab keine Lohnverhandlungen. Die Fassbinder versammelten sich, legten eine Lohnliste vor, und die Arbeitgeber akzeptierten sie oder gingen zur Aussperrung über. Eigentlich wurde an sechs Tagen in der Woche gearbeitet, aber wie die Facharbeiter überall sonst nahmen sich die Fassbinder regelmäßig einen »Blauen Montag«, das heißt einen inoffiziellen freien Tag, nachdem sie sich am Sonntagabend betrunken hatten.

* »Eine dauernde Hebung findet sich nur bei zwei beschützten Abteilungen der Arbeiterklasse.« (Engels, *Die Lage der arbeitenden Klasse in England, MEW* 2, S. 645)

In ihrer Arbeit genossen sie völlige Autonomie. Ihre Werkzeuge gehörten ihnen selbst (tatsächlich war »die Werkzeuge aus der Werkstatt holen« ein anderer Ausdruck für in Streik treten). Sie entschieden, wer eine Lehrstelle bekam. Um die Löhne hoch zu halten, drosselten sie in schlechten Zeiten die Produktion. Und all das erreichten sie durch geheime Absprachen, freimaurerische Vereinbarungen, Schwüre, Rituale und absolute Solidarität.

Und die Gewerkschaft war lediglich die unterste Schicht in einem komplexen Geflecht von Institutionen. Bryan Palmer schreibt in einer Studie über Arbeiter in Hamilton in der Provinz Ontario:

> Zur Arbeiterkultur des 19. Jahrhunderts gehörte ein vielfältiges Sozialleben, dessen Institutionen der Arbeiterverein, das Mechanikerinstitut, Sportbruderschaften und freiwillige Feuerwehrbrigaden waren. Ergänzt wurden diese formalen Beziehungen durch einen weniger strukturierten, aber ebenso greifbaren Zusammenhalt in der Nachbarschaft, am Arbeitsplatz oder in der erweiterten Familie, der beim vertraulichen gemeinsamen Bier oder im gewalttätigen *charivari* [einem Ritual, bei dem Gruppen von jungen Leuten vor das Haus vermeintlicher Übeltäter zogen und diese anprangerten, z. B. indem sie mit Töpfen lärmten] ausgelebt wurde.[14]

Selbst in den jüngsten Branchen übten die Arbeiter die informelle Kontrolle aus, und zwar nicht nur über die Löhne, sondern auch über die Arbeit selbst.[15]

Dieses ungewöhnliche Maß an informeller Arbeiterkontrolle war keine Hinterlassenschaft früherer Zeiten. Im Gegenteil: Es war ein *Ergebnis* der Mitte des Jahrhunderts eingeführten technologischen Neuerungen. Die bedeutenden Technologien des zweiten langen Zyklus – Telegrafie, Dampflokomotive, Druck, Eisenbearbeitung und Großmaschinenbau – erforderten ein hohes Maß an manueller Arbeit, das heißt kräftige Arme und einen geschulten Verstand. »Der Kopf des Managers unter der Kappe des Arbeiters« lautete ein Slogan der Arbeiterklasse, der durchaus der Realität entsprach. Der Führer der Fassbindergewerkschaft von Toronto warnte, um zu verhindern, dass sich die Fähigkeiten schneller entwickelten als die Automatisierung, bräuchten die Fabrikbesitzer eine »denkende Maschine«.[16] Aber es sollte noch hundert Jahre dauern, bis sie diese Maschine bekamen.

Sogar in der Abschwungphase des zweiten langen Zyklus, die 1873 begann, gelang es den Managern nicht, die Rolle der ungelernten Arbeit und der Automatisierung zu stärken. Kealey schreibt über die Facharbeiter von Toronto in den neunziger Jahren: »Sie waren der Maschine begegnet und hatten sie besiegt.«[17] Um das Jahr 1890 war eine Schicht qualifizierter, privilegierter und organisierter Arbeiter ein allgemeines Merkmal des Kapitalismus. Es war nicht einfach das Ergebnis des Wettbewerbsvorteils einer einzelnen Nation.

Die Wirkung der qualifizierten Autonomie in Kombination mit einem vielfältigen Sozialleben und dem Aufstieg sozialdemokratischer Parteien würde den Kapitalismus zur nächsten Anpassung zwingen. Nachdem er »der Maschine begegnet war und sie besiegt hatte«, begegnete der organisierte Arbeiter in der ersten Hälfte des 20. Jahrhunderts dem wissenschaftlichen Manager, dem Bürokraten – und schließlich dem Aufseher im Konzentrationslager.

1898-1948: Hebt einen Barren auf und geht damit

Im Jahr 1898 fand auf dem firmeneigenen Güterbahnhof von Bethlehem Steel in Pennsylvania ein Ingenieur namens Frederick Winslow Taylor eine neue Lösung für das alte Problem der Autonomie des qualifizierten Arbeiters.

»Heben Sie einen Barren auf und gehen Sie damit«, wies Taylor seine Arbeiter an. Ein Eisenbarren hatte ein Gewicht von 41 Kilogramm. Taylor hielt nicht nur fest, wie lange die Arbeiter brauchten, um den Barren zu bewegen, sondern studierte auch ihre Bewegungen sehr genau. Er fand heraus, dass die industriellen Tätigkeiten in einzelne erlernbare Schritte zerlegt werden konnten, und teilte diese Tätigkeiten Arbeitern zu, die weniger qualifiziert waren als jene, die gegenwärtig damit beschäftigt waren.

Die Ergebnisse waren verblüffend: Die Produktivität stieg beinahe um das Vierfache. Der Anreiz war eine Lohnerhöhung von 1,15 auf 1,85 Dollar pro Tag.[18] Aus Taylors knapper Beschreibung geht hervor, dass die »Wissenschaft« darin bestand, einen Manager einzusetzen, der nicht nur die Ruhepausen streng überwachte, sondern auch kontrollierte, wie schnell sich die Arbeiter bewegten. Taylor schrieb: »Ein Mann, der sich in dem Beruf eines

Roheisenverladers auf die Dauer wohl fühlt, muß natürlich geistig sehr tief stehen und recht gleichgültig sein. Ein aufgeweckter, intelligenter Mann ist deshalb ganz ungeeignet zu einer Arbeit von solch zerreibender Eintönigkeit.«[19] Diese Erkenntnis wurde zur Grundlage der wissenschaftlichen Betriebsführung. Taylor übertrug seine Methoden auch auf andere Arbeitsplätze. In einer Kugellagerfabrik führte er neue Verfahren ein, mit denen die Belegschaft von 120 auf 35 Arbeiter verringert werden konnte; die Produktion blieb unverändert, die Qualität stieg. Er stellte fest: »Leider verloren wir so viele von den intelligentesten, fleißigsten und ehrlichsten Mädchen, lediglich, weil ihnen schnelle Wahrnehmung und Entschlußfähigkeit fehlten.«[20]

Vorgeblich ging es dem Taylorismus um Zeitersparnis und effiziente Bewegungsabläufe. Aber der wahre Zweck der Eingriffe bestand in der Selektion und Unterteilung der Arbeitskräfte. Eine Schicht besser ausgebildeter Arbeiter sollte die unteren Schichten kontrollieren, organisieren und schulen. Die gesamte Belegschaft sollte einer strikten Kontrolle durch das Management unterworfen werden. »Arbeitsschwierigkeiten irgend welcher Art oder gar ein Streik waren dadurch ausgeschlossen«, brüstete sich Taylor.[21] Das gesamte Projekt war ein Angriff auf die Autonomie des sachkundigen Arbeiters. Das Ziel: Die geistige Arbeit sollte so weit wie möglich von der körperlichen getrennt werden.

Henry Ford hatte nie von Taylor gehört, aber im Jahr 1913 führte er die zweite große Neuerung ein, die für den Siegeszug der angelernten Arbeit nötig war: das Fließband. Wie bei Bethlehem Steel wurden auch bei Ford die Löhne deutlich erhöht, um die Willfährigkeit der Arbeiter zu garantieren. Eine Rekrutierungspolitik, bei der alle Gewerkschaftsmitglieder aussortiert wurden, sicherte dem Management die uneingeschränkte Kontrolle. Fords anfängliche Belegschaft bestand zu drei Vierteln aus überwiegend jungen Einwanderern der ersten Generation.

Taylor, Ford und ihre Nachahmer bauten die Arbeiterklasse um. Die Gruppe der Facharbeiter, deren Kern die Werkzeugmacher bildeten, überlebte, aber die Arbeiterklasse wurde um eine Elite von Büroangestellten erweitert. Diese Angestellten kamen im neuen System, in dem das Management die Kontrolle hatte, in den Genuss höherer Gehälter. Hatte man früher familiäre Verbindungen und eine siebenjährige Lehrzeit gebraucht, um einen Posten als Techniker oder Spinnereiarbeiter zu bekommen, so konnte man jetzt durch persönliches Verdienst in die Gruppe der Angestellten aufsteigen, und in einigen Branchen erhielten auch Frauen Zugang zu diesen Tätigkeiten.

Die angelernten Arbeiter veränderten den Innovationsprozess in einem wesentlichen Punkt: Sie passten ihre Kenntnisse neuen Maschinen an, und die Gewerkschaften verloren die Fähigkeit, Neuerungen zu verhindern. Es gab weiterhin ungelernte Arbeiter, aber die beherrschende Gruppe der Arbeiterklasse bildeten nun die angelernten Arbeiter.

Wenn der Zweck dieser Eingriffe darin bestand, die Arbeiter zur Passivität zu bewegen, so wurde das Ziel verfehlt. Niemand hatte vorausgesehen, dass diese neue Arbeiterklasse gebildeter, radikaler und politischer werden würde. Taylors »geistig sehr tief stehender« Arbeiter lernte lesen, und er las nicht nur Groschenromane, sondern auch philosophische Werke. Die Sekretärinnen und Telefonistinnen verwandelten sich in Agitatorinnen und arbeiteten als Lehrerinnen für die sozialistischen Parteien.

Die Zahlen zum politischen Aufstieg der Arbeiterklasse zu Beginn des 20. Jahrhunderts sind verblüffend. In Deutschland gewann die SPD 1903 bei den Reichstagswahlen 31 Prozent der Stimmen. Im Zarenreich gründete eine Untergrundbewegung im Jahr 1905 Arbeiterräte (Sowjets) und bewaffnete Milizen. In Frankreich legten Streiks in den Jahren 1905/06 die Industrie lahm, und die Zahl der Gewerkschaftsmitglieder verdoppelte sich innerhalb eines Jahrzehnts. In den USA verdreifachte sich der Organisationsgrad innerhalb von zehn Jahren, während die Arbeiterschaft um fünfzig Prozent wuchs.[22]

Die Industriestädte wurden zu Zentren einer hochentwickelten Kultur: Es entstanden Arbeitervereine, Bibliotheken, Chöre und Kinderkrippen und ein eigener Lebensstil der Arbeiterklasse. Vor allem aber leisteten die Arbeiter Widerstand in der Fabrik.

In den Jahren 1910 bis 1913 kam es rund um den Erdball zu einer Welle von Streiks ungelernter Arbeiter. Es war ein Kampf um die Kontrolle über die Fabriken. Die Gewerkschaft der walisischen Bergleute entwarf eine Strategie, die überall verfolgt wurde: »Jede Industrie gut organisiert, um zu kämpfen, die Kontrolle über diese Industrie zu erringen und sie anschließend zu verwalten, […] so dass die Männer selbst bestimmen können, unter welchen Bedingungen und wie sie ihre Arbeit machen.«[23]

Es war, als hätten Taylor und Ford mit ihrer Offensive gegen die Kontrolle der Facharbeiter über den Arbeitsplatz die Arbeiterschaft dazu angespornt, eine neue und weiter gehende Forderung nach demokratischer Kontrolle zu erheben.

Gebremst wurde diese weltweite Erhebung durch einen Wirtschaftsabschwung ab 1913, der mit einer aggressiven Repression einherging. Als im August 1914 der Erste Weltkrieg ausbrach, schien es, als wäre diese Phase der sozialen Unruhe nur eine Episode gewesen. Bevor wir uns den folgenden Geschehnissen zuwenden, sollten wir uns ansehen, was die Marxisten über die neue Zusammensetzung der Arbeiterschaft dachten. Zusammenfassend müssen wir sagen, dass sie die neue Arbeiterklasse nicht verstanden.

Lenin und die Aristokraten

Im Jahr 1902 verfasste der russische Revolutionär Wladimir Iljitsch Lenin eine Streitschrift, die zu jener Zeit nur geringen Einfluss ausübte, jedoch große Bedeutung für das Denken der radikalen Linken im 20. Jahrhundert erhalten sollte. In *Was tun?* stellte Lenin die kühne Behauptung auf, die Arbeiter seien nicht imstande, die Rolle zu verstehen, die ihnen im marxistischen Projekt zukomme. Ein sozialistisches Bewusstsein müsse ihnen »von außen gebracht werden«. Lenin erklärte: »Die Geschichte aller Länder zeugt davon, daß die Arbeiterklasse ausschließlich aus eigener Kraft nur ein tradeunionistisches Bewußtsein hervorzubringen vermag«.[24] Die revolutionären Sozialisten müssten die Arbeiterbewegung von ihren kurzfristigen Orientierungen und ihrem gemäßigten Weg »abbringen« und zur Machtübernahme bewegen. Lenin verstand die Arbeiterklasse anders als Marx: Für Marx war sie ein eigenständiger historischer Agent, für Lenin eher ein Reagens, das den Katalysator der revolutionären Avantgarde brauchte, um den historischen Prozess in Gang zu setzen.

Bei Kriegsausbruch im Jahr 1914 sah sich Lenin allerdings mit einem neuen Problem konfrontiert: Warum reagierten die Arbeiter, die während der globalen Erhebung so erbittert ihre Löhne und die Demokratie verteidigt hatten, entweder mit Begeisterung oder Apathie auf den Patriotismus, der die europäischen Länder erfasst hatte?

Zur Erklärung griff Lenin auf die von Engels aufgestellte Theorie der »Arbeiteraristokratie« zurück – er stellte sie allerdings auf den Kopf. Anstatt die qualifizierte Elite in Großbritannien zu beseitigen, erklärte Lenin, habe das Wettrennen um Kolonien die Arbeiteraristokratie in allen Industrieländern zum dauerhaften Merkmal des modernen Kapitalismus gemacht. *Sie* schüre den Patriotismus und sei für die Mäßigung verantwortlich, welche die Arbeiterbewegung vergifte. Aber zum Glück gab es noch immer ein großes Reservoir an ungelernten Arbeitern, und diese würden das Rohmaterial für die Revolution liefern. Die politische Spaltung zwischen Reformismus und Revolution, erklärte Lenin, sei das materielle Ergebnis der Aufspaltung der Arbeiterklasse in Schichten.

Lenin hatte sich weit von Marx und Engels entfernt. Marx hatte die Arbeiterklasse für fähig gehalten, spontan kommunistisch zu werden. Lenin traute ihr das nicht zu. Marx glaubte, die Automatisierung werde die Fähigkeiten zerstören; für Lenin waren die Privilegien der fähigen Arbeiter das Ergebnis des Kolonialismus.

Lenin befasste sich nicht mit der wirtschaftlichen oder technischen Grundlage der Privilegien der Schicht qualifizierter Arbeiter: Es ist, als würden die Kapitalisten diesem Teil der Arbeiter einfach aus politischem Kalkül höhere Löhne zugestehen. Wie wir gesehen haben, bemühten sich Kapitalisten an diesem Punkt in Wahrheit darum, die Privilegien und die Autonomie der qualifizierten Arbeiter zu *zerstören*.

In den zwanziger Jahren bekräftigte Lenin die Theorie der Arbeiteraristokratie, deren Angehörige er als »wirkliche *Agenten der Bourgeoisie innerhalb der Arbeiterbewegung« bezeichnete*, als »wirkliche Schrittmacher des Reformismus und Chauvinismus«.[25] Diese Behauptung war im Jahr 1920 vollkommen abwegig: Es tobte seit vier Jahren ein revolutionärer Kampf der Arbeiterklasse, und zwar unter der Führung von Facharbeitern. Zwischen 1916 und 1921 startete die Arbeiterklasse einen Frontalangriff auf die Kontrolle durch das Management. In Deutschland, Italien und Russland nahm dieser Kampf revolutionäre Ausmaße an, in Großbritannien, Frankreich und Teilen der USA rückte eine Revolution in greifbare Nähe. Und in all diesen Ländern wurde der Kampf von der sogenannten »Arbeiteraristokratie« angeführt.

Es gefällt mir nicht, der Anti-Lenin-Industrie Munition zu liefern. Der Mann selbst war ein fähiger Revolutionär und ignorierte in der Praxis oft die

Zwänge seiner eigenen Theorien. Doch seine These, der Reformismus werde von einer Arbeiteraristokratie getragen, war Unfug. So bedauerlich es ist: Die Quelle des Patriotismus ist der Patriotismus. Das liegt daran, dass die Nationen so wie die Klassen materiell sind. In seinen *Gefängnisheften* beschrieb der italienische Kommunist Antonio Gramsci, dass die entwickelten kapitalistischen Gesellschaften mehrere Verteidigungslinien haben. Den Staat beschrieb er einfach als vorgelagerten Schützengraben; dahinter befinde sich ein System von Festungen und Geschützstellungen.[26] Und einer der besten Verteidigungsmechanismen des Kapitalismus ist seine Reformfähigkeit.

Allerdings enthält Lenins Theorie von 1902 ein Körnchen Wahrheit, das für die meisten Marxisten jedoch nicht erkennbar ist. Um diese Wahrheit zutage zu fördern, müssen wir einen Blick auf das beispiellose globale Drama werfen, das nun seinen Lauf nahm.

Eine furchtbare Schönheit: 1916-39

Im Jahr 1916 geriet die Kriegsmaschine ins Stocken. Der von einem Bündnis von Sozialisten und Nationalisten angeführte Osteraufstand in Dublin scheiterte zwar kläglich, aber er war der Startschuss für weltweite Unruhen in den folgenden fünf Jahren. Der Dichter William Butler Yeats ahnte die Bedeutung der Ereignisse und schrieb über die einfachen Menschen, die den Aufstand angeführt hatten: »Alles änderte sich vollständig. Furchtbare Schönheit entstand.«[27]

Am 1. Mai 1916 streikten die Berliner Fabrikarbeiter gegen den Krieg und lieferten sich unter der Führung einer neuen Spezies von Gewerkschaftsaktivisten Straßenschlachten mit der Polizei: Der Obmann des Arbeiterausschusses, der zumeist ein Linkssozialist war, wurde von der Belegschaft gewählt und war unabhängig von den Gewerkschaftsführungen, die den Krieg befürworteten. In Glasgow wurde die gesamte Führung des Clyde Workers Committee verhaftet, weil sie sich an die Spitze von Streiks gesetzt hatte, deren Ziel es war, die Rüstungsindustrie unter die Kontrolle der Arbeiter zu bringen.[28]

Im Februar 1917 wuchs sich eine Streikwelle in den Waffenfabriken von Petrograd zu einer Revolution aus, die ganz Russland erfasste und den Zar zur Abdankung zwang. Liberale und gemäßigte Sozialisten bildeten eine provisorische Regierung (Kondratjew wurde kurzzeitig stellvertretender Minister für Nahrungsmittelversorgung). Die russischen Arbeiter schufen zwei neue Organisationsformen: Fabrikausschüsse und Sowjets, Arbeiter- oder Soldatenräte. Der Telegraf, das Telefon und sogar der Militärfunk verbreiteten die Nachrichten von den Erhebungen der Arbeiter und lösten rund um den Erdball revolutionäre Bewegungen aus. Im Mai 1917 meuterte die französische Armee. 49 von 113 Divisionen waren nur noch bedingt einsatzfähig, neun wurden überhaupt kampfuntauglich.

Man muss diese Ereignisse im Zusammenhang mit einem neuen sozialen Gefüge am Arbeitsplatz und einer neuen Form des Krieges sehen. Da die Männer zum Kriegsdienst eingezogen wurden, füllten sich die Werften und Maschinenfabriken von Seattle bis Petrograd mit Frauen und Jugendlichen, die an der Seite der verbliebenen Facharbeiter arbeiteten, die aufgrund ihrer Qualifikation für die Industrie unverzichtbar waren.

Die Gewerkschaften unterstützten den Krieg und lehnten Streiks ab. So tauchte fast überall die Figur des Obmanns des Arbeiterausschusses auf. Er gehörte der Ebene der qualifizierten Arbeiter an, organisierte jedoch über die alten hierarchischen Grenzen hinweg Frauen und junge Männer in der »Industriegewerkschaft«. Als die Revolutionen ausbrachen, stellten die Obmänner die Führung der Basisbewegung.

Parallel dazu begann die Radikalisierung in den Schützengräben. An die Spitze des Widerstands setzten sich junge Männer, die der Grausamkeit des industrialisierten Krieges ausgesetzt waren. Die Ideale von Mut, Nation und »Männlichkeit«, die vor 1914 aus der Kultur der Arbeiterschaft nicht wegzudenken gewesen waren, waren tot.

Wo man auch hinsah, löste sich die Ordnung am Arbeitsplatz auf. Im Juni 1917 gab es in Petrograd 367 Fabrikausschüsse, die 340 000 Arbeiter vertraten. In der Maschinenfabrik Brenner entschied der Ausschuss: »Da sich die Betriebsleitung weigert, die Produktion fortzusetzen, hat die Vollversammlung des Arbeiterausschusses beschlossen, die Aufträge zu erfüllen und die Arbeit fortzusetzen.«[29] In keinem Programm der Bolschewiki war je die Rede davon gewesen, den Arbeitern die Kontrolle zu übertragen. Lenin fürchtete sich vor der Arbeiterselbstverwaltung. Anfangs versuchte er, sie als

»Veto der Arbeiter gegen das Management« zu erklären. Später verbot er sie.

Die nächste Großmacht, die zusammenbrach, war das Deutsche Reich. Die deutsche Arbeiterklasse, die vergeblich versucht hatte, den Krieg zu verhindern, führte das Ende des Kaiserreichs herbei. Im November 1918 organisierten die Linkssozialisten eine Meuterei in der Kriegsmarine, die Teile der Flotte innerhalb von 24 Stunden zur Rückkehr in die Häfen zwang. Tausende aufständische Seeleute zogen bewaffnet durch Deutschland. Eines ihrer Ziele war der Berliner Funkturm, von wo aus sie sich mit den Matrosen im russischen Kronstadt in Verbindung setzen wollten.

Überall in Deutschland bildeten sich Fabrikausschüsse und Arbeiterräte nach dem Vorbild der Sowjets. Innerhalb weniger Tage nach Beginn der Meuterei hatten sie die Ausrufung der Republik und die Unterzeichnung eines Waffenstillstands durchgesetzt. Kurz darauf verzichtete der Kaiser auch offiziell auf den Thron. Die SPD konnte einen Umsturz nach russischem Vorbild nur verhindern, indem sie sich im letzten Augenblick der Revolution anschloss.

Im folgenden Jahr begann in Italien ein Massenausstand, den die Arbeitgeber mit der koordinierten Aussperrung der Automobilarbeiter in Turin, Mailand und Bologna beantworteten. Die Arbeiter besetzten die Fabriken und versuchten mit Unterstützung von Sympathisanten unter den Technikern (insbesondere bei Fiat in Turin), die Produktion selbst fortzusetzen.

Diese Geschehnisse zeigen, dass die soziale Entwicklung sehr viel interessanter war, als Lenin gedacht hatte. Erstens spielten die qualifizierten Arbeiter eine zentrale Rolle. Sie kämpften ausdrücklich um die Kontrolle, was neu war. Der Arbeitssoziologe Carter Goodrich untersuchte das Phänomen in Großbritannien und bezeichnete es als »ansteckende Kontrolle«:

> Die alte Kontrolle im Handwerk wird eigentlich nur in kleinen Gruppen qualifizierter Arbeiter ausgeübt. Die Verfechter der ansteckenden Kontrolle gehören mehrheitlich den Industriegewerkschaften an oder sind Anhänge des Industrieunionismus. Die Grundhaltung der alten Spartengewerkschaften ist monopolistisch und konservativ, die der Industriegewerkschaften propagandistisch und revolutionär.[30]

Mit anderen Worten: Die Facharbeiter hatten sich vom »reinen Trade-Unionismus« gelöst. Sie blieben jedoch skeptisch gegenüber jenen, die eine politische Revolution forderten. Sie strebten die Kontrolle über ihren Arbeitsplatz an und wollten eine Parallelgesellschaft innerhalb des Kapitalismus errichten.

In den folgenden zwanzig Jahren wurden die Obmänner der Arbeiterausschüsse zu Wechselwählern der radikalen Linken: Sie waren unentwegt auf der Suche nach einem dritten Weg zwischen Aufstand und Reform. Sie verstanden, dass die Mehrheit der Arbeiter noch nicht vorhatte, sich dem Kommunismus anzuschließen, dass viele westliche Gesellschaften eine politische Widerstandskraft besaßen, die sich Lenin nicht hatte vorstellen können, und dass sie, die Militanten, Überlebensstrategien brauchten: Sie mussten die Autonomie und Kultur der Arbeiterklasse stärken und das bereits Erreichte verteidigen.

Die Geschichte der Fraktionsbildung innerhalb der meisten kommunistischen Parteien in der Zwischenkriegszeit ist die Geschichte des Konflikts zwischen den Leninisten, die diesen Parteien die in Moskau entwickelten Vorhaben, Taktiken und Thesen aufzwingen wollten, und den militanten Gewerkschaftsobmännern, die versuchten, von innen heraus eine andere Gesellschaft zu errichten.

Womit wir bei dem Körnchen Wahrheit sind, das in *Was tun?* steckt: Lenin täuschte sich, als er behauptete, die Arbeiter seien nicht imstande, sich von einer Gewerkschaftsbewegung zu lösen, die sich mit Reformen zufriedengab. Aber er hatte recht mit der Einschätzung, dass der revolutionäre Kommunismus nicht ihre spontane Ideologie war. Die Bestandteile ihrer Ideologie waren Kontrolle, soziale Solidarität, Selbstbildung und der Aufbau einer Parallelwelt.

Das konnte ihnen der Kapitalismus allerdings nicht zugestehen: Die Abschwungphase des dritten langen Zyklus begann, und es wurde ein spektakulärer Absturz. Nach dem New Yorker Börsenkrach im Jahr 1929 muteten Staaten in aller Welt der Arbeiterklasse Massenarbeitslosigkeit, Sozialabbau und Lohnkürzungen zu. Und dort, wo zu viel auf dem Spiel stand und die Arbeiterklasse zu stark war, entschlossen sich die herrschenden Eliten, ihren Widerstand endgültig zu brechen.

Der Boden war bereitet für das entscheidende Ereignis in der 200-jährigen Geschichte der organisierten Arbeiterschaft. Dieses Ereignis war die

Zerstörung der deutschen Arbeiterbewegung durch den Nationalsozialismus, der die Antwort des deutschen Kapitalismus auf die Macht der organisierten Arbeiterklasse war: Im Jahr 1933 wurden die Gewerkschaften aufgelöst und die linken Parteien zerschlagen. Die Katastrophe wiederholte sich in anderen Ländern. Im Jahr darauf wurde die österreichische Arbeiterbewegung in einem viertägigen Bürgerkrieg unterworfen. In Spanien führte General Franco zwischen 1936 und 1939 einen totalen Krieg gegen die Arbeiterschaft und die radikale Bauernschaft; dieser Auseinandersetzung fielen 350 000 Menschen zum Opfer. In Griechenland verbot die Metaxas-Diktatur im Jahr 1936 nicht nur die sozialistischen Parteien und Gewerkschaften, sondern sogar die in der Arbeiterkultur verwurzelte Musik. In Polen, Ungarn und den baltischen Ländern wurde die Arbeiterbewegung einschließlich der einflussreichen jüdischen Arbeiterschaft zunächst von rechtsradikalen Regierungen unterdrückt und später im Verlauf des Holocaust ausgelöscht.

Nur in drei fortschrittlichen Ländern überlebten und wuchsen die Arbeiterorganisationen in den dreißiger Jahren: in Großbritannien und seinem Empire, in Frankreich und in den USA. In den beiden zuletzt genannten Ländern kam es in den Jahren 1936 und 1937 zu zahlreichen Fabrikbesetzungen, bei denen es um die Kontrolle ging.

Keine Generation in der 200-jährigen Geschichte des Proletariats war so klassenbewusst, opferbereit und gebildet wie die der Arbeiter, die gegen den Faschismus kämpften. Aber in der ersten Hälfte des 20. Jahrhunderts wurde die marxistische Theorie der Arbeiterklasse auf die entscheidende Probe gestellt. Und sie wurde widerlegt. Die Arbeiter wollten etwas Bedeutsameres als die Macht: Sie wollten die Kontrolle. Und im vierten langen Zyklus sollten sie sie – für eine Weile – bekommen.

Das Massaker an den Hoffnungen

Im Jahr 2012 besuchte ich in Valencia ein Massengrab von Opfern des Franquismus. In den Jahren nach Francos Tod hatten ihre Familien kleine Grabsteine mit Porträtfotos der Ermordeten aufgestellt. Als ich versuchte, mit meinem iPhone ein Foto zu machen, erkannte die Kamera-App die Gesichter als menschlich und stellte sie in einem grünen Rahmen scharf.

Die meisten Opfer waren Männer und Frauen mittleren Alters: Stadträte, Rechtsanwälte, Ladeninhaber. Jüngere Männer und Frauen waren meistens auf dem Schlachtfeld getötet oder exekutiert worden. Die Massengräber waren den Übriggebliebenen vorbehalten, die zwischen dem Kriegsende (1939) und dem Jahr 1953 in Lastwagen zur Hinrichtung gekarrt worden waren, bis es niemanden mehr zu ermorden gab.

George Orwell, der an der Seite der Republikaner gekämpft hatte, konnte den Idealismus in ihren Gesichtern nicht vergessen. Sie waren »die Blüte der europäischen Arbeiterklasse, bedrängt von der Polizei aller Länder [...], und jetzt verrotteten Millionen von ihnen in den Zwangsarbeitslagern«.[31] Die Zahl war nicht übertrieben. Im sowjetischen Gulag-System wurden 1,4 Millionen Menschen festgehalten; jedes Jahr starben 200 000. In den nationalsozialistischen Konzentrationslagern wurden mindestens sechs Millionen Juden ermordet. Rund 3,3 Millionen russische Kriegsgefangene starben zwischen 1941 und 1945 in deutschen Lagern. Im spanischen Bürgerkrieg wurden schätzungsweise 350 000 Menschen getötet.[32]

Das Ausmaß des Sterbens im Zweiten Weltkrieg übersteigt unsere Vorstellungskraft. Daher wurden seine Auswirkungen auf die politische Haltung und die soziologische Situation der Arbeiterklasse lediglich mit entsetztem Schweigen quittiert. Aber wir müssen versuchen, sie uns vor Augen zu halten. Die osteuropäischen Juden, die dem NS-Regime zum Opfer fielen, stammten mehrheitlich aus Arbeitergemeinden mit einem reifen politischen Bewusstsein. Viele von ihnen gehörten entweder prosowjetischen, linken zionistischen Parteien oder dem antizionistischen Bund an. Der Holocaust löschte somit innerhalb weniger Jahre ein Milieu aus, das viele wichtige Theoretiker und Aktivisten der globalen Arbeiterbewegung hervorgebracht hatte.

In Spanien wurden die Gewerkschaften, Kooperativen und Milizen der Linken durch Massenmord zerstört, ihre Traditionen bis in die siebziger Jahre unterdrückt. Unterdessen wurden in der Sowjetunion im Untergrund tätige Aktivisten der Arbeiterklasse im Archipel Gulag und durch Massenhinrichtungen ausgerottet.

Die »Blüte der europäischen Arbeiterklasse« war zertreten worden. Selbst wenn es lediglich eine Frage der Zahlen gewesen wäre, hätte dieses gezielte

Abschlachten der politisierten Arbeiter – zusätzlich zum Tod Dutzender Millionen Menschen durch die Kriegshandlungen – einen Wendepunkt in der Geschichte der organisierten Arbeiterbewegung dargestellt. Aber es wurden nicht nur die Menschen, sondern auch die Hoffnungen massakriert. Als der Zweite Weltkrieg näher rückte, versuchte die extreme Linke – Trotzkisten und Anarchisten – an der internationalistischen Linie festzuhalten: Keine Unterstützung der Kriege zwischen imperialistischen Mächten, Fortsetzung des Klassenkampfs daheim. Doch spätestens im Mai 1940 hatte der Krieg den Klassenkampf in den Hintergrund gedrängt.

Als die Alliierten zusammenbrachen und sich in der herrschenden Klasse der Niederlande, Frankreichs und Großbritanniens beträchtliche Gruppen bildeten, die dem Nationalsozialismus gewogen waren, begriff jede Arbeiterfamilie, die ein Radio besaß, dass ihre Kultur nur überleben konnte, wenn Deutschland den Krieg verlor. Die Politik der Arbeiterklasse hing vom militärischen Sieg der Alliierten ab. Nach dem Krieg bemühten sich jene, die das Gemetzel überlebt hatten und wussten, wie nah die Arbeiterbewegung der völligen Auslöschung gewesen war, um eine strategische Anpassung.

1948-89: Die Arbeit wird »absurd«

Im Zweiten Weltkrieg kam es immer wieder zu Arbeiteraufständen, aber es war eine andere Art von Erhebungen als in den Jahren 1917-21. Vom niederländischen Generalstreik im Jahr 1941 bis zu den Streikwellen und Aufständen, die Mussolini 1943 vorübergehend und 1945 endgültig zu Fall brachten, waren dies keine antikapitalistischen, sondern antifaschistische Aktionen. Nach dem Krieg traten in Westeuropa dann vielerorts die kommunistischen Parteien auf den Plan und beschränkten sich auf die Wiederherstellung der Demokratie.

Die globale Erhebung von 1917-21 wiederholte sich nicht. Aber die Furcht vor einer Wiederholung zwang den Kapitalismus, den Lebensstandard der Arbeiter zu heben und die Verteilung des Wohlstands zu ihren Gunsten zu ändern.

In einer ersten Phase wurden die weiblichen Arbeitskräfte nach dem

Krieg rasch aus der Industrie verdrängt (wie der Dokumentarfilm *The Life and Times of Rosie the Riveter* anschaulich zeigt). Die Folge war, dass die Löhne männlicher Arbeiter stiegen und die Einkommensunterschiede zwischen Arbeitern und Mittelschicht schrumpften. Der Soziologe C. Wright Mills hat festgestellt, dass sich die Einkommen amerikanischer Arbeiter in den zehn Jahren bis 1948 verdreifachten, während sich jene der Angestellten verdoppelten.[33]

Dazu kam, dass die Alliierten den unterlegenen Kriegsgegnern Italien, Deutschland und Japan tatsächlich Sozialsysteme, Gewerkschaften und demokratische Verfassungen aufzwangen, um ihre Eliten zu bestrafen und eine Rückkehr zum Faschismus zu verhindern.

Nach der Demobilisierung entstand eine Schicht von Arbeiterkindern, die von subventionierter Bildung profitierten und studieren konnten. Die Politik strebte Vollbeschäftigung an, und Arbeitsämter, Ausbildungssysteme sowie eine klare Abgrenzung der beruflichen Tätigkeiten stärkten die Verhandlungsposition der Arbeiter zusätzlich. Als sich das Wirtschaftswachstum in den fünfziger Jahren beschleunigte, stieg der Anteil der Arbeitseinkommen am BIP in den meisten Ländern deutlich über das Vorkriegsniveau, und die höhere steuerliche Belastung von Ober- und Mittelschicht ermöglichte die Finanzierung von Gesundheitssystemen und Sozialleistungen.

Im Gegenzug gaben die Arbeiter die Ideologie des Widerstands auf, die sie im dritten langen Zyklus am Leben erhalten hatte. Kommunismus, Sozialdemokratie und Trade-Unionismus verwandelten sich ungeachtet aller Rhetorik in Ideologien der Koexistenz mit dem Kapitalismus. In vielen Industriezweigen wurde der Betriebsrat de facto zu einem Organ des Managements.

Ungefähr hier beginnt die Zeit, die das Bewusstsein der heute in der entwickelten Welt lebenden Arbeitnehmer geprägt hat: Sie sind mit Sozialleistungen, Gesundheitsfürsorge, kostenloser Bildung, sozialem Wohnungsbau und gesetzlich verankerten Arbeitnehmerrechten groß geworden. Die Aufschwungphase des vierten langen Zyklus brachte materielle Segnungen, von denen frühere Generationen nur hatten träumen können.

Jenen, die die Vorkriegszeit noch erlebt hatten, muss diese Zeit vorgekommen sein, als seien sie mitten in einem Albtraum erwacht. Der amerikanische Soziologe Daniel Bell gelangte im Jahr 1955 zu dem Schluss, das Proletariat werde durch ein »Salariat« ersetzt, eine Entwicklung, die sich auch auf das Denken der Arbeiter auswirke. Bell, der zu jener Zeit ein Linker war, warnte angesichts der Tatsache, dass die Gruppe der Angestellten sehr viel schneller wuchs als die der Arbeiter: »Diese Gehaltsempfänger sprechen die Sprache der Arbeiter nicht. Und man kann nicht auf die alte Art an ihr Bewusstsein appellieren.«[34] Der Sozialphilosoph Herbert Marcuse urteilte im Jahr 1961, neue Technologien, Konsumgüter und die sexuelle Befreiung hätten die Entfremdung des Proletariats vom Kapitalismus entscheidend reduziert: »Die neue technische Arbeitswelt erzwingt so eine Schwächung der negativen Position der arbeitenden Klasse: letztere erscheint nicht mehr als der lebendige Widerspruch zur bestehenden Gesellschaft.«[35]

In Italien gelangte der Arbeiteraktivist Romano Alquati in einer bahnbrechenden Studie zu dem Schluss, dass die hochgradige Automatisierung des Arbeitsplatzes die Arbeiter der Fabrik als Ort der politischen Selbstverwirklichung entfremdet hatte. Für die Generation, die Mussolini gestürzt hatte, war die Fabrik ein wichtiges Schlachtfeld. Aber den Jungen kam vor allem ein Wort in den Sinn, wenn sie den Produktionsprozess beschreiben sollten: »absurd«. Sie beklagten sich über »ein Gefühl der Lächerlichkeit in ihrem Leben«.[36]

Ihren deutlichsten Ausdruck fand diese neue Soziologie der Arbeit in der weltweiten Auflösung des von der Klassenzugehörigkeit bestimmten Wahlverhaltens, wie der Alford-Index deutlich zeigt.[37] Der Historiker Eric Hobsbawm, der diesen Prozess später untersuchte, gelangte zu dem Schluss, der »Vormarsch der Arbeiter« sei in den fünfziger Jahren zum Stillstand gekommen. Er verwies auf den Verlust eines einheitlichen proletarischen Lebensstils, die beispiellose Zunahme erwerbstätiger Frauen und die Ersetzung großer Produktionsstätten durch lange Ketten von kleineren. Entscheidend war in seinen Augen, dass die neuen Technologien der fünfziger und sechziger Jahre nicht nur die Angestelltenschicht verbreitert, sondern auch die Höhe der Löhne von der Qualifikation abgekoppelt hatten. Indem ein angelernter Arbeiter zwei Jobs annahm, zahlreiche Überstunden machte oder in der Akkordarbeit herausragende Leistungen brachte, konnte er fast so viel verdienen wie ein erfahrener Elektriker oder Techniker.[38]

Gemeinsam bewirkten diese Veränderungen, dass die Arbeitskämpfe zwischen dem Ende des Zweiten Weltkriegs und den späten sechziger Jahren, wie Alquati beklagte, »immer funktional für das System waren. Immer atomisiert, immer blind«.[39] Gorz erklärte düster, der Arbeitsplatz der Nachkriegszeit habe nie »jene *Arbeiterkultur* hervorbringen können, die zusammenfallen sollte mit dem *Humanismus der Arbeit* und die bis in die Zwanzigerjahre die große Utopie der sozialistischen und Gewerkschaftsbewegung war«.[40]

Verblüffenderweise hatten viele Theoretiker des »Niedergangs der Arbeiterklasse« den Zenit der Bewegung vor dem Krieg persönlich erlebt. Marcuse war im Jahr 1919 in Berlin in einen Arbeiterrat gewählt worden. Hobsbawm hatte sich 1932 der Jugendorganisation der KPD angeschlossen. Bell war im selben Jahr in einem Armenviertel von New York den Young Socialists beigetreten. Gorz hatte den Arbeiteraufstand in Wien miterlebt. Ihre Desillusion war das Ergebnis langjähriger empirischer Erfahrung.

Im Rückblick können wir die Veränderungen, auf die sie reagierten, besser beurteilen.

Erstens wuchs die Arbeiterklasse. Viele der neuen Angestellten gingen untergeordneten Bürotätigkeiten nach, verdienten weniger als Arbeiter und mussten sich einer sinnlosen Disziplin und Routine unterwerfen. Diese Menschen waren zweifellos immer noch Arbeiter. Das Maß ihrer Entfremdung wurde in den fünfziger Jahren in populären Romanen thematisiert: Der Held von *Billy Liar* ist Angestellter in einem Bestattungsunternehmen, Joe Lampton, der Protagonist von *Room at the Top*, arbeitet als Buchhalter bei der Stadtkasse.*

Zweitens wirkte sich die Entstehung neuer Schichten auf das Klassenbewusstsein dieser wachsenden Arbeitnehmergruppe aus. Die Büroarbeiter dachten und handelten nicht wie manuelle Arbeiter, selbst wenn sie gewerkschaftlich organisiert oder entfremdet waren. Und die jungen manuellen Arbeiter, die unter einer wachsenden Entfremdung von der Arbeit und der Kultur um sie herum litten, entwickelten ebenfalls eine andere Art von rebellischem Bewusstsein – die Generation der »Angry Young Men« wird in Alan Sillitoes *Saturday Night, Sunday Morning*** beschrieben, einem weiteren populären Roman der fünfziger Jahre.

Der Zugang zu Konsumgütern machte der Militanz kein Ende. Er war eine materielle Veränderung, ließ sich jedoch innerhalb der Kultur der Ar-

* Keith Waterhouse' Roman *Billy Liar* erschien auf Deutsch als *Billy, der Lügner* (Stuttgart: Klett-Cotta 1989 [1959]); John Braines Roman erschien in deutscher Übersetzung unter dem Titel *Der Weg nach oben* (München: dtv 1981 [1957]).

** Deutsch als: *Samstagnacht und Sonntagmorgen* (Reinbek: Rowohlt 1961 [1958]).

beiterklasse eindämmen. Die Automatisierung hingegen löste eine langfristige psychologische Veränderung aus. Es gab einen Grund dafür, dass die von Alquati Anfang der sechziger Jahre befragten Fiat-Arbeiter ihre Arbeit als »absurd, lächerlich und langweilig« empfanden. Obwohl zu jener Zeit noch eher rudimentär, war die Automatisierung bereits so weit vorangeschritten, dass man sich ausmalen konnte, wie die Zukunft der Arbeit aussehen würde. Obwohl eine von Computern betriebene Fabrik noch Jahrzehnte und die Robotisierung noch weiter entfernt war, begriffen die Arbeiter, dass diese Dinge keine Science-Fiction mehr waren, sondern sich in etwas Greifbares verwandelt hatten. Es würde eine Zeit kommen, da die manuelle Arbeit nicht mehr benötigt würde.

Fast unmerklich änderte sich die Antwort auf eine grundlegende Frage: Was bedeutet es, »ein Arbeiter« zu sein? Das verbindende Merkmal der jungen Arbeiter in den fünfziger Jahren war die Entfremdung von der Arbeit. Gorz erklärte, die Masse der Arbeiter orientiere sich nicht mehr an der Utopie der Arbeitermacht, sondern an der Utopie, dass sie aufhören könnten, Arbeiter zu sein: »[D]er Akzent liegt immer weniger auf der Befreiung *in der Arbeit* und immer mehr auf der Befreiung *von der Arbeit*«.[41]

Zu Streiks des nun auch im Dienstleistungssektor aktiven Proletariats kam es erst, als Ende der sechziger Jahre die Krise begann, aber zumeist waren diese Ausstände zu begrenzt, um Fabriken, Häfen und Gruben vollkommen lahmzulegen. War ein Streik doch einmal derart wirkungsvoll, kam es zu Konfrontationen mit dem Staat. Aber der Großteil der Dienstleistungsarbeiter wollte diese Kämpfe nicht mit letzter Konsequenz ausfechten.

Das Schicksal der Theoretiker des Niedergangs stand unter keinem guten Stern. Daniel Bell wurde ein Neokonservativer. Marcuse, Mills und Gorz wollten eine »Neue Linke« aufbauen, die nicht für die Arbeiter, sondern für unterdrückte Gruppen kämpfen sollte. Und diese Linke haben wir bekommen – aber erst, nachdem sich die neue Arbeiterklasse zwei Jahrzehnte lang ihrem angekündigten Niedergang widersetzt und einen Aufstand angezettelt hatte, der Teile der entwickelten Welt um ein Haar ins Chaos gestürzt hätte.

Wir, die Militanten der siebziger und achtziger Jahre, hatten nur Spott für die Leute übrig, die den Klassenkampf in seiner alten Form für tot erklärten. Doch sie waren diejenigen, die in die Zukunft geblickt und etwas Wahres erkannt hatten.

1967-76: Das heiße Jahrzehnt

In den Jahren 1967-76 geriet der westliche Kapitalismus in die Krise. Wilde Streiks nahmen ein bis dahin ungekanntes Ausmaß an. Obwohl sich die Arbeiter mittlerweile Autos, Fernsehgeräte, Hypotheken und teure Kleidung leisten konnten, gingen sie auf die Straße. Die sozialdemokratischen Parteien steuerten nach links, und revolutionäre Gruppen fassten in den Fabriken Fuß, wo sie Tausende Anhänger gewannen.

Die Machthaber in Frankreich und Italien begannen sich vor einer Revolution zu fürchten, aber auch in Großbritannien und in den amerikanischen Städten mit schwarzer Bevölkerungsmehrheit tauchte diese Befürchtung in den dunkelsten Albträumen der herrschenden Elite auf. Wir wissen, wie die Geschichte ausging: Sie endete mit der Niederlage und Atomisierung der Arbeiterklasse. Aber wir müssen klären, *warum* sie so endete. Lassen Sie mich mit meiner eigenen Geschichte beginnen.

Im Jahr 1980 veröffentlichte der Dachverband der britischen Gewerkschaften einen Band mit Archivbildern.[42] Als ich das Buch meiner Großmutter zeigte, reagierte sie sichtlich erschüttert auf eines der Fotos. Dieses Bild, das vor dem Ersten Weltkrieg entstanden war, zeigte ein nacktes Mädchen in einer Zinnbadewanne. »Darüber brauchst du mir nichts zu erzählen«, sagte meine Großmutter. »Ich habe den dreimonatigen Streik im Jahr 26 durchgemacht, und ich habe während des Streiks im Jahr 21 geheiratet.« Bis dahin hatte sie nie mit mir über die beiden großen Bergarbeiterstreiks gesprochen; auch meinem Vater hatte sie nie davon erzählt. Der Anblick jener Zinnbadewanne rief ihr die Armut in Erinnerung, die sie am eigenen Leib erfahren hatte, und das Bild der Armut weckte die Erinnerung an das Jahr 1926, als ein neuntägiger Generalstreik in einen dreimonatigen Bergarbeiterstreik übergegangen war. Jetzt verriet sie mir, dass sie in dieser Zeit gehungert hatte.

Ihr gesamtes Leben vor dem Zweiten Weltkrieg war ein gut gehütetes Geheimnis: Es war eine Zeit der extremen Not gewesen, eine Zeit der Erniedrigung, der Gewalt, der Fehlgeburten, der Schulden und der großen Streiks. Meine Großmutter wollte sich nicht daran erinnern. Aber sie hatte nicht einfach ein Trauma verdrängt: Als wir uns zusammen die Fotos von den Hungermärschen, den Barrikaden und den besetzten Kohlegruben ansahen, wurde mir klar, dass diese Bilder für sie verblüffender waren als für mich.

Geboren im Jahr 1899, hatte sie zwei Weltkriege, eine Weltwirtschaftskrise und die goldene Zeit der von Hobsbawm beschriebenen kollektiven proletarischen Identität und der alle Arbeiter verbindenden Lebensweise erlebt. Sie besaß allerdings keine über ihre persönliche Erinnerung hinausgehende Kenntnis der Ereignisse und verstand ihre Bedeutung nicht. Trotzdem klammerte sie sich an eine zwanghafte Ideologie der Rebellion. Das Klassenbewusstsein meiner Großmutter entsprang einzig und allein ihrer persönlichen Erfahrung: Es war durch Sprechen, Zuhören und Zuschauen gewachsen. Diskussionen im Pub, mit Kreide auf Mauern gemalte Slogans, Protestaktionen. Die Arbeiterstädte waren so weit von jener Welt entfernt, in der Zeitungsartikel geschrieben oder Radiosendungen gemacht wurden, dass sie kaum mit der Ideologie der Bourgeoisie in Berührung kamen.

Logisches Denken und Genauigkeit wurden benötigt, um praktische Aufgaben zu bewältigen: um Rosen zu beschneiden, einen Hundewelpen zu erziehen oder eine Mörsergranate zusammenzubauen (wie das geht, lernte ich als Fünfjähriger anhand eines Geschosses, das meine Großmutter im Krieg in der Fabrik hatte mitgehen lassen). Aber ihr Klassenbewusstsein war unreflektiert und implizit. Es kam in Redensarten, Liedern, Seufzern, Körpersprache und alltäglicher Solidarität zum Ausdruck. Es war eine Solidarität, die in einer Welt industrieller und geografischer Stabilität über Generationen aufrechterhalten wurde.

Meine Großmutter konnte die Geschichte ihrer Familie bis zum Jahr 1770 zurückverfolgen: Die Namen ihrer Vorfahren standen im Einband ihrer Bibel. Sie waren allesamt Seidenspinner oder Weber gewesen, einschließlich ihrer unverheirateten Mutter. Keiner von ihnen hatte weiter als acht Kilometer vom Geburtsort meiner Großmutter entfernt gelebt. Sie selbst zog nur dreimal in ihrem Leben um, und alle ihre Wohnungen lagen innerhalb von zwei Quadratkilometern.

Wenn die Soziologen also fragen, wie wichtig die kollektive Identität und die räumliche Stabilität des proletarischen Lebens vor 1945 für das Klassenbewusstsein der Arbeiter waren, würde ich antworten: von ganz entscheidender Bedeutung.

Obwohl die jungen Arbeiter der sechziger Jahre das Gefühl hatten, in einer stabilen, 200 Jahre alten Kultur zu leben, verschoben sich die Fundamente dieser Kultur so schnell, dass die traditionellen Mechanismen der Solidarität und des Kampfes nicht funktionierten, als diese Arbeiter in den siebziger und achtziger Jahren darauf zurückgreifen wollten.

Wie Richard Hoggart im Jahr 1957 in seiner brillanten Studie *The Uses of Literacy* zeigte, bestand die entscheidende Veränderung darin, dass das formale Wissen Einzug ins Leben der Arbeiterklasse hielt: Information, Logik und die Fähigkeit, alles infrage zu stellen. Die geistige Komplexität war nicht länger die Domäne des von der Fabian-Gesellschaft entsandten Lehrers oder des kommunistischen Agitators mit seiner Zeitung voller Verkündigungen aus Moskau. Sie war nun für jedermann zugänglich.[43]

Die Arbeitergeneration, der mein Vater angehörte, erhielt nach dem Zweiten Weltkrieg Zugang zum Wissen. Dieses erreichte die Gemeinschaften nicht nur durch das ausgebaute Bildungssystem und die öffentliche Bibliothek, sondern auch durch das Fernsehen, die Boulevardzeitung, den Film, das Taschenbuch und die Texte der Popsongs, bei denen es sich Ende der fünfziger Jahre oft um Arbeiterlyrik handelte.

Es war Wissen über eine Welt, die plötzlich komplex geworden war. Die soziale Mobilität nahm zu. Die geografische Mobilität nahm zu. Sex, vor dem Krieg im öffentlichen Diskurs der Arbeiterklasse tabu, war plötzlich überall. Und jetzt, am Vorabend der Krise, kam die bedeutsamste technologische Innovation überhaupt dazu: die Anti-Baby-Pille, die im Jahr 1960 erstmals verschrieben, aber für alleinstehende Frauen in den meisten Ländern erst Ende des Jahrzehnts und Anfang der siebziger Jahre legalisiert wurde und einen »Reproduktionstechnologieschock« verursachte, wie es die Ökonomen Akerlof, Yellen und Katz ausdrückten.[44] Die Frauen eroberten die Hochschulbildung. Ein Beispiel: Zwischen 1970 und 1980 stieg der Anteil der weiblichen Jurastudenten an den amerikanischen Universitäten von zehn auf dreißig Prozent. Und da die Frauen jetzt entscheiden konnten, wann sie schwanger werden wollten, drängten immer mehr von ihnen auf den Arbeitsmarkt.[45]

So wurde ein neuer Arbeiter geboren. Die Generation, die in den siebziger Jahren den Klassenkampf führte, hatte ein höheres Einkommen, größere persönliche Freiheit, lockerere soziale Bindungen und einen sehr viel besseren Zugang zu Informationen. Doch entgegen den Erwartungen der Theoretiker des Niedergangs sollte all das den neuen Arbeiter nicht davon abhalten zu kämpfen. Letzten Endes unterlagen sie, und das hatte folgende Gründe.

Das postindustrielle Modell des freien Markts, das die wirtschaftliche Macht und das traditionelle, auf der Arbeit beruhende Selbstverständnis der Arbeiterklasse zerstört hatte, war zusammengebrochen. Der Kapitalismus verfolgte jetzt eine neue Strategie. Es entstand auch ein neuartiges Bewusstsein der Revolte, das nicht mehr negativ, spontan oder unreflektiert war, sondern sich auf formales Wissen stützte und die von der kapitalistischen Elite kontrollierten Kanäle der Massenkommunikation nutzte. Dazu kam die lähmende Wirkung des Stalinismus und einer Sozialdemokratie, die während der Mobilisierung der siebziger Jahre alles tat, um den Klassenkampf aufzufangen und die Arbeiterklasse zum Kompromiss und zur parlamentarischen Politik zu lenken. Schließlich wurden die Arbeiter durch das Wissen gebremst, dass die Revolutionen der zwanziger und dreißiger Jahre gescheitert waren und dass der Faschismus nur mit Unterstützung des demokratischen Kapitalismus besiegt worden war.

In allen hochentwickelten Industrieländern tobte von den späten Sechzigern bis in die Mitte der siebziger Jahre ein erbitterter Klassenkampf. Sehen wir uns das Fallbeispiel Italien an, denn die Entwicklung in diesem Land ist besonders gut dokumentiert. Und die italienische Erfahrung gibt Aufschluss darüber, wie sich die Arbeiterklasse von Rückschlägen erholt.

Italien: Eine neue Art von Kontrolle

Bis 1967 lockte das italienische Wirtschaftswunder Millionen Arbeitskräfte aus dem unterentwickelten, agrarisch geprägten Süden in die Industriezentren des Nordens. Da es an Sozialwohnungen mangelte, schliefen viele der Zuwanderer in verwahrlosten Häusern zu sechst oder acht in einem Zimmer. Die öffentlichen Einrichtungen waren überlastet. Aber die Fabriken waren modern und mit Spitzentechnologie ausgerüstet. Die Arbeit in diesen Fabriken hatte ein verlockendes Flair.

Zwischen 1950 und 1960 waren die Reallöhne um 15 Prozent gestiegen.[46] Die großen Industrieunternehmen investierten in Kantinen, Sportvereine und soziale Clubs, Sozialfonds und ließen die Overalls ihrer Arbeiter von berühmten Designern gestalten. Gewerkschaften und Management einigten sich auf Branchenebene einvernehmlich auf Löhne, Produktionsmengen und Arbeitsbedingungen. Auf der Ebene der Fabrik war jedoch »die absolutistische Herrschaft des Managements die Regel«, wie es in einer Studie hieß.[47]

Die Kombination von steigenden Arbeitseinkommen und schlechten Lebensbedingungen außerhalb der Fabriken war die erste Auswirkung des Aufschwungs. Die zweite war ein Anstieg der Studentenzahlen. Im Jahr 1968 gab es an den italienischen Hochschulen 450 000 Studenten – doppelt so viele wie zehn Jahre zuvor. Die meisten kamen aus Arbeiterfamilien und waren mittellos. An den Universitäten fanden sie nutzlose Lehrbücher und archaische Regeln vor. Der Historiker Paul Ginsborg schrieb: »Indem man ein mit derartigen Mängeln behaftetes Hochschulsystem frei zugänglich machte, deponierte man eine Zeitbombe in den Universitäten.«[48] Eine bessere Analogie wäre vielleicht die des »Zünders« gewesen, der nur noch betätigt werden musste. Ende des Jahres 1967 begannen die Studenten, die Universitäten zu besetzen, im Jahr darauf griffen die Proteste auf die Straße über. Gleichzeitig begann in den Fabriken eine Streikwelle, die ihren Höhepunkt im »heißen Herbst« des Jahres 1969 erreichte.

In der Fabrik des Reifenherstellers Pirelli im Mailänder Viertel Bicocca bildeten die streikenden Arbeiter ein »vereinigtes Basiskomitee«, das vollkommen unabhängig von der Gewerkschaft war. Mit der Idee des Basiskomitees breiteten sich neue Methoden des Arbeitskampfes aus: Serien von einstündigen Streiks in verschiedenen Abteilungen, Sitzstreiks, Dienst nach Vorschrift, um die Produktivität zu senken, sowie »Schlangenstreiks«, die durch Märsche von einer Abteilung in die andere getragen wurden. Ein Fiat-Arbeiter beschrieb eine dieser Aktionen: »Wir machten uns zu siebt auf den Weg. Als wir bei den Büros der Firmenleitung ankamen, waren wir etwa 7000! […] Nächstes Mal beginnen wir mit 7000 und sind am Ende 70 000, und das ist dann das Ende von Fiat.«[49]

Die Kommunistische Partei bildete rasch örtliche Verhandlungskomitees, die jedoch in vielen Werken bei den Arbeitern auf Ablehnung stießen. Sie übertönten die Kommunisten mit dem Schlachtruf »Wir sind alle Delegierte!«.

In einer Bar vor dem Fiat-Werk im Turiner Stadtteil Mirafiori organisierten Studenten eine »Arbeiter- und Studentenversammlung«. Am 3. Juli 1969 brachen sie bei der Fabrik zu einem Marsch auf, um gegen Mieterhöhungen zu protestieren, und skandierten einen Slogan, der die neue Geisteshaltung zusammenfasste: »Was wir wollen? Alles!«

Die linke Gruppe Lotta Continua fasste die Empfindungen der Streikenden zusammen: »Sie beginnen, sich langsam zu befreien. Sie zerstören die bestehende Autorität in der Fabrik.«[50]

Wären diese Geschehnisse auf einige Problemviertel in den Industriestädten eines chronisch chaotischen Landes beschränkt gewesen, so wären sie lediglich als Kuriosum von Interesse gewesen. Aber die italienische Revolte war symptomatisch für eine Umwälzung in der gesamten entwickelten Welt. Im Jahr 1969 begann eine Zeit wirtschaftlicher Konflikte, die immer wieder in politische Auseinandersetzungen umschlugen und den Anstoß dazu gaben, das gesamte westliche Wirtschaftsmodell infrage zu stellen.

Es ist wichtig, die Abfolge der Ereignisse richtig zu verstehen, denn in der populärwissenschaftlichen Literatur wird der Zusammenbruch des Keynesianismus oft auf einen einzelnen Moment reduziert. Im Jahr 1971 verlor der lange Wirtschaftsaufschwung, der nach dem Zweiten Weltkrieg begonnen hatte, an Kraft. Die Aufgabe der festen Wechselkurse versetzte die Staaten jedoch paradoxerweise in die Lage, die Probleme mit den hohen Löhnen und der Produktivität zu »lösen«, indem sie ihre Währungen abwerteten und der Inflation die Tür öffneten. Als der Ölpreis im Jahr 1973 plötzlich in die Höhe schoss und eine zweistellige Inflation verursachte, löste sich der Zusammenhang zwischen Arbeitseinkommen, Preisen und Produktivität einfach auf.

In den europäischen OECD-Ländern stiegen die Sozialeinkommen (Familienbeihilfen, Sozialhilfe und Ähnliches), die in den Jahren des Aufschwungs durchschnittlich 8 Prozent des Bruttoinlandsprodukts ausgemacht hatten, bis Mitte der siebziger Jahre auf 16 Prozent des BIP. Die Staatsausgaben, die in den OECD-Ländern in den fünfziger Jahren bei durchschnittlich 28 Prozent des BIP gelegen hatten, kletterten auf 41 Prozent.[51] Der Anteil der Profite der Industrie- und Dienstleistungsunternehmen am gesamten Volkseinkommen fiel um 24 Prozent.[52]

Um die Arbeiter zu beschwichtigen, erhöhten die Regierungen die Sozialeinkommen auf Rekordhöhe und banden Vertreter der Arbeiterklasse in die Regierungsarbeit ein. In Italien geschah das im Rahmen des »Historischen Kompromisses« zwischen der KPI, den kommunistischen Gewerkschaften und den Christdemokraten, in dessen Folge die KPI bei den Parlamentswahlen 1976 das beste Ergebnis ihrer Geschichte einfuhr und anschließend eine konservative Minderheitsregierung stützte. In Spanien führte derselbe Prozess im Jahr 1977 zum Pakt von Moncloa, in Großbritannien zum »Social Contract« der Regierungen Wilson und Callaghan (1974-79), in den USA zu mehreren Versuchen der Gewerkschaften, eine strategische Übereinkunft mit der Carter-Regierung zu schließen.

Ende der siebziger Jahre kämpften sämtliche Protagonisten des alten keynesianischen Systems – der gewerkschaftlich organisierte Arbeiter, der paternalistische Manager, der Politiker, der sich für Sozialleistungen einsetzte, und der Manager eines Staatsunternehmens – gemeinsam dafür, das von der Auflösung bedrohte Wirtschaftssystem zu retten.

Der vereinheitlichte Produktionsprozess der Nachkriegszeit und die wissenschaftliche Betriebsführung, von der er abhing, schufen schließlich eine Arbeiterschaft, die sich nicht länger kontrollieren ließ. Wie sehr sich die Macht verschoben hatte, zeigte sich vor allem daran, dass Bummelstreiks mittlerweile eine äußerst wirkungsvolle Form der Sabotage waren. In Wahrheit steuerten die Arbeiter den Produktionsprozess. Jeder Versuch, die makroökonomischen Probleme ohne ihre Zustimmung zu lösen, war zum Scheitern verurteilt.

Ein neuer Typus von konservativen Politikern gelangte zu dem Schluss, dass man die Arbeiter nur wieder unter Kontrolle bringen konnte, indem man das ganze System beerdigte. Die Gelegenheit dazu bot sich in der zweiten Ölkrise nach der iranischen Revolution im Jahr 1979. Die Ölkrise löste eine weitere, tiefere Rezession aus – und diesmal sahen sich die Arbeiter Unternehmen und Politikern gegenüber, die entschlossen waren, etwas Neues auszuprobieren: Massenarbeitslosigkeit, die Zerschlagung ganzer Branchen, Lohnsenkungen und Einschnitte bei den öffentlichen Ausgaben.

Die Arbeiter sahen sich einem neuen Gegner gegenüber, auf dessen Auftauchen sie sich in den Jahren der Radikalität unzureichend vorbereitet hatten: Ein Teil der Arbeiterschaft war bereit, gemeinsame Sache mit den konservativen Politikern zu machen. Frustrierte weiße Arbeiter wählten Ronald Reagan ins Weiße Haus, und viele britische Facharbeiter, die das Chaos satthatten, liefen im Jahr 1979 zu den Konservativen über und ermöglichten Margaret Thatcher zehn Jahre an der Spitze der Regierung. Der Konservatismus der Arbeiterklasse war nie ganz verschwunden, schließlich wünschen sich die Arbeiter immer Ordnung und Wohlstand. Im Jahr 1979 glaubte der konservative Teil der Arbeiterschaft nicht mehr, dass das keynesianische Modell diese Wünsche erfüllen konnte.

Innerhalb von fünfzehn Jahren hatte die Arbeiterklasse der entwickelten Welt den Zyklus von Passivität über Streiks und halbrevolutionärem Kampf bis zur Anpassung durchgemacht, um schließlich Mitte der achtziger Jahre eine strategische Niederlage zu erleiden.

Der westliche Kapitalismus, der fast zwei Jahrhunderte mit der organisierten Arbeiterklasse koexistiert hatte und von ihr geformt worden war, konnte nicht länger mit einer Arbeiterkultur der Solidarität und des Widerstands leben. Also machte er sich daran, diese Kultur zu zerstören, indem er die Produktion in Billiglohnländer verlagerte, die Industrie abbaute, die Gewerkschaften in eine Zwangsjacke steckte und einen unablässigen ideologischen Krieg mit der Linken vom Zaun brach.

Digitale Rebellen, analoge Sklaven

Obwohl sie seit mehr als dreißig Jahren auf dem Rückzug ist und unter fortschreitender Atomisierung leidet, hat die Arbeiterklasse überlebt. Sie hat sich jedoch grundlegend gewandelt.

In den alten Industrieländern ist das in Japan entwickelte Kern-Peripherie-Modell mittlerweile zur Norm geworden und hat die Kategorien von »Ungelernt« und »Qualifiziert« als wichtigste Instrumente zur Unterteilung der Arbeiterklasse abgelöst. Der Kern der Arbeitnehmer klammert sich an stabile, dauerhafte Arbeitsplätze, an die neben dem Gehalt auch weitere Leistungen (Versicherungsschutz usw.) gekoppelt sein können. Die Peripherie setzt sich aus Arbeitnehmern zusammen, die bei Zeitarbeitsfirmen anheuern oder sich bei einem Subunternehmer verdingen müssen. Aber der Kern schrumpft: Sieben Jahre nach Beginn der Krise im Jahr 2008 hat sich ein fester Arbeitsvertrag mit einem angemessenen Einkommen für viele Menschen in ein unerreichbares Privileg verwandelt. Bis zu einem Viertel der Erwerbsbevölkerung hat mittlerweile am eigenen Leib erfahren, was es bedeutet, dem »Prekariat« anzugehören.

Der wichtigste Vorzug beider Gruppen ist die Flexibilität. Bei Facharbeitern wird großer Wert auf die Fähigkeit gelegt, sich ständig neu zu erfinden, sich den kurzfristigen Unternehmenszielen anzupassen, in der Lage zu sein, alte Kenntnisse zu vergessen und neue zu erwerben, im Netzwerk arbeiten zu können und vor allem den Traum des Unternehmens zu teilen. Diese Eigenschaften, die im Jahr 1890 in einer Druckerei in Toronto einen Streikbrecher ausgezeichnet hätten, sind seit etwa zwanzig Jahren unerlässlich geworden, wenn man Teil des Kerns bleiben will.

Die Flexibilität der peripheren Arbeitskräfte wird in erster Linie durch den allgemeinen und abstrakten Charakter ihrer Tätigkeiten erzwungen. Da ein Großteil der Arbeit automatisiert ist, müssen sie in der Lage sein, einen automatisierten Ablauf rasch zu erlernen und eine Formel anzuwenden. Das bringt oft langweilige und schmutzige körperliche Arbeit mit sich – ein Beispiel ist die Heimpflege, die für den Mindestlohn anhand einer strikten Checkliste in fünfzehn Minuten geleistet wird – und setzt im Extremfall voraus, dass man seine Persönlichkeit und seine Emotionen der Arbeitsdisziplin unterwirft. Die Mitarbeiter der Sandwichkette Pret a Manger müssen stets lächeln und fröhlich sein und sind angehalten, »einander anzufassen«. Auf der offiziellen Liste der Verbote stehen Vergehen wie das, »nur wegen des Geldes zu arbeiten«, oder das, »die Dinge übermäßig kompliziert zu machen«. Ein Mitarbeiter berichtet: »Nach einem Tag Probearbeiten stimmen deine Kollegen darüber ab, ob du dem Anforderungsprofil entsprichst. Wenn du zu wenig Begeisterung versprühst, wirst du mit ein paar Pfund nach Hause geschickt.«[53]

In allen entwickelten Ländern haben die Dienstleistungen mittlerweile den größten Anteil an der Beschäftigung. Nur in den großen Exportnationen Deutschland, Südkorea und Japan stellten die Beschäftigten in der Industrie noch ungefähr ein Fünftel der Gesamtzahl; in den übrigen wirtschaftlich hochentwickelten Ländern liegt ihr Anteil zwischen zehn und zwanzig Prozent.[54]

Auch in den Entwicklungsländern sind nur rund zwanzig Prozent der Beschäftigten in der Industrie tätig.[55] Insgesamt gibt es etwa drei Milliarden Arbeitnehmer auf der Welt, und in Asien und Lateinamerika ist es üblich, dass die Menschen in großen Produktionsanlagen arbeiten, aber die Vorstellung, die Globalisierung habe einfach das fordistische/tayloristische Modell in den Globalen Süden verlegt, ist falsch.

Der Anteil der Arbeitseinkommen am globalen BIP schrumpft. In den

USA erreichte er im Jahr 1970 einen Höhepunkt von 53 Prozent; mittlerweile ist er auf 44 Prozent gesunken. Diese Entwicklung hat die gesellschaftliche Folge, dass die Arbeitskräfte zu einem finanzialisierten Verhalten gezwungen werden (obwohl diese Wirkung in Ländern mit exportorientierter Wirtschaft schwächer ausfällt). Wie wir in Teil I gesehen haben, steigt jener Teil der Profite, die mit dem Konsum und der Verschuldung der Arbeiterklasse erzielt werden, zulasten der auf Arbeit beruhenden Gewinne.[56]

Diese »finanzielle Enteignung« – so nennt es Costas Lapavitsas, der an der School of Oriental and African Studies der Universität London Wirtschaftswissenschaften unterrichtet – hat erhebliche Auswirkungen auf die Arbeiterklasse.[57] Viele Arbeitnehmer kommen – physisch wie ideologisch – eher durch Konsum und Kreditaufnahme als durch Arbeit in Berührung mit dem Kapital.

Das wirft ein neues Licht auf die seit 1989 zu beobachtende Tendenz des Kapitalismus, die Grenzen zwischen Arbeit und Freizeit zu verwischen. In einigen Tätigkeiten, die keineswegs alle hochwertig sind, müssen die Mitarbeiter zunehmend zwischen der Erfüllung ihrer Projektarbeit und persönlichen Aktivitäten am Arbeitsplatz (E-Commerce, Social Media, Dating) abwägen: Die Abmachung lautet, dass der Mitarbeiter zu Hause E-Mails beantworten, auf Reisen arbeiten, Überstunden machen und außerhalb der Dienstzeiten arbeiten muss, um die Ziele zu erreichen.

In Tätigkeiten mit einem hohen Informationsgehalt – insbesondere solchen, für die mobile Geräte genutzt werden – verschmelzen Arbeits- und Freizeit miteinander. Das hat innerhalb kurzer Zeit die Entlohnung von der Arbeitszeit gelöst. Der hochwertige Mitarbeiter wird im Grunde dafür bezahlt, dass er existiert und seine Ideen beiträgt, um die Ziele der Firma zu erreichen.

Parallel dazu wurde die Geografie des Arbeiterlebens umgestaltet. Lange Anfahrten zum Arbeitsplatz aus Vororten, deren Kultur keine spezifische Beziehung zur Arbeit hat, sind mittlerweile normal. Das Pendeln zwang die Arbeitskräfte ursprünglich, eine physische Gemeinschaft aufzubauen, indem sie Orte der Begegnung abseits der Arbeit fanden: das Fitnessstudio, die Kinderkrippe, die Bowlingbahn usw. Mit dem Vormarsch der Informationstechnologie ist ein Teil dieser Aktivitäten zur Pflege des sozialen Zusammenhalts ins Internet verlegt worden, was die physische Isolation zusätzlich fördert. In der Folge ist die alte Solidarität, die darauf beruhte, dass die Bindungen am Arbeitsplatz durch den Zusammenhalt einer Gemeinschaft gefestigt wurden, heute so schwach wie nie zuvor in der Geschichte des Kapitalismus.

Für die Jüngeren, die in unsicheren Arbeitsverhältnissen leben, gewinnt stattdessen die physische Nähe im urbanen Raum an Bedeutung: Sie sammeln sich in den Stadtzentren und akzeptieren einen deutlich eingeschränkten Lebensraum, weil sie ein Netz von Kontakten brauchen, in dem sie Partner, sporadische Arbeitsverhältnisse und Unterhaltung finden können. Ihr Kampf – etwa die Revolte der Anarchisten im Athener Stadtteil Exarchia oder die Studentenproteste in London im Jahr 2010 – ist oft an einen physischen Ort gebunden.

Im Bemühen, diese qualitative Veränderung des Arbeitslebens zu verstehen, konzentrierten sich die Soziologen zunächst auf den Raum. Barry Wellman untersuchte, wie aus Gemeinschaften, die auf dem Gruppenzusammenhalt beruhten, zunächst physische und anschließend digitale Netzwerke wurden, und bezeichnete das Ergebnis dieses Prozesses als »vernetzten Individualismus«, der aus seiner Sicht im Zusammenhang mit der erhöhten beruflichen Flexibilität zu sehen war.[58] Richard Sennett, der unter anderem an der London School of Economics lehrt, hat die neuen Merkmale der Beschäftigten im Hochtechnologiesektor studiert.[59] Er hat herausgefunden, dass ein neuer Arbeiter entsteht, wenn die Arbeit Bindungslosigkeit und oberflächliches Engagement belohnt, der Anpassungsfähigkeit den Vorzug vor der Qualifikation gibt und der Vernetzung größeren Wert beimisst als der Loyalität. Der neue Arbeiter konzentriert sich im privaten und beruflichen Leben auf den kurzfristigen Erfolg und fühlt sich Hierarchien und Strukturen weder als Arbeitskraft noch als Aktivist verpflichtet.

Sennett und Wellman haben beobachtet, dass Menschen, die diesen vernetzten Lebensstil pflegen, dazu neigen, mehrere Identitäten anzunehmen, und zwar nicht nur online, sondern auch in der Realität. Sennett erklärt: »Die Bedingungen der Zeit im neuen Kapitalismus haben einen Konflikt zwischen Charakter und Erfahrung geschaffen. Die Erfahrung einer zusammenhangslosen Zeit bedroht die Fähigkeit der Menschen, ihre Charaktere zu in sich schlüssigen Erzählungen zu formen.«[60]

Der Arbeiter der keynesianischen Ära hatte nur eine Persönlichkeit: Er war am Arbeitsplatz, in seiner Stammkneipe, im Arbeiterverein und auf dem Stehplatz im Fußballstadion im Wesentlichen dieselbe Person. Das vernetzte Individuum lebt in einer komplexeren Wirklichkeit: Es führt in der Arbeit, in zahlreichen bruchstückhaften Subkulturen und im Internet mehrere parallele Leben.

Diese Veränderungen zu dokumentieren ist eine Sache. Die eigentliche Herausforderung besteht jedoch darin, ihre Auswirkungen auf die Fähigkeit der Menschen zu verstehen, sich gegen Ausbeutung und Unterdrückung zu wehren. Michael Hardt und Antonio Negri haben es in ihrem Buch *Demokratie! Wofür wir kämpfen* gut zusammengefasst:

> Der Schwerpunkt der kapitalistischen Produktion hat sich vor die Tore der Fabrik verlagert. Die Gesellschaft selbst ist zur Fabrik geworden [...]. Damit verändert sich auch die Beziehung zwischen Kapitalisten und Arbeitenden. [...] Die Ausbeutung funktioniert heute nicht mehr über den (gleichen oder ungleichen) Tauschhandel, sondern über Schulden [...].[61]

In den siebziger Jahren war es voreilig von Negri und der italienischen Linken, das »Ende« des Arbeitsplatzes als Ort des Klassenkampfs zu verkünden und »die Gesellschaft als ganze« zur Arena dieses Kampfes zu erklären. Aber heute trifft diese Einschätzung zu.

Wie sieht die Zukunft der Arbeiterklasse aus, wenn sich der Informationskapitalismus weiterhin in derselben Richtung entwickelt wie bisher?

Zunächst einmal ist die gegenwärtige globale Arbeitsteilung zweifellos vorübergehend. Der Lebensstandard der Arbeitskräfte im Globalen Süden wird steigen, und irgendwann wird das Kapital reagieren und in den Schwellenländern die Automatisierung vorantreiben, um die Produktivität zu erhöhen. Die Arbeitsmärkte in China und Brasilien werden sich wie die in den reichen Ländern entwickeln: Der Dienstleistungssektor wird eine Führungsrolle einnehmen, die Arbeitskräfte werden in einen qualifizierten Kern und ein peripheres Prekariat aufgespalten, und in beiden Gruppen wird die Arbeit teilweise von den Einkommen abgekoppelt werden. Wenn sich die Prognose der Oxford Martin School bewahrheitet, droht den geringqualifizierten Arbeitskräften im Dienstleistungssektor in den kommenden zwei Jahrzehnten zudem die völlige Automatisierung ihrer Tätigkeiten. Die globale Arbeiterklasse wird nicht für immer in Arbeitsbienen in den Fabriken Chinas und Softwareentwickler in den USA unterteilt bleiben.

Der Kampf am Arbeitsplatz ist allerdings nicht länger das einzige oder wichtigste Drama.

In vielen Industriestädten und Handelszentren rund um den Erdball ist das vernetzte Individuum kein soziologischer Sonderfall mehr. Es ist zum Archetyp geworden. Sämtliche Merkmale, die den Soziologen in den neunziger Jahren an den Arbeitskräften im Technologiesektor auffielen – Lebhaftigkeit, spontane Vernetzung, mehrere Persönlichkeiten, Bindungslosigkeit, scheinbare Unterwürfigkeit, hinter der sich ein heftiger Groll verbarg –, sind mittlerweile typische Eigenschaften aller jungen, wirtschaftlich aktiven Menschen.

Und diese Eigenschaften findet man trotz der Unterdrückung am Arbeitsplatz sogar in China, dessen Fabrikarbeiter die Linke zum Alter Ego des verdorbenen westlichen Konsumenten auserkoren hatte. In den Arbeitervierteln der exportorientierten Städte Chinas schossen im ersten Jahrzehnt des neuen Jahrtausends Internetcafés mit Hunderten Plätzen aus dem Boden. Die Soziologen studierten die jungen Migranten und stellten fest, dass sie das Internet für zwei Dinge nutzten: Sie knüpften Kontakt zu anderen Arbeitern aus ihren Heimatstädten und ließen bei Computerspielen Dampf ab. Das Internetcafé veränderte das Leben dieser jungen Menschen, die nie woanders als auf einem Bauernhof oder im Wohnheim einer Fabrik geschlafen hatten. »Unser Vorarbeiter ist ein harter Hund. Aber wenn ich ihm im Internetcafé begegne, fürchte ich mich nicht vor ihm«, erklärte eine Arbeiterin im Jahr 2012 im Gespräch mit Forschern. »Hier kann er mich nicht kontrollieren. Hier ist er nur ein Internetbenutzer wie ich.«[62]

Mittlerweile klingt das wie eine Beschreibung prähistorischer Bedingungen. Dank des Smartphones trägt jeder chinesische Arbeiter das Internetcafé heute in seinem Blaumann mit sich herum. Im Jahr 2012 wurden in China erstmals mehr mobile Internetverbindungen als Desktop-Anschlüsse gezählt; mittlerweile haben 600 Millionen Menschen Zugang zu solchen Verbindungen. Und mobiles Internet bedeutet soziale Netzwerke. Im Jahr 2014 organisierten 30 000 Arbeiter in der Schuhfabrik Yue Yuen in Shenzhen erstmals einen großen Streik mit Group Messaging und Mikroblogging. Die dörflichen Beziehungsnetze, die in analoger Form genutzt wurden, um in einer Fabrik informell Tätigkeiten zu verteilen, werden heute digital genutzt, um über ganze Industriezweige hinweg Löhne und Arbeitsbedingungen zu vergleichen und Informationen zu verbreiten.

Zum Entsetzen der chinesischen Machthaber nutzten die Fabrikarbeiter in Shenzhen dieselbe Technologie wie die liberalen, vernetzten Studenten, die im Jahr 2014 unter der Bezeichnung »Occupy Central« die Demokratiebewegung in Hongkong auf die Beine gestellt hatten.

Wenn man davon ausgeht, dass die wichtigste Verwerfungslinie in der modernen Welt jene zwischen Netzwerken und Hierarchien ist, dann verläuft diese Linie genau durch China. Und die chinesischen Arbeiter – die digitale Rebellen, aber analoge Sklaven zu sein scheinen – stehen im Brennpunkt der vernetzten Revolte. Diese vernetzten Bewegungen sind ein Beleg dafür, dass es ein neues historisches Subjekt gibt. Dieses Subjekt ist nicht einfach die Arbeiterklasse in neuem Gewand: Es ist die vernetzte Menschheit.

Und hier haben wir das Gegenmittel, mit dem wir den Pessimismus der Generation von Gorz bekämpfen können. Gorz glaubte, mit dem Tod der »wahren« Arbeiterklasse sei der große Widersacher des Kapitalismus verschwunden. Wer einen Postkapitalismus wollte, musste eine Utopie anstreben: eine gute Idee, die funktionieren konnte oder auch nicht. Und es würde keine große gesellschaftliche Kraft mehr geben, welche die Werte dieser Utopie verkörpern würde.

In den letzten zwanzig Jahren hat der Kapitalismus eine neue soziale Kraft hervorgebracht, die ihn beerdigen wird, so wie er im 19. Jahrhundert das Fabrikproletariat hervorbrachte. Die vernetzten Individuen sind diejenigen, die in den Stadtzentren Protestlager errichten, die Fracking-Anlagen blockieren, Punkrock-Konzerte auf den Dächern russischer Kathedralen veranstalten, im Gezi-Park mit Bier anstoßen, um den Islamismus herauszufordern, eine Million Menschen auf die Straßen Rios und São Paulos bringen und Massenstreiks in den Industriebezirken Südchinas organisieren.

Sie sind die »aufgehobene« Arbeiterklasse, die verbesserte Version, welche die alte ersetzt. Mag sein, dass sie von Strategie so wenig verstehen wie die Arbeiter des frühen 19. Jahrhunderts, aber sie sind dem System nicht mehr hörig. Sie sind sehr unzufrieden mit ihm. Die vielfältigen Interessen dieser Gruppe fließen zu dem Bedürfnis zusammen, den Postkapitalismus herbeizuführen und die Informationstechnologierevolution zu nutzen, um ein neuartiges Wirtschaftssystem zu errichten. In diesem System wird möglichst viel kollaborativ und kostenlos für die gemeinsame Nutzung produziert werden, um die Ungleichverteilung rückgängig zu machen. Der Neoliberalismus kann ihnen nur stagnierendes Wachstum und den Staatsbankrott offerieren: Austerität bis zum Tod, aber mit einer verbesserten Version des iPhone. Und die Freiheit, nach der sich diese Menschen sehnen, wird vom neoliberalen Staat eingeschränkt – von der Massenüberwachung der NSA bis zur Kontrolle durch die chinesische Internetpolizei. Über ihre Köpfe hinweg wird die Politik in vielen Ländern von einer kleptokratischen Mafia gesteuert, deren Strategie darin besteht, Wirtschaftswachstum als Gegenleistung für die Unterdrückung der Freiheit und wachsende Ungleichheit anzubieten.

Dieser neuen Generation vernetzter Menschen ist bewusst, dass sie eine dritte industrielle Revolution durchlebt – und sie begreift, warum diese Revolution zum Stillstand gekommen ist: Da das Kreditsystem kaputt ist, kann der Kapitalismus das mögliche Ausmaß an Automatisierung und die durch die neuen Technologien ermöglichte Arbeitsplatzvernichtung nicht verwirklichen.

Die Wirtschaft produziert und reproduziert bereits einen vernetzten Lebensstil und ein vernetztes Bewusstsein, und beides ist unvereinbar mit den kapitalistischen Hierarchien. Die Sehnsucht nach einem radikalen wirtschaftlichen Kurswechsel ist groß.

Die nächste Frage ist: Was müssen wir tun, um ihn herbeizuführen?

TEIL III

Aber es war ebenfalls klar, daß ein allgemein wachsender Wohlstand die Fortdauer einer hierarchischen Gesellschaft bedrohe, ja, in gewissem Sinne ihren Untergang bedeutete.

Aus dem fiktiven Werk von Emmanuel Goldstein in George Orwells 1984

8

Transitionen

Die Entdeckung, dass es den Kapitalismus nicht immer gab, kann schockierend sein. Die Ökonomen stellen den »Markt« als natürlichen Zustand der Menschheit dar. Für Fernsehdokumentationen werden die ägyptischen Pyramiden oder das Peking des Kaiserreichs mit phantastischer Detailtreue rekonstruiert, aber es wird kaum erwähnt, dass die Hochkulturen, die diese prachtvollen Bauten errichteten, vollkommen andere Wirtschaftssysteme hatten. »Sie waren eigentlich wie wir«, erklären Väter ihren Kindern im Brustton der Überzeugung, während sie durch die Herculaneum-Ausstellung im British Museum schlendern – bis sie auf eine Statue von Pan stoßen, der eine Ziege vergewaltigt, oder vor einem Wandgemälde stehen, das ein Paar bei einem flotten Dreier mit seiner Sklavin zeigt.

Hat man einmal begriffen, dass es eine Zeit gab, in der der Kapitalismus nicht existierte – weder als Wirtschafts- noch als Wertsystem –, taucht ein Gedanke auf, der noch schockierender ist: Könnte es sein, dass es ihn nicht ewig geben wird? Wenn es so ist, sollten wir verstehen, wie Transitionen funktionieren, und uns fragen: Was macht ein Wirtschaftssystem aus, und wie wird ein solches System durch ein anderes ersetzt?

In den vorhergehenden Kapiteln habe ich gezeigt, wie der Aufstieg der Informationstechnologie die tragenden Säulen des Kapitalismus untergraben hat: Preise, Eigentum und Arbeitseinkommen. Ich habe erklärt, dass der Neoliberalismus nur eine Schimäre war und dass die Krise seit 2008 das Ergebnis von Mängeln des Wirtschaftsmodells ist, die verhindern, dass die neuen Technologien genutzt werden können, um einen fünften langen Zyklus einzuleiten.

Da der Kapitalismus nicht mehr funktioniert, wird der Postkapitalismus möglich, aber wir haben kein Modell für den Übergang. Der Stalinismus hinterließ uns eine Blaupause für die Katastrophe. Die Occupy-Bewegung hat einzelne gute Ideen gehabt. Die sogenannte P2P-Bewegung (Peer-to-Peer) hat im kleinen Maßstab Kooperationsmodelle eingeführt, und Umweltschützer haben Konzepte für den Übergang zu einer CO_2-neutralen Wirtschaft entwickelt, die sie jedoch nicht mit einer Überwindung des Kapitalismus verknüpfen.

Bei der Planung des Übergangs von einem Wirtschaftssystem zu einem anderen können wir uns also nur auf Erfahrungen mit zwei sehr unterschiedlichen Vorgängen stützen: dem Aufstieg des Kapitalismus und dem Zusammenbruch der Sowjetunion. In diesem Kapitel werde ich mich mit der Frage beschäftigen, was wir aus diesen beiden Prozessen lernen können. Anschließend werde ich versuchen, diese Lehren auf die Gestaltung eines »Projektplans« für die Überwindung des Kapitalismus anzuwenden.

Nach 25 Jahren des Neoliberalismus können wir uns kaum noch einen umfassenden Wandel vorstellen. Aber wenn wir kühn genug sind, uns vorzustellen, dass wir den Planeten retten können, sollten wir uns auch vorstellen können, uns von einem Wirtschaftssystem zu befreien, das nicht funktioniert. Tatsächlich ist die Phase der Imagination entscheidend.

Ein Bolschewik auf dem Mars

In Alexander Bogdanows Science-Fiction-Roman *Der rote Planet* (1909) wird der Held, ein Funktionär der russischen bolschewistischen Partei, in einem Raumschiff zum Mars gebracht. Dort findet er beeindruckende moderne Fabriken vor. Die erstaunlichste Entdeckung macht er jedoch im Kontrollzentrum: Auf einer Tafel wird einmal in der Stunde angezeigt, in welchen Fabriken des Planeten Arbeitskräftemangel herrscht und in welchen Sektoren überschüssige Arbeiter zur Verfügung stehen. Das Ziel ist, dass sich die Arbeiter freiwillig dorthin begeben, wo sie gebraucht werden. Da es keinen Mangel an Gütern gibt, wird die Nachfrage nicht gemessen. Es gibt auch kein Geld: Jedermann »nimmt, was er braucht und so viel er möchte«, erklärt ihm sein Führer. Die Arbeiter, die die riesigen Maschinen steuern, aber nie berühren, faszinieren den Abgesandten der Erde ebenfalls: Sie scheinen »neugierige gelehrte Beobachter zu sein, die im Grunde mit alledem nichts zu tun hatten. [...] Die Fäden, die das empfindliche Hirn des Menschen mit den unzerstörbaren Organen des Mechanismus verband, blieben unsichtbar.«[1]

In *Der rote Planet* beschrieb Bogdanow nicht nur, wie eine postkapitalistische Wirtschaft funktionieren könnte, sondern stellte sich auch vor, was für Menschen benötigt würden, um dieses Wirtschaftssystem zu verwirklichen: Man brauchte Informationsarbeiter, deren Gehirne durch etwas »Subtiles und Unsichtbares« verbunden waren. Mit seiner Beschreibung der kommunistischen Zukunft verstieß Bogdanow allerdings gegen die Konventionen seiner Zeit: Keine der Fraktionen des Sozialismus war bereit, sich mit Luftschlössern zu beschäftigen. Dabei war diese Utopie keineswegs bloße Spielerei.

Der Arzt Bogdanow zählte zu den 22 Gründungsmitgliedern der bolschewistischen Fraktion der Sozialdemokratischen Partei. Er saß einige Zeit im Gefängnis, wurde ins Exil geschickt, führte die Bolschewisten im Petrograder Sowjet, gab die Parteizeitung heraus, verwaltete ihre Gelder und organisierte die Finanzierung (durch Banküberfälle). Auf einem berühmten Foto, das im Jahr 1908 in der Parteischule auf Capri entstand, ist Bogdanow beim Schachspielen mit Lenin zu sehen.[2] Aber nicht einmal ein Jahr nachdem diese Aufnahme gemacht worden war, wurde Bogdanow aus Lenins Partei verstoßen. Er hatte sich in Opposition zu Lenin begeben. Das Zerwürfnis kündigte die Tragödie an, die bald darauf beginnen sollte.

Nach Ansicht Bogdanows hatte die Revolution von 1905 gezeigt, dass die Arbeiterklasse noch nicht reif genug war, um die Gesellschaft zu führen. Da die postkapitalistische Gesellschaft in seinen Augen eine Wissensgesellschaft sein musste, würde jeder Versuch, sie durch eine Revolution zu errichten, lediglich eine technokratische Elite an die Macht bringen. Um das zu verhindern, forderte Bogdanow, müsse man »eine neue proletarische Kultur unter den Massen verbreiten, eine proletarische Wissenschaft aufbauen, eine proletarische Philosophie entwickeln«.[3]

Für Lenin kam das nicht infrage. Der Marxismus war eine Doktrin geworden, und diese Doktrin kündigte einen unmittelbar bevorstehenden Zusammenbruch des Kapitalismus und eine Revolution an. Und die Arbeiter würden diese Revolution machen, egal welches ihre Vorstellungen und Vorurteile waren. Bogdanow hatte auch gewagt vorzuschlagen, der Marxismus solle sich dem neuen wissenschaftlichen Denken anpassen. Er sagte voraus, die geistige Arbeit werde die körperliche ersetzen und alle Arbeit werde technologisch werden. Wenn es erst einmal so weit sei, werde unser Verständnis der Welt über die dialektische Methode hinausgehen müssen, die Marx von Hegel übernommen hatte. Die Wissenschaft werde an die Stelle der Philosophie treten und die Menschheit werde lernen, die Realität als untereinander verbundene »Erfahrungsnetze« zu betrachten. Verschiedene Disziplinen würden in einer »universellen Organisationswissenschaft« aufgehen, das heißt im Studium von Systemen.

Zur Strafe dafür, dass er sich in den ersten Systemtheoretiker verwandelt und eine hellsichtige Warnung vor der möglichen Entwicklung in Russland ausgesprochen hatte, wurde Bogdanow im Jahr 1909 in einer Fraktionssitzung in Lenins Pariser Wohnung ausgeschlossen. Wenige Monate später erschien sein Roman *Der rote Planet*, der sich unter den russischen Arbeitern rasch verbreitete. Angesichts der Geschehnisse unter dem Stalinismus muss man feststellen, dass Bogdanows Beschreibung der postkapitalistischen Gesellschaft sehr weitblickend war.

Der im Roman beschriebene Kommunismus auf dem Mars beruht auf dem Überfluss: Es gibt von allem mehr als genug. Die Produktion richtet sich nach einer transparenten Echtzeitberechnung der Nachfrage. Der Konsum ist gratis. Das System funktioniert, weil ein Geist der Zusammenarbeit unter den Arbeitern herrscht, ermöglicht durch ihren hohen Bildungsstand und die Tatsache, dass sie in erster Linie geistige Arbeit verrichten. Sie wechseln zwischen dem männlichen und dem weiblichen Geschlecht hin und her, bleiben angesichts von Belastungen und Gefahren gelassen und selbstlos und führen ein emotional und kulturell erfülltes Leben.

Auch die Geschichte, die Bogdanow skizziert, ist provokant: Der Mars wurde unter dem Kapitalismus industrialisiert. Es begann ein Kampf um die Kontrolle über die Industrie, gefolgt von einer Revolution, die jedoch weitgehend friedlich war, weil sie nicht von Bauern, sondern von Arbeitern durchgeführt wurde. In einer Übergangsphase, die einhundert Jahre dauerte, wurde die Arbeit Schritt für Schritt überflüssig gemacht, indem der Arbeitstag von sechs auf null Stunden verkürzt wurde.

Jeder, der mit dem orthodoxen Marxismus vertraut ist, versteht die Botschaft, die Bogdanow zwischen den Zeilen vermitteln wollte: Er nutzte das Genre des Romans, um eine Alternative zu jenen Vorstellungen vorzuschlagen, die das Denken der Linken im 20. Jahrhundert beherrschen würden. Er betrachtete die technologische Reife als Vorbedingung der Revolution und sprach sich für eine friedliche Entmachtung der Kapitalisten durch Kompromisse und Entschädigungen aus. Er hielt die Technologie für notwendig, um den Arbeitseinsatz auf ein Mindestmaß zu verringern, und beharrte darauf, dass sich nicht nur die Wirtschaft, sondern auch der Mensch wandeln müsse. Und er verlangte, die postkapitalistische Gesellschaft müsse die Ressourcen des Planeten nachhaltig nutzen: Die Marsianer in seinem Roman begehen freiwillig Selbstmord, wenn sie sehen, dass ihr Bevölkerungswachstum den roten Planeten überlastet. Als die natürlichen Ressourcen knapp werden, beginnen sie, über eine Kolonisierung der Erde nachzudenken.

Wenn Sie sich jetzt fragen, was wohl aus Russland geworden wäre, wäre Lenin auf dem Weg zu der Sitzung, in der Bogdanow ausgeschlossen wurde, von der Straßenbahn überfahren worden, so sind Sie nicht der Erste. Zahlreiche Autoren haben mit Blick auf Bogdanows Schicksal die Frage »Was wäre gewesen, wenn …?« gestellt. Es ist eine berechtigte Frage. Bogdanow konnte sich keinen Computer vorstellen, aber er stellte sich jenen Kommunismus vor, den eine auf geistiger Arbeit, Nachhaltigkeit und vernetztem Denken beruhende Gesellschaft errichten konnte.

Nach 1909 zog sich Bogdanow aus der aktiven Politik zurück und arbeitete zehn Jahre lang an einem bahnbrechenden Buch über Systemtheorie. In den ersten Jahren der Sowjetunion gründete er die Bewegung Proletkult, die eine proletarische Kultur errichten wollte. Proletkult wurde jedoch unterdrückt, nachdem sich Bogdanow einer Oppositionsgruppe angeschlossen hatte, die sich für die Arbeiterselbstverwaltung einsetzte.[4] Er wandte sich wieder der Medizin zu und starb im Jahr 1928 bei einem Selbstversuch.[5]

Als die sowjetischen Planer in den dreißiger Jahren begannen, den Sozialismus per Diktat zu errichten, verwiesen sie gerne auf *Der rote Planet* als Inspiration.[6] Aber zu diesem Zeitpunkt entsprachen die Fakten schon nicht mehr der Utopie.

Der russische Albtraum

Die russische Revolution kam in mehreren Etappen vom Weg ab. Im Bürgerkrieg (1918-21) wurden Banken und wichtige Industriezweige verstaatlicht. Die neuen Machthaber legten die Leitung der Produktion in die Hände von Volkskommissaren, unterwarfen die Gewerkschaften einer militärischen Disziplin, verboten die Fabrikkomitees und konfiszierten die Ernte einfach bei den Bauern. Die Folge war, dass die Produktion auf ein Fünftel des Vorkriegsniveaus fiel. Auf dem Land brachen Hungersnöte aus. Der Rubel verlor rasch an Wert. Ein Teil der Unternehmen ging zum Tauschhandel über, die Löhne mussten in Sachleistungen ausgezahlt werden.

Im März 1921 sah sich die sowjetische Führung gezwungen, eine Art von Marktsozialismus auszuprobieren, die als »Neue Ökonomische Politik« (NEP) bekannt wurde. Die Bauern durften ihre Ernte wieder behalten und verkaufen, was der Wirtschaft Auftrieb gab, aber zwei Gefahren heraufbeschwor, die zu verstehen den bedrängten Revolutionären schwerfiel: Erstens floss das Geld zu bessergestellten Bauern, die als »Kulaken« bezeichnet wurden, und die Landwirtschaft erhielt in der Praxis ein Vetorecht bei Entscheidungen über die Geschwindigkeit der industriellen Entwicklung. Das Ergebnis war ein »Sozialismus im Schneckentempo«. Zweitens festigte die neue Politik die Position einer privilegierten Bürokratie, die den Betrieb der Fabriken, die Verteilung der Güter, das Militär, die Geheimpolizei und die staatliche Verwaltung kontrollierte.

In der Auseinandersetzung mit den reichen Bauern und den Bürokraten forderte die Arbeiterklasse mehr Demokratie, eine forcierte Industrialisierung mittels zentraler Planung und einen entschlossenen Kampf gegen die Spekulanten. Bald konnte sich auch die Kommunistische Partei dieser dreifachen gesellschaftlichen Auseinandersetzung nicht mehr entziehen.

Es brach ein innerparteilicher Konflikt aus. Die Protagonisten waren die von Trotzki geführte linke Opposition, die mehr Demokratie und Planung forderte, ein von Bucharin geführter Flügel, der die Marktwirtschaft befürwortete und die Industrialisierung hinauszögern wollte – diese Gruppe rief den Bauern »Bereichert euch!« zu –, und die von Stalin geführte Gruppe, welche die Interessen der Bürokratie verteidigte.

Bei der Parade am Jahrestag der Revolution im November 1927 trugen rund 20 000 Anhänger der linken Fraktion Spruchbänder, auf denen gefordert wurde, die Kulaken, Spekulanten und Bürokraten zu unterdrücken. Als sich die Belegschaften mehrerer Moskauer Fabriken dem Marsch anschließen wollten, wurden sie von der Polizei attackiert, und es kam zu Straßenkämpfen.

Stalin schloss Trotzki und die anderen Führer der linken Opposition aus dem Politbüro aus und zwang sie, ins Exil zu gehen. Anschließend vollzog er einen jener abrupten Kurswechsel, die Orwell später in *1984* parodierte, und setzte das Programm der Linken um, wenn auch in einer sehr viel extremeren Form und mit ungeheurer Brutalität. Im Jahr 1929 war Bucharin an der Reihe: Er fiel gemeinsam mit dem marktfreundlichen rechten Parteiflügel der nächsten Säuberung zum Opfer. Es begann die Zwangskollektivierung der Landwirtschaft, die Kulaken wurden »liquidiert«. Es gibt widersprüchliche Schätzungen über das Ausmaß des Terrors, aber der Kombination von Hungersnot und Massenexekutionen fielen auf dem Land innerhalb von drei Jahren etwa acht Millionen Menschen zum Opfer.[7]

Welch ehrgeizige Ziele Stalin mit dem ersten Fünfjahresplan (1928-32) verfolgte, zeigt eine seiner Erklärungen: »Wir sind hinter den fortgeschrittenen Ländern um 50 bis 100 Jahre zurückgeblieben. Wir müssen diese Distanz in zehn Jahren durchlaufen. Entweder bringen wir das zustande, oder wir werden zermalmt.«[8]

Aus den amtlichen Zahlen geht hervor, dass die Produktion in den ersten fünf Jahren rasant stieg: Der Output von Kohle, Stahl und Erdöl verdoppelte sich, und gigantische Infrastrukturprojekte wurden vorzeitig abgeschlossen. Doch anders als in der fiktiven Welt des *Roten Planeten* stießen die sowjetischen Planer auf zwei große Hindernisse: Die Wirtschaft war immer noch agrarisch geprägt, und das technische Fundament der Industrie war marode und durch zehn Jahre des Chaos geschwächt. Die Planung erfolgte keineswegs unter den Bedingungen des Überflusses, sondern Stalin zwang die Planwirtschaft einem unter Knappheit leidenden Land mit einem halbfeudalen Agrarsystem auf. Fortschritte waren nur dank einer brutalen Umverteilung möglich: vom Land zur Industrie und von der Konsum- zur Schwerindustrie. Die Industrialisierungsziele wurden erreicht, aber der Preis dafür waren Hungersnöte, Massenexekutionen und Sklavenarbeit in vielen Wirtschaftssektoren. Am Ende stand eine erneute Wirtschaftskrise.[9]

Es gelang der Sowjetunion nicht, innerhalb von zehn Jahren mit dem

Westen gleichzuziehen. Aber im Jahr 1977 erreichte sie ein Pro-Kopf-BIP, das bei 57 Prozent des US-amerikanischen lag – womit die Sowjetunion Italien einholte. Zwischen 1928 und 1985 wuchs die sowjetische Wirtschaft laut einer von der CIA in Auftrag gegebenen Studie um durchschnittlich 4,2 Prozent pro Jahr. »Das ist ein rekordverdächtiges nachhaltiges Wachstum«, erklärten die Forscher der RAND Corporation.[10]

Dieses Wachstum hatte jedoch kaum etwas mit der Produktivität zu tun. Die RAND-Studie zeigte, dass nur ein Viertel davon technologischen Verbesserungen zu verdanken war. Der Rest beruhte einfach darauf, dass der Input an Maschinen, Rohstoffen und Energie erhöht wurde. Ab 1970 stieg die Produktivität überhaupt nicht mehr: Wollte man die Zahl der erzeugten Nägel verdoppeln, so stellte man eine neue Nagelfabrik neben die alte. Die Produktivität war kein Thema.

Ein solches »extensives Wachstum« ist das Gegenteil jenes intensiven Wachstums, das tatsächlich den Wohlstand steigert. Mittelfristig ist ein auf extensivem Wachstum beruhendes System nicht überlebensfähig. Selbst wenn das sowjetische System nicht dem Druck des Westens ausgesetzt gewesen wäre, wäre es aufgrund der stagnierenden Produktivität vermutlich irgendwann unter seinen inneren Problemen zusammengebrochen.

Anarchisten, Agrarsozialisten wie Kondratjew und marxistische Dissidenten wie Bogdanow erkannten frühzeitig, dass es ein Fehler war, den Sozialismus in einem rückständigen Land einzuführen. Der Ökonom Holland Hunter wertete sowjetische Daten aus und stellte fest, dass die Ziele des ersten Fünfjahresplans nur um den Preis eines Rückgangs des Konsums um 24 Prozent erreicht worden waren.[11] Die sowjetischen Planer hatten sich auf einen Blindflug eingelassen: Sie legten aufs Geratewohl ein Ziel fest, setzten es herauf, um den Druck auf ihre Untergebenen zu erhöhen, verfehlten das Ziel – und versuchten mit gewaltigem Aufwand, die Defizite zu korrigieren oder den Misserfolg zu vertuschen. Sie weigerten sich anzuerkennen, dass sogar für Wirtschaftssysteme im Übergang objektive Gesetze gelten, die hinter dem Rücken der Planer wirken und sich ihrem Willen widersetzen. »Es ist unmöglich, die Kausalität als Achse für das Studium der sowjetischen Wirtschaft heranzuziehen«, hieß es Mitte der zwanziger Jahre im Wirtschaftslehrbuch der Partei.[12] In der stalinistischen Phantasiewelt waren selbst Ursache und Wirkung irrelevant.

Da die Sowjetunion eine Weile schneller wuchs als die westlichen Länder, blickte die keynesianische Ökonomie voll Ehrfurcht gen Osten. Es waren die Propheten des Neoliberalismus – Mises und Hayek –, die von Anfang an das Scheitern der Planwirtschaft voraussagten. Wenn wir einen Projektplan für den Übergang zum Postkapitalismus entwerfen wollen, müssen wir Hayeks und Mises' Kritik ernst nehmen. Sie kritisierten nicht nur die sowjetische Realität, sondern beharrten darauf, dass selbst in einem entwickelten Land jede Form der Planwirtschaft scheitern werde.

Die Debatte über die Wirtschaftsrechnung

So sonderbar es klingen mag, dass der Sozialismus möglich sei, war einmal eine zentrale These der Mainstream-Ökonomie. Da die Grenznutzenschule den Markt für den vollkommenen Ausdruck der menschlichen Vernunft hielt, hatten ihre Vertreter – solange das nur ein Gedankenexperiment war – kein Problem mit der Vorstellung, dass ein allwissender Staat dieselben Ergebnisse erzielen konnte wie ein vollkommener Markt. »Beide Systeme unterscheiden sich nicht in der Form und führen zum selben Punkt«, schrieb der italienische Soziologe Vilfredo Pareto. »Das Ergebnis ist sehr bemerkenswert.«[13]

Im Jahr 1908 beschrieb der Ökonom Enrico Barone genau, wie ein sozialistischer Staat exakt dieselben Ergebnisse, die der Markt blind erreiche, durch Berechnung erzielen könne. Barone hielt es für möglich, anhand linearer Funktionen die effizientesten Formen von Produktion, Konsum und Austausch zu entdecken: »Es wäre eine ungeheure, eine gewaltige Arbeit […], aber es ist nicht *unmöglich*.«[14]

Dies war ein Glaubensgrundsatz der Grenznutzenschule: Theoretisch war ein vollkommener Plan, entworfen von einem Staat mit vollkommenem Wissen und der Fähigkeit, alle Variablen in Echtzeit zu berechnen, ebenso gut wie ein vollkommener Markt.

Aber es gab einen Haken: So wie der Markt konnte auch der Staat unmöglich im Voraus berechnen, was benötigt wird. Damit wurde jeder Plan zu einem Experiment – zu einem gewaltigen Experiment. Der Markt konnte die Ungleichgewichte in Echtzeit korrigieren; der Plan brauchte dafür länger. Ein kollektivistisches Regime wird daher Barone zufolge genauso anarchisch sein wie der Markt, nur in größerem Maßstab. Und in der Praxis konnte der Staat nie vollkommenes Wissen haben und er konnte die Berechnungen nie schnell genug anstellen – womit die ganze Debatte akademisch blieb.

Die globale Erhebung der Arbeiterklasse in den Jahren 1917-21 machte die Frage der »sozialistischen Wirtschaftsrechnung« zu einem konkreten Thema der Ökonomie. Im Jahr 1919 begannen Deutschland und Österreich ihre unglückselige »Vergesellschaftung«, die sowjetische Kriegswirtschaft wurde als eine Form des Kommunismus gepriesen, und in der kurzlebigen bayerischen Räterepublik wurde ernsthaft über die Möglichkeit diskutiert, das Geld unverzüglich abzuschaffen. Die Planwirtschaft war kein Gedankenspiel mehr, sondern eine realistische Möglichkeit, die mit einem gehörigen Maß an Fanatismus angestrebt wurde.

In diesem Kontext erschien 1921 Ludwig von Mises' Artikel »Die Wirtschaftsrechnung im sozialistischen Gemeinwesen«. Der Markt, erklärte Mises, funktioniere wie eine Rechenmaschine: Die Menschen fällen Entscheidungen, kaufen und verkaufen Dinge zu einem bestimmten Preis, und der Markt stellt fest, ob ihre Entscheidungen richtig waren. Über einen längeren Zeitraum hinweg sorgt dieser Mechanismus für die vernünftigste Zuteilung der knappen Ressourcen. Aber sobald man das Privateigentum beseitigt und mit der Planung der Wirtschaft beginnt, gerät die Rechenmaschine ins Stocken: »Ohne Wirtschaftsrechnung keine Wirtschaft. Im sozialistischen Gemeinwesen kann es, da die Durchführung der Wirtschaftsrechnung unmöglich ist, überhaupt keine Wirtschaft in unserem Sinne geben.«[15]

Zur Entschlossenheit der radikalen Linken, das Geld abzuschaffen, erklärte Mises, das werde nichts ändern. Wenn man weiterhin Geld verwende, während man den Marktmechanismus durch Planung unterdrücke, so verringere man die Fähigkeit des Geldes, Preissignale zu geben. Wenn man das Geld jedoch abschaffe, beseitige man den Maßstab für Angebot und Nachfrage: Die Verteilung werde zu einem Ratespiel: »Jede wirtschaftliche Veränderung wird so im sozialistischen Gemeinwesen zu einem Unternehmen, dessen Erfolg weder im vorhinein abgeschätzt noch auch später rückschauend festgestellt werden kann. Alles tappt hier im Dunkeln. Sozialismus ist Aufhebung der Rationalität der Wirtschaft.«[16]

Mises entlarvte die drei entscheidenden Schwächen der Planung in der

Realität: Der Staat kann die wirtschaftlichen Variablen nicht so schnell berechnen wie der Markt. Der Staat kann die Innovation nicht belohnen. Und die Verteilung des Kapitals unter den Wirtschaftssektoren wird ohne Finanzsystem schwerfällig und willkürlich. Mises sagte voraus, dass die Planung daher zum Chaos führen werde, konkret zur Überproduktion minderwertiger Güter, die niemand brauche. Eine Weile könne das funktionieren, weil die »Erinnerung« an die angemessenen Preise im System gespeichert sei, doch sobald diese Erinnerung verblasse, werde das System zerfallen. Da das Leben und der Tod der sowjetischen Wirtschaft diese Prognose bestätigten, wurde Mises' Arbeit später zu einer Bibel der rechten Anhänger des freien Markts. Seine Zeitgenossen beeinflusste sie allerdings kaum.

Erst in den dreißiger Jahren kam die Debatte über die sozialistische Wirtschaftsrechnung angesichts der Weltwirtschaftskrise, des Aufstiegs des Faschismus und des zweiten sowjetischen Fünfjahresplans in Gang. Die sowjetische Wirtschaft sei aus den bekannten Gründen ineffizient, erklärte der Mises-Schüler Friedrich Hayek: Die Konsumenten hätten keine Wahl, die Ressourcen würden nicht richtig zugeteilt, Innovation werde nicht belohnt. Aber an Mises' Hauptargument, der Staat könne nie so gut rechnen wie der Markt, wollte Hayek nicht festhalten. Er glaubte, ein sozialistischer Staat könne durchaus den Markt ersetzen, wie Barone erklärt hatte. Voraussetzung dafür sei, dass er die richtigen Informationen habe. Das Problem sei, dass er die Berechnungen nie schnell genug anstellen könne.

Hayeks Mitarbeiter Lionel Robbins von der London School of Economics erklärte, um den Plan richtig berechnen zu können, müsse man »Millionen Gleichungen auf der Grundlage von Millionen statistischer Daten aufstellen, die ihrerseits auf vielen Millionen einzelner Berechnungen beruhen müssten. Zu dem Zeitpunkt, da die Gleichungen gelöst wären, hätte die Information, auf der sie beruhen, keinen Wert mehr, weshalb alles von Neuem berechnet werden müsste.«[17]

Diese These löste eine heftige Debatte aus. Der linke polnische Ökonom Oskar Lange war der Meinung, Hayek und Robbins hätten der Linken tatsächlich ein großes Zugeständnis gemacht.[18]

Lange gehörte einer Gruppe von Sozialdemokraten an, die den Marxismus ablehnten und glaubten, der Sozialismus könne auf der Grundlage der Grenznutzentheorie errichtet werden. Wenn man einen Konsummarkt aufrechterhalte und den Menschen die Wahl ihres Arbeitsplatzes überlasse, gleichzeitig jedoch die Produktion aller Güter plane, dann unterscheide sich der Prozess von Versuch und Irrtum in einer sozialistischen Ökonomie konzeptuell nicht vom Preismechanismus. Anstatt in Preisbewegungen zutage zu treten, kämen die unbefriedigten wirtschaftlichen Bedürfnisse hier in Versorgungsengpässen und Überschüssen zum Ausdruck. Und die zentrale Versorgungsstelle könne die Produktionsquoten entsprechend anpassen.

Die meisten unabhängigen Beobachter hielten Langes Argumentation für überzeugend. Nach dem Krieg erklärte sogar der CIA-Experte für die Sowjetwirtschaft: »Selbstverständlich kann der Sozialismus funktionieren. [...] In diesem Punkt hat Lange zweifellos recht.«[19]

Aus einem naheliegenden Grund müssen wir uns heute erneut mit der Debatte über die Wirtschaftsrechnung befassen: Mittlerweile höhlt die Technologie den Preismechanismus aus, ohne dass sich gleichzeitig eine Planwirtschaft entwickeln würde. Superrechner und Big Data machen jene Art von Echtzeitberechnungen, die Robbins für unmöglich hielt, zu einer realistischen Option. Robbins sprach von einer Million mal eine Million mal eine Million Daten. Das wäre ein Exaflop – zufälligerweise die Einheit, in der wir laut Branchenexperten schon bald die Leistung von Superrechnern messen werden: Ein Exaflop sind eine Trillion Gleitkommaoperationen pro Sekunde. Die Leistungsfähigkeit der Supercomputer hat bei den Linken neue Hoffnung geweckt, dass die Planung doch funktionieren könnte – wenn man nur in der Lage wäre, das Rechenproblem mit Technologie zu lösen. Tatsächlich gibt es in einer postkapitalistischen Gesellschaft jedoch kein Rechenproblem. Den Grund dafür erklärte Mises in den zwanziger Jahren des 20. Jahrhunderts.

In der »Debatte über die Wirtschaftsrechnung« in den dreißiger Jahren lehnten beide Lager die Arbeitswerttheorie ab. Der Sozialist Lange und der Ultrakapitalist Hayek glaubten beide, der Grenznutzen sei das Einzige, was Wert schaffe. Daher war die Vorstellung einer *Transition* – in der ein auf der Knappheit beruhendes System einem auf dem Überfluss beruhenden weicht – für beide Seiten Neuland. Wenn Kapitalismus und Staatssozialismus lediglich zwei verschiedene Systeme zur rationalen Zuteilung von Gütern sind, um einen Gleichgewichtszustand zu erreichen, dann ist der Übergang zwischen ihnen keine Revolution, sondern einfach eine technische Herausforderung.

Doch wie Mises bereits gezeigt hatte, gibt es überhaupt kein Berechnungsproblem, wenn die Arbeitswerttheorie stimmt. Die Zuteilung der

Güter, die Entscheidung über Prioritäten und die Belohnung der Innovatoren haben allesamt Platz in einem auf dem Arbeitswert beruhenden System, denn dort kann alles am selben Maßstab gemessen werden. Mises hielt den Sozialismus für möglich – allerdings nur, »wenn es eine objektiv erkennbare Wertgröße geben würde, die die Wirtschaftsrechnung auch in der verkehr- und geldlosen Wirtschaft ermöglichen würde. Als solche könnte aber denkbarerweise nur die Arbeit in Betracht kommen.«[20]

Die Arbeitswerttheorie lehnte Mises allerdings ab, und zwar aus den bekannten Gründen, die in den zwanziger Jahren des vergangenen Jahrhunderts vorgebracht wurden: Es sei unmöglich, mit den Arbeitswerten unterschiedliche Qualifikationsniveaus zu messen, und sie seien ungeeignet, um den natürlichen Ressourcen einen Marktwert zuzuordnen. Aber diese Einwände sind leicht zu widerlegen – tatsächlich beruhen sie auf einem falschen Verständnis der Theorie von Marx. Marx erklärte, dass hochqualifizierte Arbeit als ein Vielfaches geringqualifizierter Arbeit gemessen werden kann und dass der in den Rohstoffen enthaltene Arbeitswert einfach der Arbeit entspricht, die aufgewandt werden muss, um diese Rohstoffe zu gewinnen und zu transportieren.

Mises' Arbeit über die Wirtschaftsrechnung enthält noch eine zweite wertvolle Erkenntnis: Die Zuteilung von Angebot und Nachfrage in einer Marktwirtschaft erfolgt nicht im Handel zwischen Unternehmen, sondern im Finanzsystem, denn dieses setzt den Preis des Kapitals fest. Diese scharfsinnige Erkenntnis ist auch heute bedeutsam: Wenn wir eine postkapitalistische Gesellschaft wollen, müssen wir nicht nur eine bessere Lösung als den Markt finden, um die Güter zu verteilen, sondern wir brauchen auch eine bessere Lösung als das Finanzsystem, um das Kapital zuzuteilen.

Transitionen haben ihre eigene Dynamik

Die linke Opposition in der Sowjetunion verstand als Einzige, wie wichtig die Arbeitswerttheorie für den Übergang zum Kommunismus war. Für diese Gruppe und insbesondere ihren führenden Wirtschaftstheoretiker Jewgeni Preobraschenski bestand das Ziel einfach darin, kostenlose, im Überfluss vorhandene Güter anzubieten und den »notwendigen Arbeitseinsatz« als Maßstab des Austauschs zu beseitigen. Wie in *Der rote Planet* wollten die sowjetischen Planer anfangs möglichst viele Güter produzieren, um die Arbeit von den Löhnen und von der Fähigkeit zu konsumieren abzukoppeln. Sie wollten »das Wertgesetz abschaffen«.

Das konnte die russische Linke allerdings nur erreichen, indem sie die Schwerindustrie förderte und die staatliche Lenkung vorantrieb. Anfang der zwanziger Jahre mangelte es in Russland an allem: Um Konsumgüter erzeugen zu können, brauchte man Schwerindustrie und Elektrizität, und um die Bevölkerung zu ernähren, musste die Landwirtschaft industrialisiert werden. Also wurden die Ressourcen in den Sektoren gebündelt, die ins Zentrum der sowjetischen Propaganda rückten: Stromkraftwerke, Stahlwerke, Maschinenbau. Aber es war den Planern klar, dass es kaum gelingen würde, ein Gleichgewicht herzustellen. Die Planung würde wahrscheinlich chaotisch werden.

Die wohl wichtigste wirtschaftliche Erkenntnis, die uns die trotzkistische Linke hinterlassen hat, ist die, dass eine Übergangsphase ihre eigene Dynamik entwickelt: Die Transition ist nie einfach die Auflösung eines Systems und der Aufstieg eines anderen.

Trotzki war der Meinung, in der ersten Phase des Übergangs zur sozialistischen Wirtschaft müssten die Privatwirtschaft und der Konsummarkt erhalten bleiben. Es sei anmaßend zu glauben, dass der Plan in diesem Stadium die Konsumgüter besser zuteilen könne als der Markt. Außerdem müsse der Rubel auf dem Weltmarkt konvertierbar bleiben. Und obendrein seien alle Pläne im Grunde Hypothesen. »Der Plan«, erkläre Trotzki, »wird vom Markt geprüft und weitgehend umgesetzt.«[21]

Selbst für grobe Korrekturen wurden Echtzeitinformationen benötigt. Aber in einer hochgradig bürokratischen Gesellschaft, in der leicht im Gulag enden konnte, wer eine abweichende Meinung äußerte, wurde solches Feedback unterdrückt. Deshalb forderte Trotzki eine Rückkehr zur Demokratie am Arbeitsplatz. Man brauchte einen anpassungsfähigen Plan, das heißt eine Kombination von Plan und Markt, und das Geld musste sowohl als Tauschmittel als auch als Wertspeicher erhalten werden. Und man brauchte Arbeiterdemokratie.

Preobraschenski glaubte, das Geld werde in den Sektoren, die man nicht planen konnte, weiterhin seine normale Funktion erfüllen, während es sich in den geplanten Sektoren in ein technisches Abrechnungsinstrument verwandeln würde. Das Ziel des Plans war es, den Markt mit Gütern zu überschwemmen, aber man musste davon ausgehen, dass der Markt den Plan ständig »verunreinigen« würde.

In einer denkwürdigen Passage, deren Relevanz für das 21. Jahrhundert offenkundig ist, erklärte Trotzki:

> Gäbe es einen universellen Verstand [...], der sämtliche natürlichen und gesellschaftlichen Prozesse gleichzeitig registrieren, die Dynamik ihrer Bewegung messen und die Ergebnisse ihrer Interaktionen voraussagen könnte – ein solcher Verstand könnte selbstverständlich im Voraus einen fehlerfreien und umfassenden Wirtschaftsplan entwerfen, von der für den Weizenanbau benötigten Fläche bis zum letzten Westenknopf.[22]

Da es diesen »universellen Verstand« nicht gab, musste stattdessen die Arbeiterdemokratie gefördert werden – die jedoch abgeschafft worden war. Nur wenn sich Menschen, die ihre Meinung frei äußern konnten, in die Sensoren und Rückkoppelungsmechanismen des Planungssystems verwandelten, konnte diese plumpe Rechenmaschine funktionieren.

Preobraschenski, Trotzki und ihre Mitarbeiter waren die letzten Marxisten mit politischer Macht, die sich bei der Transition zum Sozialismus auf die Arbeitswerttheorie stützen wollten. Preobraschenski wurde 1937 hingerichtet, Trotzki 1940 ermordet. Ihre Überlegungen sind jedoch bedeutsam für die Auseinandersetzung mit der heutigen Welt.

Im neoliberalen System ist der Marktsektor um ein Vielfaches komplexer, als er in den zwanziger und dreißiger Jahren des vergangenen Jahrhunderts war. Die USA des Jahres 1933 unterschied sich erheblich von der Sowjetunion des Jahres 1933, aber die beiden Länder waren einander sehr viel ähnlicher als die heutige USA der USA vor dreißig Jahren. Der heutige Konsumsektor ist nicht nur sehr viel größer, sondern auch weitgehend atomisiert. Produktion und Konsum überschneiden sich, und es sind bereits Informationsgüter in Umlauf, deren Produktionsgrenzkosten bei null liegen.

Und wir müssen uns mit der von Negri beschriebenen »Gesellschaft als Fabrik« auseinandersetzen: mit einer finanzialisierten und granularen Konsumgesellschaft, in der die Identität eines Menschen von den Dingen abhängt, die er kauft.

Daraus können wir zunächst folgende Lehre ziehen: Der Marktsektor ist heute sehr viel komplexer, was es schwieriger macht, ihn durch Planung zu replizieren oder zu verbessern.

Sodann müssen wir uns den Staatssektor ansehen. Der moderne Staat erbringt sehr viel umfassendere Dienste als jeder kapitalistische Staat im Jahr 1935. Gleichgültig, ob die Steuereinnahmen nun für Dienstleistungen privater Anbieter oder für staatliche Dienste verwendet werden: Der Staat hat die wirkliche Privatwirtschaft – in der Privatunternehmen Güter für in der Privatwirtschaft beschäftigte Konsumenten produzieren – in einen kleineren Raum gedrängt. Dazu kommt eine beträchtliche Peer-to-Peer-Wirtschaft (auch wenn sie gemessen am Gewinn und am Beitrag zum BIP nicht groß ist). Die zweite Lehre lautet also: Jeder Versuch, über den Markt hinauszugehen, muss an einem anderen Ort beginnen als in den dreißiger Jahren des 20. Jahrhunderts.

Wenn wir die Erkenntnisse richtig deuten, können wir aus der Debatte über die Wirtschaftsrechnung und aus den Überlegungen der Planungsexperten der sowjetischen Linken aber durchaus etwas lernen. Doch bevor wir uns den richtigen Schlüssen zuwenden, müssen wir verstehen, weshalb die Planwirtschaft trotz aller Supercomputer und Server-Parks nicht die vorrangige Lösung zur Überwindung des Kapitalismus sein kann.

Angriff der Cyberstalinisten

Der Computerwissenschaftler Paul Cockshott und der Ökonom Allin Cottrell arbeiten seit zwanzig Jahren unermüdlich an einem Problem, das wir für unlösbar hielten: Wie kann man eine Wirtschaft planen? Ihre Arbeit ist der breiten Öffentlichkeit nicht bekannt, aber sie haben sorgfältige Studien durchgeführt, die uns eine wertvolle Erkenntnis liefern: Ihr Vorschlag zeigt uns, was wir nicht tun sollten.

Cockshott und Cottrell sind überzeugt, dass der Einwand von Hayek und Robbins – der Planer kann nie bessere Echtzeitinformation haben als der Markt – im Prinzip nicht mehr gilt, weil wir heute sehr viel leistungsfähigere Computer haben und fortschrittliche mathematische Methoden sowie die Informationstheorie nutzen können. Obendrein erklären sie anders als seinerzeit die Linken in der Debatte über die Wirtschaftsrechnung, für ein Computermodell zur Planung der Produktion sollte die Arbeitswerttheorie herangezogen werden, anstatt zu versuchen, die Ergebnisse von Angebot und Nachfrage zu simulieren.

Damit lösen sich Cockshott und Cottrell von den Ergebnissen Langes. Sie haben verstanden, dass uns die Arbeitswerttheorie einen Maßstab liefert, anhand dessen sowohl die Interaktionen der Marktakteure als auch die außerhalb des Markts stattfindenden Interaktionen gemessen werden können. Das würde die Feinjustierung der Transition erleichtern. Sie vergleichen den Planungsprozess mit einem modularen Computerprogramm. Dieses Programm würde die Bedürfnisse von Konsumenten und Produzenten abgleichen, die Kosten ihrer Erfüllung berechnen und die benötigten Ressourcen ermitteln, Ziele vorgeben, die Auswirkungen auf die Ressourcen berechnen, die Machbarkeit des Plans prüfen und anschließend Produzenten und Anbieter von Dienstleistungen anweisen, die Ziele zu erreichen.[23]

Aber anders als die russische Linke in den zwanziger Jahren betrachten Cockshott und Cottrell den Plan nicht als Provisorium. Auch soll der Staatssektor ihn nicht allein umsetzen, sondern er muss bis hinab auf die Ebene der Unternehmen und Produkte im Detail entworfen und getestet werden.

Ist der Markt einmal abgeschafft, erklären die beiden, so gibt es keine Signale mehr, nach denen sich der Betreiber einer Fabrik, eines Pflegeheims oder eines Cafés richten kann. Er muss genau wissen, was er produzieren soll. Cockshott und Cottrell entwerfen also eine Methode für einen allumfassenden Plan, wie ihn Trotzki in den dreißiger Jahren beschrieb (und verspottete).

Selbstverständlich gelang es der Sowjetunion nie, einen derart komplexen Plan zu entwerfen: Um das Jahr 1980 gab es in der Sowjetunion 24 Millionen verschiedene Produkte, aber der gesamte Planungsapparat konnte nur die Preise und Mengen von 200 000 dieser Produkte verfolgen, und im eigentlichen zentralen Plan wurden nur 2000 erfasst. Das Ergebnis war, dass die Fabriken die Vorgaben für die wenigen Güter erfüllten, die sie liefern sollten, während sie den Bedarf an allen anderen Produkten chaotisch oder überhaupt nicht befriedigten.[24]

Im Modell von Cockshott und Cottrell existiert das Geld in Form von »Arbeitswertzeichen«, die jedermann abhängig von der geleisteten Arbeit erhält; von diesem Betrag wird eine Pauschalsteuer für die staatlichen Dienste abgezogen. Das schafft Spielraum für Konsumentscheidungen. Wenn Angebot und Nachfrage bei einem Produkt auseinanderlaufen, passen die Planer den Preis an, um das Gleichgewicht kurzfristig wiederherzustellen. Anschließend vergleichen sie über einen längeren Zeitraum hinweg die von einem Sektor oder einer Produktionseinheit verlangten Preise mit der tatsächlichen Arbeitsleistung. In der nächsten Planungsrunde erhöhen sie die Produktion in den Bereichen, in denen die Preise höher sind als der Arbeitseinsatz, und senken sie dort, wo sie unter der aufgewandten Arbeit liegen. Der Plan wird laufend angepasst. Es ist jedoch nicht einfach ein Prozess von Versuch und Irrtum: Cockshott und Cottrell glauben, dass In- und Output im Voraus berechnet werden können, und sie schlagen einen detaillierten Algorithmus vor, um das zu bewerkstelligen.

Die erste Herausforderung besteht darin, den Wert einer Arbeitsstunde zu berechnen: In einer gigantischen Tabellenkalkulation wird festgehalten, wie viel Arbeit in jedem Produkt steckt. Nach Ansicht der beiden Forscher ist das mit einem Supercomputer zu bewerkstelligen, allerdings nur, wenn Datenverarbeitungstechniken angewandt werden, mit denen die relevante Information herausgefiltert werden kann.

Cockshott und Cottrell sehen die schwierigste Aufgabe darin, den Wert einer Arbeitsstunde zu bestimmen. Der eigentliche Plan, das heißt die Zuteilung der Ressourcen, ist einfacher, da man das Programm nicht mehr blind laufen lässt. Man kann ihm Fragen wie diese stellen: Wie hoch ist die zu erwartende Nachfrage? Wie viel sollten wir ausgehend von der vergangenen Erfahrung bestellen? Die Forscher gelangen zu folgendem Schluss: »Mit modernen Computern könnte man täglich aktualisierte Arbeitswerte berechnen und wöchentlich einen neuen Perspektivplan entwerfen – womit der Plan etwas schneller reagieren würde als eine Marktwirtschaft.«[25]

Cockshott und Cottrell haben sogar ein Konzept für eine Planwirtschaft in der Europäischen Union vorgelegt. Sie erklären nicht nur, wie der Plan zu berechnen wäre, sondern auch, wie die Wirtschaft umgebaut werden müsste, um ihn umsetzen zu können. Und hier wird klar, auf welchen Annahmen ihre Methode beruht: Obwohl sie die Fehler kritisieren, die in den dreißiger Jahren in der Sowjetunion begangen wurden, ist ihr Vorschlag eine Form von Cyber-Stalinismus.

In ihrem Modell wird die Abschaffung des Marktes in Europa nicht in erster Linie durch Verstaatlichungen, sondern durch eine Reform des monetären Systems bewerkstelligt, damit das Geld beginnen kann, die Arbeitswerte widerzuspiegeln.[26] Auf die Banknoten wird die Zahl der Arbeitsstunden gedruckt, so dass die Menschen in der Lage sind, das Missverhältnis zwischen ihrem Arbeitseinkommen und dem Preis der Produkte zu sehen, die sie mit ihrer Arbeitszeit erwerben können. Im Lauf der Zeit werden die Menschen daher Produkte wählen, deren Preis ihrem wirklichen Wert eher entspricht – die Konsumentscheidungen werden zu einem Mechanismus, um den Profit aus dem System zu pressen. Ein gesetzliches Verbot der Ausbeutung erlaubt es den Arbeitskräften, sich gegen übermäßiges Profitstreben der Arbeitgeber zur Wehr zu setzen. Auf diese Art wird der Profit schließlich vollkommen abgeschafft. Zur Kapitalbildung werden keine Banken mehr gebraucht; das übernimmt der Staat durch direkte Besteuerung. Die Finanzindustrie wird ausgelöscht.

Cockshott und Cottrell liefern eine wertvolle Erkenntnis – wenn auch nicht die, die sie beabsichtigt haben. Sie zeigen, dass man eine entwickelte Volkswirtschaft des 21. Jahrhunderts nur umfassend planen kann, indem man sie ihrer Komplexität beraubt, den Finanzsektor vollkommen beseitigt und eine radikale Änderung des Konsumverhaltens, der Mitbestimmung am Arbeitsplatz und der Investitionsmuster erzwingt.

Die Frage, wo in dieser Planwirtschaft wirtschaftliche Dynamik und Innovation herkommen sollen, beantworten die beiden Forscher nicht. Sie klären auch nicht, wie die deutlich vergrößerte Kulturwirtschaft in das System passen soll. Stattdessen behaupten sie, eine Planwirtschaft werde aufgrund ihrer geringeren Komplexität weniger Berechnungen erfordern als eine Marktwirtschaft.

Das Problem ist: Damit die Planwirtschaft funktionieren kann, muss die Gesellschaft in einen »planbaren« Zustand zurückkehren. Die Arbeitskräfte sind über »ihren« Arbeitsplatz mit sämtlichen Aspekten des Plans verwoben – was geschieht also mit dem Arbeitnehmer, der drei unsichere Arbeitsplätze hat, oder mit der alleinstehenden Mutter, die sexuelle Dienste per Webcam anbietet? Die Antwort: Es kann sie nicht geben. Und auch die finanzielle Komplexität, die das moderne Leben kennzeichnet, muss verschwinden – und zwar nicht schrittweise, sondern auf einen Schlag. In dieser Welt kann es keine Kreditkarten und keine Überbrückungskredite geben, und der E-Commerce würde wahrscheinlich deutlich schrumpfen.

Und selbstverständlich ist in diesem Modell auch kein Platz für Netzwerke und in Allmendeproduktion entstandene Gratisprodukte.

Die beiden Forscher werfen den sowjetischen Planern dogmatische Idiotie vor, halten jedoch selbst an einem hierarchischen Gesellschaftskonzept, physischen Produkten und einem einfachen System fest, in dem Veränderungen nur langsam stattfinden. Ihr Modell ist der bisher beste Beleg dafür, dass jeder Versuch, den Postkapitalismus durch staatliche Planung und Unterdrückung des Markts zu erreichen, zum Scheitern verurteilt ist.

Aber glücklicherweise gibt es einen anderen Weg. Um ihn beschreiten zu können, müssen wir keinen Plan entwickeln, im Gegenteil: Wir müssen einen spontanen Mikroprozess verfolgen. Unsere Lösung muss zu einer Welt der Netzwerke, der Informationsgüter, der Komplexität und der exponentiellen Veränderung passen.

Selbstverständlich werden wir auf dem Weg zum Postkapitalismus nicht ohne Planung auskommen. Große Teile der kapitalistischen Welt – von der Stadtplanung über Bauvorhaben bis zu den integrierten Lieferketten großer Supermärkte – werden bereits heute effektiv geplant. Möglich gemacht wird das durch die rasant wachsende Rechenleistung der Computer, die Verwendung riesiger, komplexer Datenmengen und die digitale Verfolgung individueller Objekte und Komponenten anhand von Barcodes oder RFID-Etiketten. Für den Teil unseres Projekts, der geplant werden müsste, ist also gesorgt.

Die Natur der modernen Gesellschaft verändert allerdings das Problem. In einer komplexen, globalisierten Gesellschaft, in der die Arbeitskräfte zugleich die Konsumenten von Finanzdienstleistungen und Mikrodiensten anderer Arbeitskräfte sind, kann der Plan nur besser als der Markt funktionieren, wenn wir die Komplexität zurückschrauben und zur Hierarchie zurückkehren. Ein computergestützter Plan kann der Schuhindustrie sagen, dass sie Schuhe produzieren solle, aber selbst wenn er alles in Arbeitswerten misst, kann er Beyoncé nicht sagen, dass sie ein Überraschungsalbum über die Social Media vermarkten soll (genau das tat sie im Jahr 2013). Und der Plan könnte auch den interessantesten Bestandteil der modernen Wirtschaft nicht erfassen: die kostenlosen Dinge. Der Plan würde die Zeit, die jemand darauf verwendet, eine Wikipedia-Seite zu warten oder ein Update für Linux zu schreiben, genauso behandeln wie der Markt: Er würde sie als verschwendete und nicht kalkulierbare Zeit betrachten.

Wenn der Aufstieg der vernetzten Wirtschaft beginnt, das Wertgesetz auszuhöhlen, kann die Planung nur eine Ergänzung zu einer umfassenderen Lösung sein.

André Gorz erklärte, die Überlegenheit des Kapitalismus gegenüber dem sowjetischen Sozialismus beruhe auf seiner »Instabilität, seiner Vielfalt, [...] seinem komplexen, vielgestaltigen Charakter, der dem eines Ökosystems vergleichbar ist, in dem es unentwegt zu neuen Konflikten zwischen teilweise autonomen Kräften kommt, die weder kontrolliert noch ein für allemal in den Dienst einer stabilen Ordnung gestellt werden können«.[27]

Was wir zu errichten versuchen, sollte noch komplexer, autonomer und instabiler sein.

Aber der Übergang von einem Wirtschaftssystem zu einem anderen erfordert Zeit. Wenn die These zutrifft, dass wir in der Übergangszeit zum Postkapitalismus leben, wird das, was uns bevorsteht, sehr viel größere Ähnlichkeit mit dem Übergang vom Feudalismus zum Kapitalismus haben als mit der Veränderung, die den sowjetischen Planern vorschwebte. Diese Transition wird lange dauern, sie wird Wirren auslösen, und das gesamte Konzept des »Wirtschaftssystems« wird neu definiert werden müssen.

Und deshalb denke ich immer an Shakespeare, wenn ich mich daran hindern will, allzu marxistisch über die Zukunft zu denken.

Umwälzungen: Shakespeare oder Marx

Würde man Shakespeares historische Dramen von *König Johann* bis *Heinrich VIII.* an einem Stück sehen, so könnte man glauben, es mit einer Netflix-Serie zu tun zu haben, durch die sich ein roter Faden aus Mord, Krieg und Verwüstung zieht, eingewoben in scheinbar sinnlose Auseinandersetzungen zwischen Königen und Herzögen. Aber hat man einmal die Idee der »Produktionsweise« verstanden, so wird die Bedeutung klar: Wir haben es mit dem Zusammenbruch des Feudalismus und der Entstehung des Frühkapitalismus zu tun.

Die Produktionsweise ist eines der wichtigsten Konzepte der marxistischen Wirtschaftstheorie. Dieses Konzept hat eine Vielzahl von Historikern beeinflusst und unsere Einschätzung der Vergangenheit geprägt. Sein

Ausgangspunkt ist die Frage: Welches ist die Grundlage des vorherrschenden Wirtschaftssystems?

Der Feudalismus war ein System, das auf Verpflichtungen beruhte: Die Bauern waren verpflichtet, einen Teil der Ernte an den Grundherrn abzutreten und Militärdienst für ihn zu leisten. Der Grundherr wiederum hatte Steuern an den König zu zahlen und auf dessen Verlangen Soldaten bereitzustellen. Aber in dem England, das in Shakespeares historischen Dramen beschrieben ist, war das Fundament dieses Systems erschüttert. Zu der Zeit, als Richard III. seine Rivalen im wirklichen Leben abschlachten ließ, war das auf Verpflichtungen beruhende Machtnetz bereits durch Geld kontaminiert: Die Pacht wurde in Geld bezahlt, der Militärdienst wurde mit Geld abgegolten, und die Kriege wurden mit Unterstützung eines grenzüberschreitenden Bankennetzes finanziert, das sich von Florenz bis Amsterdam erstreckte. Shakespeares Könige und Herzöge töteten einander, weil das Geld die auf der Loyalität beruhende Macht destabilisiert hatte.

Shakespeare begriff, worum es ging, lange bevor die Worte »Feudalismus« und »Kapitalismus« erfunden wurden. Der entscheidende Unterschied zwischen seinen Historiendramen und den Komödien und Tragödien ist, dass Letztere die Gesellschaft beschrieben, in der sein Publikum lebte. In den Komödien und Tragödien sehen wir plötzlich eine Welt der Bankiers und Kaufleute, es gibt Gesellschaften, Söldner und Republiken. Der typische Schauplatz dieser Stücke ist keine Burg mehr, sondern eine blühende Handelsstadt. Der typische Protagonist ist eine bürgerliche Person, die sich ihre Stellung verdient hat, sei es durch Mut (Othello), Humanismus (Prospero) oder Kenntnis des Gesetzes (Portia im *Kaufmann von Venedig*).

Aber Shakespeare hatte keine Ahnung, wohin die Entwicklung führen würde. Er sah, was das neue Wirtschaftssystem mit dem menschlichen Wesen machte: Es gab dem Menschen Eigenständigkeit durch Wissen, machte ihn jedoch in einem bis dahin ungekannten Ausmaß anfällig für Gier, Leidenschaft, Selbstzweifel und Machthunger. Es dauerte jedoch noch weitere 150 Jahre, bis der Merkantilismus, der auf Handel, Eroberung und Sklaverei beruhte, den Weg zum Industriekapitalismus ebnete.

Sieht man sich Shakespeares Werke an und fragt ihn, wie sich seine Zeit von der Vergangenheit unterscheidet, so lautet die implizite Antwort: »Ideen und Verhaltensweisen«. Die Menschen messen einander mehr Wert bei, Liebe ist wichtiger als die Pflicht gegenüber der Familie, und für Werte wie

Wahrheit, wissenschaftliche Erkenntnis und Gerechtigkeit zu sterben lohnt sich sehr viel eher als der Tod für Hierarchie und Ehre.

Shakespeare ist ein scharfsinniger Beobachter des Augenblicks, in dem eine Produktionsweise einer anderen weicht. Aber um diese Transition zu verstehen, brauchen wir auch Marx. In einem materialistischen Geschichtsverständnis besteht der Unterschied zwischen Feudalismus und Frühkapitalismus nicht nur in Ideen und Verhaltensweisen. Entscheidend ist der Wandel des sozialen und ökonomischen Systems. Und im Grunde wird die Veränderung durch neue Technologien angetrieben.

Marx definiert eine Produktionsweise als ein Gefüge aus wirtschaftlichen Beziehungen, Gesetzen und Traditionen, die das Regelwerk einer Gesellschaft darstellen. Im Feudalismus war das Konzept der Macht des Herrn und der Verpflichtung allgegenwärtig. Im Kapitalismus stellen Markt, Privateigentum und Löhne den entsprechenden Faktor. Um eine Produktionsweise zu verstehen, kann man folgende Frage stellen: »Was reproduziert sich spontan?« Im Feudalismus ist es das Konzept von Treue und Verpflichtung, im Kapitalismus ist es der Markt.

Und an diesem Punkt wird das Konzept der Produktionsweise anspruchsvoll: Die Veränderungen sind so gewaltig, dass nie Gleiches mit Gleichem verglichen werden kann. Daher sollten wir nicht erwarten, dass das Wirtschaftssystem, das an die Stelle des Kapitalismus treten wird, auf etwas rein Wirtschaftlichem wie dem Markt oder auf einer Zwangsordnung wie der Feudalmacht beruhen wird.

Marx leitete aus dem Konzept der Produktionsweise eine klare historische Sequenz ab: Es gibt mehrere vorkapitalistische Formen der Gesellschaftsorganisation, und in diesen Systemen werden die Reichen durch gesetzlich legitimierte Gewalt reich. Dann kommt der Kapitalismus, in dem die Reichen durch technische Innovation und durch den Markt reich werden. Und schließlich kommt der Kommunismus, in dem die ganze Menschheit reicher wird, weil der Überfluss an die Stelle der Knappheit tritt. Dieses Konzept bietet zwei Angriffspunkte für Kritik: Erstens könnte man sagen, dass es eine Art von Mythologie ist: Das vorherbestimmte Schicksal der Menschheit erfüllt sich in drei folgerichtigen Stadien. Zweitens heftet man, indem man das Konzept retrospektiv anwendet, allzu leicht komplexen Gesellschaften einfache Etiketten an oder man unterstellt den Akteuren wirtschaftliche Motive, die gar nicht existierten.

Wenn wir jedoch auf den Mythos der Unausweichlichkeit verzichten und einfach feststellen, dass »eine Zeit kommen muss, in der es verglichen mit der Knappheit, die alle vorangegangenen Wirtschaftsmodelle kennzeichnete, relativen Überfluss geben wird«, dann sagte Marx lediglich dasselbe, was Keynes Anfang der dreißiger Jahre sagte: Eines Tages wird es ausreichende Güter geben, womit das Problem der Ökonomie gelöst sein wird. »Zum ersten Mal seit seiner Schöpfung«, schrieb Keynes, »wird der Mensch mit seinem wirklichen, seinem dauerhaften Problem konfrontiert: Wie kann er seine Freiheit von drängenden wirtschaftlichen Sorgen nutzen [...], um klug, verträglich und gut zu leben.«[28]

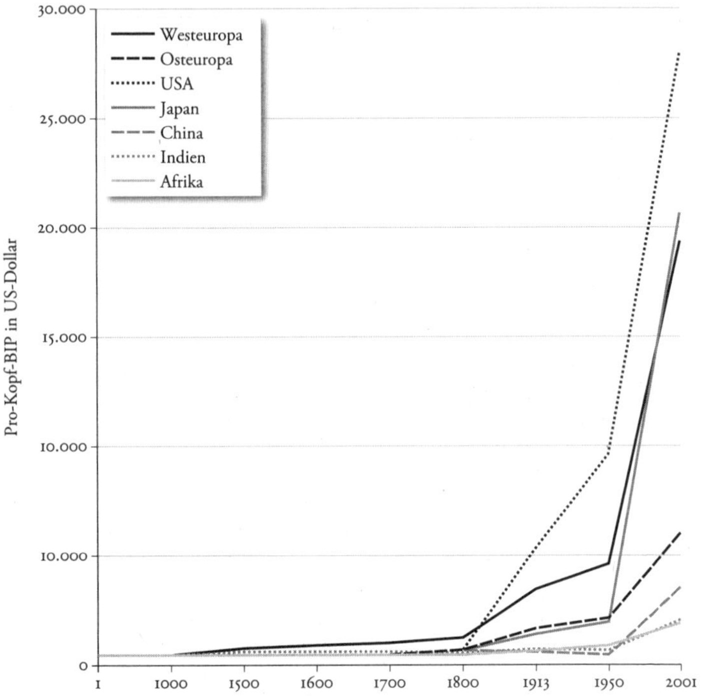

Tatsächlich wird die Einteilung der Weltgeschichte in drei Phasen durch neuere Daten zu Demografie und Bruttoinlandsprodukt bestätigt (die Marx und Keynes nicht zur Verfügung standen). Bis etwa 1800 wuchs das Pro-

Kopf-BIP nur in Westeuropa nennenswert, was vor allem auf die Eroberung Amerikas zurückzuführen war. Dann löste die industrielle Revolution in Europa und Amerika einen spektakulären Anstieg der Wirtschaftsleistung aus, und ab etwa 1950 beschleunigte sich der Zuwachs erneut. Wie das Diagramm zeigt, steigt das Pro-Kopf-BIP heute rund um den Erdball. Das Stadium, in dem sämtliche Linien nahezu vertikal anzusteigen beginnen, stellten sich Keynes und Marx vor. Und dasselbe sollten wir tun.[29]

Was die Transition vorantreibt

Was verursachte den Zusammenbruch des Feudalismus und den Aufstieg des Kapitalismus? Diese Frage ist selbstverständlich Gegenstand einer großen historischen Debatte. Wenn wir jedoch annehmen, dass der Übergang zum Postkapitalismus von ähnlichen Umwälzungen begleitet sein wird, können wir einiges über das Wechselspiel zwischen internen und externen Faktoren, über den relativen Einfluss von Technologien und Ideen und darüber lernen, warum Transitionen so schwer zu verstehen sind, wenn man mittendrin steckt.

Ausgestattet mit den neuen Erkenntnissen von Genetikern, Epidemiologen und Sozialhistorikern, können wir vier wahrscheinliche Ursachen für das Ende des Feudalismus auflisten.

Etwa bis 1300 entwickelte sich die feudale Landwirtschaft dynamisch und erhöhte das Pro-Kopf-BIP in Westeuropa rascher als irgendwo sonst in der Welt. Im 14. Jahrhundert häuften sich dann aber die Hungersnöte, was ein Zeichen dafür war, dass die landwirtschaftlichen Flächen im Feudalsystem nicht effizient genug genutzt wurden: Die Produktivität konnte nicht mit dem Bevölkerungswachstum Schritt halten. Im Jahr 1345 stellte der englische König Eduard III. den Schuldendienst ein, womit er die florentinischen Banken auslöschte, die ihm Kredite gewährt hatten. Das System konnte die Krise auffangen, aber sie war ein weiteres Symptom für eine allgemeine Malaise und ein Hinweis darauf, dass sich eine Krise in einem Teil des feudalen Europa auf den ganzen Kontinent ausweiten konnte.

Im Jahr 1347 brach eine Pestepidemie aus. Innerhalb von fünf Jahren löschte der Schwarze Tod mindestens ein Viertel der europäischen Bevölkerung aus.[30] Jene, die diese Katastrophe erlebten, wurden durch die Erfahrung spirituell verwandelt: Es war, als würden sie Zeugen des Endes der Welt. Die Katastrophe hatte gewaltige wirtschaftliche Auswirkungen: Das Arbeitskräfteangebot schrumpfte deutlich. Plötzlich konnten die Landarbeiter, die in der sozialen Hierarchie ganz unten gestanden hatten, höhere Löhne verlangen.

Als die Epidemie vorüber war, rollte eine Welle wirtschaftlicher Auseinandersetzungen über den Kontinent: Bauernaufstände in Frankreich und England, Arbeiterrebellionen in den Handwerkszentren Florenz und Gent. Historiker bezeichnen dies als »allgemeine Krise des Feudalismus«. Obwohl die Aufstände scheiterten, wuchs die wirtschaftliche Macht der städtischen Arbeiter und der Bauern. Der Historiker David Herlihy schreibt: »Die Renteneinkommen der Grundherren brachen nach dem Schwarzen Tod ein, während die Löhne in den Städten auf das Doppelte und teilweise Dreifache des Niveaus vor der Epidemie stiegen.«[31]

Angesichts der hohen Wollpreise gingen viele Grundherren vom Ackerbau zur Schafzucht über – und anders als der Weizen war die Wolle nicht für den Konsum, sondern für den Handel bestimmt. Die traditionellen Armeen, die aus zum Dienst verpflichteten Bauern bestanden, wurden durch Söldnerheere ersetzt, die mit Geld entlohnt wurden. Und da es an Arbeitskräften mangelte, wurden Geräte erfunden, die den Arbeitsaufwand verringerten.

So löste die Ratte, die im Jahr 1347 den Schwarzen Tod nach Venedig brachte, einen externen Schock aus, der dazu beitrug, ein innerlich geschwächtes System zum Einsturz zu bringen.

Der zweite Faktor, der den Wandel vorantrieb, war der Aufstieg des Bankwesens. Im Bankgeschäft konnte man im nicht abgegrenzten Raum zwischen den offiziellen Klassen des Feudalismus – Adel, Ritter, städtisches Bürgertum, Bauern usw. – ein Vermögen anhäufen. Die Medici errichteten im 15. Jahrhundert ein länderübergreifendes Unternehmensimperium, und als ihr Einfluss schwand, nahmen die Fugger ihren Platz ein.

Die Banken pumpten nicht nur systematisch Kredite in die Feudalwirtschaft, sondern entwickelten sich zu einem alternativen Netzwerk von Macht und Geheimhaltung. Obwohl ihre Aktivitäten als beinahe unchristlich galten, übten die Fugger und die Medici mit Krediten inoffiziellen Einfluss auf Könige aus. Alle Beteiligten machten gemeinsame Sache, um innerhalb der offiziellen Feudalwirtschaft einen unterschwelligen Kapitalismus zu errichten.

Der dritte wichtige Faktor, der die Entwicklung des Kapitalismus vorantrieb, war die Eroberung und Plünderung Amerikas. Ab 1503 flossen auch Nichtadeligen Reichtümer zu, die alles, was der spätfeudalistische Markt erzeugte, deutlich überstiegen. Bei einem einzigen Raubzug stahlen die Konquistadoren in Peru 1,3 Millionen Unzen Gold. Die gewaltigen Reichtümer, die auf diese Art ins frühneuzeitliche Europa importiert wurden, kurbelten den Markt, das Handwerk und das Bankwesen an. Und sie stärkten die Macht der Monarchien über die unabhängigen Städte und die verarmten Herzöge in ihren Burgen.

Und dann war da die Druckerpresse. Gutenberg nahm die erste Maschine im Jahr 1450 in Betrieb. In den folgenden fünfzig Jahren wurden acht Millionen Bücher gedruckt – mehr als die Schreiber der Christenheit seit der römischen Zeit hatten produzieren können. Elizabeth Eisenstein, die große Sozialhistorikerin des Buchdrucks, hat seinen revolutionären Charakter erklärt: Er brachte Gelehrte, Priester, Autoren und Metallarbeiter in einer Geschäftsumgebung zusammen, die der Feudalismus nirgendwo sonst hervorbringen konnte. Mit dem gedruckten Buch wurden überprüfbares Wissen und nachweisbare Autorschaft eingeführt. Es begünstigte die Verbreitung des Protestantismus, der wissenschaftlichen Revolution und des Humanismus. Die mittelalterliche Kathedrale war eine Anhäufung von Wissen, aber der Buchdruck machte diese in Stein gemeißelte Enzyklopädie überflüssig und veränderte die Art und Weise, wie die Menschen dachten.[32] Der Philosoph Francis Bacon schrieb im Jahr 1620, Buchdruck, Schießpulver und Kompass hätten »die Gestalt der Dinge und die menschlichen Zustände auf der Erde verändert«.[33]

Wenn wir diese auf vier Faktoren beruhende Erklärung akzeptieren, müssen wir feststellen, dass die Auflösung des Feudalismus nicht in erster Linie von der Technologie herbeigeführt wurde. Sie erfolgte in einem komplexen Wechselspiel von wirtschaftlichem Zerfall und äußeren Schocks. Ohne den Siegeszug eines neuen Denkens und ohne die externen Störungen, die neue Verhaltensweisen möglich machten, wären die neuen Technologien nutzlos gewesen.

Wenn wir über die Möglichkeit einer Transition nachdenken, die über den Kapitalismus hinausführen wird, müssen wir davon ausgehen, dass uns ein ähnlich komplexes Wechselspiel zwischen Technologie, gesellschaftlichen Konflikten, neuen Ideen und externen Schocks bevorsteht. Aber das Ausmaß eines solchen Umbruchs macht uns Angst, so wie es uns Angst macht, wenn man uns zeigt, wie gewaltig unsere Galaxie und wie unermesslich das Universum ist. Die Folge ist eine fatale Neigung, die Dynamik eines solchen Übergangs auf einfache Kategorien und Kausalketten zu reduzieren.

Die klassische marxistische Erklärung für die Zerstörung des Feudalismus lautet, dass er seinen »inneren Widersprüchen« zum Opfer fiel, das heißt dem Klassenkampf zwischen Bauern und Adel.[34] Spätere materialistische Historiker hingegen konzentrierten sich auf das Versagen und die Stagnation des alten Systems und die »allgemeine Krise«, die daraus resultierte. Perry Anderson, ein Historiker der Neuen Linken, hat einen wichtigen Schluss daraus gezogen: Das wesentliche Symptom für die Ablösung einer Produktionsweise ist nicht das plötzliche Auftauchen eines neuen Wirtschaftsmodells. »Im Gegenteil, im typischen Fall tendieren die Produktivkräfte dazu, innerhalb der existierenden Produktionsverhältnisse zu verharren und zurückzugehen.«[35]

Welche weiteren allgemeinen Lehren können wir aus dem Untergang des Feudalismus ziehen?

Zunächst einmal können wir daraus lernen, dass unterschiedliche Produktionsweisen auf verschiedenartigen Strukturen beruhen: Die Struktur des Feudalismus stützte sich auf Bräuche und Gesetze, deren wichtigstes Gebot die Pflicht war. Die Struktur des Kapitalismus beruhte auf etwas ausschließlich Wirtschaftlichem: auf dem Markt. Ausgehend davon können wir voraussagen, dass der Postkapitalismus – dessen Voraussetzung der Überfluss ist – nicht einfach eine modifizierte Form einer komplexen Marktwirtschaft sein wird. Aber wir können uns nur eine grobe Vorstellung davon machen, wie er aussehen wird.

Das bedeutet nicht, dass ich mich um eine Prognose drücken will: Im nächsten Kapitel werde ich zeigen, wie die ökonomischen Parameter einer postkapitalistischen Gesellschaft im Jahr 2075 aussehen könnten. Wenn das Gefüge dieser Gesellschaft jedoch nicht auf der Wirtschaft, sondern auf dem befreiten Menschen beruhen wird, werden unvorhersehbare Dinge geschehen. Vielleicht wird ein Shakespeare des Jahres 2075 zu der Erkenntnis gelangen, dass die Beziehungen zwischen den Geschlechtern, die Sexualität oder die Gesundheit auf den Kopf gestellt wurden. Vielleicht wird es auch keine Dramatiker mehr geben: Vielleicht wird sich das Wesen der Medien, die wir verwenden, um Geschichten zu erzählen, bis dahin vollkommen geändert haben – so wie es zu Shakespeares Zeit geschah, als die ersten öffentlichen Theater gebaut wurden.

Der Marxismus, der darauf beharrt, die Veränderung müsse vom Proletariat vorangetrieben werden, lässt eine wichtige Frage außer Acht: Wie müssen sich die Menschen ändern, damit der Postkapitalismus entstehen kann? Genau diese Frage müssen wir uns bei der Auseinandersetzung mit dem Übergang vom Feudalismus zum Kapitalismus stellen.

Nehmen wir beispielsweise den Unterschied zwischen Horatio aus Shakespeares *Hamlet* und einer Figur wie Daniel Doyce aus *Klein Dorrit* von Charles Dickens. Beides sind Nebenfiguren, die dem Protagonisten als Resonanzboden dienen, und beide schleppen eine charakteristische Obsession ihrer Zeit mit sich herum: Horatio ist von der humanistischen Philosophie besessen, Doyce von der Patentierung seiner Erfindung. In einem Werk von Shakespeare konnte es keine Figur wie Doyce geben; sie hätte lediglich eine winzige komische Rolle als Vertreter der Arbeiterklasse spielen können. Doch zu der Zeit, als Dickens *Klein Dorrit* schrieb, kannte jeder seiner Leser einen Menschen wie Daniel Doyce. So wie sich Shakespeare Doyce nicht vorstellen konnte, können wir uns nicht vorstellen, welche Art von Menschen die Gesellschaft hervorbringen wird, sobald sich nicht mehr das ganze Leben um die Ökonomie dreht.

Halten wir erneut fest, was wir über den Verlauf der letzten Transition wissen. Anschließend können wir nach Parallelen suchen.

Das feudale Landwirtschaftsmodell stieß zunächst an natürliche Grenzen und wurde anschließend durch einen massiven externen Schock – die Pest – erschüttert, der zu einem demografischen Einbruch führte: Da es in der Landwirtschaft nun an Arbeitskräften mangelte, stiegen die Löhne, und das System der feudalen Verpflichtungen konnte nicht aufrechterhalten werden. Der Arbeitskräftemangel erzwang auch technologische Innovationen. Die Einführung neuer Technologien, die den Aufstieg des Merkantilismus begleitete, regte die Wirtschaft (Druck und Buchführung), die Schaffung von Wohlstand durch Handel (Bergbau, Kompass, schnellere Schiffe) und die Produktivität an (Mathematik und wissenschaftliche Methode).

Bestandteil des gesamten Prozesses ist etwas, das im alten System nebensächlich scheint, jedoch die Grundlage des neuen Systems bilden wird: Geld und Kreditwesen. Tatsächlich lassen viele Gesetze und Bräuche der Feudalzeit das Geld vollkommen außen vor, und der Geldverleih gilt als Sünde. Daher wirkt es wie eine Revolution, als Geld und Finanzwesen die Grenzen durchbrechen und ein Marktsystem begründen. Das neue System profitiert zusätzlich von der Entdeckung einer praktisch unerschöpflichen Quelle kostenlosen Wohlstands in Amerika.

Die Kombination dieser Faktoren verschaffte einer Gruppe, die im Feudalsystem verfolgt oder marginalisiert worden war – Humanisten, Wissenschaftler, Handwerker, Rechtsanwälte, radikale Prediger und unkonventionelle Dramatiker wie Shakespeare –, eine Führungsrolle bei der Verwandlung der Gesellschaft. In entscheidenden Momenten behinderte der Staat den Wandel nicht mehr, sondern förderte ihn – wenn auch anfangs zögerlich.

Der Übergang zum Postkapitalismus wird nicht genauso verlaufen, aber grobe Parallelen sind zu beobachten.

Die Kraft, die den Kapitalismus zersetzt, ohne dass die Mainstream-Ökonomen es bemerken würden, ist die Information. Das moderne Gegenstück zur Druckerpresse und zur wissenschaftlichen Methode ist die Informationstechnologie, die auf alle anderen Formen der Technologie übergreift, von der Genetik über das Gesundheitswesen und die Landwirtschaft bis zum Film.

Das moderne Äquivalent der langen Stagnation des Spätfeudalismus ist der Stillstand des fünften Kondratjew-Zyklus: Es kommt nicht zu einer raschen Beseitigung der menschlichen Arbeit durch die Automatisierung, sondern es entstehen nur noch geringbezahlte Bullshit-Jobs. Viele Volkswirtschaften stagnieren.

Und welches ist das Gegenstück zu Amerika als Quelle kostenloser Reichtümer? Es sind nicht direkt Reichtümer, sondern externe Effekte – die kostenlosen Dinge und das Wohlergehen dank der vernetzten Interaktion. Es ist der Aufstieg der Produktion abseits des Marktes, der Informationen, die niemand besitzen kann, der Peer-Netzwerke und der Unternehmen ohne Management. Das Internet, das wir zur Eroberung einer neuen Welt nutzen, ist »Schiff und Ozean zugleich«, wie es der französische Ökonom Yann Moulier-Boutang ausdrückt. Tatsächlich ist es das Schiff, der Kompass, der Ozean und das Gold.

Worin die heutigen externen Schocks bestehen, liegt auf der Hand: Erschöpfung der Energiequellen, Klimawandel, alternde Bevölkerung und Migration. Diese Schocks verändern die Funktionsweise des Kapitalismus – und machen ihn auf lange Sicht funktionsuntüchtig. Bisher haben sie noch keine vergleichbare Wirkung gehabt wie die Pest im Mittelalter, aber jede weitere Finanzkrise könnte leicht verheerende Auswirkungen auf unsere empfindlichen urbanen Gesellschaften haben. Wie der Hurrikan Katrina im Jahr 2005 in New Orleans zeigte, bedarf es keiner Pestepidemie, um die gesellschaftliche Ordnung und die Infrastruktur einer modernen Stadt zu zerstören.

Haben wir einmal verstanden, dass die Transition begonnen hat, so brauchen wir keinen von Supercomputern berechneten Fünfjahresplan, sondern ein graduelles und modulares Projekt. Unser Ziel sollte sein, die Technologien, Geschäftsmodelle und Verhaltensweisen zu verbreiten, die den Markt auflösen, die Notwendigkeit der Arbeit beseitigen und die Weltwirtschaft zum Überfluss führen. Das bedeutet nicht, dass wir auf kurzfristige Eingriffe verzichten sollten, um Risiken abzufedern oder Ungerechtigkeit zu beseitigen. Aber es bedeutet, dass wir uns des Unterschieds zwischen strategischen Zielen und kurzfristigen Maßnahmen bewusst sein müssen.

Wir müssen den Prozess, der spontan begonnen hat, gezielt gestalten, damit er unumkehrbar wird und möglichst rasch sozial gerechte Ergebnisse zeitigt. Dazu bedarf es einer Mischung aus Planung, staatlichen Beiträgen, Marktwirtschaft und Peer-Produktion. Es muss allerdings auch Raum für moderne Gegenstücke zu Gutenberg und Columbus bleiben. Und für einen modernen Shakespeare.

Die meisten Linken des 20. Jahrhunderts hielten eine gesteuerte Transition für unmöglich. Einer ihrer Glaubensgrundsätze lautete, dass kein Bestandteil des kommenden Systems im alten existieren könne – obwohl die Arbeiterklasse stets versuchte, im Kapitalismus ein alternatives Leben zu gestalten. Als die Möglichkeit einer Transition nach sowjetischer Art in weite Ferne rückte, begann sich die moderne Linke darauf zu beschränken, sich Änderungen zu widersetzen: der Privatisierung des Gesundheitswesens, der Einschränkung der Gewerkschaftsrechte, dem Fracking usw.

Die Linke muss wieder lernen, positiv zu handeln: Anstatt nur einzelne Elemente des alten Systems zu verteidigen, muss sie innerhalb des Systems Alternativen entwickeln, die Regierungsmacht zu radikalen Veränderungen nutzen und sich auf den Übergang konzentrieren.

Die Sozialisten des frühen 20. Jahrhunderts hielten es für vollkommen unmöglich, das neue System innerhalb des alten vorzubereiten. »Das sozialistische System«, erklärte Preobraschenski einmal kategorisch, »kann nicht molekular in der Welt des Kapitalismus errichtet werden.«[36]

Eine anpassungsfähige Linke muss den Mut aufbringen, sich von dieser Überzeugung zu lösen. Es ist durchaus möglich, die Elemente des neuen Systems in kleinen Schritten innerhalb des alten zusammenzufügen. Diese Elemente sind bereits vorhanden: die Kooperativen, die Genossenschaftsbanken, die Peer-Netzwerke, die Unternehmen, die ohne Management auskommen, und die Parallelwirtschaft der Subkultur. Wir müssen aufhören, darin sonderbare Experimente zu sehen. Wir müssen beginnen, diese Neuerungen durch geeignete Rechtsvorschriften so entschlossen zu unterstützen, wie der Kapitalismus im 18. Jahrhundert das Gesetz einsetzte, um die Bauern von ihrem Land zu vertreiben oder das Handwerk zu zerstören.

Und schließlich müssen wir lernen, was dringend getan werden muss und was wichtig ist – und wir müssen verstehen, dass das Dringende und das Wichtige nicht immer dasselbe sind.

Würden uns in den kommenden fünfzig Jahren keine externen Schocks drohen, so könnten wir es uns leisten, die Dinge ruhig anzugehen: In einem friedlichen Übergang würde der Staat die Veränderung ordnungspolitisch steuern. Aber da die äußeren Schocks gewaltig sein werden, müssen wir einige drastische Eingriffe sofort und zentralisiert vornehmen.

9

Rationale Gründe zur Panik

Wo auch immer ich hinkomme, stelle ich Fragen zur Wirtschaft – und erhalte Antworten zum Klima. Im Jahr 2011 begegnete ich auf den Philippinen landlosen Bauern, die in einem Elendsviertel in Manila hausten. Was war geschehen? »Die Taifune«, antworteten sie. »Wenn die Taifune häufiger werden, wächst der Reis nicht mehr gut. Es gibt nicht mehr genug Sonnentage zwischen Aussaat und Ernte.«

In der chinesischen Provinz Ningxia, die durch einen kargen Gebirgszug von der Wüste Gobi getrennt ist, traf ich Schafhirten, die ihre Tiere mit Trockenfutter füttern mussten, da das Grasland austrocknete. Im Jahr 2008 schwärmten Wissenschaftler in den Bergen aus, um herauszufinden, was mit den 144 Quellen und Bergbächen geschehen war, die auf den Karten eingetragen waren. Sie berichteten: »Infolge des Klimawandels und der Umweltzerstörung gibt es in den gebirgigen Regionen im Süden keine Quellen und Bäche mehr.«[1]

In New Orleans wurde ich im Jahr 2005 Zeuge, wie sich im reichsten Land der Erde in einer bereits angeschlagenen modernen Stadt die gesellschaftliche Ordnung auflöste. Der unmittelbare Auslöser war ein Wirbelsturm; die tiefere Ursache war, dass die Infrastruktur die Veränderung des Witterungsmusters nicht bewältigen konnte und dass ein von der Armut geschwächtes soziales und ethnisches Gefüge den Schlag nicht verkraftete.

Ökonomen und Ökologen führen eine sinnlose Debatte darüber, welche der beiden Krisen wichtiger ist: die der Biosphäre oder die der Wirtschaft. Die materialistische Antwort ist, dass ihre Schicksale miteinander verwoben sind. Wir lernen die Natur nur kennen, indem wir mit ihr interagieren und sie verändern: So hat uns die Natur gemacht. Selbst wenn es der Erde ohne uns besser ginge, wie manche Anhänger der »Tiefenökologie« behaupten, sind wir die Einzigen, die sie retten können.

In der Welt der Anzugträger und Klimagipfel herrscht eine selbstgefällige Ruhe. Es werden Szenarien dafür entwickelt, »was geschehen *wird*«, für die Klimakatastrophe, die uns erwartet, wenn wir zulassen, dass die globale Durchschnittstemperatur um mehr als zwei Grad über das vorindustrielle Niveau steigt. Doch in den Randgebieten der Welt vollzieht sich die Katastrophe bereits. Würden wir den Menschen zuhören, deren Leben schon heute von Überschwemmungen, Entwaldung und der Ausbreitung der Wüsten zerstört worden ist, so verstünden wir besser, was uns bevorsteht: der Zusammenbruch unserer Welt.

Der Weltklimarat (IPCC) ließ in seinem fünften Bericht im Jahr 2013 keinen Zweifel daran: Der Planet erwärmt sich. »In den fünfziger Jahren«, erklären die angesehensten Klimaforscher der Welt, »begannen Veränderungen, die über Jahrzehnte, ja Jahrtausende beispiellos sind. Die Erdatmosphäre und die Ozeane erwärmen sich, die Schnee- und Eisdecken schrumpfen, der Meeresspiegel steigt, und die Konzentration von Treibhausgasen wächst.«[2] Der Weltklimarat ist überzeugt, dass diese Veränderungen in erster Linie vom Menschen verursacht worden sind, der fossile Brennstoffe nutzt, um das Wirtschaftswachstum anzutreiben – und zwar in einem Ausmaß, das die Klimaexperten dazu veranlasst hat, die Wahrscheinlichkeit von höheren Temperaturen, mehr Sonnentagen und häufigeren Hitzewellen in diesem Bericht von »hoch« auf »sehr hoch« heraufzusetzen. Wissenschaftler verwenden solche Begriffe nicht leichthin; die geänderte Wortwahl zeigt, dass sie ein höheres Maß an Gewissheit haben.

Unser Ökosystem ist so komplex, dass wir unmöglich jede Störung des Klimas mit absoluter Sicherheit auf die menschliche Einflussnahme zurückführen können. Aber nach Ansicht des Weltklimarats können wir mit einiger Sicherheit feststellen, dass extreme Wetterphänomene – Hurrikans, Überschwemmungen, Taifune, Dürrephasen – in der zweiten Hälfte des Jahrhunderts zunehmen werden.

In seiner aktualisierten Prognose aus dem Jahr 2014 warnt der IPCC unmissverständlich: Gelingt es uns nicht, den Anstieg der CO_2-Emissionen zu stoppen, so wird die Wahrscheinlichkeit »gravierender, umfassender und irreversibler Auswirkungen auf Menschen und Ökosysteme« steigen. Ich weise erneut darauf hin, dass dies aus einem Bericht von Wissenschaftlern stammt, die ihre Worte stets sorgfältig abwägen.

Mainstream-Ökonomen werden in dem, was auf uns zukommt, einen

»exogenen Schock« erkennen, eine zusätzliche Quelle des Chaos in einer ohnehin bereits chaotischen Situation. Die philippinischen Bauern, Afroamerikaner in Louisiana und die Bewohner der Provinz Ningxia leiden schon heute unter diesen Schocks.

Klimapolitiker und Nichtregierungsorganisationen haben zahlreiche Szenarien entwickelt, die zeigen, was wir tun müssen, um den Klimawandel aufzuhalten. Doch obwohl sie die Erde als komplexes System begreifen, neigen sie dazu, die Wirtschaft als einfache Maschine mit In- und Outputs, Energieerfordernissen und einem rationalen Markt darzustellen, der alles wie eine unsichtbare Hand steuert. Wenn sie vom »Übergang« sprechen, meinen sie eine mehrstufige Evolution der Energiepolitik, die anhand eines modifizierten Marktmechanismus zur Verbrennung von weniger CO_2 führen wird.

Die Wirtschaft ist jedoch ihrerseits komplex. So wie das Wetter in der Hurrikan-Saison neigt sie zu sich unkontrollierbar beschleunigenden Reaktionen und komplexen Rückkopplungsschleifen. Wie das Klima bewegt sich auch die Wirtschaft durch eine Mischung von kurz- und langfristigen Zyklen. Aber wie wir gesehen haben, führen diese Zyklen zu Mutationen und über einen Zeitraum von 50 oder auch 500 Jahren schließlich zum Zusammenbruch.

Bisher habe ich es vermieden, die Klimakrise in meine Argumentation »einzubauen«. Ich wollte zeigen, dass allein der Zusammenstoß zwischen Informationstechnologie und Marktstrukturen unser gesamtes Wirtschaftssystem verändert. Selbst wenn die Biosphäre in einem stabilen Zustand wäre, würde uns die Technologie über den Kapitalismus hinausführen.

Aber der Industriekapitalismus hat im Zeitraum von 200 Jahren das Klima um 0,8 Grad Celsius wärmer gemacht, und mit Sicherheit wird er die Temperatur bis zum Jahr 2050 zwei Grad über den vorindustriellen Durchschnittswert heben. Daher müssen wir die Prioritäten eines Projekts, das uns über den Kapitalismus hinausführen wird, der vordringlichen Herausforderung des Klimawandels anpassen. Entweder wir reagieren rechtzeitig und nehmen diese Herausforderung relativ geordnet in Angriff, oder wir schlittern in die Katastrophe.

Mittlerweile lacht alle Welt über die absurden Behauptungen derer, die den Klimawandel leugnen, aber ihre Antwort hat durchaus etwas Rationales. Sie wissen, dass die Klimaforschung ihre Autorität, ihre Macht und ihre ökonomische Welt zerstört. In gewisser Weise haben sie verstanden: Wenn der Klimawandel real ist, ist der Kapitalismus am Ende.

Wirklich absurd sind nicht die Theorien derer, die den Klimawandel leugnen, sondern die Vorstellungen jener Politiker und Ökonomen, die glauben, die bestehenden Marktmechanismen könnten den Klimawandel stoppen, der Markt müsse die Grenzen für klimaschonende Maßnahmen ziehen und die Marktstruktur könne angepasst werden, um das größte Umbauprojekt in der Geschichte der Menschheit zu bewältigen.

Im Januar 2014 eröffnete der Diplomat John Ashton, ehemaliger Sonderbeauftragter der britischen Regierung für den Klimawandel, dem Einen Prozent die schonungslose Wahrheit: »Ein sich selbst überlassener Markt kann das Energieversorgungssystem und die Wirtschaft nicht innerhalb einer Generation umgestalten.«[3]

Selbst wenn alle angekündigten Pläne zur Verringerung der Emissionen verwirklicht, alle Umweltsteuern umgesetzt und alle Ziele für den Ausbau der erneuerbaren Energien erreicht werden – selbst wenn die Konsumenten nicht gegen höhere Steuern revoltieren und wenn es nicht zu einer Entglobalisierung kommt –, wird der CO_2-Ausstoß nach Berechnungen der Internationalen Energieagentur bis 2035 um zwanzig Prozent steigen. So kann die Erderwärmung nicht auf zwei Grad beschränkt werden, sondern die Durchschnittstemperatur wird um 3,6 Grad steigen.[4]

Und wie haben die Mächtigen auf die Erkenntnis reagiert, dass wir unseren 4,5 Milliarden Jahre alten Planeten destabilisieren? Sie sind zu dem Schluss gelangt, dass eine 25 Jahre alte Wirtschaftsdoktrin die Lösung ist. Sie haben sich entschlossen, Anreize für eine geringere Nutzung der fossilen Brennstoffe zu schaffen, indem sie diese rationieren und besteuern und die Alternativen subventionieren. Da sie im Markt den höchsten Ausdruck der menschlichen Vernunft sehen, glauben sie, er werde die richtige Ressourcenallokation anregen, um das Ziel einer Begrenzung des Temperaturanstiegs auf zwei Grad zu erreichen. Doch das ist pure Ideologie, und sie erweist sich als vollkommen falsch.

Wenn wir unter der Schwelle von zwei Grad bleiben wollen, darf die Weltbevölkerung nach Einschätzung der Internationalen Energieagentur in den Jahren 2000 bis 2050 nicht mehr als 886 Milliarden Tonnen an fossilen Energieträgern verbrennen. Die Öl- und Gasunternehmen schätzen die Reserven allerdings auf 2,8 Billionen Tonnen, und ihre Aktien werden so bewertet, als wären diese Reserven nutzbar. Die NGO Carbon Tracker Initiative warnt die Investoren: »Sie müssen verstehen, dass sechzig bis achtzig Prozent der Kohle-, Erdöl- und Erdgasreserven der börsennotierten Unternehmen nicht genutzt werden können.«[5] Das bedeutet, dass sich die Temperatur der Erde auf ein katastrophal hohes Maß erhöhen wird, wenn wir diese fossilen Brennstoffe tatsächlich nutzen.

Doch steigende Energiepreise sind ein Marktsignal. Sie signalisieren den Energieproduzenten, dass es eine gute Idee ist, in neue und teurere Fördermethoden zu investieren. Im Jahr 2011 investierten die Produzenten 647 Milliarden Dollar in die Exploration und Förderung fossiler Brennstoffe: Teersande, Fracking und Tiefseelagerstätten. Als die globalen Spannungen zunahmen, entschloss sich Saudi-Arabien, den Ölpreis zu drücken, um die neue amerikanische Förderindustrie ausbluten zu lassen, und trieb nebenbei Putins Russland in eine Haushaltskrise.

Und damit sandten sie ein Marktsignal an die amerikanischen Autofahrer: Kauft mehr Autos und fahrt mehr Kilometer damit. Allem Anschein nach gibt der Markt nicht immer die besten Signale.

Wir können es auch als Investitionsproblem betrachten: Entweder die Öl- und Gaskonzerne sind in Wahrheit sehr viel weniger wert, als ihre Börsenkapitalisierung besagt – oder niemand glaubt, dass wir den Verbrauch fossiler Energieträger drosseln werden. Der Börsenwert der 200 Konzerne, die über die größten Vorräte an Öl, Kohle und Gas verfügen, beläuft sich auf insgesamt vier Billionen Dollar. Ein Großteil dieses Werts würde sich in Luft auflösen, sollten wir uns dazu durchringen, auf diese Energieträger zu verzichten. Und das ist keine Panikmache nervöser Klimaschutz-NGOs: Im Jahr 2014 warnte der britische Zentralbankgouverneur Mark Carney die Versicherungskonzerne der Welt, eine erhebliche Überschreitung des Zwei-Grad-Ziels werde »die Überlebensfähigkeit ihres Geschäftsmodells bedrohen«.[6]

Daraus können wir folgende Lehre ziehen: Eine auf dem Marktmechanismus beruhende Strategie gegen den Klimawandel ist utopisch.

Welches sind die Hindernisse für eine Strategie, die nicht auf den Markt setzt? Da ist zunächst einmal die Lobbymacht der Energiekonzerne. Zwischen 2003 und 2010 erhielten Lobbygruppen, die den Klimawandel leugnen, in den USA 558 Millionen Dollar an Spenden. ExxonMobil und die ultrakonservativen Koch-Brüder zählten bis 2007 zu den größten Spendern; von da an flossen zahlreiche Spenden über anonyme Dritte, um sie vor den Enthüllungsjournalisten zu verstecken.[7] Das Ergebnis? Die Welt gibt jährlich schätzungsweise 544 Milliarden Dollar für die Subventionierung der Industrie aus, die von fossilen Energieträgern lebt.[8]

Das ist allerdings nur der sichtbare Teil des Klimawahnsinns. Nachdem auf dem Kopenhagener Gipfel im Jahr 2009 keine globale Einigung über den Weg zum Zwei-Grad-Ziel gefunden worden war, taten sich die Energiekonzerne zusammen, um Druck auf die nationalen Regierungen auszuüben und die Festlegung klarer Emissionsziele hinauszuzögern oder Ausnahmeregelungen für bestimmte Unternehmen durchzusetzen.

Doch entschlossene positive Aktionen können durchaus effektiv sein. In Deutschland hat der plötzliche Atomausstieg nach dem Unfall in Fukushima in Kombination mit Investitionen in erneuerbare Energien auf die Energieversorger dieselbe Wirkung gehabt, die eine strikte Anwendung von Emissionsgrenzen auf die Marktkräfte haben würde: Er hat sie in ihren Grundfesten erschüttert.

Im deutschen System haben Wind- und Sonnenenergie sowie andere erneuerbare Energieträger Vorrang bei der Stromversorgung. Scheint die Sonne und weht eine kräftige Brise, was zum Beispiel am 16. Juni 2013 der Fall war, so können die Erneuerbaren mehr als die Hälfte des benötigten Stroms liefern. An solchen Tagen müssen die Gas- und Kohlekraftwerke – die nicht wirklich in der Lage sind, ihre Produktion anzupassen, da sie eigentlich nur an- und abschalten können – hundert Euro pro Megawatt an die Netzbetreiber zahlen, damit sie ihnen die nicht benötigte Energie abnehmen. Das Ergebnis sind negative Preise für fossile Energie. Wie es *The Economist* ausdrückt: »Für die etablierten Stromversorger […] ist das eine Katastrophe […]. Bei negativen Preisen kann man kein normales Geschäft betreiben, in dem die Kunden abhängig von ihrem Konsum bezahlen.«[9]

In vielen Ländern ist die Energiepolitik gelähmt, was nicht nur an der Lobbymacht der Öl- und Gasindustrie liegt, sondern auch daran, dass es schwierig ist, mit Marktmechanismen – zum Beispiel mit Preiserhöhungen – Verhaltensänderungen zu erzwingen. Besser wäre es, das gesamte System umzubauen.

Die Befürworter des grünen Kapitalismus können sich eher das Ende der Welt vorstellen als eine nicht vom Markt gesteuerte Wirtschaft mit einem geringeren CO_2-Ausstoß.

Wir müssen uns also etwas Besseres ausdenken.

Wie wir die Klimakatastrophe abwenden können

Die Klimaforscher haben herausgefunden, dass es nur einen Weg gibt, um die Erderwärmung auf zwei Grad Celsius zu beschränken: Wir müssen die CO_2-Emissionen bis zum Jahr 2050 halbieren. Die Internationale Energieagentur stellt klar, wie wichtig diese Frist ist: »Kommt der Anstieg der Emissionen nicht um das Jahr 2020 zum Stillstand, um von da an zu sinken, so wird die erforderliche Verringerung um fünfzig Prozent bis 2050 sehr viel kostspieliger. Es besteht sogar die Möglichkeit, dass wir die Gelegenheit dann komplett verpassen.«[10] Je später wir den Höhepunkt der Emissionen erreichen, desto schwieriger wird es, sie zu halbieren.

Angesichts dessen haben zahlreiche Umweltschutzorganisationen und Forschungseinrichtungen Szenarien entworfen, die zeigen, wie wir es schaffen könnten, die CO_2-Emissionen zu halbieren. Diese Szenarien beruhen auf unterschiedlichen Vorstellungen von der idealen Zusammensetzung der alternativen Energieträger und beinhalten verschiedene Modelle für Energieeffizienz, aber sie haben einen gemeinsamen Nenner: Die meisten von ihnen laufen darauf hinaus, dass eine Senkung der CO_2-Emissionen langfristig Geld sparen wird.

Das »Blue Map Scenario« der Internationalen Energieagentur zeigt, dass die Welt 46 Billionen Dollar mehr in die Energiegewinnung investieren müsste, um die CO_2-Emissionen bis zum Jahr 2050 um fünfzig Prozent zu reduzieren. Aber da gleichzeitig weniger Treibstoff verbrannt wird, ergibt sich sogar bei der konservativsten Schätzung insgesamt eine Ersparnis von acht Billionen Dollar.

Greenpeace, dessen »Energy (R)evolution Scenario« als wichtiger Bezugspunkt in der Debatte gilt, möchte das Ziel ohne neue Atomkraftwerke erreichen und weitgehend auf die CO_2-Abscheidung und -Speicherung verzichten, so dass bis zum Jahr 2050 85 Prozent der Energie mit Wind-, Gezeiten-, Sonnen- und Biomassekraftwerken gewonnen werden können. Selbst wenn wir diesen Weg beschreiten, was sehr viel höhere Investitionen und einen tiefgreifenden gesellschaftlichen Wandel erfordern würde, werden wir letzten Endes Geld sparen.[11] In sämtlichen Szenarien, in denen die CO_2-Emissionen halbiert werden, besteht ein Zusatznutzen darin, dass dieser Umbau neue Arbeitsplätze schafft. Der Bau und die Wartung der Maschinen, die benötigt werden, um aus Wellen-, Gezeiten-, Wind- und Sonnenenergie Strom zu gewinnen, ist technologisch anspruchsvoller als die Verbrennung von Erdgas oder Kohle.

Selbst wenn man die Kosten misst, ist es also technologisch machbar und wirtschaftlich vernünftig, den Planeten zu retten. Das einzige Hindernis ist der Markt.

Damit will ich nicht sagen, dass wir nichts erreicht haben. Sieht man von China ab, das die Entwicklung der globalen Emissionen verzerrt hat, indem es zu Beginn des Jahrtausends Hunderte Kohlekraftwerke gebaut hat, überstieg die Zahl der mit erneuerbaren Energien arbeitenden Stromkraftwerke, die ans Netz gingen, im Jahr 2009 jene der Kraftwerke, die fossile Brennstoffe nutzten. Dies ist ein klares Signal dafür, dass staatliche Eingriffe in den Markt – finanzielle Anreize für die Erneuerbaren und Zielvorgaben für die Senkung des CO_2-Ausstoßes – funktionieren können.

Das Problem ist, dass ein vom Markt vorangetriebener Übergang zu lange dauert und von den Konsumenten (die natürlich billigen Strom wollen) sowie von den Produzenten fossiler Energie gebremst werden kann. Zweitens wird die Energie zu einer geopolitischen Frage, da der Druck auf die Regierungen steigt. Deutschland zahlt einen hohen Preis für seine Entscheidung, sich von der Atomenergie zu lösen: Es hat sich in Abhängigkeit von Russland begeben, das die deutsche Wirtschaft während der Ukrainekrise in Geiselhaft nehmen konnte. Die Hinwendung der Vereinigten Staaten zum Fracking veränderte – abgesehen von den Auswirkungen auf die Umwelt – das globale Machtgleichgewicht so nachhaltig, dass sich die Saudis zu einem Gegenangriff gezwungen sahen, der innerhalb eines Jahres den Ölpreis um mehr als fünfzig Prozent absacken ließ.

Angesichts zunehmender geopolitischer Spannungen wurden auf der Pariser Klimakonferenz im Dezember 2015 ganz bewusst nur überschaubar ambitionierte Beschlüsse mit begrenzter Reichweite gefasst. Es handelt sich nicht um einen Vertrag, es gibt keine verbindlichen Ziele, nur freiwillige Verpflichtungen der einzelnen Staaten. Auch wenn das Klimaziel nun ehrgeiziger ist (statt auf eine Begrenzung des Temperaturanstiegs auf zwei Grad gegenüber dem Niveau vor Beginn der Industrialisierung, einigte man sich auf 1,5 Grad), erinnert dieser Kompromiss doch an die Ergebnisse der Friedenskonferenzen, die den Weg zum Zweiten Weltkrieg ebneten.

Gleichzeitig vertreten selbst die Radikaleren unter den Umweltschützern teils konfuse Positionen gegenüber dem Markt. Greenpeace zum Beispiel zieht folgenden Vergleich zwischen China und Europa: Indem China das Wirtschaftswachstum mit Kohle antrieb, erhöhte es die Emissionen deutlich, während die Privatisierung in Europa und den USA den Umstieg auf Erdgas begünstigte, das weniger schädlich für die Umwelt ist als Kohle. Darin sieht Greenpeace einen Beleg dafür, dass der Markt besser zur Verringerung der Emissionen geeignet ist als eine zentrale staatliche Lenkung.[12]

Wenn wir die lebenswichtigen Emissionsziele erreichen wollen, werden wir jedoch um ein gewisses Maß an zentraler Kontrolle nicht herumkommen. Die Behörden auf nationaler und regionaler Ebene werden die Zügel in die Hand nehmen müssen, und vermutlich wird kein Weg an der Verstaatlichung aller großen CO_2-Emittenten vorbeiführen. Wenn die Stromnetze »intelligent« werden und Technologie verfügbar wird, mit der sich die Nachfrage voraussagen und das Angebot entsprechend anpassen lässt, ist es sinnvoll, die Stromnetze zu einer öffentlichen Ressource zu machen.

Wenn es nicht möglich ist, mit einem vom Staat beeinflussten Preismechanismus für die richtige Mischung von Investitionen in Erneuerbare, Atomenergie und fossile Energieträger zu sorgen, so müssen wir auf Verstaatlichung, direkte Kontrolle und Zielvorgaben zurückgreifen. Dies ist der Schluss, den wir aus John Ashtons Aussage ziehen müssen: Wenn der Markt nicht funktioniert, muss angesichts der dringlichen Herausforderungen der Staat die Zuteilung übernehmen.

Greift man anstelle von Marktanreizen auf staatliche Planung zurück, wird es leichter, eine Mischung von Atomenergie und fossilen Energieträgern mit einem geringeren CO_2-Gehalt zur Abdeckung des »Grundbedarfs« zu nutzen und die übrige Energie aus erneuerbaren Energiequellen zu beziehen: Wie die Szenarien von Greenpeace und der Internationalen Energieagentur zeigen, ist dies der einzige Weg, um das Zwei-Grad-Ziel zu erreichen.

Es liegt auf der Hand, dass der Aufbau einer Nicht-Marktwirtschaft und die Bemühungen um ein System mit geringem CO_2-Ausstoß zusammenhängen. Aber während es zahlreiche Wege zu einer postkapitalistischen Wirtschaft gibt, ist die Bandbreite an Maßnahmen, die wir ergreifen können, um die Klimakatastrophe abzuwenden, beschränkt.

Wenn es um den Klimawandel geht, gibt es also rationale Argumente für Panik. Und obendrein hängt der Klimawandel mit einer weiteren wichtigen

Variablen zusammen, die außer Kontrolle geraten ist: dem Bevölkerungswachstum.

Die demografische Zeitbombe

Den meisten unserer Vorfahren blieb das Privileg versagt, alt zu werden. Ein Blick in die Geschichte der Städte zeigt uns, dass Menschen, die in den alten Industriemetropolen lebten – sei es nun Manchester, Chicago oder Shanghai –, im Durchschnitt nicht älter als vierzig Jahre wurden.[13] In den Städten, die von der Stahlerzeugung oder vom Bergbau abhingen – von West Virginia bis nach Nordchina –, findet man auf den Friedhöfen mehrheitlich Grabsteine, deren Inschriften zeigen, dass die Arbeiter in der Regel spätestens im Alter von fünfzig Jahren starben – und zwar nicht in einer fernen Vergangenheit, sondern in der Ära nach 1945. In der Frühzeit des Kapitalismus fielen die Menschen den schmutzigen, ungesunden Städten zum Opfer. Im 20. Jahrhundert waren chronische Berufskrankheiten, Stress, schlechte Ernährung und Umweltverschmutzung die großen Killer.

Mittlerweile haben wir ein neues Problem: die alternde Bevölkerung. Es gibt keine Aktivisten, die Spruchbänder an Fassaden aufhängen, um gegen die Überalterung zu protestieren. Es gibt keine Ministerien für den demografischen Wandel. Es gibt keine wissenschaftlichen Beiräte und keine globalen Konferenzen, die sich mit diesem Problem befassen. Aber es ist ein ebenso großer externer Schock wie der Klimawandel, und seine wirtschaftlichen Auswirkungen werden wir sehr viel schneller zu spüren bekommen.

Die Prognosen der UNO sind nicht umstritten: Laut ihrer mittleren Prognose wird die Weltbevölkerung bis zum Jahr 2050 von gegenwärtig gut sieben Milliarden auf 9,6 Milliarden Menschen anwachsen. Der Großteil des Wachstums wird auf die südliche Hemisphäre entfallen. Im Jahr 2050 werden in den Entwicklungsländern mehr Menschen leben als gegenwärtig auf der Erde insgesamt. Die Zukunft der Menschheit wird sich also vor allem in Städten wie Manila, Lagos und Kairo entscheiden.

Weltweit wird der Anteil der alten Menschen gegenüber dem der Bevölkerung im erwerbsfähigen Alter steigen. Im Jahr 1950 waren fünf Prozent der Weltbevölkerung älter als 65 Jahre; ein Jahrhundert später werden mehr als dreimal so viele Menschen, nämlich 17 Prozent, dieser Altersgruppe angehören. In den reichen Ländern werden die mit der Alterung der Bevölkerung einhergehenden Probleme einen Schock auslösen.

Das zentrale Problem zeigt der sogenannte »Abhängigenquotient«, der die Zahl der Menschen im Ruhestand ins Verhältnis zur Erwerbsbevölkerung setzt. In Europa und Japan kommen gegenwärtig drei Erwerbspersonen auf einen Rentner. Im Jahr 2050 wird ein Verhältnis von eins zu eins erreicht werden. Und während die Bevölkerung der meisten Entwicklungsländer weiterhin jung sein wird, kommt es in China aufgrund der Ein-Kind-Politik zu einer Trendumkehr. Bis 2050 wird China mit einem mittleren Alter von 53 Jahren zu den »ältesten« der großen Volkswirtschaften gehören.[14]

Das wachsende Missverhältnis zwischen den Generationen ist unumkehrbar. Nicht nur, dass die Menschen aufgrund der besseren medizinischen Versorgung und der höheren Einkommen länger leben: Die wichtigste Ursache für das Ungleichgewicht sind die sinkenden Geburtenraten, denn die Frauen haben dank der Empfängnisverhütung die Kontrolle über ihren Körper, und wachsende Bildung, Fortschritte bei den Menschenrechten und Verstädterung sichern ihnen größere Unabhängigkeit.

Nach Ansicht des Volkswirts George Magnus, der unter anderem die UBS berät, stellt die rasante Alterung vieler Gesellschaften »eine existentielle Bedrohung für das nach dem Zweiten Weltkrieg errichtete Gesellschafts- und Wirtschaftssystem« dar.[15] In der entwickelten Welt wird der demografische Wandel in drei wesentlichen Bereichen des Wirtschaftslebens zu einer großen Belastung: auf den Finanzmärkten, in den öffentlichen Haushalten und bei der Migration.

Während des Wirtschaftsaufschwungs nach dem Zweiten Weltkrieg wurde die private, betriebliche und staatliche Altersversorgung erheblich ausgeweitet. Obwohl ein Teil der Vorsorgepläne – bei denen die von den Einkommen abgezogenen Rücklagen durch Arbeitgeberbeiträge ergänzt und an der Börse angelegt wurden – nur eine Minderheit der Beschäftigten einschloss, wurden sie zu einer wichtigen Stütze des Finanzsystems. Vor Beginn der Globalisierung investierten die Rentenfonds normalerweise in die Staatsanleihen des eigenen Landes und in Aktien großer Unternehmen, die an der heimischen Börse notierten, wobei ein kleiner Teil der Mittel taktisch angelegt wurde, um die erwarteten Erfordernisse erfüllen zu können. Die Profite waren teilweise steuerbefreit, und in einigen Ländern war die Altersvorsorge verpflichtend. Letztendlich handelte es sich um etwas, das Marx wohl als »kapitalistischen Kommunismus« bezeichnet hätte.

Im Zeitalter des Fiatgeldes änderte sich das. Der wiederholte Einsatz von Zinssenkungen zur Überwindung von Wachstumsschwächen machte die Investition in Aktien zu einer Einbahnstraße. Die Aktienkurse stiegen unablässig, und die Fondsmanager vertrauten ungeachtet des demografischen Problems darauf, dass das Finanzsystem seinen Verpflichtungen stets nachkommen würde. Einige hielten die Aussichten sogar für so rosig, dass sie erklärten, die Arbeitgeber könnten einen »Beitragsurlaub« nehmen, da die Einzahlungen der Arbeitnehmer zur Absicherung genügen würden.

Das erste Land, das den Höhepunkt der Aufschwungphase überschritt, war Japan. Zwischen 1985 und 1990 stieg der Nikkei um das Dreifache, doch dann begann eine Krise. In den folgenden zehn Jahren halbierte sich der Wert des japanischen Leitindexes.

Im Westen, wo das Bruttoinlandsprodukt Ende der neunziger Jahre überdurchschnittlich stark stieg, begann eine neue Börsenrallye. Der Londoner FTSE-Index kletterte zwischen 1995 und Ende 1999 von 3000 auf einen Rekordstand von 6390. Der amerikanische S & P 500 verdoppelte sich im selben Zeitraum, und der Dax stieg sogar um das Vierfache. Ein Blick auf die langfristige Entwicklung dieser Börsenindizes seit Mitte der neunziger Jahre zeigt zwei rasante Anstiege, auf die jeweils ebenso steile Abstürze folgten, und dann eine erneute Rallye, die, getrieben vom billigen Geld, das die Zentralbanken in den Markt pumpen, die zu den aktuellen Höchstständen geführt hat.

Das Platzen der Dotcom-Blase war der Weckruf. Die Unternehmen machten sich daran, die Belastung durch die Altersversorgung zu verringern: Sie senkten die Erträge für zukünftige Rentenbezieher, ließen neue Mitarbeiter nicht mehr in die Vorsorgepläne einsteigen – und trotzdem brachen einige von ihnen unter den Lasten zusammen. Auf der Suche nach höheren Erträgen begannen die Rentenfonds ihre Investitionen zu diversifizieren und ihr Geld in Hedgefonds, Immobilien, Wagniskapitalfirmen und Rohstoffen anzulegen. Auf diese Art wollten sie die schwankenden Aktienrenditen ausgleichen. Das Ergebnis ist bekannt: Diese großen institutionellen Investoren trugen, teilweise ohne ihr Wissen, wesentlich zur wachsenden Instabilität bei – von den spektakulären Implosionen mehrerer Hedgefonds, die im August 2007 die Kreditklemme auslösten, bis zum Anstieg der Rohstoffpreise, der zum Arabischen Frühling führte.

Seit dem Crash investieren die meisten großen Rentenfonds 15 Prozent ihres Geldes in Alternativen zu Aktien (zum Beispiel in Immobilien oder Rohstoffe) und verleihen mehr als 55 Prozent ihres Geldes an Staaten, indem sie deren Anleihen kaufen, die aufgrund der quantitativen Lockerung keine oder sogar negative Zinsen abwerfen.

Insgesamt verwalten Rentenfonds, Versicherungsfonds und öffentliche Rentensysteme in den OECD-Ländern etwa fünfzig Billionen Dollar, ein Betrag, der das gemeinsame jährliche Bruttoinlandsprodukt dieser Länder deutlich übersteigt. Aus den in Kapitel 1 beschriebenen Gründen – ein gescheitertes Wirtschaftsmodell hängt am Tropf – bezeichnet die OECD in ihrer jüngsten Studie das Risiko für diese Geldanlagen als »hoch« und die Belastungen durch die Renten als »erhöht«.[16]

Diese fünfzig Billionen Dollar sind nicht unbedingt bereits heute das Problem. Das Problem ist, dass eine alternde Bevölkerung gleichbedeutend mit einer schrumpfenden Erwerbsbevölkerung, geringerem Wachstum und einer geringeren Produktion pro Beschäftigtem ist. Die Situation stellt sich von Land zu Land unterschiedlich dar – einige kleinere, reiche Länder wie Norwegen sind sehr gut gerüstet –, aber auf globaler Ebene sieht die Zukunft düster aus: Wenn das Finanzsystem keine spektakulären Erträge liefert, werden die kommenden Generationen mit sehr viel geringeren Renten auskommen müssen. Für höhere Erträge muss man jedoch höhere Risiken eingehen. Würde ein größerer Teil der Altersvorsorge von der öffentlichen Hand übernommen und mit Steuern bezahlt werden, könnten die Auswirkungen dieses Dilemmas abgefedert werden. Aber das Gegenteil geschieht.

Der zweite Bereich, den die Alterung der Bevölkerung unter großen Druck setzen wird, sind die Staatshaushalte. Die Staatsschulden werden steigen. Eine alternde Bevölkerung treibt die öffentlichen Ausgaben für Gesundheit, Renten und Pflege in die Höhe. Im Jahr 2010 rechnete die Ratingagentur Standard & Poor's aus, dass die Staatsschulden bis 2050 die Weltwirtschaft ersticken werden, sollte es den Regierungen nicht gelingen, die öffentlichen Rentensysteme unter Kontrolle zu bringen.

Seit damals haben die Staaten tatsächlich die Belastung durch die Renten verringert: In vielen Ländern wurden die Kriterien für den Rentenbezug verschärft, das Rentenalter angehoben und die Inflationsanpassung beseitigt. Als Standard & Poor's nach diesen Einschnitten die potenziellen Schäden neu berechnete, stellte die Agentur fest, dass die mittlere Staatsverschuldung der entwickelten Länder bis zum Jahr 2050 auf 220 Prozent des BIP steigen werde, wobei die großen entwickelten Länder eine durchschnittliche Schuldenquote von 130 Prozent erreichen würden. Auch im Jahr 2050 wird Japan mit einer Staatsschuldenquote von 500 Prozent (gegenüber derzeit 250 Prozent) den »Spitzenplatz« einnehmen, und der Schuldenberg der Vereinigten Staaten wird auf das Dreifache des gegenwärtigen Betrags von 17 Billionen Dollar anwachsen.

Wenn diese Prognose zutrifft, wird die Alterung der Bevölkerung dafür sorgen, dass die Staatsfinanzen der entwickelten Länder außer Kontrolle geraten. Die Analysten von Standard & Poor's sagen voraus, dass sechzig Prozent aller Staaten im Jahr 2050 kein erstklassiges Kredit-Rating mehr haben werden, selbst wenn sie die Renten kürzen: Nur sehr risikofreudige Anleger werden dann noch bereit sein, die Staatsschulden dieser Länder zu finanzieren.

Sind Sie bereits in rational begründete Panik geraten? Warten Sie, das Erschreckendste kommt erst.

Gegenwärtig haben die privaten Rentenfonds mehr als fünfzig Prozent ihres gesamten Geldes in Staatsanleihen angelegt. Obendrein stecken normalerweise zwei Fünftel davon in den Anleihen ausländischer Staaten. So sicher der Pensionsfonds eines Unternehmens heute auch aussehen mag: Wir müssen uns darüber im Klaren sein, dass das private Rentensystem nicht überleben wird, wenn sechzig Prozent aller Staatsanleihen als Ramschpapiere eingestuft werden, so dass nur noch tollkühne Investoren diesen Staaten Geld leihen werden.

Gleichzeitig könnten die sozialen Auswirkungen der bisherigen Einschnitte »die Beziehung zwischen dem Staat und dem Wahlvolk erheblich belasten und den gesellschaftlichen Zusammenhalt auf eine harte Probe stellen«, erklären die Analysten von Standard & Poor's.[17] In aller Welt haben Staaten endgültig den ungeschriebenen Vertrag gekündigt, den sie in der Nachkriegszeit mit ihren Bürgern geschlossen hatten: Damals versprachen sie, entweder der Markt oder der Staat werde den Menschen im Alter einen angemessenen Lebensstandard garantieren. Dass dieses Versprechen gebrochen wurde, wird noch in Jahrzehnten zu spüren sein. Wenn eine Regierung für sich in Anspruch nimmt, den Staatshaushalt stabilisiert zu haben, indem sie das Rentenalter angehoben oder die Renten von der Inflation abgekoppelt hat, ist das so, als beglückwünsche sich jemand für den Kauf eines Diätplans: Das Leiden beginnt erst, wenn er den Plan umsetzt.

Das Ergebnis wird nach Ansicht der Volkswirte des IWF »gesellschaftlich und politisch kaum tragbar sein«.[18]

Und es gibt etwas, das wir noch nicht berücksichtigt haben. Im Jahr 2013 reiste ich durch Marokko und Griechenland und hörte mir die Berichte von Menschen an, die versuchten, illegal nach Nord- oder Westeuropa einzuwandern. In Marokko trennte sie ein mehrere Meter hoher, mit rasiermesserscharfem Nato-Stacheldraht bewehrter Zaun von der spanischen Exklave Melilla; in Griechenland fristeten sie monatelang ein Obdachlosendasein in den Häfen, in der Hoffnung, irgendwann auf ein Schiff zu gelangen, das sie nach Italien bringen würde. Sie waren Erpressung, Übergriffen, sexueller Gewalt und extremer Armut ausgeliefert. Und auf dem Meer setzten sie oft ihr Leben aufs Spiel.

Ich fragte einige dieser Menschen, warum sie trotz der Gefahren des Transits und ungeachtet der Fremdenfeindlichkeit in Europa eine monate- oder jahrelange Wanderung auf sich nahmen. Sie reagierten mit Unverständnis: In Tanger auf nacktem Beton zu schlafen oder in Marseille zu fünft in einem Zimmer in irgendeiner Bruchbude zu hausen war zweifellos besser als das Leben, das sie in ihren Heimatländern zurückgelassen hatten.

Aber das, was ich in jenem Sommer sah, war nichts, verglichen mit dem, was uns bevorsteht. Bis zum Jahr 2050 wird die Erwerbsbevölkerung der Welt um 1,2 Milliarden Menschen wachsen, und die meisten dieser Menschen werden unter ähnlichen Umständen leben, wie sie in den Ländern herrschen, denen die Flüchtlinge, die ich kennengelernt habe, entkommen wollten.

Im marokkanischen Oujda traf ich zwei Maurer aus Niger, die vor einer Moschee auf dem Boden hockten und bettelten. Sie waren erst Anfang zwanzig. Niger ist derart unterentwickelt, dass man nur selten Bewohner dieses Landes irgendwo anders auf der Erde am Straßenrand findet. Nachdem ich mit ihnen gesprochen und einen Blick auf die UN-Prognosen für ihr Land geworfen hatte, wurde mir das Ausmaß der kommenden Herausforderung klar.

Die Bevölkerung Nigers wird bis 2050 von gegenwärtig 20 auf 72 Millionen Menschen wachsen. Die Einwohnerzahl des Nachbarlands Tschad wird sich im selben Zeitraum auf 35 Millionen Menschen beinahe verdreifachen. Die Bevölkerung Afghanistans, dessen Einwohner aus ihrem vom jahrzehntelangen Krieg zerstörten Land in das Menschenhandelssystem geflohen sind, das sich über Griechenland, die Türkei und Libyen erstreckt, wird von 33 auf 56 Millionen Menschen anwachsen.

Eine weitere verblüffende Zahl: Die Hälfte des Bevölkerungswachstums bis 2050 wird in nur acht Ländern stattfinden,* von denen sechs im subsaharischen Afrika liegen.[19] Auf der Suche nach Arbeit werden die Menschen in den rasant wachsenden Ländern in die Städte abwandern, denn wie wir gesehen haben, werden die ländlichen Gebiete zunehmend unter dem Klimawandel leiden. Die Bevölkerung der Elendsviertel, in denen bereits heute eine Milliarde Menschen leben, wird weiter anschwellen – und eine wachsende Zahl dieser Menschen wird versuchen, illegal in die reichen Länder einzuwandern.

Der Ökonom Branko Milanovic, der früher unter anderem für die Weltbank arbeitete, hat sich mit der enormen und weiter wachsenden Ungleichheit in den Entwicklungsländern beschäftigt und spricht von einer »nichtmarxschen Welt, in der zwei Drittel der Ungleichheit nicht von der Klassenzugehörigkeit, sondern vom Geburtsort abhängen«. Sein Fazit: »Entweder die armen Länder werden reicher, oder die Armen wandern in die reichen Länder aus.«[20]

Um reicher zu werden, müssen sich die armen Länder jedoch aus der »Falle des mittleren Einkommens« befreien. Gemeint ist damit, dass die wirtschaftliche Entwicklung von Staaten an einem bestimmten Punkt zum Stillstand kommt. Das liegt einerseits daran, dass sie auf dem Weltmarkt ab diesem Moment mit den alten, weiter fortgeschrittenen Industriemächten konkurrieren müssen, und hat andererseits damit zu tun, dass ihre oftmals korrupten Eliten den Aufbau funktionierender moderner Institutionen behindern. Nur 13 von 100 Ländern, die im Jahr 1960 ein »mittleres Einkommen« erreicht hatten, verwandelten sich bis 2012 in Länder mit hohem Einkommen. Unter den erfolgreichen Ländern waren vor allem die von Südkorea angeführten asiatischen »Tigerstaaten«, die das vom globalen

* Nigeria, Tansania, Kongo, Äthiopien, Uganda, Niger sowie Indien und die USA.

System vorgegebene Entwicklungsschema ignorierten und mit einer nationalistischen Wirtschaftspolitik ihre eigene Industrie und Infrastruktur aufbauten.

Auch George Magnus weist darauf hin, dass es nicht nur wirtschaftliche Hindernisse gibt: »Hat ein Land einmal ein mittleres Einkommen erreicht, wird es schwieriger, das Pro-Kopf-Einkommen zu erhöhen, und [...] hier geht es nicht darum, Tabellenkalkulationen zu erstellen, sondern darum, wirtschaftlichen Nutzen aus der stetigen Entwicklung inklusiver Institutionen zu ziehen.«[21] Aber gerade die Länder, in denen die Bevölkerung am schnellsten wächst, sind zugleich die Länder mit den korruptesten und ineffizientesten Institutionen.

Würden der Klimawandel, die alternde Bevölkerung und der Arbeitsplatzmangel in den Entwicklungsländern nicht mit der Stagnation eines fragilen Wirtschaftsmodells einhergehen, so könnten diese Probleme vielleicht einzeln gelöst werden. Sie hängen jedoch zusammen. Daher werden sie wahrscheinlich das gesamte globale System auf eine Belastungsprobe stellen. Und so gerät die Demokratie an sich in Gefahr.

Die globale Elite im Zustand der Verleugnung

»Unser Zeitalter ist seinem Wesen nach ein tragisches, also weigern wir uns, es tragisch zu nehmen. [...] Wir müssen leben, gleich wie viele Himmel eingestürzt sind.«[22] D. H. Lawrence beschrieb die englische Aristokratie, die sich nach dem Ersten Weltkrieg, der ihre Ideologie erschüttert hatte, in eine Welt der vornehmen Häuser und archaischen Manieren zurückzog. Aber die Beschreibung passt genauso gut auf die moderne Elite nach der Katastrophe von 2008: Die Finanzaristokratie ist entschlossen weiterzuleben, als gäbe es die oben beschriebenen Bedrohungen nicht.

Ende des 20. Jahrhunderts wuchs eine Generation von Unternehmern, Politikern, Energiebaronen und Bankiers in einer scheinbar spannungsfreien Welt auf. Im vorangegangenen Jahrhundert hatten ihre Vorgänger mit ansehen müssen, wie sich eine sorgfältig gestaltete Ordnung samt ihrer Illusionen auflöste. Von der Niederlage Frankreichs 1870/71 bis zum Fall

Vietnams und dem Zusammenbruch des Kommunismus lehrten die Geschehnisse die vor 1980 Geborenen, dass schlimme Dinge geschehen konnten und überwältigende Umwälzungen möglich waren.

Im Jahr 2000 hatte es den Anschein, als gehörte diese Instabilität für immer der Vergangenheit an. Vielleicht war es nicht das »Ende der Geschichte«, aber die Generation, welche unter der neoliberalen Ordnung sozialisiert worden war, gewann den Eindruck, die Geschichte sei endlich beherrschbar geworden. Jede Finanzkrise konnte mit einer Erhöhung der Geldmenge überwunden, jede terroristische Bedrohung mit einem Drohnenangriff beseitigt werden. Die Arbeiterbewegung als unabhängige politische Variable gab es nicht mehr.

Das psychologische Nebenprodukt in den Köpfen der politischen Elite war die Vorstellung, dass es keine unkontrollierbaren Situationen mehr gab: Man hatte immer eine Wahl, selbst wenn manche Entscheidungen schwierig waren. Es gab immer eine Lösung, und normalerweise war die Lösung der Markt.

Die beschriebenen externen Schocks sollten jedoch ein Weckruf sein. Der Klimawandel gibt uns keine Möglichkeit, zwischen marktwirtschaftlichen und Nicht-Marktlösungen zu wählen, um die Emissionsziele zu erreichen. Entweder wir beseitigen die Marktwirtschaft geordnet, oder sie wird in abrupten Schüben ungeordnet zusammenbrechen. Die Alterung der Bevölkerung droht die Finanzmärkte zu überfordern, und einige Länder werden einen sozialen Krieg gegen ihre eigenen Bürger führen müssen, wenn sie zahlungsfähig bleiben wollen. Im Vergleich dazu werden die Geschehnisse in Griechenland nach 2010 wie ein ärgerliches Zwischenspiel wirken.

In den ärmsten Ländern werden Bevölkerungsentwicklung, institutionelle Korruption, verzerrtes Wachstum und die Auswirkungen des Klimawandels mit Sicherheit zur Folge haben, dass Dutzenden Millionen landlosen Armen nur eine Wahl bleibt: die Auswanderung.

In den entwickelten westlichen Ländern sind bereits Verteidigungsreflexe zu beobachten: der klingenbewehrte Stacheldraht und die Massenausweisungen in der spanischen Exklave Melilla, die rechtswidrigen Einsätze der australischen Kriegsmarine gegen Flüchtlingsboote aus Indonesien, das wenig durchdachte Setzen der USA auf das Fracking im Bemühen um energiepolitische Autarkie, der militärische Wettlauf Russlands und Kanadas in der Arktis, Chinas Versuch, sich ein Monopol auf die für die moderne Elektronik unerlässlichen Seltenerdmetalle zu sichern. Wir sehen einen Rückzug aus der multilateralen Kooperation und ein neues Streben nach Autonomie.

Wir haben gelernt, *Wirtschafts*nationalismus als große Gefahr für die Globalisierung zu betrachten: Die Bevölkerung eines oder mehrerer fortschrittlicher Länder nimmt die Sparpolitik nicht hin und zwingt ihre politische Klasse – wie in den dreißiger Jahren des vergangenen Jahrhunderts –, die Krise zu bewältigen, indem sie »den Nachbarn anpumpt«. Aber die externen Schocks erzeugen eine Instabilität, die über eine bloße wirtschaftliche Rivalität hinausgeht. Das Streben nach energiepolitischer Unabhängigkeit führt zu einer Regionalisierung der globalen Energiemärkte. Der diplomatische Konflikt zwischen Russland und dem Westen über die Ukraine und die russische Drohung, Europa den Gashahn zuzudrehen, bewegen die Europäer, sich ebenfalls um Unabhängigkeit von externen Energielieferanten zu bemühen.

Und parallel zur Balkanisierung des globalen Energiemarkts findet im Internet ein ähnlicher Prozess statt.

Fast ein Fünftel der Weltbevölkerung muss bereits damit leben, dass seine Informationen von der Zensur der chinesischen Kommunisten kontrolliert werden. Ein Politiker wird wegen Korruption verhaftet? Sein Name verschwindet aus den Suchmaschinen. Reimt sich dieser Name zufällig auf den Namen einer Instant-Nudelmarke (so geschehen im Fall des Politikers Zhou Yongkang im Jahr 2014), muss auch dieses Produkt gelöscht werden – und die beliebteste chinesische Nudelmarke verschwindet vom Markt.[23]

Jetzt droht dem Internet die weitere Fragmentierung, da verschiedene Staaten auf die Enthüllungen über die massenhafte Online-Überwachung durch den amerikanischen Nachrichtendienst NSA reagieren. Obendrein versuchen mehrere Regierungen, darunter jene der Türkei und Russlands, seit 2014, Dissidenten zu unterdrücken, indem sie Internetfirmen zwingen, sich nach ihrem nationalen Recht registrieren zu lassen, womit sie sie einer offiziellen und inoffiziellen politischen Zensur unterwerfen.

Im ersten Stadium des Zerfalls des globalen Systems werden also die Welt der Information und der Energiesektor fragmentiert. Aber es droht auch eine Aufsplitterung von Staaten.

Im Jahr 2014 berichtete ich aus Schottland, dessen Bevölkerung in einem Referendum über die Unabhängigkeit von Großbritannien entschied. Die von den Medien verbreitete Darstellung, es handle sich um eine nationalistische Bewegung, ist ein Mythos. In Wahrheit war es eine linksgerichtete Volksbewegung. Um ein Haar hätte das schottische Volk die Gelegenheit genutzt, sich von einem neoliberalen Staat zu lösen, der sich für das kommende Jahrzehnt der Austerität verschrieben hat. Damit hätten die Schotten auch die älteste kapitalistische Volkswirtschaft der Welt aufbrechen können. In der Krise des politischen Systems Spaniens wächst der Zulauf zur Unabhängigkeitsbewegung in Katalonien (gegenwärtig wird sie vom plötzlichen Aufstieg der linken Bewegung Podemos überlagert). Und wir sind nur noch einen politischen Unfall vom Kollaps der EU entfernt. Als eine linksradikale Partei die Wahl in Griechenland gewann, griffen alle EU-Institutionen sie an, wie das Immunsystem eines Körpers einen Virus angreift. Die griechische Krise geht weiter, aber sie wird nebensächlich werden, wenn die radikale Rechte in Frankreich an die Macht kommt – und das ist tatsächlich eine reale Möglichkeit.

In Peking, Washington und Brüssel dürften die alten Herrscher in den kommenden fünf Jahren ein letztes Mal versuchen, das alte System zu reparieren. Aber je länger wir zögern, das neoliberale Experiment zu beenden, desto mehr wird die vom Neoliberalismus ausgelöste Krise mit den großen Bedrohungen verschmelzen, die ich in diesem Kapitel beschrieben habe.

Für sich genommen, hätte der Informationskapitalismus verschiedene Möglichkeiten eröffnet. Gäbe es die demografische Krise nicht, könnte man sich ein stagnierendes westliches Wirtschaftssystem vorstellen, das mit hohen Schulden, Bankenrettungen und lockerer Geldpolitik am Leben erhalten wird. Gäbe es den Klimawandel nicht, so könnte man sich einen Übergang zum Postkapitalismus vorstellen, der durch eine graduelle, spontane Entwicklung des wirtschaftlichen Austauschs außerhalb des Marktes und der Allmendeproduktion vorangetrieben wird, während das alte System an seinen inneren Widersprüchen zerbricht. Wir werden weitere Wikipedias, weitere Linux-Projekte, weitere Generika und mehr öffentliche Wissenschaft, die Einführung von quelloffenen Formen der Arbeit und rechtliche Schranken für die Informationsmonopole sehen. Wir setzen eine gute Idee in einer krisenfreien Umgebung um und bestimmen das Tempo der Veränderung selbst – so ein Szenario für den Übergang zum Postkapitalismus steht vielleicht in populärwissenschaftlichen Sachbüchern, wie man sie in der Flughafenbuchhandlung kaufen kann.

Die äußeren Schocks machen jedoch zentralisierte, strategische und rasche Eingriffe erforderlich. Zu solchen Eingriffen sind nur der Staat und die Staatengemeinschaft fähig. Das Klimaziel ist so anspruchsvoll und die technischen Wege, die wir einschlagen müssen, sind so klar, dass mehr Planung und mehr staatliche Lenkung erforderlich sein werden, als irgendjemand erwartet oder wünscht. Die Aussicht auf eine Welt, in der sechzig Prozent der Staaten von den Kosten der Versorgung ihrer alternden Bevölkerung in den Bankrott getrieben werden, bedeutet, dass wir keine finanziellen, sondern strukturelle Lösungen brauchen.

Aber die Illusionen, die in den vergangenen 25 Jahren geschürt wurden, lähmen uns. Werden wir mit Emissionszielen konfrontiert, so versuchen wir ihnen auszuweichen, indem wir dafür bezahlen, dass in der Wüste eines anderen Landes Bäume gepflanzt werden, anstatt unser eigenes Verhalten zu ändern. Werden wir mit Belegen für die Alterung der Weltbevölkerung konfrontiert, so geben wir Dutzende Milliarden Dollar im Jahr für Schönheitsoperationen aus. Würde man einen Vorstandsvorsitzenden, ein Softwaregenie oder den Statistiker einer Bank mit einem Risiko konfrontieren, das dem hier beschriebenen entspricht, so würden diese Experten sagen: Ihr müsst handeln! Ihr müsst das Risiko unverzüglich verringern!

Würde man sich der Methode der Ingenieure – der Ursachenanalyse – bedienen, um herauszufinden, warum das System an drei Stellen gleichzeitig aus den Fugen gerät (Finanzen, Klima, Demografie), so fände man rasch die Ursache: Es liegt an einem Wirtschaftsmodell, das nicht mit seiner Umwelt im Gleichgewicht ist und die Bedürfnisse einer sich rasch wandelnden Menschheit nicht erfüllen kann.

Ruft man aber nach sofortigen Maßnahmen, um das Klima zu retten, das kaputte Finanzsystem zu reparieren oder die in ihrer gegenwärtigen Form untragbaren Staatsschulden zu sanieren, so wird man als Revolutionär gebrandmarkt. Ein solcher Aufruf reißt die in Davos versammelte Elite aus ihren schönen Träumen, vergiftet die Atmosphäre in den Jachtclubs am Mittelmeer und stört die Stille in dem politischen Mausoleum, das die Zentrale der chinesischen KP beherbergt. Schlimmer noch: Er zerstört die Illusionen von Millionen Menschen, die glauben, dass »alles gut werden wird«. Und die Aktivisten zwingt er zu einem Schritt, vor dem sie sich mit Recht fürchten: Sie müssen sich mit dem Mainstream einlassen, politische Strategien entwerfen und ein stabiles Projekt entwickeln, das konkreter ist als der Schlachtruf »Eine andere Welt ist möglich!«.

Was wir brauchen, ist »revolutionärer Reformismus«. Spricht man diese Worte laut aus, so begreift man, dass sie eine große Herausforderung für beide Seiten des politischen Spektrums darstellen. Hört sie ein Sozialdemokrat im Anzug, so beginnt er sich zu winden. Spricht man sie in einem Protestlager von Occupy-Aktivsten aus, so beginnen sie sich zu winden. Aber das Unwohlsein beider Seiten hat diametral entgegengesetzte Gründe.

Angesichts der Herausforderungen wäre Panik vollkommen rational, aber dank der technologischen und wirtschaftlichen Veränderungen verfügen wir über die Werkzeuge, die wir brauchen, um die ungeheuren Aufgaben zu bewältigen – wenn wir begreifen, dass der Postkapitalismus sowohl ein langfristiger Prozess als auch ein dringendes Vorhaben ist.

Wir müssen den Umweltschutzbewegungen und den Gruppen, die für soziale Gerechtigkeit kämpfen, also Eigenschaften einimpfen, die 25 Jahre lang das alleinige Eigentum der Rechten zu sein schienen: Willenskraft, Zuversicht und einen klaren Plan.

10

Das »Projekt Null«

Wenn Sie glauben, dass es ein besseres System als den Kapitalismus gibt, haben Sie sich in den letzten 25 Jahren vermutlich wie »ein auf der Erde gestrandeter Marsianer« gefühlt, um es mit Alexander Bogdanow zu sagen. Sie haben eine klare Vorstellung davon, wie die Gesellschaft aussehen sollte, aber keine Möglichkeit, diese Gesellschaft zu verwirklichen.

In Bogdanows Roman *Der rote Planet* beschließen die Marsianer, die Erdbevölkerung auszulöschen, da sich die Menschheit als unfähig erwiesen hat, die postkapitalistische Gesellschaft zu errichten. Diese drastische Lösung war Ausdruck von Bogdanows Verzweiflung über das Scheitern der Revolution von 1905.

Die Möglichkeiten, die ich in diesem Buch beschrieben habe, sollten uns helfen, diese Verzweiflung zu überwinden. Um zu verstehen warum, müssen wir Bogdanows Metapher aktualisieren: Nehmen wir an, die Marsianer würden wirklich auf der Erde landen, um uns zu vernichten: Welche Art von Wirtschaft würden sie vorfinden?

Ein entsprechendes Gedankenexperiment spielte der Nobelpreisträger Herbert Simon im Jahr 1991 in einem berühmten Artikel mit dem Titel »Organisations and markets« durch. Simon erklärte, die Marsianer würden in der irdischen Ökonomie drei Dinge vorfinden: Organisationen, die für sie wie große grüne Flecken aussehen würden; Märkte, die diese Flecken wie dünne rote Linien verbinden; und blaue Linien innerhalb der grünen Flecken, die Aufschluss über die hierarchischen Beziehungen geben. Wohin die Marsianer auch blicken, sehen sie ein von der Farbe Grün beherrschtes System. Also werden sie folgende Beobachtung zum Mars funken: Diese Gesellschaft besteht hauptsächlich aus Organisationen – nicht aus Märkten.[1]

Das war in dem Jahr, in dem der Triumph des Marktes verkündet wurde, eine ausgesprochen politische Deutung. Simon beschäftigte sich sein Leben lang mit der Frage, wie Organisationen funktionieren. Seine Arbeit wurde herangezogen, um zu zeigen, dass das kapitalistische System bei allem Gerede über den freien Markt in erster Linie aus Organisationen besteht, die Güter intern planen und zuteilen, ohne direkt von den Marktkräften gelenkt zu werden.

Wendet man Simons Modell jedoch mit einem stärkeren Realitätsbezug an, so zeigt es noch etwas anderes: Der Neoliberalismus hat den Postkapitalismus möglich gemacht. Fügen wir ein paar Details hinzu:

1. Der Umsatz eines grünen Flecks (eines Unternehmens) bestimmt seine Größe. Vom Geld, das bei Transaktionen zwischen Organisationen bewegt wird, hängt der Durchmesser der roten Linien ab, welche die grünen Flecken miteinander verbinden.
2. Die blauen Linien, die Aufschluss über die interne Hierarchie einer Organisation geben, enden an kleinen Punkten – das sind die Arbeitskräfte: Kellner, Programmiererinnen, Flugzeugingenieure, Textilarbeiterinnen. Simon hielt es nicht für nötig, die Arbeitskräfte in seinem Modell eigens darzustellen, aber wir wollen es tun. Sie sind also blaue Punkte.
3. Wenn das Modell realistisch sein soll, muss jeder blaue Punkt der Mittelpunkt eines Netzes roter Linien sein, die den Arbeiter als Konsumenten mit Einzelhändlern, Banken und Dienstleistungsfirmen verbinden.
4. Jetzt sieht die Erde schon sehr viel roter aus als in Simons Darstellung. Es gibt Billionen feiner roter Linien.
5. Nun wollen wir die Dimension der Zeit hinzufügen: Was geschieht während eines typischen Zyklus von 24 Stunden? Wenn es sich um eine normale kapitalistische Volkswirtschaft handelt, sehen wir, dass die blauen Punkte (die Arbeitskräfte) zu Beginn eines Tages in die Organisationen strömen und sie später wieder verlassen. Außerhalb der Organisationen beginnen sie, rote Linien auszusenden: Sie geben ihr Einkommen aus. (Am Arbeitsplatz tun sie das eher nicht, schließlich sind wir im Jahr 1991.)

Zum Abschluss wollen wir eine Simulation von 1991 bis in die Gegenwart laufen lassen. Wie verändert sich das Bild?

Erstens taucht eine Vielzahl zusätzlicher roter Linien auf. Eine junge Frau in Bangladesch verlässt den Hof ihrer Familie, um in einer Fabrik arbeiten zu gehen, und ihr Lohn erzeugt eine neue rote Linie. Sie bezahlt eine andere Frau dafür, dass sie auf ihre Kinder aufpasst, und diese Markttransaktion erzeugt eine weitere rote Linie. Ihr Manager verdient genug, um sich eine Krankenversicherung leisten zu können und Zinsen für einen Bankkredit zu zahlen, mit dem er seinem Sohn ein Studium finanziert. Die Globalisierung und die freien Märkte erzeugen eine Vielzahl weiterer roter Linien.

Zweitens teilen sich die grünen Flecken in kleinere Farbkleckse, da Unternehmen und Staaten beginnen, Aktivitäten auszulagern, die nicht zu ihrem Kerngeschäft zählen. Einige blaue Punkte werden grün: Beschäftigte werden zu Selbstständigen. In den USA sind mittlerweile zwanzig Prozent der Beschäftigten »Soloselbstständige«. Diese erzeugen ebenfalls mehr rote Linien.

Drittens werden die roten Linien länger und erstrecken sich über die ganze Welt. Und sie lösen sich nicht mehr auf, wenn die Menschen zur Arbeit gehen: Mittlerweile wird auch während des Arbeitstags digital gekauft und verkauft.

Schließlich tauchen irgendwann gelbe Linien auf.

»Seht euch das an!«, ruft der Kommandant der marsianischen Flotte. »Was bedeuten diese gelben Linien?«

»Interessant«, erklärt der Volkswirt an Bord des Raumschiffs. »Wir haben ein vollkommen neues Phänomen beobachtet. Die gelben Linien zeigen offenbar Menschen, die Güter, Arbeit und Dienstleistungen austauschen, aber sie tun das nicht auf dem Markt und nicht in typischen Organisationen. Vieles von dem, was sie austauschen, scheint gratis zu sein. Daher wissen wir nicht, wie dick diese Linien sein sollten.«

Nehmen wir an, ein marsianischer Kanonier bittet in diesem Moment um Feuererlaubnis, um die Menschheit zu attackieren, weil sie nicht in der Lage ist, den Kommunismus zu verwirklichen.

Wahrscheinlich wird der Kommandant antworten: »Nein, warten Sie noch. Diese gelben Linien sind interessant.«

Die fünf Prinzipien der Transition

Die gelben Linien in diesem Modell dienen lediglich dazu, Güter, Arbeit und Dienstleistungen sichtbar zu machen, die abseits des Marktes kollaborativ bereitgestellt werden. Es sind feine Linien, aber sie zeigen, dass es eine neue Möglichkeit zur Überwindung des Kapitalismus gibt. Sie besteht darin, gestützt auf die Informationstechnologie die Allmendeproduktion und den Austausch abseits des Marktes zu fördern.

Bis zu diesem Punkt habe ich den Postkapitalismus als einen spontanen Prozess beschrieben. Nun stehen wir vor der Herausforderung, auf der Grundlage dieser Erkenntnisse ein Projekt zu entwickeln.

Fast alle Bestandteile des Wandels haben den Charakter von Projekten: Wikipedia, Open Source, offene Informationsstandards, Stromerzeugung mit geringem CO_2-Ausstoß. Aber kaum jemand hat sich die Mühe gemacht zu fragen, wie ein Projekt in großem Maßstab aussehen müsste, ein Projekt, das die Weltwirtschaft über den Kapitalismus hinausführen könnte.

Das liegt teilweise daran, dass viele Mitglieder der traditionellen Linken von derselben Verzweiflung gelähmt werden wie Bogdanows gestrandeter Marsianer. Andere – die Umweltschutzbewegung, die NGOs, Nachbarschaftsaktivisten und Peer-to-Peer-Ökonomen – sind derart bemüht, »große Ankündigungen« zu vermeiden, dass sie nicht über radikale Reformen im kleinen Maßstab hinauskommen.

In diesem Kapitel werde ich versuchen zu erklären, wie ein großangelegtes postkapitalistisches Projekt aussehen könnte. Ich bezeichne es als das »Projekt Null«: Seine Ziele sind eine Energieversorgung mit Null-Emissionen, die Erzeugung von Maschinen, Produkten und Dienstleistungen mit Null-Grenzkosten und die weitgehende Beseitigung der Arbeit. Bevor wir mit der Beschreibung dieses Projekts beginnen, sollten wir gestützt auf die Lehren, die wir aus früheren Fehlschlägen ziehen können, einige Prinzipien skizzieren.

Zunächst einmal müssen wir die *Grenzen der menschlichen Willenskraft* angesichts eines komplexen und fragilen Systems verstehen. Die Bolschewisten verstanden das nicht – der Fairness halber muss man jedoch sagen, dass es auch die meisten Mainstream-Politiker des 20. Jahrhunderts nicht verstanden. Mittlerweile sind wir uns dieses Problems bewusst. Die Lösung besteht darin, alle Vorschläge im kleinen Maßstab zu testen und ihre makroökonomischen Auswirkungen mehrmals virtuell durchzuspielen, bevor wir uns daranmachen, sie im großen Maßstab umzusetzen.

Der sowjetische Ökonom Jewgeni Preobraschenski sagte voraus, die Ökonomie, die bisher nur die Vergangenheit analysiere, werde ein Instrument zur Gestaltung der Zukunft werden, wenn die Marktkräfte zu verschwinden begännen. Diese Art von Ökonomie bezeichnete er als »soziale Technologie«.[2]

Diese Bezeichnung hat etwas Beängstigendes, beschwört sie doch die Gefahr herauf, die Gesellschaft wie eine Maschine zu behandeln. Aber Preobraschenskis Beschreibung der Werkzeuge dieser »sozialen Technologie« ist weitblickend und ausgereift. Er fordert ein »extrem komplexes und verzweigtes Nervensystem aus gesellschaftlichem Vorausblick und geplanter Leitung«. Man achte auf die Wortwahl: Er spricht nicht von Kommando und Lenkung, sondern von Vorausblick und Leitung. Und man beachte das Bild: keine Hierarchie, sondern ein Nervensystem. Die sowjetische Führung musste auf eine bürokratische Hierarchie zurückgreifen, um die Kommandowirtschaft zu lenken, aber mittlerweile haben wir das Netzwerk. Wenn es um die Organisation des Wandels geht, funktioniert das Netzwerk besser als die Hierarchie, aber nur, wenn wir seine Komplexität und Fragilität berücksichtigen.

Das zweite Prinzip, das wir bei der Gestaltung des Übergangs zum Postkapitalismus anwenden müssen, ist das der *ökologischen Nachhaltigkeit.* Die in Kapitel 9 beschriebenen externen Schocks werden vermutlich nach und nach eintreten: kurzfristige, örtlich begrenzte Energieknappheit im kommenden Jahrzehnt, Alterung der Bevölkerung und Migrationswellen in den nächsten dreißig Jahren und anschließend die katastrophalen Auswirkungen des Klimawandels. Unsere Aufgabe ist es also, Technologien zu entwickeln, die diese Probleme durch nachhaltiges Wachstum lösen. Wir müssen den Fortschritt nicht rückgängig machen, um den Planeten zu retten.

Das dritte Prinzip lautet, dass die Transition *nicht nur eine wirtschaftliche Transition* sein kann. Es bedarf auch einer *menschlichen Transition.* Die neuen Typen von Menschen, die in der vernetzten Wirtschaft entstehen, haben neue Zweifel und Prioritäten. Wir haben bereits eine andere Selbstwahrnehmung als unsere Großeltern.[3] Unsere Rollen als Konsumenten, romantische Partner und Kommunikatoren sind uns ebenso wichtig wie unsere Rolle am Arbeitsplatz. Daher kann das Projekt nicht auf wirtschaftliche und soziale Gerechtigkeit beschränkt werden.

Der französische Sozialphilosoph André Gorz hatte recht, als er erklärte, der Neoliberalismus habe eine auf der Arbeit beruhende Utopie unmöglich gemacht. Dennoch sind wir mit einer ähnlichen Herausforderung konfrontiert wie die frühen Räterepubliken angesichts der Bedürfnisse der Arbeiter: Bestimmte soziale Gruppen können kurzfristige Prioritäten haben, die mit den Prioritäten der Volkswirtschaft und der Biosphäre unvereinbar sind. Dafür sind die Netzwerke da: Dort können Debatten ausgetragen und alternative Optionen vorgeschlagen werden. Wir werden neue Formen der Demokratie brauchen, um einen Ausgleich zwischen konkurrierenden legitimen Ansprüchen herzustellen. Aber das wird nicht einfach sein.

Ein viertes Prinzip sollte lauten: *Das Problem muss aus allen Richtungen in Angriff genommen werden.* Aufgrund des Aufstiegs der Netzwerke ist die Möglichkeit, sinnvolle Maßnahmen zu ergreifen, nicht mehr auf Staaten, Unternehmen und politische Parteien beschränkt. Auch einzelne Menschen und zeitweilige Schwärme von Individuen können Veränderungen vorantreiben.

Gegenwärtig konzentriert sich die Gemeinschaft der Vordenker und Aktivisten der Peer-to-Peer-Bewegung auf kleine experimentelle Projekte wie Genossenschaftsbanken und Kooperativen. Der Staat hat in ihren Augen im Wesentlichen die Funktion, den Peer-to-Peer-Sektor durch Gesetze zu schützen und sein Wachstum zu fördern. Sieht man von Denkern wie Michel Bauwens[4] und McKenzie Wark[5] ab, hat sich bislang kaum jemand mit der Frage beschäftigt, wie ein vollkommen neues System des Regierens und der Ordnungspolitik für diese neue Produktionsweise aussehen könnte.

Wir müssen jedoch im größeren Rahmen denken. Wir müssen Experimente im kleinen Maßstab mit bewährten Modellen, die allgemein angewandt werden können, sowie zentralisierten staatlichen Maßnahmen kombinieren.

Wenn die Lösung für den Finanzsektor also darin besteht, ein vielgestaltiges, vergesellschaftetes Bankensystem aufzubauen, so können wir das Problem durch die Gründung von Genossenschaftsbanken aus einer Richtung, durch das Verbot bestimmter Formen der Spekulation aus einer anderen und durch eine Änderung unseres finanziellen Verhaltens aus einer dritten Richtung in Angriff nehmen.

Das fünfte Prinzip für einen erfolgreichen Übergang zum Postkapitalismus lautet, dass wir *die Wirkung der Information maximieren* müssen. Der Unterschied zwischen einer Smartphone-App und den vor zwanzig Jahren auf Computern installierten Programmen ist, dass die modernen Applikationen Selbstanalysen durchführen und Leistungsdaten sammeln. Ihr Telefon und Ihr Computer schicken Informationen über Ihre Entscheidungen an ein Unternehmen. Bald werden Informationen aus »intelligenten« Stromzählern, U-Bahn-Tickets und computergesteuerten Autos fließen. Die gesammelten Daten unseres Lebens – zu denen in naher Zukunft unsere Fahrgeschwindigkeit, unsere Ernährungsgewohnheiten, unser Body-Mass-Index und unsere Herzfrequenz zählen werden – könnten selbst eine sehr wirksame »soziale Technologie« sein.

Wenn das Internet der Dinge erst einmal voll entwickelt ist, werden wir zum eigentlichen Ausgangspunkt der Informationsökonomie. Dann wird unsere vorrangige Aufgabe darin bestehen, die demokratische gesellschaftliche Kontrolle über die gesammelten Informationen zu erringen, um ihre Monopolisierung oder ihren Missbrauch durch Staaten und Unternehmen zu verhindern.

Das Internet der Dinge wird eine riesige soziale »Maschine« vervollständigen. Seine Analysekapazität könnte die Ressourcennutzung optimieren und den Konsum von fossilen Brennstoffen, Rohstoffen und Arbeitskraft deutlich verringern. Der Aufbau »intelligenter« Strom- und Straßennetze und eines »intelligenten« Steuersystems sind lediglich einige naheliegende Vorhaben. Aber diese riesige Maschine hat nicht nur die Fähigkeit, zu steuern und Feedback zu liefern. Durch die Vergesellschaftung des Wissens kann sie auch die Ergebnisse kollektiver Aktionen potenzieren.

Die Sozialisten der Belle Époque fanden Gefallen an Monopolen und Kartellen: Sie hofften, die Gesellschaft zentral lenken zu können, indem sie die Monopole übernahmen. Wir hingegen wollen die Lenkung dezentralisieren – und es gibt kein besseres Werkzeug dafür als die gewaltige Informationsmaschine, die derzeit zusammengebaut wird.

Haben wir sie einmal unter unsere Kontrolle gebracht, so können wir einen Großteil der gesellschaftlichen Wirklichkeit der kollaborativen Kontrolle unterstellen. Beispielsweise konzentriert sich die Epidemiologie mittlerweile darauf, die Rückkoppelungsschleifen von Armut, Wut, Stress, atomisierten Familien und schlechter Gesundheit zu durchbrechen.[6] Die moderne Sozialmedizin versucht, diese Probleme zu erfassen und zu beheben. Wie viel wirkungsvoller könnte diese Medizin sein, wenn es gelänge, die Armut und die Krankheiten, unter denen benachteiligte Gemeinschaften leiden, unter Einbindung der Betroffenen in Echtzeit zu erfassen, zu verstehen und kollaborativ zu beseitigen?

Das Bemühen, möglichst viel aus der Information herauszuholen und sie allgemein zugänglich zu machen, muss uns zur zweiten Natur werden. Die optimale Nutzung der Information ist ein wesentlicher Bestandteil des Projekts.

Übergeordnete Ziele

Ausgehend von den zuvor erläuterten Prinzipien möchte ich etwas vorschlagen, das kein politisches Programm, sondern eher ein verteiltes Projekt ist: eine Reihe untereinander verknüpfter, modularer, nichtlinearer Maßnahmen, die zu einem wahrscheinlichen Ergebnis führen. Die Entscheidungen werden dezentral gefällt. Die für die Umsetzung erforderlichen Strukturen entstehen im Verlauf der Umsetzung. Die Ziele werden in Reaktion auf Echtzeitinformation formuliert. Und wir sollten so umsichtig sein, die neuartigen Simulationsinstrumente zu verwenden, um jeden Vorschlag virtuell durchzuspielen, bevor wir ihn in die Tat umsetzen.

Ich könnte die Modularität und Interdependenz der Projekte besser darstellen, indem ich den Rest dieses Kapitels auf Post-its schriebe und an eine Tafel hängte. Die beste Methode zur Durchführung eines verteilten Projekts besteht darin, dass sich kleine Gruppen eine Aufgabe aussuchen, ein wenig daran arbeiten, ihre Ergebnisse dokumentieren und weitergehen.

Da Post-its jedoch nicht infrage kommen, werde ich mich an eine Liste halten. Die übergeordneten Ziele eines postkapitalistischen Projekts sollten sein:

1. Wir müssen die CO_2-Emissionen rasch verringern, damit sich die Erde bis 2050 um höchstens zwei Grad erwärmt; außerdem können wir so eine

Energiekrise vermeiden und das durch den Klimawandel verursachte Chaos eindämmen.

2. Wir müssen das Finanzsystem bis 2050 vergesellschaften und stabilisieren, damit die Alterung der Bevölkerung, der Klimawandel und die Überschuldung nicht einen neuen Zyklus von Spekulationsblasen und Crashs auslösen und die Weltwirtschaft zerstören.
3. Wir müssen der Mehrheit der Menschheit materiellen Wohlstand sichern. Dazu müssen wir vor allem die Technologien mit hohem Informationsgehalt nutzen, um große gesellschaftliche Herausforderungen wie schlechte Gesundheit, Abhängigkeit von Sozialhilfe, sexuelle Ausbeutung und unzureichende Bildung zu bewältigen.
4. Wir müssen die Technologie auf die Verringerung des Arbeitsaufwands ausrichten, um den raschen Übergang zu einer automatisierten Wirtschaft voranzutreiben. Die Arbeit wird schließlich freiwillig sein, grundlegende Güter und öffentliche Dienste werden kostenlos zur Verfügung stehen, und im wirtschaftlichen Betrieb wird es darum gehen, nicht länger in erster Linie Kapital und Arbeit zu verwalten, sondern Energie und Ressourcen.

Bei Gesellschaftsspielen würde man hier von »Siegbedingungen« sprechen. Vielleicht können wir nicht alle diese Bedingungen schaffen, aber wie alle Spieler wissen, kann man auch ohne den totalen Sieg viel erreichen.

Auf dem Weg zu diesen Zielen müssen wir mit allen wirtschaftlichen Veränderungen *transparente Signale* senden. Das System von Bretton Woods funktionierte gut, weil es auf klaren Regeln beruhte. Unter dem Neoliberalismus gelten seit 25 Jahren nur unausgesprochene Regeln in der Weltwirtschaft, und in der Eurozone werden die Regeln laufend gebrochen.

Der Soziologe Max Weber schrieb den Aufstieg des Kapitalismus nicht der Technologie, sondern dem »Geist des Kapitalismus« zu – nicht den Finanzen, den Maschinen und der Arbeit an sich, sondern einer neuen *Einstellung* zu diesen Bestandteilen der Wirtschaft. Damit sich ein »Geist des Postkapitalismus« entwickeln kann, müssen wir uns auf die Frage konzentrieren, wo die Externalitäten erzeugt und wie sie verteilt werden, und wir müssen das Verständnis dieser Phänomene aktiv verbreiten. Wir müssen Antworten auf die folgenden Fragen geben: Was geschieht mit dem gesellschaftlichen Nutzen der vernetzten Interaktionen, den die kapitalistische

Wirtschaftsrechnung normalerweise nicht erfasst? Und wie können wir diesen Nutzen messen?

Sehen wir uns ein konkretes Beispiel an. Cafés werben oft damit, dass sie »nur Bohnen aus ökologischem Anbau verwenden«, womit diese Ketten und wir als Konsumenten ihres Kaffees dem gesellschaftlichen Wohl dienen. Unterschwellig sagen sie zu uns: »Und du als Konsument zahlst ein wenig mehr für das gute Gefühl, zum Umweltschutz beizutragen.« Aber das Signal ist nur teilweise transparent.

Stellen wir uns den Coffee-Shop jetzt als Kooperative vor, die ihre Arbeiter gut bezahlt und den Gewinn in Initiativen zur Stärkung des sozialen Zusammenhalts, in Alphabetisierungskampagnen, in die Resozialisierung von Straftätern oder in die öffentliche Bildung investiert. Wichtig ist, dass die Kooperative klar sagt, welche sozialen Güter sie erzeugt und wer davon profitiert. Diese Signale müssen so klar sein wie das Ökosiegel auf der Kaffeepackung.

Das ist mehr als eine Geste: Es ist ein transparentes Signal, so wie die geladene Kanone, die im Jahr 1771 vor der Textilfabrik in Cromford aufgestellt wurde. Man kann ein Schild aufstellen, auf dem steht: »Wir verkaufen Kaffee, um einen Gewinn zu erzielen, mit dem wir eine kostenlose psychosoziale Beratung finanzieren können.« Oder man könnte einfach stillschweigend ein Netzwerk von Essensausgaben organisieren wie Syriza in Griechenland.

Auf den nächsten Seiten finden Sie meine Ideen für einen Projektplan auf der Grundlage der beschriebenen Prinzipien und der fünf übergeordneten Ziele. Ich würde mich freuen, wenn er von einer wütenden Menge in der Luft zerrissen und vollkommen überarbeitet würde.

Erst das Modell, dann das praktische Handeln

Als Erstes brauchen wir eine offene, präzise und umfassende Computersimulation der gegenwärtigen wirtschaftlichen Realität. Als Quellen können wir die makroökonomischen Modelle von Banken, IWF und OECD, die Klimamodelle der Internationalen Energieagentur und andere Szenarien verwenden. Wir müssen jedoch bedenken, dass diese Modelle sehr einseitig sind.

In den Klimamodellen wird die Erdatmosphäre anhand der neuesten mathematischen Methoden dargestellt, während ihre volkswirtschaftlichen Simulationen eher Ähnlichkeit mit einer Modelleisenbahn haben. Die meisten professionell gestalteten Wirtschaftssimulationen, die als dynamisch-stochastische Gleichgewichtsmodelle (DSGE) bezeichnet werden, beruhen auf einem doppelten Irrtum: Sie nehmen an, dass ein Gleichgewicht möglich ist und dass alle wirtschaftlichen Akteure einfach zwischen Genuss und Schmerz wählen.

Ein Beispiel: Im neuesten Modell der EZB für die Eurozone gibt es nur drei Akteure – private Haushalte, Unternehmen und die Zentralbank. Wie die gegenwärtigen Ereignisse zeigen, wäre es vielleicht hilfreich gewesen, auch einige Faschisten und korrupte Oligarchen oder mehrere Millionen Wähler zu berücksichtigen, die bereit sind, die radikale Linke an die Macht zu bringen.

Wenn man bedenkt, dass wir mittlerweile seit mehreren Jahrzehnten in der Ära der Informationstechnologie leben, ist es verwunderlich, dass es keine Modelle gibt, die das Wechselspiel der wirtschaftlichen Prozesse abbilden können, während es durchaus möglich ist, so komplexe Vorgänge wie Wetter, Bevölkerungsentwicklung, Epidemien oder Verkehrsströme zu simulieren.[7]

Zudem trägt normalerweise niemand die Verantwortung für die kapitalistische Planung und Modellierung: Wenn ein großes Infrastrukturprojekt zwanzig Jahre nach den Prognosen zu seinen Auswirkungen erste Ergebnisse liefert, gibt es keine Person oder Organisation mehr, die Schlüsse daraus ziehen könnte. Das hat zur Folge, dass die meisten ökonomischen Modelle im Marktkapitalismus ausgesprochen spekulativ sind.

Eine radikale – und unerlässliche – Maßnahme bestünde also darin, ein globales Institut oder Netzwerk einzurichten, das den langfristigen Übergang zum Postkapitalismus simulieren könnte.

Diese Einrichtung müsste zunächst eine gute Simulation des gegenwärtigen Wirtschaftssystems erstellen. Diese Simulation müsste »quelloffen« sein: Jeder kann sie verwenden, jeder kann Verbesserungen vorschlagen, und die Ergebnisse stehen der Allgemeinheit zur Verfügung. Dazu müssten wir vermutlich eine als »agentenbasierte Modellierung« bezeichnete Methode anwenden: In Computermodellen werden Millionen virtuelle Arbeitskräfte, Haushalte und Unternehmen simuliert, die innerhalb realistischer Grenzen spontan interagieren können. Ein solches Modell könnte schon heute mit Echtzeitdaten arbeiten. Wettersensoren, Monitore zur Überwachung des öffentlichen Verkehrs, Stromnetze, demografische Daten für Postleitzahlsysteme und die von globalen Supermarktgruppen für das Management ihrer Lieferketten verwendeten Instrumente liefern allesamt nützliche makroökonomische Echtzeitdaten. Wenn einmal jedes Objekt auf der Erde adressierbar und »intelligent« ist und Informationen liefert, erhält man ein Wirtschaftsmodell, das die Realität nicht nur simuliert, sondern abbildet. Die Agenten im virtuellen Modell werden wie bei den Wettersimulationen schließlich durch granulare Daten aus der Realität ersetzt.

Sind wir erst einmal in der Lage, die wirtschaftliche Realität auf diese Art zu erfassen, so können wir einschneidende Veränderungen nachvollziehbar planen. So wie die Ingenieure Millionen verschiedene Belastungen der Heckflosse eines Flugzeugs simulieren, könnte man auch Millionen Einflüsse berechnen, die darüber entscheiden werden, wie es sich auswirken wird, den Preis von Nike-Schuhen auf einen bestimmten Punkt zwischen dem gegenwärtigen Ladenpreis von 190 Dollar und dem Herstellungspreis von weniger als 20 Dollar zu senken.

Wir würden unserem Supercomputer laterale Fragen stellen: Geraten junge Männer in eine Depression, wenn die Marke Nike untergeht? Leidet die globale Sportindustrie, wenn Nikes Marketingausgaben nicht länger sprudeln? Sinkt die Qualität, wenn im Herstellungsprozess kein Markenwert mehr bewahrt werden muss? Und wie sähen die Auswirkungen auf das Klima aus? Um seine Marke zu stärken, hat sich Nike sehr bemüht, die CO_2-Emissionen zu senken. Wir könnten zu der Überzeugung gelangen, dass es gut ist, den Preis der Nike-Schuhe hoch zu halten. Oder nicht.

Nicht für die detaillierte cyberstalinistische Planung, sondern für solche Entscheidungen würde ein postkapitalistischer Staat Superrechner nutzen. Und sobald wir verlässliche Prognosen haben, können wir handeln.

Die Wikipolis

Die schwierigste Aufgabe ist die Gestaltung des Staats. Wir müssen umdenken und begreifen, dass er einen positiven Beitrag zur Errichtung des Postkapitalismus leisten kann.

Wir sollten von folgender Prämisse ausgehen: Staaten sind riesige Wirtschaftsgebilde. Weltweit beschäftigen sie etwa eine halbe Milliarde Menschen und haben einen durchschnittlichen Anteil von 45 Prozent an der Wirtschaftsleistung (zwischen 60 Prozent des BIP in Dänemark und 25 Prozent in Mexiko). Seine Beschaffungsentscheidungen und die Hinweise auf sein zukünftiges Verhalten haben großen Einfluss auf das Verhalten der Märkte.

Im sozialistischen Projekt wurde der Staat selbst als Wirtschaftssystem betrachtet. Im Postkapitalismus wird sich der Staat eher wie die Belegschaft der Wikipedia-Stiftung verhalten: Seine Aufgabe wird es sein, die neuen Wirtschaftsformen zu fördern, bis diese eigenständig funktionieren können. Wie in der ursprünglichen Vision des Kommunismus wird der Staat »absterben« – aber hier sollen nicht nur seine ordnungspolitischen und Verteidigungsfunktionen absterben, sondern auch die ökonomischen.

Es gibt eine Veränderung, die jede Regierung sofort und kostenlos herbeiführen könnte: Die neoliberale Privatisierungsmaschine muss abgeschaltet werden. Die Behauptung, im Neoliberalismus spiele der Staat eine passive Rolle, ist ein Mythos: In Wahrheit kann das neoliberale System nicht existieren, ohne dass der Staat laufend aktiv eingreift, um Vermarktlichung, Privatisierung und Finanzinteressen zu fördern. Der neoliberale Staat dereguliert die Finanzen, lagert öffentliche Dienste aus und lässt das öffentliche Gesundheitswesen, die Bildung und den Verkehr verwahrlosen, womit er die Bevölkerung zwingt, private Dienste in Anspruch zu nehmen. Eine Regierung, die es mit dem Aufbau des Postkapitalismus ernst meint, müsste deutlich signalisieren, dass sie die Marktkräfte nicht aktiv fördern wird. Die relativ konventionellen Linken des griechischen Syriza-Bündnisses wurden offen sabotiert, weil sie das versuchten. Die EZB zettelte in Griechenland einen Bankensturm an und verlangte als Gegenleistung für eine Stützung der Banken weitere Privatisierungen und eine verstärkte Auslagerung und Aushöhlung der öffentlichen Dienstleistungen.

In einem weiteren Schritt könnte der Staat die Märkte umbauen, um nachhaltige, kooperative und sozial gerechte Ergebnisse zu erzielen. Wenn man den Tarif für den ins Netz eingespeisten Solarstrom hoch ansetzt, werden die Bürger auf ihren Dächern Solarpanele installieren. Aber wenn man nicht vorschreibt, dass die Module aus Fabriken mit hohen sozialen Standards kommen müssen, werden sie in China erzeugt werden und, abgesehen vom Wechsel des Energieträgers, einen geringen gesellschaftlichen Nutzen haben. Schafft der Staat Anreize für den Aufbau lokaler Energiesysteme, damit der überschüssige Strom an Unternehmen in der näheren Umgebung verkauft werden kann, so kann er weitere positive Externalitäten ernten.

Wir müssen die Rolle des Staates in einem Wirtschaftssystem, das sowohl kapitalistische als auch postkapitalistische Strukturen beinhaltet, neu definieren. Der Staat sollte neue Technologien und Geschäftsmodelle fördern, dabei jedoch stets prüfen, ob sie den beschriebenen strategischen Zielen und Prinzipien entsprechen.

Peer-to-Peer-Projekte, kollaborative Geschäftsmodelle und Aktivitäten ohne Gewinnzweck sind normalerweise klein und fragil. Rund um diese Vorhaben ist eine Gemeinschaft von Ökonomen und Aktivisten entstanden, aber verglichen mit dem Marktsektor ist das Ausgangsmaterial derart beschränkt, dass der Staat unbedingt im kapitalistischen Dschungel eine Lichtung roden muss, auf der die neuen Pflanzen wachsen können.

Im postkapitalistischen Projekt muss der Staat auch die Infrastruktur koordinieren und planen: Gegenwärtig handelt er planlos und unter erheblichem Druck der CO_2-Lobby. In der Zukunft könnte er es demokratisch und mit vollkommen anderen Ergebnissen tun. Vom sozialen Wohnungsbau in den Städten, der unter der Immobilienspekulation leidet, bis zu Fahrradwegen oder medizinischer Versorgung werden sogar die progressivsten Infrastrukturprojekte den Interessen der Reichen angepasst – und sie beruhen auf der Annahme, dass der Markt für die Ewigkeit ist. Das Ergebnis ist, dass die Infrastrukturplanung zu den Disziplinen zählt, in denen das vernetzte Denken kaum eine Rolle spielt. Das müssen wir ändern.

Angesichts des globalen Charakters der Probleme muss sich der Staat die Planung der Reaktionen auf die Herausforderungen des Klimawandels, der Bevölkerungsentwicklung, der Energiesicherheit und der Migration »aneignen«: Wir können zahlreiche Schritte auf der Mikroebene unternehmen, um diese Probleme anzugehen, aber lösen können wir sie nur durch Eingriffe nationaler Regierungen und durch multilaterale Vereinbarungen.

Damit die Staaten zum Aufbau eines neuen Wirtschaftssystems beitragen können, müssen sie vor allem das Problem der Verschuldung lösen. Die entwickelten Länder werden von gewaltigen Schulden gelähmt. Wie wir in Kapitel 9 gesehen haben, werden die Staatsschulden aufgrund der Alterung der Bevölkerung auf ein unerträgliches Maß steigen. Im Lauf der Zeit wird die Kombination von Austerität und Stagnation zu einer Schrumpfung der Wirtschaft führen, mit deren Produktion die Schulden zurückgezahlt werden sollen.

Daher müssen die Regierungen entschlossen handeln, um die Schuldenlast zu beseitigen. Eine Möglichkeit wäre, dass Länder wie Griechenland, die ihre Schulden unmöglich zurückzahlen können, den Schuldendienst einseitig einstellen. Das Ergebnis wäre jedoch eine Deglobalisierung, da die Staaten und Investoren, die diesen Ländern das Geld geliehen haben, Vergeltung üben und den Schuldnern den Marktzugang abschneiden oder sie aus Währungs- und Wirtschaftszonen ausschließen würden.

Ein Teil des durch die quantitative Lockerung erzeugten Geldes könnte verwendet werden, um die Schulden aufzukaufen und zu beseitigen, aber selbst diese sogenannte »Monetarisierung« der Schulden anhand der zusätzlichen Geldmenge von mittlerweile 12 Billionen Dollar würde die globalen Staatsschulden von 54 Billionen Dollar und die Gesamtschulden von fast 300 Billionen Dollar gemessen an der Wirtschaftsleistung nicht ausreichend verringern.

Vernünftiger wäre es, kontrollierte Schuldenerlässe mit einer auf zehn bis fünfzehn Jahre angelegten globalen »Finanzrepression« zu kombinieren: Die Staaten müssten die Inflation ankurbeln, die Zinsen unterhalb der Inflationsrate halten und den Bürgern die Möglichkeit nehmen, ihr Geld in nichtfinanzielle Vermögenswerte zu investieren oder ins Ausland zu bringen. Auf diese Art könnten sie die Schulden weginflationieren, um anschließend die Restschulden abzuschreiben.

Um es mit brutaler Deutlichkeit zu sagen: Dadurch würden die Vermögenswerte in den Rentenfonds und damit der materielle Wohlstand der Mittelschicht und der Rentner schrumpfen, und mit Kapitalverkehrskontrollen würde man die Finanzen teilweise deglobalisieren. So würde allerdings auf kontrollierte Art getan, was der Markt ansonsten auf chaotische Art tun wird, wenn die Schulden von sechzig Prozent aller Länder bis 2050 auf Ramschniveau herabgestuft werden (wie Standard & Poor's voraussagt).

Wenn die Wirtschaft beinahe stagniert und die langfristigen Zinsen bei null liegen, werfen die Investitionen der Rentenfonds ohnehin kaum noch Erträge ab.

Aber mit staatlichen Eingriffen allein kann nicht einmal die Hälfte der Probleme gelöst werden.

Ausweitung der kollaborativen Arbeit

Um den Übergang zum Postkapitalismus zu beschleunigen, müssen wir zu kollaborativen Geschäftsmodellen übergehen. Dazu müssen wir die ungleichen Machtbeziehungen beseitigen, welche die kollaborative Arbeit in der Vergangenheit unmöglich gemacht haben.

Die klassischen Arbeiterkooperativen scheiterten stets, weil sie keinen Zugang zu Kapital hatten und ihre Mitglieder in Krisensituationen nicht dazu bewegen konnten, Lohnkürzungen hinzunehmen oder weniger Stunden zu arbeiten. Erfolgreiche moderne Kooperativen wie Mondragon in Spanien funktionieren, weil sie die Unterstützung einer örtlichen Genossenschaftsbank genießen und komplexe Gebilde sind, die ihre Belegschaft von einem Sektor in einen anderen umschichten oder kurzfristige Arbeitslosigkeit durch nicht vom Markt abhängige Vergünstigungen für Entlassene mildern können. Mondragon ist kein postkapitalistisches Paradies, sondern die Ausnahme, welche die Regel veranschaulicht: Sieht man sich die Liste der 300 größten Kooperativen der Welt an, so stellt man fest, dass viele von ihnen einfach Genossenschaftsbanken sind, die sich der Übernahme durch einen Konzern widersetzten. Sie spielen das Spiel der finanziellen Ausbeutung mit sozialem Gewissen.

In einer von Netzwerken getragenen Transition müssen wir in erster Linie kollaborative Geschäftsmodelle fördern. Diese müssen sich jedoch ebenfalls erst entwickeln. Es genügt nicht, dass die Unternehmen einfach auf den Gewinnzweck verzichten: Die postkapitalistische Form der Kooperative wird versuchen, ausgehend von der Marktaktivität marktferne, nicht gemanagte, nicht auf Geld beruhende Aktivitäten auszuweiten. Wir brauchen Kooperativen, deren Rechtsform durch eine wirkliche Allmendeproduktion oder durch einen Allmendekonsum mit klaren sozialen Ergebnissen ergänzt wird.

Wir dürfen den Verzicht auf den Gewinnzweck nicht zu einem Fetisch machen. Es kann durchaus rentable Peer-to-Peer-Kreditfirmen, Taxiunternehmen und Vermittler von Urlaubsunterkünften geben, aber solche Unternehmen müssten Vorschriften unterworfen werden, die ihre Fähigkeit einschränken, zur sozialen Ungerechtigkeit beizutragen.

Auf staatlicher Ebene könnte eine Behörde für die Nicht-Marktwirtschaft eingerichtet werden, deren Aufgabe es wäre, jene Betriebe zu fördern, die kostenlose Güter erzeugen oder teilen und Allmendeproduktion zu einem wesentlichen Bestandteil ihrer Tätigkeit gemacht haben. Auf diese Art könnte die Behörde den Umfang der wirtschaftlichen Aktivität außerhalb des Preissystems erhöhen. Relativ geringe Anreize würden genügen, um bedeutsame Synergien zu erzeugen und das Wirtschaftssystem umzubauen.

Beispielsweise gründen viele Leute Unternehmen – ein Drittel der Startups scheitert –, weil das Steuersystem Anreize dazu bietet. Oft entstehen so Unternehmen, die nur geringbezahlte Arbeitsplätze schaffen – Fast-Food-Restaurants, Bauunternehmen und Franchise-Filialen –, weil das System die billige Arbeit bevorzugt. Indem wir das Steuersystem so umbauen, dass es die Gründung von Non-Profit-Organisationen und die Allmendeproduktion belohnt, und indem wir die Vorschriften für die Betriebstätigkeit ändern, um den Aufbau von Niedriglohnunternehmen zu erschweren, gleichzeitig jedoch die Gründung von Firmen zu erleichtern, die Arbeitsplätze schaffen, mit denen man seinen Lebensunterhalt verdienen kann, können wir zu geringen Kosten viel verändern.

Auch Großunternehmen sind gut geeignet, um die Veränderung voranzutreiben, was nicht zuletzt an ihrer Größe liegt. McDonald's zum Beispiel nähme, wäre es ein Land, nicht nur den 38. Rang unter den Volkswirtschaften der Welt ein (seine Wirtschaftsleistung ist höher als die Ecuadors), sondern ist auch der größte Spielzeugvertrieb in den Vereinigten Staaten. Dazu kommt, dass jeder achte Mensch in den USA schon einmal für McDonald's gearbeitet hat. Man stelle sich vor, was geschähe, wenn dieses Unternehmen neuen Mitarbeitern bei der Einschulung in ihre Tätigkeit einen einstündigen Kurs in Gewerkschaftsarbeit anbieten müsste. Man stelle sich vor, Walmart würde seine Mitarbeiter nicht beraten, wie sie staatliche Zulagen für

Beschäftigte beantragen können, um die Lohnkosten zu senken, sondern müsste ihnen erklären, wie sie ihren Lohn erhöhen können. Oder man stelle sich vor, McDonald's würde kein Plastikspielzug mehr verteilen.

Wie kann man Unternehmen dazu bewegen, solche Dinge zu tun? Nun, mit Gesetzen und Vorschriften. Indem wir die Rechte der Beschäftigten global tätiger Konzerne stärken, zwingen wir ihre Arbeitgeber, Geschäftsmodelle zu entwickeln, die auf hohen Löhnen, Wachstum und Hochtechnologie beruhen. Die seit den neunziger Jahren aus dem Boden geschossenen Konzerne, die sich auf Niedriglöhne, geringqualifizierte Jobs und geringe Qualität stützen, existieren nur, weil der Staat ihnen freie Hand dazu gegeben hat. Wir müssen den Prozess lediglich umkehren.

Der Vorschlag, bestimmte Geschäftsmodelle zu verbieten, mag radikal klingen, aber nichts anderes geschah mit der Sklaverei und der Kinderarbeit. Das gegen den Widerstand von Plantagenbesitzern und Fabrikeigentümern durchgesetzte Verbot dieser Praktiken regulierte den Kapitalismus und erzwang seine Weiterentwicklung.

Unser Ziel sollte es sein, den Postkapitalismus zu regulieren: Wir müssen dem kostenlosen Wifi-Netz im Bergdorf Vorrang vor den Rechten des Telefonmonopols geben. Aus solchen geringfügigen Veränderungen können neue Systeme hervorgehen.

Monopole unterdrücken oder verstaatlichen

Der wichtigste Verteidigungsreflex des Kapitalismus gegen den Postkapitalismus besteht darin, Monopole zu errichten, um zu verhindern, dass die Preise auf null sinken.

Um den Übergang zum Postkapitalismus zu erleichtern, muss dieser Verteidigungsmechanismus unterdrückt werden. Wo immer das möglich ist, müssen wir Monopole verbieten und die Vorschriften gegen Preisabsprachen streng durchsetzen. Ein Vierteljahrhundert lang wurde der öffentliche Sektor gezwungen, Dienste auszulagern und sich aufzuspalten. Jetzt sind Monopole wie Apple und Google an der Reihe. Wo die Zerschlagung eines Monopols schädliche Auswirkungen hätte – beispielsweise bei Flugzeugbauern oder Wasserwerken –, würde die vor hundert Jahren von Rudolf Hilferding vorgeschlagene Lösung genügen: die Vergesellschaftung.

In seiner ursprünglichen Form, das heißt als gemeinnützige öffentliche Einrichtung, verleiht das Staatsunternehmen dem Kapital großen gesellschaftlichen Nutzen, indem es die Inputkosten der Arbeit verringert. In der postkapitalistischen Wirtschaft könnte es dies und mehr leisten. Das strategische Ziel – das im Vorstandszimmer jedes Staatsunternehmens in Großbuchstaben auf Powerpoint-Präsentationen prangen sollte – bestünde darin, die Kosten von Gütern des grundlegenden Bedarfs zu senken und auf diese Art die gesamte gesellschaftlich notwendige Arbeitszeit zu verringern und mehr Güter kostenlos zu erzeugen.

Würden Strom, Wasser, Wohnung, Transport, Gesundheitswesen, Telekommunikationsinfrastruktur und Bildung in einer neoliberalen Volkswirtschaft wirklich von der öffentlichen Hand bereitgestellt, so käme dies einer Revolution gleich. Durch die Privatisierung dieser Sektoren in den vergangenen dreißig Jahren leiteten die Neoliberalen die Rentabilität in den Privatsektor um: In Ländern ohne produktive Industrien sind solche Dienstleistungsmonopole der Kern des Privatsektors und bilden gemeinsam mit den Banken das Rückgrat des Aktienmarkts.

Diese öffentlichen Dienste zum Selbstkostenpreis zu erbringen wäre eine strategische Umverteilungsmaßnahme, die sehr viel wirkungsvoller wäre als eine Anhebung der Reallöhne.

Fassen wir zusammen: Eine Regierung, die den Postkapitalismus anstrebt, könnte mit relativ billigen ordnungspolitischen Eingriffen und einem radikalen Schuldenabbau die öffentliche Verwaltung, den Unternehmenssektor und die Staatsbetriebe dazu bewegen, vollkommen andere Ziele zu verfolgen.

Aber die eigentlichen postkapitalistischen Wirtschaftsformen werden nicht in diesem Bereich entstehen. So wie der britische Staat Anfang des 19. Jahrhunderts das Wachstum des Industriekapitalismus anregte, indem er neue Regeln aufstellte, könnte heute eine Mischung von staatlichen Einrichtungen und streng regulierten Unternehmen die Rahmenbedingungen für ein neues Wirtschaftssystem schaffen. Die Substanz dieses Systems muss jedoch aus einer anderen Quelle kommen.

Lasst die Marktkräfte verschwinden

In einer vernetzten, konsumorientierten Gesellschaft, deren wirtschaftliche Vorstellungen um die Bedürfnisse des Individuums kreisen, sind die Märkte nicht der Feind. Dies ist der wichtigste Unterschied zwischen einem auf der Informationstechnologie und einem auf der zentralen Planung beruhenden Postkapitalismus. Es gibt keinen Grund, die Märkte per Diktat abzuschaffen; wir müssen lediglich das Machtungleichgewicht beseitigen, das sich hinter dem Begriff des »freien Markts« verbirgt.

Ist es den Unternehmen erst einmal verboten, Monopolpreise festzulegen, und erhalten erst einmal sämtliche Bürger ein Grundeinkommen (siehe unten), so wird der Markt zum Vermittler des »Null-Grenzkosten-Effekts«, der sich in sinkenden Arbeitszeiten niederschlägt.

Um den Übergang zum Postkapitalismus steuern zu können, müssen wir allerdings klare Signale an den Privatsektor senden, darunter vor allem dieses: Der Profit ist das Ergebnis unternehmerischer Tätigkeit. Profit durch wirtschaftliche Renten ist unzulässig.

Gegenwärtig werden Unternehmen für Innovation und Erzeugung neuer Produkte – seien es neuartige Düsentriebwerke oder Musikhits – durch kurzfristige Erträge in Form von höheren Umsätzen oder geringeren Kosten belohnt. Aber wir müssen die Patente und geistigen Eigentumsrechte so gestalten, dass sie rasch erlöschen. In der Praxis wird dieses Prinzip trotz der Proteste von Filmproduzenten und Pharmariesen bereits anerkannt. Patente auf Medikamente laufen nach zwanzig Jahren ab, werden jedoch oft bereits früher durch die Produktion in Ländern unterlaufen, die das Patent nicht anerkennen; oder der Patentinhaber erklärt sich wie im Fall der HIV-Medikamente angesichts eines dringenden Bedarfs bereit, die Produktion von Generika zu erlauben.

Gleichzeitig muss die Nutzung von Creative-Commons-Lizenzen – bei denen Erfinder und Urheber freiwillig einen Teil ihrer Rechte im Voraus abtreten – gefördert werden. Würde der Staat darauf bestehen, dass die Ergebnisse staatlich finanzierter Forschung im Wesentlichen kostenfrei genutzt werden können – womit alles, was mit öffentlicher Förderung produziert wird, in die öffentliche Sphäre geholt würde –, so würde das geistiges Eigentum rasch vom Privatsektor auf das Gemeinwesen übergehen. Jene, die nur an materiellen Belohnungen interessiert sind, werden weiter Dinge entwickeln, weil der Markt weiterhin Unternehmertum und Erfindergeist belohnen wird. Doch in eine Volkswirtschaft, in der die Innovationsrate exponentiell steigt, wird der Zeitraum schrumpfen, in dem die Erträge eingeheimst werden können.

Der einzige Sektor, in dem die Marktkräfte vollkommen unterdrückt werden müssen, ist die Energieversorgung. Um rasch gegen den Klimawandel vorgehen zu können, muss der Staat das Stromnetz und all jene Stromproduzenten übernehmen, die fossile Energiequellen ausbeuten. Diese Konzerne sind bereits am Ende, denn der Großteil ihrer Reserven kann nicht genutzt werden, ohne den Planeten zu zerstören. Um Investitionen in die erneuerbaren Energien zu fördern, müssen die entsprechenden Technologien subventioniert werden, und die Unternehmen, die sie bereitstellen, sollten nach Möglichkeit von der Verstaatlichung ausgenommen werden.

Gleichzeitig könnte man den Strompreis für die Konsumenten hoch halten, um die Nachfrage zu unterdrücken und die Verbraucher zur Änderung ihres Verhaltens zu zwingen. Der Staat muss jedoch auch Einfluss darauf nehmen, wie die Haushalte Strom verbrauchen. Die Verbrauchsseite des Strommarkts müsste dezentralisiert werden, damit sich Technologien wie Kraft-Wärme-Kopplung und örtliche Stromnetze durchsetzen können.

Energieeffizienz muss in jeder Phase belohnt, Ineffizienz bestraft werden – sei es bei der Isolierung und Heizung von Gebäuden oder in den Verkehrsnetzen. Es stehen bereits zahlreiche bewährte Techniken zur Auswahl, und indem wir die Dezentralisierung vorantreiben und örtlichen Gemeinschaften erlauben, den Ertrag von Effizienzsteigerungen zu behalten, können wir die Marktkräfte auf dem Endverbrauchermarkt nutzen, um ein klar definiertes und messbares Ziel zu erreichen.

Außerhalb des Energiesektors und der strategischen öffentlichen Dienste müssen wir einen großen Raum erhalten, in dem sich der von Keynes beschriebene »animalische Instinkt« des Innovators weiterhin entfalten kann. Hat die Informationstechnologie einmal die physische Welt erobert, so bringt uns jede Innovation einer Welt näher, in der keine Arbeit mehr nötig ist.

Vergesellschaftung des Finanzsektors

Die soziale Technologie muss auch für die Vergesellschaftung des Finanzsystems genutzt werden. Die finanzielle Komplexität ist ein zentraler Bestandteil des modernen Wirtschaftslebens. Dieses beinhaltet Finanzinstrumente wie Futures und Optionen und rund um die Uhr geöffnete globale Finanzmärkte mit hoher Liquidität. Und es beinhaltet die neue Beziehung, die wir als Arbeitskräfte und Konsumenten zum Finanzkapital unterhalten. Daher sind die Staaten in jeder Finanzkrise gezwungen, die unausgesprochene Garantie zu bekräftigen, dass sie die Banken, Rentenfonds und Versicherungsgesellschaften retten werden, wobei die dafür notwendigen Summen immer weiter steigen werden.

Wenn wir die Risiken vergesellschaften, so wäre es aus moralischer Sicht nur logisch, dasselbe auch mit den Belohnungen zu tun. Wir müssen die finanzielle Komplexität allerdings nicht vollkommen beseitigen. Wo komplexe Finanzmärkte die Spekulation schüren und die Geldströme unnötig beschleunigen, können sie an die Leine gelegt werden. Die folgenden Maßnahmen wären wirksamer, wenn sie rund um den Erdball ergriffen würden, aber in Anbetracht des in Kapitel 1 beschriebenen Szenarios ist es wahrscheinlicher, dass einzelne Staaten zur Tat schreiten werden. Hier die Maßnahmen:

1. Die Zentralbanken werden verstaatlicht. Von nun an haben sie die Aufgabe, für nachhaltiges Wachstum und eine hohe Inflation zu sorgen. Das Ergebnis ist eine sozial gerechte Finanzrepression, die dazu beiträgt, den gewaltigen globalen Schuldenberg kontrolliert abzubauen. In einer globalen Wirtschaft, die sich aus Staaten oder Währungsblöcken mit unterschiedlichen Interessen zusammensetzt, wird dies Konflikte auslösen, aber wenn ein für das globale System unverzichtbares Land diesen Schritt tut, werden die meisten Länder wie im Bretton-Woods-System nicht umhinkönnen, seinem Vorbild zu folgen.
   Neben ihren klassischen Funktionen – Geldpolitik und Wahrung der Finanzstabilität – erhalten die Zentralbanken den Auftrag, die Nachhaltigkeit zu gewährleisten: Sie müssen die Auswirkungen sämtlicher Entscheidungen auf Klima, Bevölkerungsentwicklung und soziale Gerechtigkeit berücksichtigen. Und natürlich müssen ihre Leitungsgremien

demokratisch gewählt und der demokratischen Kontrolle unterworfen werden.

So wird die Geldpolitik, das vermutlich wirkungsvollste politische Instrument im modernen Kapitalismus, transparent gemacht und der politischen Kontrolle unterworfen. Im Endstadium des Übergangs zum Postkapitalismus werden die Zentralbanken und das Geld eine andere Funktion übernehmen (dazu später mehr).

2. Das Bankensystem wird umgebaut. Die Bestandteile des neuen Systems müssen Versorgungsunternehmen mit begrenztem Gewinn, gemeinnützige lokale und regionale Banken, Genossenschaftsbanken sowie Peer-to-Peer-Kreditgeber und ein staatlicher Anbieter von Finanzdienstleistungen sein. Der Staat steht diesen Banken als Kreditgeber letzter Instanz zur Seite.
3. Es wird ein gut regulierter Freiraum für komplexe finanzielle Aktivitäten geschaffen. So wird dafür gesorgt, dass das globale Finanzsystem kurz- bis mittelfristig wieder seine historische Funktion übernehmen kann, die darin besteht, Unternehmen, Wirtschaftssektoren, Sparern, Kreditgebern usw. effizient Kapital zuzuteilen. Die Vorschriften könnten sehr viel einfacher sein als die von Basel III, da sie mit einer strikten strafrechtlichen Verfolgung von Verstößen und klaren Regeln für Bankwesen und Buchführung einhergehen. Innovation muss belohnt, Rent-Seeking bestraft und unattraktiv gemacht werden. Beispielsweise würde es einen Verstoß gegen die Berufsethik darstellen, wenn ein Rechnungsprüfer oder ein Rechtsanwalt seinem Klienten eine Methode zur Steuervermeidung vorschlägt oder wenn ein Hedgefonds Uran auf Lager legt, um den Preis in die Höhe zu treiben.

In Ländern mit global ausgerichtetem Finanzsektor – Beispiele sind Großbritannien, Singapur, die Schweiz und die USA – könnte die Regierung den verbliebenen gewinnorientierten Finanzunternehmen, die riskanten Aktivitäten nachgehen, begrenzte letztinstanzliche Kreditfazilitäten anbieten, wenn diese Firmen im Gegenzug ihr Geschäft klar und transparent im Inland ansiedeln. Firmen, die nicht dazu bereit sind, werden wie finanzielle Gegenstücke zu al-Qaida behandelt. Wenn sie das Angebot einer Amnestie ausschlagen, müssen sie sich auf schwierige Zeiten einstellen.

Mit solchen strategischen Eingriffen könnte die tickende Zeitbombe im globalen Finanzwesen rasch entschärft werden. Ein tragfähiges Gerüst für ein wirkliches postkapitalistisches Finanzsystem sind sie jedoch nicht.

Ein postkapitalistisches Projekt würde anders als der geldpolitische Fundamentalismus nicht versuchen, das Mindestreservesystem zu beseitigen. Erstens würde ein solcher Schritt als kurzfristige Maßnahme gegen die Finanzialisierung lediglich dazu führen, dass die Nachfrage einbricht. Zudem brauchen wir eine Ausweitung der Kredit- und der Geldmenge, wenn wir den Schuldenberg abtragen wollen, der das Wachstum erstickt.

Zunächst müssen wir die Globalisierung retten, indem wir dem Neoliberalismus ein Ende machen. Ein vergesellschaftetes Bankensystem und eine um Nachhaltigkeit bemühte Zentralbank könnten das mit Fiatgeld bewerkstelligen – in Kapitel 1 haben wir gesehen, dass das Fiatgeld so lange funktioniert, wie die Menschen dem Staat vertrauen.

Wenn der Aufbau des Postkapitalismus jedoch voranschreitet, wird sich ein komplexes Finanzsystem als untauglich erweisen. Die Kreditschöpfung funktioniert nur, wenn sie ein Wachstum des Marktsektors bewirkt, denn nur so können die Kreditnehmer das geliehene Geld mit Zinsen zurückzahlen. Beginnt der Nicht-Marktsektor schneller zu wachsen als der Marktsektor, so kann die innere Logik des Bankwesens nicht mehr funktionieren. Wollen wir eine komplexe Volkswirtschaft bewahren, in der das Finanzsystem als Abrechnungsstelle für eine Vielzahl von Vorgängen dient, so muss der Staat (mittels der Zentralbank) die Aufgabe übernehmen, Geld zu schöpfen und Kredit bereitzustellen, wie die Befürworter des sogenannten »positiven Geldes« erklären.[8]

Aber das Ziel ist nicht ein mythischer Kapitalismus im Gleichgewichtszustand. Das Ziel ist ein Wirtschaftssystem, in dem viele Dinge gratis sind und die Investitionen teils monetäre, teils nicht monetäre Erträge abwerfen.

Nach einigen Jahrzehnten werden Geld und Kreditwesen an Bedeutung für die Volkswirtschaft verlieren, aber die Funktionen der Buchführung, Abrechnung und Ressourcenmobilisierung, die gegenwärtig von Banken und Finanzmärkten erfüllt werden, müssten in einer anderen institutionellen Form weiterexistieren. Dies ist eine der größten Herausforderungen für den Postkapitalismus.

Ich möchte erklären, wie wir diese Aufgabe meiner Meinung nach bewältigen können.

Wir müssen komplexe, liquide Märkte für handelbare Instrumente erhalten und gleichzeitig die Möglichkeit eines monetären Ertrags beseitigen (da das System von Profit und Eigentum verschwindet). Als Vorbild könnte der Umgang mit den CO_2-Emissionen dienen.

Obwohl der Emissionshandel den Klimaschutz nicht entscheidend vorangebracht hat, ist er nicht nutzlos. In Zukunft dürften verschiedenste gesellschaftlich nützliche Instrumente auf dem Markt gehandelt werden, darunter zum Beispiel Zertifikate für bessere Ergebnisse im Bereich der Gesundheit. Wenn der Staat einen Emissionsmarkt schaffen kann, kann er auch einen Markt für jedes beliebige andere Gut schaffen. Er kann die Marktkräfte nutzen, um Verhaltensänderungen zu bewirken, aber letzten Endes wird er diese Instrumente – die in der Praxis eine Parallelwährung darstellen – mit einer Kaufkraft ausstatten müssen, die jene des Geldes übersteigt.

Wenn sich die Menschen von ihrem Geld trennen, weil der Markt durch die Allmendeproduktion ersetzt wird, besteht die Möglichkeit, dass sie sich mit »technologischen Bezugsmarken« zufriedengeben, bis ein vom Staat betriebenes Auktionssystem für Güter und Dienstleistungen errichtet ist, wie es Bogdanow in *Der rote Planet* beschrieb.

Auf kurze Sicht geht es nicht darum, die Komplexität zu verringern (wie es die monetären Fundamentalisten fordern) oder einfach das Bankwesen zu stabilisieren. Vielmehr müssen wir die komplexeste Form der kapitalistischen Finanzen fördern, die mit dem Fortschritt zu einem hochgradig automatisierten Wirtschaftssystem mit geringem Arbeitseinsatz und einem unerschöpflichen Angebot an kostenlosen Gütern und Dienstleistungen vereinbar ist.

Wenn der Energiesektor und die Banken vergesellschaftet sind, muss unser mittelfristiges Ziel darin bestehen, jenseits der Finanzbranche einen möglichst großen Privatsektor zu bewahren und für vielfältige innovative Unternehmen offenzuhalten.

Da der Neoliberalismus sehr tolerant gegenüber Monopolen ist, unterdrückt er Innovation und Komplexität. Indem wir die Technologiemonopole und die Banken zerschlagen, können wir Freiräume für kleinere Unternehmen schaffen, damit sie endlich das Versprechen der Informationstechnologie einlösen können.

Wo dies wünschenswert ist, kann der öffentliche Sektor Funktionen an den Privatsektor abtreten, dem es jedoch verboten sein muss, durch abweichende Löhne und Arbeitsbedingungen seine Wettbewerbsposition zu verbessern. Indem man Wettbewerb und Vielfalt im Dienstleistungssektor fördert, bewirkt man auch, dass die Unternehmen die technische Innovation beschleunigen müssen, da sie nicht über geringere Arbeitskosten konkurrieren können. So würde die gesellschaftlich notwendige Arbeitszeit verringert.

Und damit wären wir bei der vermutlich größten aller strukturellen Veränderungen, die Voraussetzung für den Postkapitalismus sind: Wir brauchen ein universelles, staatlich garantiertes Grundeinkommen.

Ein Grundeinkommen für jeden

Das Grundeinkommen an sich ist nicht unbedingt eine radikale Forderung. Es wurden bereits verschiedene Vorstöße in dieser Richtung unternommen, um das Arbeitslosengeld zu ersetzen und die Verwaltungskosten zu senken, und oft waren es rechte oder Mitte-links-Regierungen, die das versuchten. Aber im postkapitalistischen Projekt dient das Grundeinkommen einem radikalen Zweck: Es soll erstens die Trennung von Arbeit und Einkommen institutionalisieren und zweitens den Übergang zu einem kürzeren Arbeitstag oder Arbeitsleben subventionieren. Auf diese Art würden die Kosten der Automatisierung vergesellschaftet.

Das Konzept ist einfach: Jeder Mensch im erwerbsfähigen Alter erhält vom Staat ein Grundeinkommen, das nicht an Bedingungen geknüpft ist und mit Steuermitteln finanziert wird. Dieses Grundeinkommen ersetzt die Arbeitslosenhilfe, während andere Formen von sozialer Unterstützung wie Familienbeihilfe, Behindertenunterstützung und Kindergeld als verringerte Zuzahlungen zum Grundeinkommen weiterbestehen.

Warum sollte man die Menschen einfach dafür bezahlen, dass sie existieren? Weil wir den technologischen Fortschritt erheblich beschleunigen müssen. Wenn in den fortschrittlichen Volkswirtschaften 47 Prozent aller Arbeitsplätze der Automatisierung zum Opfer fallen werden, wie die Studie der Oxford Martin School nahelegt, dann wird das Prekariat im neoliberalen System erheblich wachsen.

Ein mit den Einnahmen aus der Besteuerung der Marktwirtschaft finanziertes Grundeinkommen eröffnet den Menschen die Möglichkeit, sich eine Position in der Nicht-Marktwirtschaft zu sichern. Es erlaubt ihnen, als Freiwillige tätig zu werden, Kooperativen zu gründen, Artikel für Wikipedia zu schreiben, Software für das 3-D-Design zu bedienen oder einfach zu existieren. Es erlaubt ihnen, ihre Arbeitszeit zu verteilen, zu einem späteren Zeitpunkt ins Erwerbsleben ein- oder früher auszusteigen und ein Engagement in anspruchsvollen, stressigen Jobs von ihren Bedürfnissen abhängig zu machen. Ein Grundeinkommen ist eine große Belastung für den Staatshaushalt – deshalb dürften Versuche, es unabhängig von einem umfassenden Transitionsprojekt einzuführen, zum Scheitern verurteilt sein, obwohl dem Thema eine wachsende Zahl von Forschungsarbeiten und globalen Konferenzen gewidmet wird.[9]

Ein Beispiel: Der britische Staat gibt jedes Jahr 160 Milliarden Pfund für Sozialleistungen aus, von denen etwa 30 Milliarden Pfund auf Behinderte, Schwangere, Kranke usw. entfallen. Die ärmsten Empfänger sind aktuell die Rentner, die eine Grundsicherung von etwa 6000 Pfund pro Jahr erhalten. Würde man 51 Millionen volljährigen Briten ein jährliches Grundeinkommen von 6000 Pfund zugestehen, so würde das den Staat 306 Milliarden Pfund kosten, also fast das Doppelte der derzeitigen Kosten des Sozialsystems. Das wäre finanzierbar, würde man verschiedene Steuerbefreiungen abschaffen und gleichzeitig andere öffentliche Ausgaben senken, aber es wäre in jedem Fall eine große Belastung.

Das Grundeinkommen beruht auf der Erkenntnis, dass es insgesamt nicht genug Arbeitsstunden für alle Arbeitskräfte gibt, weshalb wir »Liquidität« in den Zuteilungsmechanismus pumpen müssen. Die Rechtsanwältin und der Angestellte der Kindertagesstätte müssen die Möglichkeit haben, Arbeitsstunden zum vollen Gehalt gegen vom Staat bezahlte Freizeit zu tauschen.

Nehmen wir an, wir führen in Großbritannien ein jährliches Grundeinkommen von 6000 Pfund ein und heben den Mindestlohn auf 18 000 Pfund an. Offensichtlich ist es vorteilhaft, trotz des Grundeinkommens arbeiten zu gehen, aber es hat auch seine Vorteile, nicht zu arbeiten: Man kann sich um seine Kinder kümmern, Gedichte schreiben, ein Studium aufnehmen, eine chronische Krankheit unter Kontrolle bringen oder Menschen ausbilden, die im selben Bereich wie man selber tätig sind.

In diesem System wird man nicht stigmatisiert, weil man nicht arbeitet. Auf dem Arbeitsmarkt würde das Angebot von gut bezahlten Tätigkeiten und gut zahlenden Arbeitgebern wachsen.

Das universelle Grundeinkommen ist also ein Mittel gegen jene Art von Arbeitsplätzen, die der Anthropologe David Graeber als »Bullshit-Jobs« bezeichnet: gegen jene geringbezahlten Dienstleistungstätigkeiten, die der Kapitalismus in den vergangenen 25 Jahren geschaffen hat. Sie nehmen den Arbeitskräften ihre Würde, und wahrscheinlich brauchen wir diese Jobs überhaupt nicht.[10] Das Grundeinkommen ist allerdings vorläufig nur eine Übergangslösung für das erste Stadium des postkapitalistischen Projekts.

Das eigentliche Ziel besteht darin, die Arbeitsstunden, die notwendig sind, um die von der Menschheit benötigten Dinge zu erzeugen, auf ein Mindestmaß zu verringern. Ist das einmal geschafft, so werden im Marktsektor nicht mehr genug Erträge erwirtschaftet, die besteuert werden können, um das Grundeinkommen zu finanzieren. Die Einkommen werden zusehends sozial sein – in Form von kollektiv bereitgestellten Diensten – oder verschwinden.

Das Grundeinkommen wäre also die erste Sozialleistung der Geschichte, deren Erfolg man daran erkennen könnte, dass die Ausgaben dafür gegen null sinken.

Das entfesselte Netzwerk

Im sozialistischen Projekt war eine lange erste Phase vorgesehen, in welcher der Staat den Markt gewaltsam unterdrücken musste; so wollte man die Zahl der zur Versorgung der Menschheit notwendigen Arbeitsstunden schrittweise senken. Anschließend sollte es dank des technologischen Fortschritts möglich werden, einige Dinge zu sehr geringen Kosten oder gratis zu erzeugen, so dass die zweite Phase eingeleitet werden konnte: der »Kommunismus«.

Ich bin sicher, dass sich die Arbeiter in der Generation meiner Großmutter eher für die erste als für die zweite Phase interessierten, und das mit gutem Grund. In einer in erster Linie auf physischen Gütern beruhenden Volkswirtschaft konnte der Staat den Wohnraum verbilligen, in dem er Sozialwohnungen baute und zu erschwinglichen Mieten bereitstellte. Der Preis dafür war Uniformität: Die Bewohner durften ihr Haus nicht selbst instandhalten oder verbessern, ja, sie durften nicht einmal die Eingangstür in einer anderen Farbe anstreichen. Aber meine Großmutter, die in einem stinkenden Elendsviertel aufgewachsen war, litt nicht allzu sehr darunter, dass sie ihre Haustür nicht anmalen durfte.

Im postkapitalistischen Projekt besteht unsere vorrangige Aufgabe darin, Dinge bereitzustellen, die ebenso greifbar sind und das Leben ebenso verbessern, wie das vom Staat gebaute Häuschen mit seinem kleinen Garten und seinen soliden Mauern das Leben meiner Großmutter verbesserte. Wir können viel erreichen, indem wir die Beziehung zwischen Macht und Information ändern.

Der Informationskapitalismus beruht auf einer Asymmetrie: Die globalen Konzerne verdanken ihre Marktmacht der Tatsache, dass sie mehr wissen als ihre Kunden, Lieferanten und kleineren Konkurrenten. Der Postkapitalismus sollte auf dem einfachen Grundsatz beruhen, dass Informationsasymmetrien schlecht sind – es sei denn, es geht um Privatsphäre, Anonymität und Sicherheit.

Darüber hinaus sollten wir Information und Automation in Tätigkeiten integrieren, in denen sie gegenwärtig unterdrückt werden, was daran liegt, dass billige Arbeitskräfte Innovationen überflüssig machen.

In einem modernen Automobilwerk gibt es trotz der Fertigungsstraße immer noch Arbeiter mit Schraubenschlüsseln und Bohrmaschinen. Die Fertigungsstraße steuert die Tätigkeit der Arbeiter allerdings intelligent: Auf einem Computerbildschirm sehen sie, welchen Schraubenschlüssel sie einsetzen sollen, ein Sensor warnt sie, wenn sie nach dem falschen Werkzeug greifen, und ihr Handgriff wird auf einem Server registriert.

Es gibt nur einen Grund dafür, dass die hochmodernen Automationstechniken nicht auch auf die Handgriffe der Arbeiter in Lebensmittelfabriken oder Fleischverpackungsanlagen angewandt werden: Ausbeutung. Solche Geschäftsmodelle existieren nur noch, weil billige, nicht organisierte Arbeitskräfte zur Verfügung stehen, deren Tätigkeit teilweise mit staatlichen Zulagen finanziert wird. In vielen Branchen wird die alte Arbeitsdisziplin – Arbeitszeiten, Gehorsam, Anwesenheit, Hierarchie – nur aufrechterhalten, weil der Neoliberalismus die Innovation unterdrückt. Technologisch ist sie nicht mehr nötig.

In Unternehmen, deren Tätigkeit vor allem auf Wissen beruht, beginnt das herkömmliche Management archaisch zu wirken. Zu managen bedeutet, gegebene Ressourcen – Arbeitskraft, Ideen und Dinge – zu organisieren, um ein geplantes Ergebnis zu erzielen. Aber viele nützliche Ergebnisse der Netzwerkökonomie entstehen ungeplant. Und die beste Methode, um unerwartete Ergebnisse zu nutzen, ist die Teamarbeit, die früher als »Zusammenarbeit« bezeichnet wurde.

Sehen wir uns an, was das bedeutet: Nicht hierarchische, selbstverwaltete Teams stellen die technologisch fortschrittlichste Form der Arbeitsorganisation dar. Doch ein Großteil der Arbeitskräfte ist in einer von Bußgeldern, Disziplin, Gewalt und Machthierarchien geprägten Welt gefangen – einfach weil es so viele billige Arbeitskräfte gibt, dass diese Welt weiterbestehen kann.

Daher muss in der Transition eine dritte Managementrevolution eingeleitet werden: Wir müssen Managern, Gewerkschaften und Menschen, die Abläufe in der Industrie designen, die Augen für Chancen öffnen, die sich bieten, wenn wir zu vernetzter, modularer, nicht linearer Teamarbeit übergehen.

»Die Arbeit kann nicht Spiel werden«, erklärte Marx.[11] Aber die Atmosphäre in einer Werkstatt, in der Videospiele entwickelt werden, zeigt deutlich, dass durchaus ein produktives Wechselspiel von Arbeit und Spiel möglich ist. Auch an einem Arbeitsplatz, an dem die Beschäftigten zwischen Gitarren, Sofas und mit leeren Pizzaschachteln beladenen Billardtischen ihrer Tätigkeit nachgehen, gibt es natürlich weiterhin Ausbeutung. Eine modulare, zielorientierte Arbeit, in der die Beschäftigten ein hohes Maß an Autonomie genießen, kann jedoch weniger entfremdend, freudvoller und sozialer sein – und bessere Ergebnisse liefern.

Es liegt einzig und allein an unserer Sucht nach billigen Arbeitskräften und Ineffizienz sowie an der Behauptung, in einer Fleischpackanlage sei nicht gemanagte, modulare Arbeit – in der die Arbeit buchstäblich mit dem Spiel abwechselt und in der es ein Recht auf Zugang zu vernetzter Information gibt – unmöglich. Dass der Neoliberalismus in eine Sackgasse führt, sieht man nicht zuletzt daran, dass viele Manager und die meisten Investoren das Ideal einer produktiven, erfüllenden Arbeit ablehnen. Die Manager vor dem Ersten Weltkrieg glaubten an dieses Ideal.

Während wir danach streben, das postkapitalistische Ideal zu verwirklichen, wird vermutlich ein allgemeines Muster erkennbar: Der Übergang wird von überraschenden Entdeckungen vorangetrieben, die das Ergebnis von Teamarbeit sind. Gruppen von Menschen werden entdecken, wie sie mit kollaborativem Denken und vernetzter Arbeit alte Prozesse verändern können.

Unser Ziel sind rasche technologische Sprünge, welche die Produktion von Gütern verbilligen und diese in den Dienst der gesamten Gesellschaft stellen. Die Aufgabe der Entscheidungsknoten in einer vernetzten Wirtschaft (von der Zentralbank bis zur örtlichen Wohngenossenschaft) besteht darin, das Wechselspiel zwischen Netzwerken, Hierarchien, Organisationen und Märkten zu verstehen, sie in Modellen in verschiedenen Zuständen darzustellen, eine Veränderung vorzuschlagen, ihre Auswirkungen zu beobachten und die Vorhaben entsprechend anzupassen.

Aber es wird kein kontrollierter Prozess sein, sosehr wir uns auch um ein rationales Vorgehen bemühen. Die bedeutsamste Leistung der Netzwerke (und ihrer individuellen Mitglieder) besteht darin, dass sie *alle übergeordneten Strukturen aufbrechen*. Angesichts von Gruppendenken und der Tendenz zur Angleichung – sei es im Entwicklungsstadium oder in der Ausführung eines wirtschaftlichen Vorhabens – eignen sich Netzwerke sehr gut, um nicht nur abweichende Vorstellungen zu äußern, sondern sie erlauben uns auch, uns abzuspalten und einen anderen Weg einzuschlagen.

Wir müssen ungeniert unsere Utopien verfolgen. Genau das taten die erfolgreichsten Unternehmer im Frühkapitalismus und sämtliche Pioniere der Befreiung der Menschheit.

Wie wird der Endzustand aussehen? Nun, dies ist die falsche Frage. Sieht man sich das Diagramm zur Entwicklung des Pro-Kopf-BIP in Kapitel 8 an, so ist die Kurve während der gesamten Menschheitsgeschichte flach, beginnt in der industriellen Revolution rasch zu steigen und geht nach dem Zweiten Weltkrieg in einigen Ländern exponentiell nach oben. Der Postkapitalismus ist einfach ein Ergebnis dessen, was geschieht, wenn die Kurve auf der ganzen Welt vertikal ansteigt. Er ist ein Anfangsstadium.

Sobald der exponentielle technologische Wandel von den Siliziumchips auf Lebensmittel, Bekleidung, Transportsysteme und Gesundheitswesen übergreift, werden die Reproduktionskosten der Arbeitskraft rasant fallen. An diesem Punkt wird das ökonomische Problem, das die Menschheitsgeschichte beherrscht hat, an Bedeutung verlieren oder vollkommen verschwinden. Stattdessen werden wir uns vermutlich mit den Problemen der wirtschaftlichen Nachhaltigkeit und damit beschäftigen müssen, wie wir mit der Vielzahl konkurrierender Muster des menschlichen Lebens umgehen sollen.

Anstatt nach einem Endzustand Ausschau zu halten, müssen wir uns also fragen, wie wir Rückschläge bewältigen oder im Fall der Fälle aus einer Sackgasse herauskommen können.

Eine spezifische Frage lautet, wie wir Fehlschläge verarbeiten und stabile Datensätze anlegen können, die es uns erlauben, unsere Schritte zurückzuverfolgen, zu ändern und die Lehren auf das gesamte Wirtschaftssystem anzuwenden. Netzwerke haben ein schlechtes Gedächtnis: Sie sind so gestaltet, dass Aktivität und Erinnerung in getrennten Teilen der Maschine sitzen. Hierarchien haben ein gutes Gedächtnis. Daher müssen wir unbedingt herausfinden, wie wir die Lehren aus Fehlern speichern und verarbeiten können. Vielleicht besteht die Lösung einfach darin, eine Aufzeichnungs- und Speicherungsfunktion in sämtliche Aktivitäten einzubauen – vom Café bis zur staatlichen Verwaltung. Der Neoliberalismus mit seiner Vorliebe für die kreative Zerstörung verzichtete gerne auf das Gedächtnis, denn niemand wollte Spuren auf Papier hinterlassen, genau das kennzeichnete ja Tony Blairs hemdsärmeligen Regierungsstil und das war auch eine der Ideen hinter der Zerschlagung alter Konzernstrukturen.

Am Ende wollen wir einfach einen möglichst großen Teil der menschlichen Aktivität auf eine Ebene heben, auf der immer weniger Arbeit notwendig ist, um das reichhaltige und komplexe menschliche Leben auf dem Planeten zu erhalten, während die Freizeit zunimmt. Und im Verlauf dieses Prozesses wird die Grenze zwischen Arbeit und Freizeit weiter verschwimmen.

Ist das wirklich möglich?

Das Ausmaß der Aufgabe ist beängstigend. Ist es wirklich möglich, dass wir es zusätzlich zu einer der alle fünfzig Jahre wiederkehrenden Krisen mit einer jener Umwälzungen zu tun haben, die nur alle 500 Jahre stattfinden?

Ist es wirklich möglich, dass sich Gesetze, Märkte und Geschäftsmodelle so grundlegend ändern, dass wir das Potenzial der Informationstechnologie wirklich ausschöpfen können? Und ist es wirklich möglich, dass wir unbedeutenden Individuen Einfluss auf diese Entwicklung nehmen können?

Ja, es ist möglich. Jeden Tag nimmt ein großer Teil der Menschheit an einer sehr viel größeren Veränderung teil, die durch eine andere Art von Technologie ermöglicht wurde. Diese Technologie ist die Anti-Baby-Pille. Wir erleben die einmalige und unumkehrbare Beseitigung der biologischen Macht des Mannes. Es ist eine traumatische Entwicklung: Man muss sich nur die Hasstiraden ansehen, mit denen die Internet-Trolle mächtige Frauen auf Twitter und Facebook verfolgen. Oder man nehme die »#Gamergate«-Kampagne, die darauf zielte, die geistige Gesundheit von Frauen in der Computerspielbranche zu zerstören. Aber die Befreiung findet statt.

Es ist absurd: Wir zweifeln nicht daran, dass sich ein 40 000 Jahre altes System der geschlechtsabhängigen Unterdrückung auflöst, aber die Abschaffung eines 200 Jahre alten Wirtschaftssystems halten wir für eine realitätsferne Utopie.

Uns bietet sich eine große Chance: Es ist tatsächlich möglich, den freien Markt, die von fossilen Brennstoffen abhängige Energieversorgung und die verpflichtende Arbeit kontrolliert zu beseitigen.

Was geschieht mit dem Staat? Er verliert im Lauf der Zeit vermutlich an Einfluss – und schließlich übernimmt die Gesellschaft seine Funktionen. Ich habe versucht, ein Projekt zu skizzieren, das sowohl für jene, die den Staat als nützlich betrachten, als auch für jene, die seinen Nutzen bestreiten, akzeptabel ist. Ausgehend von diesem Modell kann man eine anarchistische oder eine etatistische Version gestalten und ausprobieren. Es gibt vermutlich sogar eine konservative Version des Postkapitalismus, und ich wünsche denen, die es damit versuchen möchten, viel Glück.

Befreien wir das Eine Prozent

Was geschieht mit dem Einen Prozent? Es wird ärmer und daher glücklicher. Denn es ist kein Honigschlecken, reich zu sein.

In Australien sieht man die Frauen, die dem Einen Prozent angehören, jeden Morgen vom Bondi Beach zum Tamarama Beach joggen. Sie hüllen sich in billiges Elastan, das – wie sollte es anders sein – durch einen goldenen Schriftzug teuer wird. Ihre Ideologie sagt ihnen, dass sie ihren Erfolg ihrer Einzigartigkeit verdanken, aber sie sehen alle gleich aus und verhalten sich gleich.

Die Erde dreht sich weiter, und am frühen Morgen füllen sich die Fitnesscenter in den Wolkenkratzern von Shanghai und Singapur mit Managern, die sich auf den Laufbändern auf den täglichen Wettbewerb mit Managern vorbereiten, die genau wie sie sind. Und dann beginnen die von Leibwächtern beschützten Reichen Zentralasiens, an einem weiteren Tag die Welt abzuzocken.

Und hoch über ihnen schwebt die globale Elite in der ersten Klasse der Langstreckenflugzeuge, den Blick wie immer kritisch auf den Laptop gerichtet. Sie sind das lebendige Bild der Welt, wie sie sein sollte: gebildet, tolerant, wohlhabend. Aber sie nehmen nicht an dem großen Experiment in sozialer Kommunikation teil, das die Menschheit gerade durchführt.

Nur acht Prozent der amerikanischen Vorstandsvorsitzenden haben wirklich einen eigenen Twitter-Account. Natürlich kann ein Untergebener einen Account für sie führen, aber da sie die Regeln für Online-Sicherheit und die Preisgabe finanzieller Informationen respektieren müssen, können die Mächtigen nie wirklich in den Social Media aktiv sein. Sie können so viele Ideen haben, wie sie wollen – solange diese Ideen der neoliberalen Doktrin entsprechen: Die Besten setzen sich aufgrund ihrer Fähigkeiten durch, der Markt ist Ausdruck der Rationalität, die Arbeitskräfte in den entwickelten Ländern sind zu faul, und es führt zu nichts, die Reichen zu besteuern.

In der Überzeugung, dass nur die Klugen Erfolg haben werden, schicken sie ihre Kinder auf teure Privatschulen, um ihrer Individualität gerecht zu werden. Doch ihre Sprösslinge kommen alle gleich aus diesen Schulen heraus, als kleine Milton Friedmans und Christine Lagardes. Sie besuchen Eliteuniversitäten, aber die wohlklingenden Namen auf ihren Pullis – Harvard, Cambridge, MIT – bedeuten nichts. Es könnte genauso Standard Neoliberal University darauf stehen. Der Kapuzenpulli der Eliteuniversität ist nichts weiter als eine Eintrittskarte zu dieser eintönigen Welt.

Hinter der Fassade des Erfolgs werden sie von Zweifeln geplagt. Sie glauben, der Kapitalismus sei gut, weil er dynamisch ist – aber seine Dynamik ist eigentlich nur dort zu sehen, wo es im Überfluss billige Arbeitskräfte gibt, die Demokratie unterdrückt wird und die Ungleichheit zunimmt. In einer Welt zu leben, die so tief gespalten und durch und durch vom Mythos der Einzigartigkeit beherrscht, in Wahrheit jedoch vollkommen uniform ist, und ständig fürchten zu müssen, alles zu verlieren, ist schwer. Und das meine ich vollkommen ernst.

Zu allem Überfluss wissen sie jetzt, wie nah das System am Zusammenbruch gewesen ist, wie viel von dem, was sie noch besitzen, in Wahrheit vom Staat bezahlt wurde, der sie rettete.

Heute besteht die Ideologie der westlichen Bourgeoisie darin, sozialliberal zu sein, sich zu Kunst, Demokratie und Rechtsstaatlichkeit zu bekennen, für wohltätige Zwecke zu spenden und die eigene Macht unter einer einstudierten persönlichen Zurückhaltung zu verbergen.

Die Gefahr ist, dass sich das Bekenntnis der Elite zum Liberalismus im weiteren Verlauf der Krise verflüchtigen wird. Die erfolgreichen Gauner und Diktatoren in den aufstrebenden Ländern haben sich bereits Einfluss und Ansehen gekauft: Man spürt ihre Macht, wenn man die Büros bestimmter Anwaltskanzleien, PR-Agenturen und sogar Konzerne betritt.

Wie lange wird es dauern, bis die westliche Elite die Kultur der Putins und Xi Jinpings übernimmt? »China beweist, dass der Kapitalismus ohne Demokratie besser funktioniert« – in der einen oder anderen Universität wird darüber schon diskutiert. Das Eine Prozent droht den Glauben an das System zu verlieren, das schon bald einer unverhohlenen Oligarchie weichen könnte.

Aber es gibt auch eine gute Nachricht.

Die 99 Prozent eilen ihm zur Hilfe.

Der Postkapitalismus wird euch befreien.

Anmerkungen

Einleitung

1 Vgl. zur wirtschaftlichen Situation Moldawiens die Daten, die auf einer Überblicksseite der Weltbank online verfügbar sind: {http://www.worldbank.org/en/country/moldova/overview} (Stand Dezember 2015).

2 Henrik Braconier/Giuseppe Nicoletti/Ben Westmore, »Policy challenges for the next 50 years«, *OECD Economic Policy Paper* 9 (Juli 2014), online verfügbar unter: {http://www.oecd.org/economy/Policy-challenges-for-the-next-fifty-years.pdf} (Stand Dezember 2015).

3 Vincenzo Scarpetta, »Deutschland sagt Nein« (19. Februar 2015), online verfügbar unter: {http://openeurope.org.uk/blog/greece-folds-this-hand-but-long-term-game-of-poker-with-eurozone-continues/} (Stand Dezember 2015).

4 Laurence Cox/Alf Gundwald Nilsen, *We Make Our Own History: Marxism and Social Movements in the Twilight of Neoliberalism*, London: Pluto 2014.

5 John Thelwall, *The Rights of Nature against the Usurpations of Establishments* [1796], online verfügbar unter: {http://oll.libertyfund.org/titles/2593#Thelwall_RightsNature1621_16} (Stand Dezember 2015).

6 Manuel Castells, »On the rise of alternative economic cultures«, Interview von Paul Mason (31. Oktober 2012), online verfügbar unter: {http://www.bbc.com/news/business-20027044} (Stand Dezember 2015).

7 Malcolm Barr/David Mackie, »The Euro-area adjustment: About halfway there« (28. Mai 2013), J.P. Morgan, Europe European Research.

1 Der Neoliberalismus ist kaputt

1 Charles P. Kindleberger, *Comparative Political Economy: A Retrospective*, Cambridge, MA: MIT Press 1999, S. 319.

2 Vgl. Paul Mason, »Bank balance sheets become focus of scrutiny« (28. Juli 2008), online verfügbar unter: {http://www.bbc.co.uk/blogs/newsnight/paulmason/2008/07/bank_balance_sheets_become_foc.html} (Stand Dezember 2015).

3 Bill Gross, »Beware our shadow banking system« (28. November 2007), online verfügbar unter: {http://archive.fortune.com/2007/11/27/news/newsmakers/gross_banking.fortune/index.htm?postversion=2007112810} (Stand Dezember 2015).

4 Vgl. Paul Mason, *Meltdown: The End of the Age of Greed*, London: Verso 2009.

5 Damian Reece, »Davos 2012: Prudential chief Tidjane Thiam says minimum wage is a ›machine to destroy jobs‹« (26. Januar 2012), online verfügbar unter: {http://www.telegraph.co.uk/finance/financetopics/davos/9041442/Davos-2012-Prudential-chief-Tidjane-Thiam-says-minimum-wage-is-a-machine-to-destroy-jobs.html} (Stand Dezember 2015).

6 Cardiff Garcia, »A lesson from Japan's falling real wages« (7. Februar 2014), online verfügbar unter: {http://ftalphaville.ft.com/2014/02/07/1763792/a-lesson-from-japans-falling-real-wages/}; Ronald Janssen, »Real wages in the Eurozone: Not a double but a continuing dip« (27. Mai 2013), online verfügbar unter: {http://www.socialeurope.eu/2013/05/real-wages-in-the-eurozone-not-a-double-but-a-continuing-dip/}; David Blanchflower/Stephen Machin: »Falling real wages« (Frühjahr 2014), online verfügbar unter: {http://cep.lse.ac.uk/pubs/download/cp422.pdf} (alle Links Stand Dezember 2015).

7 Davide Fiaschi et al., »The interrupted power law and the size of shadow banking« (4. April 2014), online verfügbar unter: {http://arxiv.org/pdf/1309.2130v4.pdf} (Stand Dezember 2015).

8 Ami Sedghi, »Global debt has grown by $ 57 trillion in seven years following the financial crisis« (5. Februar 2015), online verfügbar unter: {http://www.theguardian.com/news/datablog/2015/feb/05/global-debt-has-grown-by-57-trillion-in-seven-years-following-the-financial-crisis} (Stand Dezember 2015).

9 Anton R. Valukas, *Examiner's Report*, Bd. III (März 2010), S. 742; online verfügbar unter: {http://jenner.com/lehman/VOLUME%203.pdf} (Stand Dezember 2015).

10 United States Security and Exchanges Commission, *Summary Report of Issues Identified in the Commission Staff's Examinations of Select Credit Rating Agencies* (Juli

2008), S. 12; online verfügbar unter: {http://www.sec.gov/news/studies/2008/craexamination070808.pdf} (Stand Dezember 2015).

11 Dan Jones, »›Done … for you big boy‹: The Barclays LIBOR messages« (27. Juni 2012), online verfügbar unter: {http://www.investmentweek.co.uk/investment-week/news/2187554/-done-for-boy-barclays-libor-messages} (Stand Dezember 2015).

12 John Maynard Keynes, *Allgemeine Theorie der Beschäftigung, des Zinses und des Geldes*, Berlin: Duncker & Humblot 2006 [1936], S. 248.

13 »Total global debt crosses $ 100 trillion: QE programs will not stop the collapse« (29. Oktober 2014), online verfügbar unter: {http://www.ftense.com/2014/10/total-global-debt-crosses-100-trillion.html} (Stand Dezember 2015).

14 »Internet growth statistics«, online verfügbar unter: {http://www.internetworldstats.com/emarketing.htm} (Stand Dezember 2015).

15 Zachary Shahan, »World solar power capacity increased 35% in 2013 (charts)« (13. April 2014), online verfügbar unter: {http://cleantechnica.com/2014/04/13/world-solar-power-capacity-increased-35-2013-charts/} (Stand Dezember 2015).

16 Laurence H. Summers, »Reflections on the ›New Secular Stagnation Hypothesis‹«, in: *Secular Stagnation: Facts, Causes, and Cures*, herausgegeben von Coen Teulings und Richard Baldwin, London: CEPR Press 2014, S. 27-38; online verfügbar unter: {http://www.voxeu.org/sites/default/files/Vox_secular_stagnation.pdf} (Stand Dezember 2015).

17 Robert J. Gordon, »The Turtle's Progress: Secular stagnation meets the headwinds«, in: Teulings/Baldwin (Hg.), *Secular Stagnation*, S. 47-59.

18 Alan Greenspan, »Gold and economic freedom« [1966], online verfügbar unter: {http://www.constitution.org/mon/greenspan_gold.htm} (Stand Dezember 2015).

19 Terence P. Jeffrey, »Foreign ownership of U. S. government debt passes $ 6 trillion« (2. September 2014), online verfügbar unter: {http://www.cnsnews.com/news/article/terence-p-jeffrey/foreign-ownership-us-government-debt-passes-6-trillion} (Stand Dezember 2015).

20 Richard Duncan, *The New Depression: The Breakdown of the Paper Money Economy*, Wiley: Singapur 2012.

21 N. N., »The Fed's 2007 crisis response: Twinkies, pessimism pills, and missed warnings« (18. Januar 2013), online verfügbar unter: {http://www.washingtonpost.com/blogs/wonkblog/wp/2013/01/18/breaking-inside-the-feds-2007-crisis-response/?wprss=rss_ezra-klein} (Stand Dezember 2015).

22 »Don't you miss the Greenspan put?« (11. August 2011), online verfügbar unter:

{http://www.economist.com/blogs/freeexchange/2011/08/markets-and-fed} (Stand Dezember 2015).

23 Robert J. Shiller, *Irrational Exuberance*, Princeton: Princeton University Press 2015, S. 7.

24 Ben S. Bernanke, »Deflation: Making sure ›it‹ doesn't happen here« (21. November 2002), online verfügbar unter: {http://www.federalreserve.gov/boardDocs/speeches/2002/20021121/default.htm} (Stand Dezember 2015).

25 Richard Dobbs/Susan Lund, »Quantitative easing, not as we know it« (24. November 2013), online verfügbar unter: {http://www.economist.com/blogs/freeexchange/2013/11/unconventional-monetary-policy} (Stand Dezember 2015)

26 Detlev S. Schlichter, *Das Ende des Scheins: Warum auch unser Papiergeldsystem zusammenbricht*, Weinheim: Wiley 2013, S. 24.

27 David Graeber, *Schulden: Die ersten 5000 Jahre*, Stuttgart: Klett-Cotta 2012.

28 Greta R. Krippner, »The financialization of the American economy«, in: *Socio-Economic Review* 3/2 (Mai 2005), S. 173-208, S. 173.

29 Costas Lapavitsas, »Financialised capitalism: Crisis and financial expropriation«, in: Historical Materialism 17/2 (2009), S. 114-148.

30 Anton Brender/Florence Pisani, *Global Imbalances and the Collapse of Globalised Finance*, Brüssel: Center for European Policy Studies 2010, online verfügbar unter: {https://www.ceps.eu/system/files/book/2010/02/Global%20Imbalances%20final%20consolidated.pdf} (Stand Dezember 2015)

31 Fernand Braudel, *Sozialgeschichte des 15.-18. Jahrhunderts*, Bd. 3: *Aufbruch zur Weltwirtschaft*, München: Kindler 1986, S. 268.

32 Internationaler Währungsfonds, *World Economic Outlook. Transitions and Tensions*, Washington, DC: IMF 2013, online verfügbar unter: {http://www.imf.org/external/pubs/ft/weo/2013/02/pdf/text.pdf} (Stand Dezember 2015).

33 Brender/Pisani, *Global Imbalances*, S. 2.

34 Barry Eichengreen, »A requiem for global imbalances« (13. Januar 2014), online verfügbar unter: {http://www.project-syndicate.org/commentary/barry-eichengreen-notes-that-a-decade-after-external-imbalances-emerged-as-a-supposed-threat-to-the-global-economy--the-problem-has-disappeared} (Stand Dezember 2015).

35 »China foreign exchange reserves 1980-2015«, online verfügbar unter: {http://www.tradingeconomics.com/china/foreign-exchange-reserves} (Stand Dezember 2015).

36 Ye Xie/Andrea Wong, »Once over $ 12 trillion, the world's currency reserves are

now shrinking« (6. April 2015), online verfügbar unter: {http://www.economist.com/news/finance-and-economics/21672326-worlds-vast-stockpile-reserves-falling-raising-fears-dwindling-global} (Stand Dezember 2015).

37 Luciano Floridi, *The Philosophy of Information*, Oxford: Oxford University Press 2011, S. 4.

38 Michel Foucault, *Geschichte der Gouvernementalität*, Bd. 2: *Die Geburt der Biopolitik: Vorlesung am Collège de France, 1978-79*, Frankfurt am Main: Suhrkamp 2006.

39 »Metcalfe's law«, online verfügbar unter: {http://www.techopedia.com/definition/29066/metcalfes-law} (Stand Dezember 2015).

40 OECD, »Measuring the internet economy: A contribution to the research agenda« (2013), OECD Digital Economy Workings Papers 226, online verfügbar unter: {http://dx.doi.org/10.1787/5k43gjg6r8jf-en} (Stand Dezember 2015).

41 Henrik Braconier/Giuseppe Nicoletti/Ben Westmore, »Policy challenges for the next 50 years« (2014), OECD Economic Policy Papers 9, online verfügbar unter: {http://www.oecd.org/economy/Policy-challenges-for-the-next-fifty-years.pdf} (Stand Dezember 2015).

2 Lange Wellen, kurzes Gedächtnis

1 Nikolai Kondratieff, »Brief vom 17. November 1937«, in: Natalia Makasheva/Warren J. Samuels/Vincent Barnett (Hg.), *The Works of Nikolai D. Kondratiev*, Bd. IV, London: Routledge 1998, S. 313.

2 Makasheva/Samuels/Barnett (Hg.), *The Works of Nikolai D. Kondratiev*, Bd. I, S. 108.

3 Edwin Mansfield, »Long waves and technological innovation«, in: *The American Economic Review* 73/2 (1983), S. 141; online verfügbar unter: {http://www.jstor.org/stable/1816829?seq=2} (Stand Dezember 2015).

4 Gerard Lyons, *The Supercycle Report*, 2010, online verfügbar unter: {https://www.sc.com/id/_documents/press-releases/en/The%20Super-cycle%20Report-12112010-final.pdf} (Stand Dezember 2015).

5 Carlota Perez, »Financial bubbles, crises and the role of government in unleashing Golden Ages«, FINNOV Discussion Paper (Januar 2012), online verfügbar unter: {http://policydialogue.org/files/events/FINNOV_DP212_Perez.pdf} (Stand Dezember 2015).

6 Nikolai Kondratieff, *The Long Wave Cycle*, New York: E. P. Dutton 1984, S. 104f.; eine gekürzte deutsche Fassung der sogenannten »Spezialstudie« erschien 1926 unter dem Titel »Die langen Wellen der Konjunktur« in der Zeitschrift *Archiv für Sozialwissenschaft und Sozialpolitik* (Nr. 56, S. 573-609); diese Version der Arbeit enthält jedoch die zitierten Stellen nicht, weshalb hier nach der englischen Übersetzung der gesamten Studie zitiert wird (Anmerkung des Übersetzers).

7 Ibid., S. 99.

8 Ibid., S. 68.

9 Ibid.

10 Ibid., S. 93.

11 Leo Trotzki, »Die Kurve der kapitalistischen Entwicklung«, in: *Die langen Wellen der Konjunktur. Beiträge zur Marxistischen Konjunktur- und Krisentheorie*, Berlin: Edition Prinkipo 1972, S. 128.

12 Ibid.

13 Makasheva/Samuels/Barnett (Hg.), *The Works of Nikolai D. Kondratiev*, Bd. I, S. 116.

14 Ibid., S. 113.

15 Judy L. Klein, »The rise of ›non-October‹ econometrics: Kondratiev and Slutsky at the Moscow conjuncture institute«, in: *History of Political Economy* 31/1 (1999), S. 137-68.

16 Jewgeni Sluzki, »The summation of random causes as the source of cyclical processes«, in: *Econometrica* 5 (1937), S. 105-146, zitiert in: Vincent Barnett, »Chancing an interpretation: Slutsky's random cycles revisited«, in: *European Journal of the History of Economic Thought* 13/3 (September 2006), S. 416.

17 Klein, »Rise of ›non-October‹ econometrics«, S. 157.

18 Sluzki, »The summation of random causes as the source of cyclical processes«, S. 156.

19 Für eine Zusammenfassung statistischer Kritiken an Kondratjew vgl. Rainer Metz, »Do Kondratieff waves exist? How time series techniques can help to solve the problem«, in: *Cliometrica* 5 (2011), S. 205-238.

20 Andrey V. Korotayev/Sergey V. Tsirel, »A spectral analysis of world GDP dynamics: Kondratieff waves, Kuznets swings; Juglar and Kitchin cycles in global economic development and the 2008-09 economic crisis«, in: *Structure and Dynamics* 4/1 (2010), S. 3-57.

21 Cesare Marchetti, »Fifty year pulsation in human affairs: an analysis of some physical indicators«, in: *Futures* 17/3 (1987), S. 376.

22 Joseph A. Schumpeter, *Konjunkturzyklen. Eine theoretische, historische und statistische Analyse des kapitalistischen Prozesses*, Bd. I, Göttingen: Vandenhoeck & Ruprecht 1961, S. 93.

23 Ibid., S. 263ff.

24 Carlota Perez, *Technological Revolutions and Finance Capital: The Dynamics of Bubbles and Golden Ages*, Cheltenham: Edward Elgar Publishing 2002, S. 5.

3 Hatte Marx am Ende doch recht?

1 Karl Marx, *Das Kapital*, Bd. 3, Kap. 15, in: *Marx-Engels-Werke*, Bd. 25, Berlin: Dietz 2008 [1894].

2 Marx, *Das Kapital*, Bd. 3, S. 457.

3 Karl Marx, *Zur Kritik der politischen Ökonomie*, »Vorwort«, in: *Marx-Engels-Werke*, Bd. 13, Berlin: Dietz 2008 [1859], S. 8.

4 Karl Kautsky, *Das Erfurter Programm in seinem grundsätzlichen Teil erläutert* [1892], Kap. III, »Die Kapitalistenklasse«, online verfügbar unter: {https://www.marxists.org/deutsch/archiv/kautsky/1892/erfurter/3-kapitalisten.htm} (Stand Dezember 2015).

5 Henry und Josephine M. Tudor, *Marxism and Social Democracy: The Revisionist Debate, 1896-1898*, Cambridge: Cambridge University Press 1988.

6 Gabriel Kolko, *The Triumph of Conservatism: A Reinterpretation of American History 1900-1916*, New York: Free Press 1963, S. 13.

7 Tim Wu, »The great American information emperors« (7. November 2010), online verfügbar unter {http://www.slate.com/articles/technology/technology/features/2010/the_great_american_information_emperors/how_theodore_vail_built_the_att_monopoly.html} (Stand Dezember 2015).

8 Jeffrey Fear, »Cartels and competition: Neither markets nor hierarchies« (2006), online verfügbar unter: {http://www.hbs.edu/faculty/Publication%20Files/07-011.pdf} (Stand Dezember 2015).

9 Lon L. Peters, »Managing competition in German coal, 1893-1913«, in: *The Journal of Economic History* 49/2 (1989), S. 419-433.

10 Hidemasa Morikawa, *Zaibatsu: Rise and Fall of Family Enterprise Groups in Japan*, Tokio: University of Tokyo Press 1992.

11 Kolko, *The Triumph of Conservatism*, S. 6.

12 Kevin O'Rourke, »Tariffs and growth in the late 19th century«, in: *The Economic Journal* 110 (2000), S. 456-483.

13 »Maddison historical GDP data«, online verfügbar unter: {http://www.worldeconomics.com/Data/MadisonHistoricalGDP/Madison%20Historical%20GDP%20Data.efp} (Stand Dezember 2015).

14 Rudolf Hilferding, *Das Finanzkapital. Eine Studie über die jüngste Entwicklung des Kapitalismus* [1910], online verfügbar unter: {https://archive.org/stream/DasFinanzkapital.EineStudieZurJngstenEntwicklungDesKapitalismus/Hilferding1910 1955-DasFinanzkapital_djvu.txt} (Stand Dezember 2015).

15 Panayotis Michaelides/John Milios, »Did Hilferding influence Schumpeter?«, in: *History of Economics Review* 41 (Winter 2005), S. 98-125.

16 Hilferding, *Das Finanzkapital*, Kap. 25.

17 Wladimir I. Lenin, »Der Imperialismus und die Spaltung des Sozialismus«, in: ders., *Werke*, Bd. 23, Berlin: Dietz 1957 [1916], S. 102-118, online verfügbar unter: {http://marxists.catbull.com/deutsch/archiv/lenin/1916/10/spaltung.html} (Stand Dezember 2015).

18 Rosa Luxemburg, *Die Akkumulation des Kapitals: Ein Beitrag zur ökonomischen Erklärung des Imperialismus*, in: dies., *Gesammelte Werke*, Bd. 5, Berlin: Dietz 1975 [1913], S. 411.

19 Tim Bentinck, »Berlin cinemas« (12. Juni 1975), online verfügbar unter: {http://www.bentinck.net/writing/berlin.html} (Stand Dezember 2015).

20 Wladimir I. Lenin, *Der Imperialismus als höchstes Stadium des Kapitalismus*, in: ders., *Werke*, Bd. 22, Berlin: Dietz 1960 [1917], online verfügbar unter: {http://marxists.catbull.com/deutsch/archiv/lenin/1917/imp/kapite10.htm} (Stand Dezember 2015).

21 Nikolai Bucharin, *Imperialismus und Weltwirtschaft*, Wien/Berlin: Verlag für Literatur und Politik 1929, online verfügbar unter: {http://marxists.catbull.com/deutsch/archiv/bucharin/1917/imperial/15-schluss.htm} (Stand Dezember 2015).

22 Karl Kautsky, »Der Imperialismus«, in: *Die Neue Zeit* 32 (September 1914), Bd. 2, S. 908-922.

23 Max Ried, »A decade of collective economy in Austria«, in: *Annals of Public and Cooperative Economics*, Bd. 5 (1929), S. 70.

24 Eugen Varga, *Die wirtschaftlichen Probleme der proletarischen Diktatur*, Wien: Genossenschaftsverlag der »Neuen Erde« 1920, S. 83.

25 John Maynard Keynes, *Krieg und Frieden: Die wirtschaftlichen Folgen des Vertrages von Versailles*, Berlin: Berenberg 2014 [1919], S. 40.

26 Eugen Varga, *Die Krise des Kapitalismus und ihre politischen Folgen*, Frankfurt am Main: Europäische Verlagsanstalt 1974, S. 5f.

27 Leo Trotzki, *Der Todeskampf des Kapitalismus und die Aufgaben der 4. Internationale* [1938], online verfügbar unter: {http://marxists.catbull.com/deutsch/archiv/trotzki/1938/uebergang/uebergi.htm} (Stand Dezember 2015).

28 Nikolai Bucharin, »New forms of the world crisis«, in: *The Labour Monthly* (September 1928), S. 533-543, online verfügbar unter: {http://www.marxists.org/archive/bukharin/works/1928/09/x01.htm} (Stand Dezember 2015).

29 Michel Husson, »The debate on the rate of profit« (13. Juli 2010), online verfügbar unter: {http://www.internationalviewpoint.org/spip.php?article1894} (Stand Dezember 2015).

30 Lawrence H. Summers, »U. S. economic prospects: Secular stagnation, hysteresis, and the zero lower bound« (24. Februar 2014), online verfügbar unter: {http://larrysummers.com/wp-content/uploads/2014/06/NABE-speech-Lawrence-H.-Summers1.pdf} (Stand Dezember 2015).

31 Carlota Perez, *Technological Revolutions and Finance Capital: The Dynamics of Bubbles and Golden Ages*, Cheltenham: Edward Elgar Publishing 2002.

32 Berechnet anhand von Daten von Angus Maddison für das Jahr 1950. Die Daten sind online verfügbar unter: {http://www.worldeconomics.com/Data/MadisonHistoricalGDP/Madison%20Historical%20GDP%20Data.efp} (Stand Dezember 2015).

4 Ein unterbrochener langer Zyklus

1 Alistair Horne, *Macmillan: The Official Biography*, Bd. II, London: Macmillan 1989.

2 Nicholas Crafts/Gianni Toniolo, »Postwar growth: An overview«, in: dies., *Economic Growth in Europe Since 1945*, Cambridge: Cambridge University Press 1996, S. 4.

3 »Maddison historical GDP data«, online verfügbar unter: {http://www.worldeconomics.com/Data/MadisonHistoricalGDP/Madison%20Historical%20GDP%20Data.efp} (Stand Dezember 2015).

4 Crafts/Toniolo, *Economic Growth in Europe*, S. 2.

5 Sidney Pollard, *The International Economy Since 1945*, London: Routledge 1997, S. 232.

6 Russell Sage Foundation, »Chartbook of social inequality«, online verfügbar unter: {http://www.russellsage.org/sites/all/files/chartbook/Income%20and%20Earnings.pdf} (Stand Dezember 2015).

7 Siehe »Figure 1« zu Chiaki Moriguchi/Emmanuel Saez, »The evolution of income concentration in Japan, 1885-2002: Evidence from income tax statistics«, online verfügbar unter: {http://www.esri.go.jp/jp/workshop/050914/050914moriguchi_saez-2.pdf} (Stand Dezember 2015).

8 Giovanni Federico, *Feeding the World: An Economic History of Agriculture 1800-2000*, Princeton: Princeton University Press 2005, S. 59; Carolyn Dmitri/Anne Effland/Neilson Conklin, »The 20th century transformation of US agriculture and farm policy«, USDA Economic Information Bulletin 3, 2005, online verfügbar unter: {http://www.ers.usda.gov/media/259572/eib3_1_.pdf} (Stand Dezember 2015).

9 Charles T. Evans, »Debate in the Soviet Union? Evgenii Varga and his analysis of postwar capitalism, 1946-1950«, in: *Essays in History* 32 (1989), S. 1-17.

10 Eugen Varga, *Izmenenija v ekonomike kapitalizm v itoge vtoroj mirovoj vojni*, Moskau: 1946.

11 Ted Grant, *The Unbroken Thread. The Development of Trotskyism Over 40 Years*, 1989, online verfügbar unter: {http://www.marxist.com/TUT/} (Stand Dezember 2015). Das Zitat stammt aus einem Resolutionsentwurf des Internationalen Sekretariats der Vierten Internationale im Vorfeld einer Konferenz im Jahre 1946 und findet sich in der Einleitung zum 5. Kapitel von Grants *The Unbroken Thread.*

12 Anthony Crosland, *The Future of Socialism*, London: Jonathan Cape 1956.

13 Paul A. Baran/Paul Sweezy, *Monopolkapital. Ein Essay über die amerikanische Wirtschafts- und Gesellschaftsordnung*, Frankfurt am Main: Suhrkamp 1973.

14 Das Zitat findet sich in dem kurzen Text »Atlantic City to Bretton Woods«, der auf einer Website zum 60-jährigen Jubiläum der Bretton-Woods-Institutionen verfügbar ist: {http://external.worldbankimflib.org/Bwf/60panel2.htm} (Stand Dezember 2015).

15 Henry Hazlitt, »For world inflation?« [24. Juni 1944], in: ders., *From Bretton Woods to Inflation: A Study of Causes and Consequences*, Chicago: Regnery Gateway 1984, S. 39.

16 Joshua N. Feinman, »Reserve requirements: history, current practice, and potential reform«, Federal Reserve Bulletin (Juni 1993), S. 587, online verfügbar unter: {http://www.federalreserve.gov/monetarypolicy/0693lead.pdf} (Stand Dezember 2015).

17 Carmen M. Reinhart/M. Belen Sbrancia, »The liquidation of government debt«, NBER Working Paper 16893 (März 2011), S. 21, online verfügbar unter: {http://www.nber.org/papers/w16893.pdf} (Stand Dezember 2015).

18 Ibid., S. 38.

19 Irvin Stewart, *Organising Scientific Research for War. The Administrative History of the Office of Scientific Research and Development*, Boston: Little, Brown and Company 1948, S. 19.

20 Ibid., S. 59.

21 James Gleick, *Die Information: Geschichte, Theorie, Flut*, München: Redline 2011, S. 206, 225.

22 Andrew Glyn et al., »The rise and fall of the Golden Age«, WIDER Working Paper 43 (April 1988), S. 2.

23 Victor Zarnowitz/Geoffrey H. Moore, »The recession and recovery«, in: *Explorations of Economic Research* 4 (1977), S. 485-486, online verfügbar unter: {http://www.nber.org/chapters/c9101.pdf} (Stand Dezember 2015).

24 Glyn et al., »The rise and fall of the Golden Age«, S. 112.

25 Ibid., S. 23.

26 Vgl. z. B. Peter M. Garber, »The collapse of the Bretton Woods fixed exchange rate system«, in: Michael Bordo/Barry Eichengreen (Hg.), *A Retrospective on the Bretton Woods System. Lessons for International Monetary Reform*, Chicago: Chicago University Press 1993, S. 461-494.

27 Muto Ichiyo, »Class struggle and technological innovation in Japan since 1945«, in: *Notebooks for Study and Research* 5 (1987), S. 10.

28 N. N., »The sick man of the euro«, in: *The Economist* (3. Juni 1999), online verfügbar unter: {http://www.economist.com/node/209559} (Stand Dezember 2015).

29 Rick Noack, »Germany's economy is the envy of Europe. So why are record numbers of people living in poverty?«, in: *Washington Post* (20. Februar 2015), online verfügbar unter: {http://www.washingtonpost.com/blogs/worldviews/wp/2015/02/20/germanys-economy-is-the-envy-of-europe-so-why-are-record-numbers-of-people-living-in-poverty/} (Stand Dezember 2015).

30 Gerald Mayer, »Union membership trends in the United States«, Congressional Research Service, 2004, online verfügbar unter: {http://digitalcommons.ilr.cornell.edu/cgi/viewcontent.cgi?article=1176&context=key_workplace} (Stand Dezember 2015)

31 Jelle Vissier, »Union membership statistics in 24 countries«, in: *Monthly Labor Re-*

view (Januar 2006), S. 38, online verfügbar unter: {http://www.bls.gov/opub/mlr/2006/01/art3full.pdf} (Stand Dezember 2015).

32 Engelbert Stockhammer, »Why have wage shares fallen? A panel analysis of the determinants of functional income distribution«, ILO Research Paper (2013), online verfügbar unter: {http://www.ilo.org/wcmsp5/groups/public/---ed_protect/---protrav/---travail/documents/publication/wcms_202352.pdf} (Stand Dezember 2015).

33 Andrey V. Korotaev/Sergey V. Tsirel, »A spectral analysis of world GDP dynamics: Kondratieff Waves, Kuznets swings, Juglar and Kitchin cycles in global economic development and the 2008-09 economic crisis«, in: *Structure and Dynamics*, 4 (1) (2010).

34 N. N., »United States average monthly prime lending rate«, online verfügbar unter: {http://www.tradingeconomics.com/united-states/bank-lending-rate} (Stand Dezember 2015).

35 John F. Papp et al., *Cr, Cu, Mn, Mo, Ni, and Steel Commodity Price Influences, Version 1.1*, US Geological Survey Open-File Report 2007-1257, Columbus: BiblioGov 2013, S. 112.

36 S. Ali Abbas/Nazim Belhocine/Asmaa El-Ganainy/Mark Horton, »A history of world debt«, in: *Finance & Development* 48/1 (2011), online verfügbar unter: {http://www.imf.org/external/pubs/ft/fandd/2011/03/picture.htm} (Stand Dezember 2015).

37 Mike Hewitt, »Growth of global money supply« (12. Januar 2009), online verfügbar unter: {http://www.safehaven.com/article/12305/growth-of-global-money-supply} (Stand Dezember 2015).

38 Siehe dazu die Grafiken auf: {www.the-crises.com} (Stand Dezember 2015).

39 Sameer Khatiwada, »Did the financial sector profit at the expense of the rest of the economy? Evidence from the United States«, ILO Research Paper (2010), online verfügbar unter: {http://digitalcommons.ilr.cornell.edu/cgi/viewcontent.cgi?article=1101&context=intl} (Stand Dezember 2015).

40 Die Abbildung beruht auf Daten der Konferenz der Vereinten Nationen für Handel und Entwicklung. Die Daten sind online verfügbar unter: {http://unctadstat.unctad.org/wds/ReportFolders/reportFolders.aspx} (Stand Dezember 2015).

41 Die Daten stammen ebenfalls von der Konferenz der Vereinten Nationen für Handel und Entwicklung.

42 Douglas McWilliams, »The greatest ever economic change«, Gresham Lecture (13. September 2012), online verfügbar unter: {http://www.gresham.ac.uk/lectures-and-events/the-greatest-ever-economic-change} (Stand Dezember 2015).

43 Vgl. z. B. Samir Amin, *Unequal Development: An Essay on the Social Formations of Peripheral Capitalism*, New York/London: Monthly Review Press 1976.

44 Branko Milanovic, »Global income inequality by the numbers: In history and now«, Policy Research Working Paper 6259, Weltbank (November 2012), S. 13.

45 Richard B. Freeman, »The new global labor marketing«, in: *Focus* 26/1 (2008), University of Wisconsin – Madison Institute for Research on Poverty, online verfügbar unter: {http://www.irp.wisc.edu/publications/focus/pdfs/foc261a.pdf} (Stand Dezember 2015).

46 Steven Kapsos/Evangelia Bourmpoula, »Employment and economic class in the developing world«, ILO Research Paper 6, Juni 2013, online verfügbar unter: {http://www.ilo.org/wcmsp5/groups/public/---dgreports/---inst/documents/publication/wcms_216451.pdf} (Stand Dezember 2015).

5 Die Propheten des Postkapitalismus

1 Kevin Kelly, »New rules for the new economy«, in: *Wired* (5. September 1997), online verfügbar unter: {http://www.wired.com/1997/09/newrules/} (Stand Dezember 2015).

2 Riti Singh, »Civil aero gas turbines; technology and strategy«, Vortrag an der Cranfield University (24. April 2001), S. 5.

3 John Leahy, »Navigating the future«, Global Market Forecast 2012-2031, Airbus, 2011.

4 David S. Lee et al., »Aviation and global climate change in the 21st century«, in: *Atmospheric Aviation* 43 (2009), S. 3520-3537.

5 Maurice Gell et al., »The development of single crystal supperalloy turbine blades«, in: John K. Tien et al. (Hg.) *Superalloys 1980*, Materials Park, OH: American Society for Metals 1980, S. 205-214, S. 205.

6 Jörg Sieber, »Aero engine roadmap 2050«, Präsentation auf der Aerospace Industry Exhibition in Tokio (26. bis 28. Oktober 2011).

7 N. N., »Data on the balance sheet«, SAS Institute/CEBR (Juni 2013), online verfügbar unter: {http://www.cebr.com/reports/data-on-the-balance-sheet/} (Stand Dezember 2015).

8 Peter F. Drucker, *Die postkapitalistische Gesellschaft*, Düsseldorf: Econ 1993, S. 73.

9 Ibid., S. 276f.

10 Ibid., S. 302.

11 Yinni Peng, »Internet use of migrant workers in the Pearl River Delta«, in: Pui-lam Law (Hg.), *New Connectivities in China: Virtual, Actual and Local Interactions*, Dordrecht: Springer 2012, S. 94.

12 Paul M. Romer, »Endogenous technological change«, in: *Journal of Political Economy* 98/5, 2 (1990), S. S71-S102.

13 Ibid., S. S72.

14 Ibid., S. S71-S102.

15 Glenn Peoples, »Business matters: Average iTunes account generates just $ 12 in music revenue per year« (20. Juni 2013), online verfügbar unter: {http://www.billboard.com/biz/articles/news/digital-and-mobile/1567869/business-matters-average-itunes-account-generates-just} (Stand Dezember 2015).

16 David Warsh, *Knowledge and the Wealth of Nations: A Story of Economic Discovery*, New York: W. W. Norton & Co. 2007.

17 Anand Lal Shimpi, »The iPhone 5s Review« (17. September 2013), online verfügbar unter: {http://anandtech.com/show/7335/the-iphone-5s-review} (Stand Dezember 2015).

18 Bill Gates' »An open letter to hobbyists« aus dem Jahr 1976 ist online verfügbar unter: {https://de.wikipedia.org/wiki/Open_Letter_to_Hobbyists#/media/File:Bill_Gates_Letter_to_Hobbyists.jpg} (Stand Dezember 2015).

19 Richard Stallman, »GNU-Manifest« (März 1985), online verfügbar unter: {http://www.gnu.org/gnu/manifesto.de.html} (Stand Dezember 2015).

20 Vgl. dazu die regelmäßig aktualisierte Statistik auf der Website www.browser-statistik.de.

21 Jay Yarow, »It's official: Apple is just a niche player in smartphones now« (2. November 2012), online verfügbar unter: {http://www.businessinsider.com/android-market-share-2012-11} (Stand Dezember 2015).

22 Kelly, »New rules for the new economy«.

23 Ibid.

24 Ibid.

25 Simon Hill, »A history of Samsung's Galaxy phones and tablets, from the S1 to the S4« (14. März 2013), online verfügbar unter: {http://www.digitaltrends.com/mobile/history-of-samsungs-galaxy-phones-and-tablets/} (Stand Dezember 2015).

26 John Gantz/David Reinsel, »The Digital Universe in 2020: Big data. Bigger digital Shadows, and biggest growth in the far East« (Dezember 2012), online verfügbar

unter: {http://www.emc.com/collateral/analyst-reports/idc-the-digital-universe-in-2020.pdf} (Stand Dezember 2015).

27 Daten dazu sind auf der Website der Internationalen Fernmeldeunion verfügbar: {http://www.itu.int/en/ITU-D/Statistics/Pages/stat/default.aspx} (Stand Dezember 2015).

28 Kelly, »New rules for the new economy«.

29 Ibid.

30 Rachel Konrad, »Trouble ahead, trouble behind«, in: *cnet* (22. Februar 2002).

31 Yochai Benkler, *The Wealth of Networks: How Social Production Transforms Markets and Freedom*, New Haven: Yale University Press 2006.

32 Ibid.

33 »Statistics«, online verfügbar unter: {https://en.wikipedia.org/wiki/Special:Statistics} (Stand Januar 2016).

34 Siehe den sogenannten »Staff-Count« der Wikimedia Foundation: {https://wikimediafoundation.org/wiki/Staff_and_contractors} (Stand Dezember 2015).

35 »Wikipedians«, online verfügbar unter: {https://en.wikipedia.org/wiki/Wikipedia:Wikipedians} (Stand Januar 2016).

36 Stand Dezember 2015; die Rangfolge der jeweils beliebtesten Websites ist online verfügbar unter: {http://www.alexa.com/topsites}.

37 Michael Johnston, »Wikipedia revenue analysis: how a wiki could make $ 2.8b a year« (25. Juni 2013), online verfügbar unter: {www.monetizepros.com/blog/2013/analysis-how-wikipedia-could-make-2-8-billion-in-annual-revenue/} (Stand Dezember 2015).

38 Kenneth J. Arrow, »Economic welfare and the allocation of resources for invention«, in: *The Rate and Direction of Inventive Activity: Economic and Social Factors*, NBER (1962), S. 609-626.

39 Karl Marx, »Schreiben an Engels vom 8. Dezember 1857, London«, in: *Marx-Engels-Werke*, Bd. 29, Berlin: Dietz 1978, S. 225.

40 Martin Nicolaus, »Foreword«, in: Karl Marx, *Grundrisse. Foundations of the Critique of the Political Economy*, Harmondsworth: Penguin 1973, S. 9.

41 Karl Marx, *Grundrisse der Kritik der politischen Ökonomie*, in: *Marx-Engels-Werke*, Bd. 42, Berlin: Dietz 1953 [1857-1858], S. 601.

42 Ibid., S. 600.

43 Steven Robert, *Distant Writing. A History of the Telegraph Companies in Britain Between 1838-1868*, 2006, online verfügbar unter: {http://distantwriting.co.uk/TelegraphStations1862.html} (Stand Dezember 2015).

44 Shirley Tillotson, »We may all soon be ›first-class men‹: Gender and skill in Canada's early twentieth century urban telegraph industry«, in: *Labor/Le Travail* 27 (Frühjahr 1991), S. 97-123.

45 Marx, *Grundrisse*, S. 602.

46 Paolo Virno, »General intellect«, in: Adelino Zanini/Ubaldo Fadini (Hg.), *Lessico Postfordista*, Mailand: Feltrinelli 2001.

47 Marx, *Grundrisse*, S. 607.

48 Nick Dyer-Witheford, *Cyber-Marx: Cycles and Circuits of Struggle in High-technology Capitalism*, Illinois: University of Illinois Press 1999.

49 Yann Moulier-Boutang, *Cognitive Capitalism*, Cambridge: Polity 2011, S. 53.

50 Der durchschnittlich Stundenlohn in den USA wird auf der Website YCharts dokumentiert: {http://ycharts.com/indicators/average_hourly_earnings} (Stand Dezember 2015).

51 Scott Cendrowski, »Nike's new marketing mojo« (13. Februar 2012), online verfügbar unter: {http://management.fortune.cnn.com/2012/02/13/nike-digital-mar keting/} (Stand Dezember 2015).

52 Carlo Vercellone, »From formal subsumption to general intellect: Elements for a Marxist reading of the thesis of cognitive capitalism«, in: *Historical Materialism* 15 (2007), S. 13-36.

53 Dyer-Witheford, *Cyber-Marx*.

54 Jeremy Rifkin, *Die Null-Grenzkosten-Gesellschaft: Das Internet der Dinge, kollaboratives Gemeingut und der Rückzug des Kapitalismus*, Frankfurt am Main/New York: Campus 2014.

55 Vgl. Paul Mason, »WTF is Eleni Haifa?« (20. Dezember 2014), online verfügbar unter: {http://www.versobooks.com/blogs/1801-wtf-is-eleni-haifa-a-new-essay-by-paul-mason} (Stand Dezember 2015).

6 Auf dem Weg zur kostenlosen Maschine

1 Siehe den »Scottish Index of Multiple Deprivation« auf der Website Scottish Neighbourhood Statistics: {http://www.sns.gov.uk/Simd/Simd.aspx} (Stand Dezember 2015).

2 Adam Smith, *Der Wohlstand der Nationen*, München: dtv 1993 [1776], S. 28.

3 Adam Smith, *Lectures on Jurisprudence*, Oxford: Oxford University Press 1978, S. 351.

4 Das zeigt John F. Henry in »Adam Smith and the theory of value: chapter six considered«, in: *History of Economics Review* 31 (Winter 2000).

5 Smith, *Der Wohlstand der Nationen*, S. 29.

6 David Ricardo, *Über die Grundsätze der politischen Ökonomie und der Besteuerung*, Marburg: Metropolis 2006 [1817], Kapitel 1.

7 Zitiert in: Alfred Ammon, *Ricardo als Begründer der theoretischen Nationalökonomie*, Jena: Gustav Fischer 1924, S. 83.

8 Thomas Hodgskin, »Labour defended against the claims of capital« [1825], online verfügbar unter: {http://avalon.law.yale.edu/19th_century/labdef.asp} (Stand Dezember 2015).

9 Für eine umfassende Beschreibung der Debatte über den Wert vgl. Isaac I. Rubin, *A History of Economic Thought*, London: Pluto Press 1989.

10 N. N., »CCC disappointed at new Bangladesh minimum wage level« (20. November 2013), online verfügbar unter: {http://www.cleanclothes.org/news/2013/11/20/clean-clothes-campaign-disappointed-at-new-bangladesh-minimum-wage-level} (Stand Dezember 2015).

11 Gemessen an einem Mindestlohn von 5300 Taka (2014) und einem Einzelhandelspreis von 34 Taka für ein Kilo Reis.

12 In diesem Abschnitt stütze ich mich auf die vereinfachte Darstellung der Theorie in: Andrew Kliman, *Reclaiming Marx's »Capital«: A Refutation of the Myth of Inconsistency*, Plymouth: Lexington Books 2007.

13 Kate Allen, »The butterfly effect: Chinese dorms and Bangladeshi factory fires«, in: *Financial Times* (25. April 2013), online verfügbar unter: {http://blogs.ft.com/ftdata/2013/04/25/the-butterfly-effect-chinese-dorms-and-bangladeshi-factory-fires/?} (Stand Dezember 2015).

14 Joan Robinson, *Economic Philosophy*, London: C. A. Watts 1962.

15 Albert Einstein, »Physics and reality«, in: *Journal of the Franklin Institute*, Bd. 221 (1936), S. 349-382.

16 OECD, »Education at a glance 2014: OECD indicators«, OECD, 2014, S. 14, online verfügbar unter: {http://www.oecd.org/edu/Education-at-a-Glance-2014.pdf} (Stand Dezember 2015).

17 Léon Walras, *Elements of Pure Economics: Or the Theory of Social Wealth*, London/New York: 2005 [1874], S. 399.

18 William Smart, »Translator's preface«, in: Eugen von Böhm-Bawerk, *The Positive Theory of Capital*, New York: G. E. Stechert & Co. 1930, S. xviii.

19 Walras, *Elements of Pure Economics*, S. 61.

20 William S. Jevons, »The periodicity of commercial crises, and its physical explanation«, in: Robert L. Smyth (Hg.), *Essays in the Economics of Socialism and Capitalism: Selected Papers Read to Section F of the British Association for the Advancement of Science, 1886-1932*, London: Duckworth 1964, S. 125-140.

21 Carl Menger, *Untersuchungen über die Methode der Socialwissenschaften und der politischen Oekonomie insbesondere*, in: Friedrich A. Hayek (Hg.), *Carl Menger. Gesammelte Werke*, Bd. IV, Tübingen: J. C. B. Mohr 1969 [1883], S. 207f.

22 Steve Keen, *Debunking Economics: The Naked Emperor Dethroned*, London: Zed Books 2011, S. XV.

23 Walras, *Elements of Pure Economics*, S. 399.

24 David Gilbert, »Game of Thrones ›purple wedding‹ becomes most shared illegal download ever« (16. April 2014), online verfügbar unter: {http://www.ibtimes.co.uk/game-thrones-purple-wedding-becomes-most-shared-illegal-download-ever-1445057} (Stand Dezember 2015).

25 John Hagel et al., »From exponential technologies to exponential innovation« (2013), online verfügbar unter: {http://dupress.com/articles/from-exponential-technologies-to-exponential-innovation/} (Stand Dezember 2015).

26 Norbert Wiener, *Kybernetik: Regelung und Nachrichtenübertragung im Lebewesen und in der Maschine*, 2. Aufl., Düsseldorf: Econ 1965, S. 166.

27 Rolf Landauer, »Irreversibility and heat generation in the computing process« (Januar/März 2000), online verfügbar unter: {http://www.pitt.edu/~jdnorton/lectures/Rotman_Summer_School_2013/thermo_computing_docs/Landauer_1961.pdf} (Stand Dezember 2015).

28 Rolf Landauer, »The physical nature of information«, in: *Physics Letters A* 217 (1996), S. 188-193.

29 Samuel K. Moore, »Landauer limit demonstrated« (7. März 2012), online verfügbar unter: {http://spectrum.ieee.org/computing/hardware/landauer-limit-demonstrated} (Stand Dezember 2015).

30 Karl Marx, *Grundrisse der Kritik der politischen Ökonomie*, in: *Marx-Engels-Werke*, Bd. 42, Berlin: Dietz 1953 [1857-1858], S. 658.

31 Vishal Naranje/Shailendra Kumar, »AI applications to metal stamping die design; A review«, in: *World Academy of Science, Engineering and Technology* 4 (2010).

32 OECD, »Measuring the internet economy: a contribution to the research agenda«, OECD Digital Economy Papers 226, OECD Publishing (2013), online verfügbar unter: {http://www.oecd-ilibrary.org/docserver/download/5k43gjg6r8jf.pdf?

expires=1449493475&id=id&accname=guest&checksum=0D4A7D6D020A6F657CA8C8C1CCCF6805} (Stand Dezember 2015).

33 Harry Braverman, *Labor and Monopol Capital. The Degradation of Work in the Twentieth Century*, New York: Monthly Review Press 1998, S. 204.

34 Bureau of Labor Statistics, »Occupational employment and wages – May 2014«, online verfügbar unter: {http://www.bls.gov/news.release/pdf/ocwage.pdf} (Stand Dezember 2015).

35 Carl B. Frey/Michael A. Osborne, »The future of employment: How susceptible are jobs to computerisation?«, Oxford Martin School Working Paper, 2013, S. 38, online verfügbar unter: {http://www.oxfordmartin.ox.ac.uk/downloads/academic/The_Future_of_Employment.pdf} (Stand Dezember 2015).

36 André Gorz, *Kritik der ökonomischen Vernunft. Sinnfragen am Ende der Arbeitsgesellschaft*, Zürich: Rotpunktverlag 2010, S. 143.

7 Wunderbare Störenfriede

1 Richard Freeman, »The great doubling: Labor in the new global economy«, Usery Lecture in Labor Policy, University of Atlanta, GA, 2005.

2 Thomas Piketty, *Das Kapital im 21. Jahrhundert*, München: C. H. Beck 2014.

3 Fredric Jameson, »Future City«, in: *New Left Review* 21 (Mai/Juni 2003), online verfügbar unter: {http://newleftreview.org/II/21/fredric-jameson-future-city} (Stand Dezember 2015): »Heute können wir uns die völlige Zerstörung der Erde und der Natur leichter vorstellen als den Zusammenbruch des Spätkapitalismus.«

4 N. N., »Translation: What will Apple think of Foxconn's employee non-suicide pact?« (26. Mai 2010), online verfügbar unter: {http://shanghaiist.com/2010/05/26/translated_foxconns_employee_non-su.php} (Stand Dezember 2015).

5 Vgl. Paul Mason, »WTF is Eleni Haifa?« (20. Dezember 2014), online verfügbar unter: {http://www.versobooks.com/blogs/1801-wtf-is-eleni-haifa-a-new-essay-by-paul-mason} (Stand Dezember 2015).

6 Douglas A. Galbi, »Economic change and sex discrimination in the early English cotton factories« (1994), online verfügbar unter: {http://papers.ssrn.com/paper.taf?abstract_id=239564} (Stand Dezember 2015).

7 Andrew Ure, *The Cotton Manufacture of Great Britain Systematically Investigated*, Bd. II, London: C. Knight 1836, S. 176.

8 Mary Freifeld, »Technological change and the ›self-acting‹ mule: A study of skill and sexual division of labour«, in: *Social History* 11 (1986), S. 322.

9 Karl Marx, *Das Kapital*, Bd. I, Kap. 13, in: *Marx-Engels-Werke*, Bd. 23, Berlin: Dietz 2008 [1867], S. 459.

10 Friedrich Engels, *Die Lage der arbeitenden Klasse in England*, in: *Marx-Engels-Werke*, Bd. 2, Berlin: Dietz 1962 [1845], S. 362.

11 Michael Winstanley, »The factory workforce«, in: Mary Rose (Hg.), *The Lancashire Cotton Industry: A History since 1700*, Lancashire: Lancashire County Books 1996, S. 130.

12 William Lazonick, *Competitive Advantage on the Shop Floor*, Harvard, MA: Harvard University Press 1990.

13 Engels, *Die Lage der arbeitenden Klasse*, S. 639.

14 Bryan Palmer, *A Culture in Conflict: Skilled Workers and Industrial Capitalism in Hamilton, Ontario, 1860-1914*, Montreal: McGill-Queen's University Press 1979.

15 Kealey zeigt in seiner Studie über die Eisengießer in Toronto, dass ihre Gewerkschaft die Löhne für jedes neue Design festlegten und branchenweit durchsetzten; vgl. Gregory Kealey, »The honest working man and workers control: the experience of Toronto skilled workers 1860-1892«, in: *Labor/Le Travail* 1 (1976), S. 50.

16 Zitiert ibid., S. 39.

17 Ibid., S. 58.

18 Frederick W. Taylor, *Die Grundsätze wissenschaftlicher Betriebsführung*, Weinheim: Beltz 1977 [1911], S. 50.

19 Ibid., S. 62.

20 Ibid., S. 94.

21 Ibid., S. 102.

22 Gerald Friedman, »Revolutionary unions and French labor: The rebels behind the cause; or, why did revolutionary syndicalism fail?«, in: *French Historical Studies* 20/2 (Frühjahr 1997).

23 Unofficial Reform Committee (Hg.), »The miner's next step« [1912], online verfügbar unter: {http://www.llgc.org.uk/ymgyrchu/Llafur/1926/MNS.pdf} (Stand Dezember 2015).

24 Wladimir I. Lenin, *Was tun*? [1902], online verfügbar unter: {http://marxists.catbull.com/deutsch/archiv/lenin/1902/wastun/kap2a.htm#parta} (Stand Dezember 2015).

25 Wladimir I. Lenin, *Der Imperialismus als höchstes Stadium des Kapitalismus*, »Vorwort zur französischen und deutschen Ausgabe« [1921], online verfügbar unter:

{http://marxists.catbull.com/deutsch/archiv/lenin/1917/imp/vorwort2.htm} (Stand Dezember 2015).

26 Zitiert in: Antonio Santucci, *Antonio Gramsci*, New York: Monthly Review Press 2010, S. 156.

27 W. B. Yeats, »Ostern 1916«, in: Marcel Beyer, Gerhard Falkner, Norbert Hummelt (Hg.), *Die Gedichte*, München: Luchterhand 2005, S. 204.

28 John Simkin, »Clyde Workers' Committee«, (August 2014) online verfügbar unter: {http://spartacus-educational.com/TUcwc.htm} (Stand Dezember 2015).

29 Marc Ferro, *October 1917: A Social History of the Russian Revolution*, London: Routledge and Kegan Paul 1980, S. 151.

30 Carter Goodrich, *The Frontier of Control*, New York: Harcourt, Brace and Howe 1920, S. 264.

31 George Orwell, »Looking back on the Spanish War«, in: ders., *A Collection of Essays*, Orlando: Harcourt 1981, S. 207.

32 N. N., »Never forget«, in: *The Economist* (22. März 2012), online verfügbar unter: {http://www.economist.com/node/21550764} (Stand Dezember 2015).

33 C. Wright Mills, »The sociology of stratification«, in: Irving L. Horowitz (Hg.), *Power, Politics & People: The Collected Essays of C. Wright Mills*, Oxford: Oxford University Press 1967, S. 309.

34 Daniel Bell, »The capitalism of the proletariat«, in: *Encounter* (Februar 1958), S. 17-23.

35 Herbert Marcuse, *Der eindimensionale Mensch: Studien zur Ideologie der fortgeschrittenen Industriegesellschaft*, Frankfurt am Main: Suhrkamp 1989, S. 52.

36 Steve Wright, *Storming Heaven: Class Composition and Struggle in Italian Autonomist Marxism*, London: Pluto Press 2002, S. 54.

37 Robert Alford, »A suggested index of the association of social class and voting«, in: *Public Opinion Quarterly* 26/3 (Herbst 1962), S. 417-425.

38 Eric Hobsbawm, »The forward march of labour halted«, in: *Marxism Today* (September 1978), S. 279.

39 Romano Alquati, *Sulla Fiat e Altri Scritti*, Mailand: Feltrinelli 1975, S. 83.

40 André Gorz, *Kritik der ökonomischen Vernunft. Sinnfragen am Ende der Arbeitsgesellschaft*, Zürich: Rotpunktverlag 2010, S. 102.

41 Ibid., S. 106.

42 John Gorman, *To Build Jerusalem: A Photographic Remembrance of British Working Class Life, 1875-1950*, London: Scorpion Publications 1980.

43 Richard Hoggart, *The Uses of Literacy: Aspects of Working-Class Life*, London: Transaction Publishers 1957.

44 George Akerlof/Janet Yellen/Michael Katz, »An analysis of out-of-wedlock childbearing in the United States«, in: *The Quarterly Journal of Economics* 111/2, S. 277-317.

45 Claudia Goldin/Lawrence Katz, »The power of the pill: Oral contraception and women's career and marriage decisions«, NBER Working Paper 7527 (Februar 2000).

46 Oscar Ornati, »The Italian economic miracle and organised labor«, in: *Social Research* 30/4 (Winter 1953), S. 519-526.

47 Ibid.

48 Paul Ginsborg, *A History of Contemporary Italy: Society and Politics 1943-1988*, London: St. Martin's Griffin 2003, S. 298f.

49 N. N., »Class struggle in Italy: 1960s to 70s«, S. 22, online verfügbar unter: {http://www.prole.info/pamphlets/autonomousitaly.pdf} (Stand Dezember 2015).

50 *Lotta Continua* #18, November 1970, zitiert in: ibid., S. 52.

51 Andrew Glyn et al., »The rise and fall of the Golden Age«, WIDER, Working Paper 43 (April 1988).

52 Ibid.

53 Paul Myerscough, »Short cuts«, in: *London Review of Books* 35/1 (3. Januar 2013), S. 25.

54 Bureau of Labor Statistics, »International comparisons of annual labor force statistics, 1970-2012«, online verfügbar unter: {http://www.bls.gov/fls/flscomparelf/lfcompendium.pdf} (Stand Dezember 2015).

55 International Labour Organization, *World of Work Report 2014: Developing with Jobs*, Genf: ILO 2014, S. 45; online verfügbar unter: {http://www.ilo.org/wcmsp5/groups/public/---dgreports/---dcomm/documents/publication/wcms_243961.pdf} (Stand Dezember 2015).

56 Costas Lapavitsas, »Financialised capitalism: crisis and financial expropriation«, RMF Paper 1 (15. Februar 2009).

57 Ibid.

58 Siehe die kurze Übersicht auf der Website des »NetLab«: {http://groups.chass.utoronto.ca/netlab/barry-wellman/} (Stand Dezember 2015).

59 Vgl. Richard Sennett, *Die Kultur des neuen Kapitalismus*, Berlin: Berlin Verlag 2006.

60 Richard Sennett, *Der flexible Mensch. Die Kultur des neuen Kapitalismus*, Berlin: Siedler 1998, S. 37.

61 Antonio Negri und Michael Hardt, *Demokratie!: Wofür wir kämpfen*, Frankfurt am Main/New York: Campus 2013, S. 17f.

62 Yinni Peng, »Internet use of migrant workers in the Pearl River Delta«, in: *Knowledge, Technology, and Policy*, 21, 2008, S. 47-54.

8 Transitionen

1 Alexander Bogdanow, *Der rote Planet*, II, 2 [1908], online verfügbar unter: {http://nemesis.marxists.org/bogdanow-der-rote-planet12.htm} (Stand Dezember 2015).

2 Das Foto ist z. B. auf der Website marxist.org zu sehen: {http://www.marxists.org/archive/lenin/photo/1908/007.htm} (Stand Dezember 2015).

3 Zitiert in: John E. Marot, »Alexander Bogdanov, *Vpered* and the role of the intellectual in the workers' movement«, in: *The Russian Review* 49/3 (1990), S. 241-264.

4 Siehe den Eintrag zu »Workers opposition« im Glossar der Website marxist.org: {http://www.marxists.org/glossary/orgs/w/o.htm#workers-opposition} (Stand Dezember 2015).

5 Nikolai Krementsov, *A Martian Stranded on Earth: Alexander Bogdanov, Blood Transfusions and Proletarian Science*, Chicago: Chicago University Press 2011.

6 Richard Stites, »Fantasy and revolution: Alexander Bogdanov and the origins of bolshevik science fiction«, Vorwort zur englischen Übersetzung, in: Alexander Bogdanov, *Red Star*, Bloomington/Indianapolis: Indiana University Press 1984, S. 15.

7 Michael Ellman, »The role of leadership perceptions and of intent in the Soviet famine of 1931«, in: *Europe-Asia Studies*, Bd. 57 (6) (2005), S. 823-841.

8 Josef Stalin, »Über die Aufgaben der Wirtschaftler«, Rede auf der ersten Unionskonferenz der Funktionäre der »sozialistischen« Industrie am 4. Februar 1931, online verfügbar unter: {http://marxists.catbull.com/deutsch/referenz/stalin/1931/02/wirtschaft.htm} (Stand Dezember 2015).

9 Mark Harrison, »The Soviet economy in the 1920s and 1930s«, in: *Capital & Class* 2/2 (1978), S. 78-94.

10 Gur Ofer, »Soviet economic growth 1928-1985«, RAND/UCLA Center for the Study of Soviet International Behavior, JRS-04 (1998).

11 Holland Hunter, »A test of five-year plan feasibility«, in: Judith Thornton, *Economic Analysis of the Soviet-Type System*, Cambridge: Cambridge University Press 1976, S. 296.

12 A. Kon, »Political economy syllabus«, zitiert in: Yevgeni Preobrazhensky, *The New Economics*, Oxford: Clarendon Press 1964, S. 57.

13 Vilfredo Pareto, *Cours d'économie politique*, Bd. 1, Lausanne: F. Rouge 1896, S. 59.

14 Enrico Barone, »The ministry of production in the collectivist state«, in: Friedrich A. Hayek (Hg.), *Collectivist Economic Planning: Critical Studies on the Possibilities of Socialism*, London: Routledge & Kegan Paul 1935, S. 245-290.

15 Ludwig von Mises, »Die Wirtschaftsrechnung im sozialistischen Gemeinwesen«, in: *Archiv für Sozialwissenschaften* 47 (1920), S. 86-121, online verfügbar unter: {http://docs.mises.de/Mises/Mises_Wirtschaftsrechnung.pdf} (Stand Dezember 2015).

16 Ibid.

17 Lionel Robbins, *The Great Depression*, London: Macmillan 1934, S. 151.

18 Oskar Lange, »On the economic theory of socialism«, in: *The Review of Economic Studies* 4/1 (1936), S. 53-71.

19 Zitiert in: Johanna Bockman, *Markets in the Name of Socialism. The Left-Wing Origins of Neoliberalism*, Stanford: Stanford University Press 2011, S. 46.

20 Ludwig von Mises, »Wirtschaftsrechnung im sozialistischen Gemeinwesen« [1920], online verfügbar unter: {http://docs.mises.de/Mises/Mises_Wirtschafts rechnung.pdf} (Stand Dezember 2015).

21 Leo Trotzki, »The Soviet economy in danger«, in: *The Militant* (Oktober 1932), online verfügbar unter: {https://www.marxists.org/archive/trotsky/1932/10/sove con.htm} (Stand Dezember 2015).

22 Ibid.

23 W. Paul Cockshott/Allin Cottrell, »Economic planning, computers and labor values«, Working Paper (Januar 1999), online verfügbar unter: {http://ricardo.ecn.wfu.edu/~cottrell/aer.pdf} (Stand Dezember 2015).

24 Oleg Yun, *Improvement of Soviet Economic Planning*, Moskau: Progress Publishers 1988.

25 Cockshott/Cottrell, »Economic planning, computers and labour values«, S. 7.

26 W. Paul Cockshott/Allin Cottrell/Heinz Dieterich, *Transition to 21st Century Socialism in the European Union*, 2010, S. 1-20, online verfügbar unter: {http://reality.gn.apc.org/econ/Berlinpaper.pdf} (Stand Dezember 2015).

27 André Gorz, *Capitalism, Socialism, Ecology*, London: Verso 1994, S. 1.

28 John Maynard Keynes, »The economic possibilities for our grandchildren«, in: ders., *Essays in Persuasion*, New York: W.W. Norton 1963 [1930], S. 358-373.

29 Derek Thompson, »The economic history of the last 2000 years: Part II«, in: *The Atlantic* (20. Juni 2012).

30 Stephanie Haensch et al., »Distinct clones of *Yersinia pestis* caused the Black Death« (7. Oktober 2010), online verfügbar unter: {http://www.plospathogens.org/article/info%3Adoi%2F10.1371%2Fjournal.ppat.1001134} (Stand Dezember 2015).

31 David Herlihy, *The Black Death and the Transformation of the West*, Cambridge, MA: Harvard University Press 1997, S. 48.

32 Elizabeth L. Eisenstein, *Die Druckerpresse: Kulturrevolutionen im frühen modernen Europa*, Berlin: Springer 1997 [1979].

33 Francis Bacon, *Große Erneuerung der Wissenschaft* (*Novum Organon*) [1620], Erstes Buch, online verfügbar unter: {http://www.zeno.org/Philosophie/M/Bacon,+Francis/Gro%C3%9Fe+Erneuerung+der+Wissenschaften/Neues+Organon/Erstes+Buch} (Stand Dezember 2015).

34 Paul M. Sweezy/Maurice Dobb, »The transition from feudalism to capitalism«, in: *Science & Society* 14/2 (1950), S. 134-167.

35 Perry Anderson, *Von der Antike zum Feudalismus: Spuren der Übergangsgesellschaften*, 2. Aufl., Frankfurt am Main: Suhrkamp 1981 [1974], S. 246.

36 Preobrazhensky, *The New Economics*, S. 79.

9 Rationale Gründe zur Panik

1 Li Jianping et al., »Situation analysis of Ningxia province«, S. 42f., online verfügbar unter: {http://www.fao.org/fileadmin/templates/cpesap/Data/Ningxia/SASNingxiawp.pdf} (Stand Dezember 2015).

2 IPPC, *Climate Change 2013. The Physical Science Basis*, New York: Cambridge Unitersity Press 2013, S. 4, online verfügbar unter: {http://ipcc.ch/report/ar5/wg1/} (Stand Dezember 2015).

3 John Ashton, »The book and the bonfire: Climate change and the reawakening of a lost continent«, Vortrag, Verkehrshaus der Schweiz, Luzern (19. Januar 2014); online verfügbar unter: {http://www.e3g.org/docs/The_Book_and_the_Bonfire_speech_by_John_Ashton_190114.pdf} (Stand Dezember 2015).

4 International Energy Agency, »World energy outlook 2013. Kurzfassung«, Paris: IEA 2013, online verfügbar unter: {http://www.iea.org/publications/freepublications/publication/WEO2013_Executive_Summary_German.pdf} (Stand Dezember 2015).

5 Carbon Tracker Initiative, »Unburnable carbon 2013. Wasted capital and stranded

assets« (2013), online verfügbar unter: {http://carbontracker.live.kiln.it/Unburnable-Carbon-2-Web-Version.pdf} (Stand Dezember 2015).

6 Andy Rowell, »Insurers warned climate change affects ›viability of your business model‹« (28. Oktober 2014), online verfügbar unter: {http://priceofoil.org/2014/10/28/insurers-warned-climate-change-affects-viability-business-model/} (Stand Dezember 2015).

7 Douglas Fischer, »›Dark money‹ funds climate change denial effort« (23. Dezember 2013), online verfügbar unter: {http://sams.scientificamerican.com/article/dark-money-funds-climate-change-denial-effort/} (Stand Dezember 2015)

8 Alex Morales/Stefan Nicola, »Fossil fuel caps urged as scientists warn of climate woes« (3. November 2014), online verfügbar unter: {http://www.bloomberg.com/news/articles/2014-11-02/fossil-fuel-budgets-suggested-to-curb-climate-change} (Stand Dezember 2015).

9 N. N., »How to lose half a trillion euros« (12. Oktober 2013), online verfügbar unter: {http://www.economist.com/news/briefing/21587782-europes-electricity-providers-face-existential-threat-how-lose-half-trillion-euros} (Stand Dezember 2015).

10 International Energy Agency, *Energy – Technology – Perspectives 2010. Scenarios & Strategies to 2050*, Paris: IEA 2010, S. 45; online verfügbar unter: {http://www.iea.org/techno/etp/etp10/English.pdf} (Stand Dezember 2015).

11 Greenpeace, *Energy (R)evolution. A Sustainable World Energy Outlook*, 2012, S. 80, online verfügbar unter: {http://www.greenpeace.org/international/Global/international/publications/climate/2012/Energy%20Revolution%202012/ER2012.pdf} (Stand Dezember 2015).

12 Ibid.

13 »Fifth Annual Report of the Registrar General«, London, 1843, online verfügbar unter: {http://www.histpop.org/ohpr/servlet/TOC?path=Browse/Registrar%20General%20 %28by%20date%29&active=yes&mno=467&tocstate=expandnew&display=sections&display=tables&display=pagetitles} (Stand Dezember 2015).

14 United Nations, *World Population Prospects. The 2015 Revision*, New York 2015, online verfügbar unter: {http://esa.un.org/unpd/wpp/Publications/Files/Key_Findings_WPP_2015.pdf}.

15 Zitiert nach: N. N., »Our judges' pick of the ideas most likely to shape tomorrow's world of business«, in: *Financial Times* (13. Juni 2013), online verfügbar unter: {http://www.ft.com/intl/cms/s/0/62589ce2-d1bf-11e2-9336-00144feab7de.html#axzz3telnDKUe} (Stand Dezember 2015).

16 OECD, »Annual survey of large pension funds and public pension reserve funds.

Report on pension funds' long term investments« (Oktober 2013), online verfügbar unter: {http://www.oecd.org/daf/fin/private-pensions/LargestPensionFunds2012 Survey.pdf} (Stand Dezember 2015).

17 Marko Mrsnik et al., »Global aging 2010: An irreversible truth«, Standard & Poor's (7. Oktober 2010), S. 28, online verfügbar unter: {http://www.ebrd.com/down loads/research/news/Session_II_Mrsnik.pdf} (Stand Dezember 2015).

18 Neil Howe/Richard Jackson, »How ready for pensioners?«, in: *Finance & Development* (Juni 2011), S. 18-18, online verfügbar unter: {http://www.imf.org/external/pubs/ft/fandd/2011/06/pdf/howe.pdf} (Stand Dezember 2015).

19 United Nations, *World Population Prospects: The 2012 Revision*, New York 2013, online verfügbar unter: {http://africacheck.org/wp-content/uploads/2014/10/World-Population-Prospect-2012-revision_upload-to-AC.pdf} (Stand Dezember 2015).

20 Branko Milanovic, »Global income inequality by the numbers: In history and now«, in: *Global Policy 4/2* (Mai 2013), S. 198-208.

21 George Magnus, »Emerging markets demographic drivers«, Vortrag, gehalten auf der IFC and Johns Hopkins Medicine International Health Conference 2013 (19. März), S. 3; online verfügbar unter: {http://www.ifc.org/wps/wcm/con nect/6d0b56004f081ebf99d4db3eac88a2f8/George+Magnus'+Keynote+Speech +-+190313.pdf?MOD=AJPERES} (Stand Dezember 2015).

22 D. H. Lawrence, *Lady Chatterleys Liebhaber*, Zürich: Diogenes 2004 [1928], S. 5.

23 Jason Q. Ng, »How Chinas internet censorship works, sometimes« (17. März 2014), online verfügbar unter: {http://www.huffingtonpost.com/2014/03/17/china-in ternet-censorship_n_4981389.html} (Stand Dezember 2015).

10 Das »Projekt Null«

1 Herbert Simon, »Organisations and markets«, in: *The Journal of Economic Perspectives* 5/2 (1991), S. 25-44.

2 Jewgeni Preobraschenski, *The New Economics*, Oxford: Clarendon Press 1964 [1926], S. 55.

3 Vgl. z. B. Paul Mason, »WTF is Eleni Haifa?« (20. Dezember 2014), online verfügbar unter: {http://www.versobooks.com/blogs/1801-wtf-is-eleni-haifa-a-new-es say-by-paul-mason} (Stand Dezember 2015).

4 Vasilis Kostakis/Michel Bauwens, *Network Society and Future Scenarios for a Collaborative Economy*, London: Palgrave Macmillan 2014.

5 McKenzie Wark, *Das Hacker-Manifest*, München: C. H. Beck 2005.

6 Vgl. z. B. »Fair society, healthy lives« (The Marmot Review), UCL Institute of Health Equity (Februar 2010), online verfügbar unter: {http://www.instituteofhealthequity.org/projects/fair-society-healthy-lives-the-marmot-review} (Stand Dezember 2015).

7 J. Doyne Farmer, »Economics needs to treat the economy as a complex system« (3. Mai 2012), online verfügbar unter: {http://www.inet.ox.ac.uk/library/view/595} (Stand Dezember 2015).

8 Jaromir Benes/Michael Kumhof, »The Chicago Plan revisited« (August 2012), IMF Working Paper 12/202, online verfügbar unter: {https://www.imf.org/external/pubs/ft/wp/2012/wp12202.pdf} (Stand Dezember 2015).

9 Vgl. zu diesem Thema z. B. die Informationen auf der Website des Basic Income Earth Networks (www.basicincome.org) sowie die Beiträge in der neuen, zweimal jährlich erscheinenden Zeitschrift *Basic Income Studies*.

10 David Graeber, »On the phenomenon of bullshit jobs« (17. August 2013), online verfügbar unter: {http://strikemag.org/bullshit-jobs/} (Stand Dezember 2015).

11 Karl Marx, *Grundrisse der Kritik der politischen Ökonomie*, in: *Marx-Engels-Werke*, Bd. 42, Berlin: Dietz 1953 [1857-1858], S. 607.

Danksagung

Ich danke meinem Lektor bei Penguin Random House, Thomas Penn, sowie Shan Vahidy und Bela Cunha für ihre redaktionellen Arbeiten an meinem Manuskript. Ebenfalls danken möchte ich meinem Agenten Matthew Hamilton, seinem Vorgänger Andrew Kidd und dem Team bei Aitken Alexander. Die folgenden Personen und Organisationen haben mir ein Forum gegeben, um frühere Versionen dieses Buches zu präsentieren und zu diskutieren: Pat Kane von NESTA FutureFest, Mike Haynes von der Wolverhampton University, Robert Brenner vom Center for Social Theory and Comparative History der University of California in Los Angeles, Marianne Maeckelbergh und Brandon Jourdan, die 2013 die Global-Uprisings-Konferenz in Amsterdam organisiert haben, und die Opera North in Leeds. Ein ganz besonderer Dank gilt Aaron Bastani, Eleanor Saitta, Quinn Norton, Molly Crabapple, Laurie Penny, Antonis Vradis und Dimitris Dalakoglou, Ewa Jaskiewicz, Emma Dowling, Steve Keen, Arthur Bough und Syd Carson von der Morson Group. Sie alle haben mein Denken über die in diesem Buch behandelten Fragen beeinflusst. Ein Dank geht auch an meinen Redakteur bei Channel 4 News, Ben de Pear, der mir einen Monat unbezahlten Urlaub gab, um den ersten Entwurf fertigzustellen. Ich danke Channel 4 für den geistigen Freiraum, der nötig war, um ihn zu schreiben, und Malik Meer, der als Redakteur beim *Guardian* für die Rubrik »G2« zuständig ist und mir Platz zur Verfügung stellte, so dass ich einige meiner Ideen veröffentlichen konnte. Und schließlich gilt mein Dank meiner Frau Jane Bruton. Ohne ihre Unterstützung, Liebe und Brillanz wäre dieses Buch nicht möglich gewesen.

Register